미국역사학의 역사

미국역사학의 역사

미국역사학의 역사

- 역사가를 통해 본 미국사서술의 변천 -

이보형 · 황혜성 엮음

比峰出版社

　미국은 우리나라와 밀접한 관계에 있다. 그러나 그 관계에 비할 때 미국에 대한 우리의 이해는 결코 깊지 않다. 오히려 현재 도도하게 들어오고 있는 미국의 대중문화만을 보고 미국을 피상적으로 보는 이가 적지 않다. 이러한 현상을 감안할 때 요즘과 같이 미국을 올바르게 이해해야 할 필요가 시급히 요구되는 때는 없는 것 같다. 그럼에도 불구하고 우리에게는 미국을 체계적으로 소개하고 이해시는 저술이 별로 없다는 것이 현실정이다.

　이러한 가운데 '한국미국사학회'는 미국을 보다 깊고 넓게 이해하는 데 도움을 주고자 1996년 봄 이래 '미국사총서'의 간행을 기획하여 현재까지 이미 여러 권의 저서를 출판하고 있다. 또한 여기에 내놓는 『미국역사학의 흐름 : 역사가를 통해 본 미국사서술의 변천』도 일찍이 이 총서의 하나로 기획한 것이다.

　이 책은 미국사 연구에 크게 기여한 미국 역사가의 열전(列傳)이라고도 할 수 있다. 말하자면 미국역사학 연구의 발자취를 더듬는 데 있어 높이 평가받는 역사가의 생애와 업적 그리고 역사관을 통해서 파악하는 것도 미국역사학을 볼 수 있는 하나의 방법이라 생각하여 이런 형식을 택한 것이다. 그러므로 엮은이는 우선 그러한 역사가를 선정하고 다음으로 이들 역사가를 누구보다도 잘 알고 있는 전문사가에게 집필을 위촉했다.

그러나 이 책이 이와 같이 햇빛을 보기까지에는 너무도 오랜 시일이 걸렸다. 기획에 착수한 것은 지난 1996년 여름이었으나 어느덧 세기가 바뀌어 새로운 세기의 첫머리에 이르러 마무리를 보게 되었다. 그러므로 이 기획에 찬동하여 일찍 옥고를 보내 주신 필자에게는 죄송한 마음을 금치 못한다. 이 점 이분들에게 심심한 사과를 드리고자 한다.

그러나 이렇게 늦어진 데에는 이유가 없는 것도 아니다. 필자 중에는 집필 도중 외유를 하게 되어 원고의 작성이 늦어진 경우도 있고 또 부득이한 사정으로 필자가 교체되는 일도 있었기 때문이다. 그리하여 원고의 수합(收合)과 검토에 뜻하지 않게 시간이 걸렸다.

이러는 동안에 애석한 일은 필자의 한 분인 황해붕 교수가 1999년 여름, 신병으로 작고하시어 여기에 실린 원고가 뜻하지 않게 유고가 된 일이다. 황 교수의 원고는 그 분을 애도하는 뜻에서 『미국사연구』 제10집(한국미국사학회, 1999년 11월)에 실렸으나 원래의 계획대로 이 책에도 싣기로 했다.

또한 이 책은 13장으로 마감하려 하였으나 현재 미국사학계에 커다란 파문을 던지고 있는 포스트 모더니즘의 역사관을 외면할 수 없어 조지형 교수가 『미국사 연구』 제6집(1997년 11월)에 발표한 라카프라에 관한 글을 다소 수정 가필하여 전재하기로 했다. 이 글로써 현대 미국사학계의 흐름의 일단을 소개하기 위해서이다. 이상 두 편의 글의 전재를 쾌히 승낙해준 한국미국사학회의 호의에 사의를 표하는 바이다.

　　이 책이 나오는 데 있어 이주영 교수는 누구보다도 절대적인 도움을 주었다. 이 교수는 수합된 모든 원고를 일일이 읽어주었을 뿐 아니라 수시로 수정과 편집에 좋은 의견을 많이 제시해 주었다. 특히 바쁜 일정 속에서도 각 장의 제목과 소제목의 작성에는 남다른 협조를 아끼지 않았다. 사실 이 책의 마무리 단계에서 이 교수의 협조와 조언이 없었다면 이 책의 출판은 더 늦어졌을지도 모를 일이다. 이 점 다시 한 번 이 교수에게 감사를 올리는 바이다. 끝으로 이 책의 제작에 애써 주신 비봉출판사 편집부의 여러 분에게도 또한 사의를 표하는 바이다.

2000년 2월 엮은이들을 대표하여
이 보 형

차례

제**1**장

미국역사학의 전개 과정

이 보 형

1. 미국역사학의 재발견

　미국의 역사는 15세기 말 유럽이 발견한 아메리카 대륙을 무대로 하고 있기 때문에 유럽을 주무대로 하는 서양사의 주류에서 벗어나 오랫동안 독자적인 역사로 발전해 왔다.

　그러나 18세기 4/4분기에 영국으로부터 독립하자, 아메리카 혁명은 유럽에 영향을 끼쳐 프랑스 혁명을 계기로 이른바 19세기 초 유럽에 '민주혁명의 시대'를 출현시켰다. 그 뒤 19세기 말에 미국 – 스페인 전쟁을 계기로 미국은 유럽 강대국과 같이 제국주의국가로 등장하면서, 유럽의 국가들이 가볍게 볼 수 없는 나라가 되었다.

　드디어 미국은 유럽에서 1차, 2차 세계대전이 일어나자 이에 참

---

* 필자는 서강대 사학과 명예교수

전하여 유럽을 동란의 구렁텅이에서 구원하는 역할을 하였다. 이것은 미국이 유럽을 중심으로 한 서양문명원류의 형성에는 아무런 관계가 없을지 모르지만, 적어도 근대, 즉 유럽이 중세로부터 벗어날 시기부터는 서양사의 형성에 있어서도 미국의 역사가 중요한 자리를 차지하게 된 과정을 설명한다 하겠다. 사실 현대에 가까이 올수록 미국사의 이해는 절대적으로 필요하다는 것을 우리는 부인할 수 없다.

그럼에도 불구하고 지금 우리 나라에서 미국사가 서양사의 특수한 분야에서 또는 각국사의 한 몫으로만 대학교 사학과의 교과 과목으로 다루어지고 있다는 현실은 결코 미국사에 대한 올바른 인식이라고 할 수 없다. 적어도 20세기는 말할 것도 없고, 널리 근대 이후 서양의 역사를 이해하는 데 미국사의 이해는 절대적이라는 인식을 우리는 가져야 할 것으로 생각한다.

미국사에 대한 대학에서의 인식이 이와 같으므로 미국사에 대한 이해는 말할 것도 없고, 미국사에 대한 학술적 관심은 낮은 형편에 있다. 그러므로 미국사를 전문으로 하는 미국의 역사가에 대한 이해와 관심도 미국사를 전공하는 사학자를 제외하면 전혀 백지상태에 있다 해도 과언은 아니다.

그러나, 미국사의 전문사가들 중에는 연구방법에 있어서나 역사에 대한 인식에 있어서 뛰어난 이들이 있으며, 역사학의 발전에 크게 이바지한 역사가들이 없는 것이 아니다. 다만 이들의 연구분야가 미국에 한정되어 있기 때문에 널리 알려져 있지 않을 뿐이다. 그러므로 이들 역사가의 역사관과 업적을 이해하는 것은 미국역사학의 이해에서뿐 아니라 크게 서양의 역사학 내지는 역사학 전반을 이해하는 데 대단히 긴요한 일이라 할 수 있다.

이 책은 이러한 입장에서 미국을 이해하는 한 방법으로 미국역사학에 이바지한 역사가 14명을 골라 개별적으로 소개하고자 한다. 그러므로 이 책은 체계적인 미국사학사는 아니다. 그러나 미국역사학 발전에 대한 간략한 역사는 개별적으로 다루어지는 역사가의 업적을 이해하는 배경으로 적절한 도움을 제공할 것으로 생각한다. 이 글은 바로 이러한 점을 고려하여 서론에서 미국역사학의 발전을 간단히 소개하고자 하는 것이다.

2. 1874년 이전의 역사학

식민지 시대에서 민족주의 시대로

흔히들 19세기를 '역사학의 세기'라고 말한다. 19세기에 이르러 독일을 비롯한 유럽의 여러 나라에서 과학으로서의 역사학이 정립되었기 때문이다.

그러나 이것은 비단 유럽에서뿐만이 아니었다. 미국에서도 미국사의 학문적 연구가 정립된 것은 바로 19세기 후반에 이르러서였다. 그러므로 미국도 늦게나마 '역사학의 세기'에 동참하게 된 것이다. 그러나 그 전에도 미국에서 미국사의 연구나 서술은 있었다.

우선 17세기부터 시작되는 식민지 시대에는 뉴잉글랜드 식민지를 건설한 청교도의 지도자, 예를 들면 윌리암 브래드포드(William Bradford)나 또는 존 윈스럽(John Winthrop)이 식민지 발전의 역사를 신의(神意)의 구현이라는 입장에서 서술하였다.

그러나 식민지 시대의 역사서술이 단지 이러한 종교적 입장에서만 서술된 것은 결코 아니다. 아메리카 혁명 당시 뉴잉글랜드 지방인 매사추세츠 식민지의 총독이었고, 방대한 자료와 그 자신의 경험과 서양 고전을 바탕으로 해박한 지식을 통해 매사추세츠 식민지의 역사를 연대기적으로 서술한 토마스 허친슨(Thomas Hutchinson) 같은 이도 있었다.

또한 아메리카 혁명 이후에는 혁명을 주제로 한 건국의 역사들,

예를 들면 데이빗 램지(David Ramsay), 머시 오티스 워렌(Mercy Otis Warren), 제레미 벨크냅(Jeremy Belknap) 등 애국적 입장에서 서술한 역사가가 있었다.

그러나 이들 역사가들은 그들의 입장이 어떻든 간에 오늘날 우리가 말하는 역사가로서의 전문적인 훈련을 받은 역사가는 아니었다. 대부분 상류사회의 인사들로 역사의 서술이나 연구를 하나의 취미로 여기는 사람들이었다.

그렇다고 이들이 서술한 역사가 가치가 없다는 것은 아니다. 설사 취미에서 출발하였다 하더라도 그들 나름대로의 입장이 있었다. 애국적인 혁명사를 서술한 역사가들은 그들의 역사서술에서 유럽의 전제군주제와 미국의 공화제, 또는 유럽의 부패한 귀족정치와 미국의 자유로운 정치를 뚜렷이 대비시켰다.

미국을 미화(美化)시키려는 이들 혁명 시대의 역사가들의 노력은 19세기 초 당시 유럽으로부터의 영향을 받아 미국에서도 유행한 낭만주의운동으로 더욱 더 심화되었다. 그들은 건국시조들을 영웅으로 묘사하였고, 또 서술하는 문장은 다분히 문학적이었다. 예를 들면 워싱턴 어빙(Washington Irving)의 뉴욕 식민지에 관한 역사는 역사책이라기보다는 문학적 작품으로, 미국에서보다는 영국에서 먼저 높은 평가를 받았다.

이밖에도 미국사는 아니지만, 스페인의 멕시코 및 페루 정복사를 저술한 윌리암 프레스코트(William H. Prescott), 네덜란드의 독립사를 저술한 존 로스롭 머틀리(John Lothrop Motley)와 같이, 19세기 전반에 미국에서 역사가로서의 명성을 지닌 역사가들도 있었다. 위의 두 역사가는 동부의 명문 대학인 하버드 출신이었다.

당시 하버드에는 이미 1839년에 최초의 역사학 교수로 제어드 스파크스(Jared Sparks)가 임명된 바 있다. 그도 하버드 출신으로 신학을 전공하고 언론활동에도 종사하였으나, 1827년 무렵부터 사료수

집과 편찬에 종사하여 아메리카 외교문서, 조지 워싱톤 및 벤자민 프랭클린의 방대한 저작집을 편찬하였다.

애국심과 역사학

미국에서는 식민지 시대부터 대학이 있었으나 그 수준은 유럽의 대학에 비하여 별로 높지 않았다. 왜냐하면 그리스어, 라틴어 고전 교육을 통하여 성직자 또는 신사로서 필요한 교양교육에 치중했기 때문이다. 그러므로 학문에 뜻을 가진 명문 대학의 학생들은 대학을 졸업하면 유럽의 대학, 특히 독일의 대학에 유학하여 학업을 계속하였다.

이러한 유학생 중에서 특히 역사학의 연구에 뜻을 품은 조지 뱅크로프트(George Bancroft)는 독일로 유학하여 수학하고, 유명한 독일의 역사가인 레오폴드 퐁 랑케(Leopold von Ranke)와도 친교를 맺고 돌아왔다. 말하자면 그는 독일에 유학한 최초의 역사가가 되었다. 그는 귀국하자 잠시 하버드에서 교편을 잡았으나, 얼마 안 가서 관계(官界)에 진출하여 해군장관에 취임하여 해군사관학교의 창설에 이바지하였다. 이어서 영국공사를 비롯하여 외교관으로 활동하기도 하였다. 그러나 이 사이에 미국사 저술에 착수하여 1834년, 그 첫번째 책을 출판하고 1874년에 이르러는 제10권으로 완결을 맺었다. 그 뒤에도 그의 저술작업은 계속되어 수정 증보판이 완성된 것은 1886년에 이르러서였다.

뱅크로프트와 같은 시기에 하버드에서 법학을 전공하다 미국사의 서술로 방향을 바꾼 역사가가 있다. 그는 프란시스 파크만(Francis Parkman)으로, 서부를 여행하면서 그가 겪은 경험을 토대로 아메리카 인디언과 미국 서부개척의 관계사를 서사시적으로 서술하였다. 그는 1871년 하버드의 교수로 초빙되었다. 그러나 그가 가르친 과목은 역사가 아니라 원예학이었다. 왜냐하면 그는 장미에 관한 연구서적을 냈기 때문이다.

이 두 역사가의 역사서술에서는 진보와 자유가 강조되고 미국의 사명감 같은 것도 나타나 있다. 차이가 있다면, 파크만이 상층 엘리트 계의 보수적 사상을 표출하고 있는 데 대하여, 뱅크로프트의 경우에는 '잭슨 민주주의'의 영향을 받아 민주주의에 대한 전폭적인 신뢰감이 흐르고 있다는 사실이다. 뿐만 아니라 뱅크로프트의 경우에는 그러한 미국국민의 발전이 하느님의 신의와 섭리에 의한 것으로 미화되고 있다.

3. 전문적 역사학의 대두

랑케적 역사학의 유행

역사학이 동부의 상층계급의 취미단계에서 벗어나는 것은 1870년대 들어서부터이다. 여기에는 독일의 역사학이 큰 영향을 주었다. 조지 뱅크로프트에서 보듯이, 역사를 전공하고자 하는 젊은 대학생들은 '랑케 역사학'이 주류를 이루고 있는 독일의 여러 대학에서 공부하여 독일역사학의 새로운 연구방법론을 배우고 귀국하여 여러 대학에서 역사학의 전임교수로 자리를 잡았다.

1857년 존 터리(John Torrey)는 하버드 대학에서 앞서 말한 스파크스의 자리를 계승했고, 프란시스 리버(Francis Lieber)는 컬럼비아 대학에서, 앤드류 화이트(Andrew White)는 미시건 대학에서 역사학으로 교편을 잡았다. 특히 후자는 프랑스에도 유학하여 『유럽문명사』의 저술로 명성을 얻은 프랑소와 기조(Francois P. G. Guizo)로부터 배우기도 하였다.

그러나, 독일의 역사학 방법론이 미국학계에 도입된 것은 대학원 교육에 중점을 두고 출발한 존스홉킨스(Johns Hopkins) 대학에 허버트 백스터 애덤스(Herbert Baxter Adams)가 사학과 주임교수로 취임하고부터라고 할 수 있다. 그는 독일에서 익힌 세미나(seminar)방식을 도입하여 역사학의 교수와 연구를 직업으로 하는 전문적인 역사가를 양성하기 시작하였다.

1880년에도 역시 독일에서 수학한 존 윌리암 버제스(John William Burgess)가 컬럼비아 대학에서 신설한 정치학부의 전임교수로 취임하여 전문역사가를 양성하기 시작하였다. 그 뒤 미시건, 코넬, 하버드의 각 대학이 이들 두 대학의 뒤를 따랐다.

그러나 이 중에서도 애담스 교수가 있었던 존스홉킨스 대학의 영향이 가장 컸다. 이 대학은 수많은 우수한 사학자를 배출하였을 뿐만 아니라 20세기 초에 이르러 미국의 명문 대학 사학과에는 적어도 1명 내지 2명의 교수가 존스홉킨스 대학의 대학원 출신이었을 정도였다.

미국역사학회의 창립

이와 같이 상당수의 전문적 역사가가 양성되었으므로 이들이 중심이 되고 그 밖의 비전문적 역사가가 참가하여 1884년 전문적 역사가의 전국적인 모임인 '미국역사학회'(American Historical Association)가 탄생하기에 이르렀다. 그리고 그 이듬해에 학회의 기관지로 『미국역사학보』(*American Historical Review*)를 출판하게 되었다.

참고로 역사학 연구에서는 미국보다 앞섰던 유럽의 역사학계를 보면, 독일의 *Historische Zeitschrift*는 1859년에, 프랑스의 *Review Historique*는 1866년에, 이탈리아의 *Revista Storia Itaiiana*는 1884년에, 영국의 *English Historical Review*는 1886년에 각각 나오고 있다.

이렇게 보면 미국의 역사전문가의 전문적 기구의 창립이 결코 늦었다고 말할 수 없을 것 같다. 미국역사학회는 미국사만이 아니라 모든 역사의 역사가들을 총망라한 종합적 학회였다.

미국사 전문학회로는 1906년에 '미시시피계곡 역사학회'(Mississippi Valley Historical Association)가 따로 탄생하였다. 이 학회는 간단한 연보를 내다가 1924년부터 『미시시피계곡 역사학회지』(*Mississippi*

Valley Historical Review)라는 이름의 학회지를 냈다. 그 뒤 1964년에 이르러 학회의 명칭을 '미국사연구학회'(Organization of American Historians)로 바꾸고 학회지도 『미국사연구지』(*Journal of American History*)로 개칭하였다.

물론 미국사 전문학회는 이 학회만이 아니다. 그러나 가장 대표적이고 미국사 전문학도를 거의 망라하고 있는 학회는 위에서 언급한 두 학회이다.

4. 혁신주의 역사학(1890~1945)

개혁수단으로서의 역사학

미국사 연구가 전문사가에 의하여 진행되면서 미국사 연구의 학풍 또는 경향이 나타나게 되었다. 그러한 경향의 하나로 최초로 등장한 학파가 이른바 혁신주의 역사학파(Progressive School)이다.

이 학파의 주도적 역사가는 프런티어 및 지역(Section) 연구의 개척자로 알려진 프레드릭 잭슨 터너(Frederic Jackson Tuner), 그의 제자로 상대주의적 역사이론에 큰 영향을 끼친 칼 벡커(Carl Becker), 미국사의 경제적 해석으로 잘 알려진 찰스 비어드(Chales Austin Beard), 미국사의 이해를 사상적 입장에서 시도한 버논 패링톤(Vernon Louis Parrington) 등이 있다.

역사가와 그가 서술하는 역사가 그가 살고 있는 시대와 관련이 있다고 한다면, 혁신주의 학파야말로 바로 이러한 관계를 극명하게 보여 주는 좋은 실례가 된다. 왜냐하면 이들이 활발하게 미국사를 연구하던 시대는 미국사에서 혁신주의 시대(The Progressive Era)라고 불려진 시기로, 전국적으로 사회개혁운동이 일어나고 있었다.

혁신주의 역사가들은 역사서술을 개혁의 수단으로 생각하였다.

즉, 이들은 역사가의 기능은 현재가 어떻게 이루어졌는가, 미래는 장차 어떻게 발전해 나가야 하는가 등을 설명하는 것이라 생각하였다.

이러한 생각은, 미국사를 연구하는 데 사회과학과 긴밀하게 협조하여 종합적 연구를 시도하는 것을 「새로운 역사학」(New History)에서 주장한 제임스 하비 로빈슨(James Harvey Robinson)의 다음과 같은 발언에서도 엿볼 수 있다. "현대는 과거의 자발적 희생자였다. 그러나 전진의 관점에서 과거에 대항하여 미래를 개발할 때가 왔다."

갈등의 개념

이와 같이 현재를 중심으로 과거와 미래를 관찰하려 한 이들 혁신주의사가들은 미국의 역사적 발전의 핵심을 갈등(conflict)이라고 보았다.

프런티어 사관의 터너는 미국의 민주주의가 유럽으로부터 이식된 것이 아니라 자생적인 것이라고 주장하였다. 이 과정에서 그는 인간과 자연, 개척된 동부와 미개척지인 서부와의 갈등을 강조하였다. 찰스 비어드는 부동산 소유자와 동산 소유자, 유산자와 무산자, 특권집단과 비특권집단과의 갈등을 강조하여 미국사의 흐름을 해석하려고 하였다.

한편 칼 벡커는 미국사와 프랑스 계몽사상에 대한 해박한 연구를 바탕으로 역사연구는 역사가의 주관과 시대적 상황의 변화에 따라 역사의 해석, 서술이 달라짐에 따라 몰가치적, 중립적, 객관적 역사는 있을 수 없고, 오직 상대적(relative) 역사만이 있을 수 있다고 했다. 이와 같은 혁신주의 학파의 역사가는 거의 1940년대까지 미국사학의 주류를 이루었다.

그러나 혁신주의 역사학은 갈등을 미국사의 핵으로 보면서도 미국사의 중요한 한 주제에 대해서는 외면하다시피했다. 그 과제는 백인과 흑인과의 인종적 갈등에 관한 것이었다. 이러한 현상은 혁신주의 역사가들의 상당수가 중서부 지방 출신으로 인종적 분규에 대한 실생활의 경험이 거의 없다는 데 기인하고 있을 지도 모른다.

그러나 이 시기 미국 남부 출신의 역사가인 울리히 필립스(Ulirich Phillips)는 처음으로 경제적 해석의 입장에 서서 흑인노예제도에 대한 종합적인 연구를 시도하였고, 한편 사회학자이며 역사학자이기도 한 두보이즈(W. E. B. Du Bois)는 처음으로 흑인의 입장에서 남북전쟁 이후 재건(Reconstruction) 시대의 역사를 다루었다.

5. 합의의 역사학(1945~1960)

미국적 가치의 재발견

이상과 같은 혁신주의 역사학은 제2차 세계대전을 겪으면서 비판의 대상이 되었다.

나치 독일과 소련에서의 인권에 대한 처참한 탄압과 말살에 놀란 보수적인 미국인들은 혁신주의 역사학이 진보의 깃발 아래서 비판해 온 미국적 가치에 대하여 재평가하기 시작하였다. 게다가 전후의 냉전 체제하에서 소련의 공산혁명세력에 대항해 미국적 체제를 보존하는 데 국민적 단결이 필요하였다.

이러한 배경에서 미국사를 갈등의 입장에서가 아니라 합의(con-sensus)와 연속성(continuity)의 입장에서 보고자 하는 학풍이 일어났다. 이러한 학파를 합의학파(Consensus School)라고 한다.

이와 같은 합의학파의 학풍을 처음으로 대변한 역사가는 리처드 호프스태터(Richard Hofstadter)였다. 그는 미국의 역사적 조류에는 미국인이 합의를 이룬 몇 가지 가치가 있다고 주장하였다. 그 가치란 사유재산의 신성시, 인권의 존중, 개인주의, 경제적 자유주의 등이며 이러한 가치를 공동이념으로 하여, 미국인은 사회적 동질성을 유지해 왔다는 것이다. 그리고 이러한 가치를 구현하기 위하여 정책상 일어나는 갈등은 '극소화'했기 때문에 커다란 충돌 없이 타협으로 해결할 수 있었다는 것이다. 바로 이러한 전통 때문에 미국의 역사는 혁명으로 인한 단절이나 중단 없이 연속성을 이루어왔다는 것이다.

이러한 국민적 합의가 이루어진 원인으로 루이 하츠(Louis Hartz)는 1830년대의 프랑스의 알렉시스 토크빌(Alexis Tocqueville)의 미국에는 봉건적 과거가 없다는 지적에 주의를 환기시켰다. 그는 그의 주저서인 『미국의 자유주의적 전통』(*Liberal Tradition in America*, 1955)에서 미국에 온 사람들은 구세계의 봉건적 압제로부터 도피한 사람들로 '자유롭게 탄생'(born free)한 사람들이라고 지적하고, 그 때문에 이들은 자유세계를 만들기 위해서 혁명을 일으킬 필요는 없었다고 했다. 결국 미국은 자유주의 전통을 합의적으로 공유한 독특한 사회이므로 이때문에 미국에는 보수주의적인 전통은 있을 수가 없다고 하였다.

물론 미국에는 자유주의와 대립되는 보수주의가 없는 것이 아니다. 그러나 이 두 이념은 서로 자유라는 대전제 위에 있으므로 두 이념 사이에 갈등이 있다 하더라도 그 갈등은 존 록크(John Locke)의 자유주의의 울타리안에서 벌어지고 있는 가상싸움(shadow boxing)과 같은 것이라고 했다. 이러한 사실은 미국의 노동계급이 역사적으로 그들의 이념인 사회주의에 무관심하고 그대신 개인주의적인 기업가적 정신에 더 물들어 있다는 사실로도 알 수 있다고 했다.

그 밖의 합의학파

국민적 합의의 또 하나의 원인으로서 데이비드 포터(David M. Potter)는 미국의 풍요한 자연적 조건을 지적하고 있다. 즉 그는 그의 주저서인 『풍요한 국민』(*People of plenty*, 1954)에서 미국민이 다른 국민에 비해 관용정신이 강하고 부드럽고 관대한 국민성을 가지게 된 것은 경제적 풍요와 그에 따른 사회적 유동성 때문이라고 했다. 그렇기 때문에 미국인은 경직된 사회구조를 가진 유럽의 국민과는 달리

대화와 타협에 토대를 둔 민주제도를 운영할 역량을 지니게 되었다고
했다.

다니엘 부어스틴(Daniel Boorstin)도 포터와 거의 같은 의견으로
미국의 자연적 환경에서 국민적 합의와 독특한 국민성이 나왔다고 주
장하고 있다. 다니엘 부어스틴은 세 권으로 구성된 그의 주저서인『미
국인』(*The Americans*, 1958~1965)에서 미국인은 능력과 의지를 가
진 인간이라면 누구에게나 무한한 기회가 주어진 프런티어에서 교조
적인 이론에 얽매이지 않고 실용과 타협의 정신에 따라 사는 관대한
국민으로 성장했다는 것이다. 말하자면 미국인은 이념중심적 국민
(ideacentered people)이나 생각하는 국민(thinker)이 아니라 행동하
는 국민(doer)이다. 그러므로 황당무계한 사상이나 사회개혁의 청사
진을 둘러싸고 일어나는 낭비적인 논쟁이나 대립을 피할 수가 있었다
는 것이다.

이와 같이 합의학파는 합의를 예찬하는 데 토대를 두고 있기 때
문에 갈등을 중요시한 혁신주의 학파와는 미국사의 해석에 있어서 다
른 점이 많은 것은 당연하였다.

예를 들면 퓨리탄을 냉혹한 시각으로 보는 혁신주의사학의 입장
과는 달리, 합의사학은 그들에 대해 비교적 동정적인 접근을 시도하고
있다. 그리고 미국혁명을 보수적인 혁명으로 보며, 미국헌법의 제정을
재산상의 갈등이 아닌, 중산층의 합의를 반영한 문서로 보고 있다. 또
한 그것은 제퍼슨주의와 헤밀턴주의 사이의 이념적 차이를 축소하는
동시에, 뉴딜에 나타난 개혁사상과 정책의 급진성도 평가절하하고 있
는 것이다.

합의학파의 이러한 입장은 50년대, 60년대 미국역사학계를 대체
로 주도하였다.

6. 신좌파 역사학

신혁신주의

1960년대에 들어서면서 미국은 대내외적으로 커다란 격동기를 맞이하였다. 대외적으로는 월남전쟁이 격화되면서 공산권에 대한 자유 수호국가로서의 미국의 대외정책에 대한 찬반의 양론이 대립하였다. 한편 월남전쟁은 대내적으로는 청년층에 반전운동 및 반체제운동을 일으키면서, 이미 50년대부터 서서히 대두하기 시작한 흑인의 민권운동을 비롯하여 미국의 소수민족인 아메리카 인디언, 여성, 빈민들의 민권운동과 얽혀 소란한 10년대를 만들었다.

이러한 현실은 합의사학이 제시했던 미국의 밝은 과거상과 현재상에 대하여 회의를 품게 했다. 말하자면, 합의사학은 미국사의 밑바닥에는 안정, 조화, 풍요, 평화가 흐르고 있다고 하였으나, 그와는 달리 불안, 갈등, 빈곤, 폭력이 주류를 이루고 있다는 생각이 역사가들 사이에서 다시 고개를 들기 시작하였다. 다시 말하면, 혁신주의사학이 강했던 '갈등'이 다시 나타난 것이다. 이러한 입장에서 미국사를 다시 보고자 하는 사람들을 신혁신주의 역사가(Neo-Progressivist)라고 한다.

예를 들면 이러한 역사가의 한 사람인 스토턴 린드(Staughton Lynd)는 스스로를 신비어드주의 역사가(Neo-Beardian)라고 부르고 있다. 그러나 이들 중에는 마르크스주의의 역사관을 받아들여 신마르크스주의 역사가로 자처하는 역사가도 있고, 또는 미국의 토착적인 급진주의인 민중주의(Populism)의 전통을 받아들이고 있는 역사가도 있다.

이러한 역사가들을 통틀어 신좌파 역사가(New Left Historians)라고도 한다. 이들 신혁신주의 또는 신좌파 역사가들의 특징의 하나가 미국사를 갈등, 대립, 투쟁의 시각에서 보고 있는 것은 물론이다.

미국사의 이러한 분열국면을 가장 먼저 뚜렷하게 보여 준 역사가들은 위스콘신 학파(Wisconsin School)를 중심으로 한 외교사가들이다. 이 학파의 창시자라고 할 수 있는 윌리암 애플맨 윌리암스(William Appleman Williams)는 미국의 대외정책이 국내의 분열, 또는 민중의 반란을 방지하기 위해서 '문호개방'(Open Door)의 이름으로 해외팽창 정책을 주도해왔다고 했다. 그 때문에 그의 제자인 월터 라피버(Walter LaFeber)는 미국 대외정책의 배후에는 기업가들과 제조업자들의 이해 관계가 중요한 요인으로 잠재해 있다고 주장했다.

또 개브리엘 콜코(Gabriel Kolko)는 혁신주의 시대에 나타났던 각종 개혁운동과 개혁정책은 실제에 있어서는 급진주의적인 운동으로 부터 국민의 관심을 돌리기 위하여 기업가들이 정부와 결탁하여 만든 미봉정책에 지나지 않는다고 주장했다.

패배자의 역사와 '쓸모 있는 과거'

신혁신주의 역사학의 두번째 특징은 역사를 '위로부터 볼 것'(from the top down)이 아니라 '밑으로부터 보아야'(from the bottom up) 한다는 것이다.

바턴 번슈타인(Barton J. Berstein)은 신혁신주의 역사가 및 신좌파 역사가들이 새로운 시각에서 미국사의 중요문제를 다룬 논문을 모아 『새로운 과거를 향하여』(*Towards a New Past*, 1968)라는 제목의 책을 내놓았는데, 이것은 역사를 승자가 아닌 패자의 입장에서 볼 것을 촉구한 연구서다. 바로 이러한 입장에 서서 미국사를 새로 쓴 개설이 하워드 진(Howard Zinn)의 『미국민중의 역사』(*A People's History of the United States*, 1980)이다.

신혁신주의 역사학의 세번째 특징은 혁신주의사학에 동조하면서 역사를 '쓸모 있는 과거'(usable past)로 보는 역사관이다. 이런 역사 관은 역사지식을 사회개혁과 사회재건의 수단으로서, 다시 말해 현재 의 문제를 해결하는 유용한 도구로 사용한다는 것을 의미했다. 그러므로 이들은 이데올로기에 얽매이지 않는 '순수 역사학'을 배격한다. 그리고 미국사회의 개조를 위하여 미국사 속에 숨어 있는 토착적인 급진적 전통을 찾으려고 한다.

이와 같이 이들의 시각은 현재지향적이기 때문에, 이들은 역사가로서 뿐만 아니라, 사회비평가, 사회개혁가로서의 역할도 맞게 된다. 그러므로 이들의 역사학은 정치적 수단으로 이용된다는 비난을 받기도 한다. 이에 대해 신좌파 역사가 하워드 진은 모든 역사 자체가 일종의 선전이기 때문에 객관적인 역사란 있을 수 없다고 응수하고 있는 것이다.

이러한 주장으로 신좌파 역사가들은 미국역사학계에 커다란 폭풍을 일으켰고, 또한 지나친 현재 지향성으로 말미암아 학계에 커다란 충격을 주었다. 그러나 70년대 들어 월남전쟁이 끝나고 미국사회가 안정을 되찾고 보수화의 물결이 출렁이면서, 이들은 소수파로 전락하였다. 그러나 이들은 역사학계에서는 몰락하지 않았다.

예를 들면 1969년 미국역사학회의 총회에서 회장에 입후보한 스토턴 린던은 총 투표수의 1/3의 지지표를 얻은 바 있다. 또 1992년 총회에서는 흑인노예제도에 대하여 마르크스주의적 해석을 시도했던 유진 제노비즈(Eugene Genovese)가 가장 유력한 회장 후보로 떠오르기도 하였다. 이러한 사실은 신혁신주의 역사가나 신좌파 역사가들이 여전히 미국역사학계에서 무시할 수 없는 세력이라는 것을 말해 주는 것이다.

7. 오늘날의 미국역사학계

새로운 역사학들

현재 미국사 연구에는 새로운 경향이 나타나고 있다. 이런 경향에 대하여 에릭 포너(Eric Foner)는 '새로운 역사학들'(New Histories)이란 명칭을 붙이고 있다. 이 명칭은 이미 언급한 바 있는 혁신주의 역사학자, 제임스 하비 로빈슨(James Harvey Rovinson)의 '새로운 역사학'을 상기시킨다. 로빈슨은 같은 이름을 가진 저서에서 정치 중심의 역사에서 벗어나 문화사적, 사상사적 접근을 시도할 것, 그리고 사회과학과 제휴할 것을 오래 전에 강조하였던 것이다.

'새로운 역사학들'은 지난날 로빈슨이 강조한 연구방법에 그 후에 발전한 사회과학의 새로운 연구방법을 더욱 더 적극적으로 도입하려 하였다.

그 한 가지 경우가 계량사학의 도입이다. 이러한 접근은 경제사의 분야에서 시도되면서 과거의 자료 또는 새로 발견된 자료에 대하여 계량적 분석을 시도함으로써 새로운 해석을 보여 주고 있다. 예를 들어, 로버트 포겔(Robert W. Fogel)과 스탠리 엥거만(Stanley L. Engerman)은 계량사학의 방법을 이용하여 흑인노예제도에 대한 전통적인 시각을 뒤집는 새로운 해석을 내놓았다.

'새로운 역사학들'은 미국사회의 내면, 특히 일반인의 일상적 생활과 같은 문제에 관심을 두고 '새로운 사회사'(New Social History)를 시도하였다. 여기에는 프랑스의 아날학파의 영향이 있었다. 더욱이 60년대와 70년대에 민권운동, 신좌파운동, 여성해방운동 등으로 미국사회에서 거대한 지각변동이 일어남에 따라, 그 때까지 미국사의 주류에 끼지 못했던 계층이나 가려졌던 소수인종에 대한 연구가 활기를 띠게 되었다. 즉 흑인, 여성, 아메리카 인디언, 그 밖의 소수이민집단에 대한 연구가 활발해진 것이다.

그러나 이러한 연구경향은 미국사의 연구주제를 수많은 소주제로 갈라놓는 결과를 가져왔다. 이 현상을 '파편화'(Fragmentation)라고 하는데, 바로 이러한 현상 때문에 에릭 포너는 '새로운 역사학들'을 단수로서가 아니라 복수로 표기하고 있는 것 같다.

어떻든 이로 말미암아 미국사에 대한 관심이 커지고 이해를 깊게 하는 효과가 있기는 하지만, 연구가 너무도 전문적이어서 단편적인 연구로 끝나버리는 경향이 있다. 따라서 이해하기 어려울 경우가 생기고, 특히 미국사의 종합적인 조망이 어려워지는 측면이 있다.

전망

위에서 본 바와 같이 19세기 말 직업적인 역사가가 나온 이래 미국사를 보는 시각에는 두 개의 커다란, 그러나 대립적인 시각이 있어 왔다. 그 하나는 혁신주의 역사학에서 보는 바와 같은 '갈등'의 시각이요, 다른 하나는 합의 역사학에서 보는 바와 같이 '합의'의 시각이다.

그러나 현재 새로운 경향인 '새로운 역사학들'이 비록 미국사의 연구분야를 넓히고 그 내용을 다양화하고 있다고는 하지만, 아직은 위의 두 시각에 대신하여 제3의 시각으로 등장할 것으로 예상되지는 않는다. 예를 들면 현재 미국역사학계의 장로격이라 할 수 있는 아서 슐레진저 2세(Arthur Schlesinger, Jr.)는 혁신주의 역사학에 속해 있다고 할 수 있고, 버나드 베일린(Bernard Bailyn)은 합의역사학에 속해 있다고 할 수 있다.

그러나 이들의 최근 연구를 보면, '갈등'과 '합의'의 어느 쪽에 기울어지지 않고 있다. 오히려 그들은 양 쪽을 넘나들면서, 또는 강약의 정도를 바꾸어가면서 서술하고 있는 인상을 받는다. 아마도 앞으로 미국사 연구는 제3의 시각이 나올 때까지 이러한 방향으로 이루어지지 않을까 생각되는 것이다.

참고문헌

이보형 엮음. 『미국사연구서설』. 일조각, 1984.

Harry Elmer Barnes. *A History of Historical Writing*. 1937.

G. P. Gooch. *History and Historians in the Nineteenth Century*. Chapter xx, United States : Beacon Press Edition. 1958.

Harry Wish. *The American Historian*. 1960.

Richard Hofstadter. *The Progressive Historians*. 1968.

John Higham. *Writing American History*. 1972.

John Higham. *History: Professional Scholarship in America*. 1973.

Bernard Stearnsherr. *Consensus, Conflict, and American Historians*. 1975.

Marcus Cunliffe and Robin Winks eds.. *Pastmasters*, Introduction. 1975.

Gerald N. Grob and George Athan Billias eds.. *Interpretations of American History*. Introduction 5th edition. 1987.

Eric Foner. *The New American History*. Introduction. 1990.

제2장

식민지 시대의 역사서술 : 브래드포드, 윈스럽

이 영 효

청교도의 이주와 식민지 건설

1600년대 초에 북아메리카 지역으로 향하는 유럽인들의 이민이 활발해지면서 영국인들도 아메리카 대륙에 식민지를 건설하고 대대적인 이주와 정착을 시작하였다. 1607년에 버지니아 식민지가 건설된 데 이어, 1620년에는 플리머스가 그리고 1630년에는 매사추세츠 만(灣) 식민지가 세워졌다.

특히 플리머스와 매사추세츠 만 식민지를 건설한 사람들은 영국 교회의 개혁을 요구하며 종교의 자유를 찾아 이주한 청교도들(Puritans)로서 지금의 뉴잉글랜드 지역을 형성하였다. 이들 청교도들은 영국 국교회, 즉 성공회가 로마 가톨릭 교회에서 분리되어 창설된 후 영국의 교회를 내부에서 개혁하고 정화하려(purify) 하였다.

---

* 필자는 광주대 평생교육과 교수

청교도들 중에는 영국 국교회가 너무 부패하여 개혁할 수 없다고 생각한 급진적인 세력인 분리주의자들(Separatists)이 있었다. 이들은 영국 교회로부터의 완전한 분리를 추구했으며, 교회의 의식과 구조를 보다 간단한 신앙과 예배의 형태로 대치하고 자치적이며 자유로운 교회 집회를 가졌다. 따라서 이들은 영국 국교회의 교리와 체제를 위협하는 세력으로 인식되어 종교적 박해를 받았다.

이들은 영국왕 제임스 1세의 비국교도(非國教徒) 탄압정책을 피하여 1607년에 네덜란드로 이주하였다. 하지만 가톨릭 세력인 스페인이 네덜란드를 다시 점령할 것을 염려한 이들은 결국 신대륙으로 이주할 것을 결심하게 되었다. 윌리암 브래드포드(William Bradford, 1590~1657)는 이러한 분리주의자들, 즉 순례자들(the Pilgrims)의 이주 결정에 주도적인 역할을 하였다. 그는 1620년에 플리머스 식민지를 건설한 후 30년 동안 총독직을 수행하였다.

플리머스 식민지가 분리주의자 청교도들에 의해 세워진 공동체였다면, 1630년에 보스턴 근처에 세워진 매사추세츠 만 식민지는 영국 교회로부터의 분리를 원하지 않았던 청교도들에 의해 세워진 좀 더 온건한 식민지였다.

매사추세츠 만 식민지는 뉴잉글랜드 지역 전체의 발전에 중요한 역할을 담당하였으며, 존 윈스럽(John Winthrop, 1588~1649)은 이 식민지의 최초 총독으로서, 그리고 청교도 원리에 자신을 헌신했던 지도자로서 식민지의 건립과 발전에 중대한 영향을 미쳤다. 그는 1년 임기의 총독직에 수차례 선출되면서 1649년에 죽을 때까지 약 15년간 총독직을 수행했으며 항상 식민지 권력의 중심부에 있었다.

그러나 플리머스 식민지의 최초 총독이었던 브래드포드와 매사추세츠 식민지의 최초 총독이었던 윈스럽은 단순히 미국 식민지 초기의 정치가에 그치지 않았다. 이들은 식민 초기 정착민들과 그들 사회에 대한 자세한 기록을 남김으로써 미국 식민지사에 대한 최초의 역사서술을 담당하였다.

윈스럽이 남긴 『매사추세츠와 다른 뉴잉글랜드 식민지들에 관한 연보』(약칭)는 매사추세츠 청교도의 역정을 보여 주는 공식적이고 객관적인 역사서로 인식된다. 또한 브래드포드의 『플리머스 식민지역사』(*History of Plymouth Plantation*)는 순례자들의 신대륙으로의 이주 역정과 정착민들의 역사를 기록하였다. 그는 플리머스 공동체의 변천사만을 기록하지 않고 자신의 사적인 희망과 고난도 함께 기술하였다.

비록 아마추어 역사가들이었지만, 이들이 남긴 뉴잉글랜드 식민지에 대한 초기 정착의 기록은 당시 사람들의 생각과 활동 및 역사관을 짐작할 수 있게 하는 중요한 자료이며, 뉴잉글랜드에 관한 기본 역사서로서 기념비적인 위치를 차지하고 있다.

1. 윌리엄 브래드포드

분리주의의 신앙

순례자들의 지도자인 브래드포드는 영국 요크셔 지방에서 1590년에 태어났다. 하지만 그의 어린 시절은 그리 순탄하지 못했다. 아버지는 상당히 부유한 자영농(yeoman)이었는데 브래드포드가 태어난 다음 해에 사망하였다. 재혼했던 어머니도 몇 년 후 죽었기 때문에 그는 삼촌집에서 살게 되었다. 브래드포드는 몸도 병약하여 오랜 기간 집안에서 지낼 때가 많았다. 이 때 그는 성경을 비롯한 많은 책들을 읽었으며 특히 폭스(John Foxe)의 『순교서』(*Acts and Monuments*)의 영향을 많이 받았다.

그는 12살에 캘빈(John Calvin)의 교리를 토대로 쓰여진 제네바 성경을 읽기 시작했으며 청교도 교회를 다녔다. 브래드포드의 공식적인 교육 정도에 대해서는 잘 알려져 있지 않지만, 그의 역사서에 드러난 박식함은 정식 학교교육의 결과라기보다는 개인적인 독서의 결과로 보인다.

브래드포드는 유명한 개혁파 목사인 클리프톤(Richard Clyfton)의 설교를 듣게 되면서 인생의 전환점을 맞게 되었다. 그는 클리프톤 목사가 영국 국교회에서 탈피한 분리주의(Separatist) 교회를 조직하자 곧 그 구성원이 되었는데 이 때 그의 나이 17세였다. 또한 이 교회에서 브래드포드는 자신의 인생에 깊은 영향을 미치게 되는 다른 두 사람을 만나게 되었는데 브루스터(William Brewster)와 로빈슨(John Robinson)이었다.

브루스터는 브래드포드보다 25살이나 연상이었지만 브래드포드의 가장 좋은 친구이자 아버지같은 역할을 해 주었다. 캠브리지 대학을 다닌 브루스터는 나중에 북미 대륙에 이주한 후 플리머스 교회의 장로가 되었다. 브래드포드는 브루스터의 밝은 정신과 현명하고 신중한 태도, 그리고 겸손하고 따뜻한 마음을 본보기로 따르고자 하였다. 브루스터는 특히 가난하고 궁핍한 상황에 처한 사람들에게 자선을 베푸는 것을 강조했다.

그리고 로빈슨은 분리주의 이론을 변호한 주요 인물로서 클리프톤의 뒤를 이어 목사가 되었다. 로빈슨도 온화하고 관용적인 태도를 지녔으며 그의 사상과 조언은 후에 브래드포드가 플리머스 식민지의 총독으로서 활동할 때나 역사가로서 글을 쓸 때 많은 영향을 미쳤다.

브래드포드는 분리주의자들과 함께 영국의 종교적 박해를 피해 1607년에 네덜란드의 암스테르담으로 이주하였다. 네덜란드에서 브래드포드는 제네바 성경뿐 아니라 르네상스 문헌들과 프로테스탄트 교리 책들을 폭넓게 읽기 시작했는데, 그러한 독서는 후에 그가 플리머스 식민지역사를 서술하는 데 영향을 미쳤다.

그는 분리주의자들과 함께 1620년에 버지니아 회사(Virginia Company)로부터 토지 소유 허가를 받아 북아메리카로 이주하였다.

순례자들의 메이플라워 서약

신도와 '이방인' 66명을 포함한 101명의 남녀와 어린이는 메이플라워(May Flower)호를 타고 버지니아로 향하였으나, 이들은 폭풍을 만나 훨씬 북쪽인 뉴잉글랜드의 케이프카드(Cape Cod)에 도착했다. 지도자들은 그 지역을 탐색한 후 플리머스라고 이름지은 지점에 정착하기로 결정했다.

그런데 이들은 배에서 내리기 전에 자신들이 지켜야 할 '동등하고 정당한 법'을 기초하여 성인 남자들 전원으로부터 서명을 받았는데, 그것이 곧 '메이플라워 서약'(Mayflower Compact)이다.

이 문서는 "우리는 식민지사회를 보다 잘 유지하기 위해 공동체 안에서 서로 단결하고 … 이 식민지의 공공이익을 도모하는 데 필요한 … 정의롭고 평등한 법령 규칙 등을 제정하여 … 그것을 지키고 복종할 것을 서약한다"고 명시하고 있다. 그것은 하나의 공동체로서 함께 살기로 한 비공식적인 동의였으며 플리머스 자치정부제도의 토대가 되었다.

플리머스 식민지의 최초 총독은 카버(John Carver)였다. 하지만 그가 혹독한 추위와 식량 부족 등으로 정착민들의 절반과 함께 1621년에 사망하자, 브래드포드가 그의 후계자로 선출되었으며 이 때 그의 나이는 31세였다. 브래드포드도 부인을 잃는 시련을 겪고 재혼하였는데, 총독으로서의 그의 지도력은 능숙한 인디언 정책과 함께 시작되었다. 그는 인디언들로부터 옥수수 경작기술과 물고기 잡는 법 등을 배워 식민지인들을 굶어 죽지 않게 하였다.

또한 플리머스 정착 후 첫 7년간 모든 재산을 공동으로 소유하기로 했던 결정에 반대하여 사유재산제도를 실시하였다. 정착민들은 토지의 공유제를 사유제로 바꾸고 이주민을 유치하면서 농업, 어업, 모피 수집에 종사하였고, 이주 비용을 지원했던 런던의 회사에 대한 채무를 1627년에 청산할 수 있었다. 브래드포드와 다른 지도자들은 런던 주주들의 주식을 사들였으며, 식민지의 토지와 공동 사육동물을 순례자, 비순례자 구분없이 정착민들에게 똑같이 분배함으로써 플리머스의 경제활동을 자극하고 식민사회의 토대를 닦았다.

브래드포드는 플리머스의 첫 35년 중의 30년 동안 총독직을 수행했다. 플리머스는 확고한 법률체계나 헌법 없이도 자치제도를 발전시켰고, 총독과 식민지 관리들을 총회(General Court)에서 선출하였다. 브래드포드는 작은 규모의 친밀한 공동체를 선호하여 플리머스 외곽에 새로운 정착지의 건설을 반대했다.

하지만 식민지의 인구는 서서히 증가하여 1630년에는 390명으로 늘었다. 1640년에 플리머스의 성인 남자는 600명이 넘었고, 브래드포드가 사망한 1657년에는 플리머스의 인구가 1,360명으로 증가하였으며 마을(town)도 10개 이상이 생겼다. 이들 마을은 분리주의 교파가 아닌 침례교도와 퀘이커 교도들의 영향을 받기도 하여 브래드포드의 우려를 샀다.

한편 플리머스가 건설된 지 약 10년 후에 좀 더 북쪽에 건설된 매사추세츠 만 식민지는 훨씬 급속하게 성장하였으며, 정착민과 투자자들을 유인하는 데 있어서 플리머스와는 경쟁지였다.

플리머스의 역사

순례자들의 지도자인 브래드포드가 『플리머스 식민지역사』(*History of Plymouth Plantation*)를 기록하기 시작한 것은 매사추세츠 만에 청교도 정착인들이 도착한 1630년이었다. 따라서 더 많은 인구를 가진 매사추세츠 식민지의 건설로 플리머스 식민지가 압도될 것을 두려워한 브래드포드가 그에 대한 반응으로 이 책을 쓴 것이라고 해석되기도 하였다.

브래드포드는 자신이 분리주의 교회와 계약을 맺은 시점에서부터 순례자들이 영국을 출발하여 네덜란드에서 그리고 신세계에서 보낸

25년간의 여정을 기록하였다. 그가 이 필사본을 쓴 의도는 자신의 후손들에게 순례자 조상들의 영웅적인 고난사를 전하고 서로 단결할 것을 강조하기 위함이었다. 따라서 약 12만 5천자로 된 두 권의 기록은 브래드포드가 죽은 다음에 아들, 손자 그리고 증손자에게 전해졌다.

브래드포드의 필사본은, 17세기 뉴잉글랜드의 대표적인 4인의 역사가들인 나다니엘 모튼(Nathaniel Morton), 인크리스 매더(Increase Mather), 커튼 매더(Cotton Mather), 그리고 윌리엄 허바드(William Hubbard)에 의해 플리머스역사의 주요 사료로 사용되었다. 그 후 1855년에 매사추세츠 역사학회에 의해 『플리머스 식민지역사』라는 제목으로 필사본 전체 내용이 출판되었다.

브래드포드의 필사본은 아메리카혁명 전쟁 때 도난당하여 영국 런던의 도서관에 소장되다가 1897년에 매사추세츠 주하원에 안치되었다. 현재는 역사가 모리슨(Samuel Eliot Morison)이 1952년에 편집하여 출판한 개정판이 널리 읽히고 있다.

브래드포드의 필사본 2권 중에 1/4을 차지하는 첫 권에는, 영국 종교개혁에서 출발하여 플리머스 교회의 기원과 북미의 케이프카드에 도착할 때까지의 순례자들의 역정이 10개의 장으로 나뉘어 기술되어 있다. 브래드포드는 '우리의 위대한 국가 영국에서 복음의 빛이 최초로 발생한 이후 사탄에 의한 계속된 이단과의 전쟁들에 이르기까지' 논리정연한 한 편의 이야기를 기록하였다. 그는 신대륙에서 새생활을 시작한 사람들의 위험과 고난, 정신적 갈등, 그리고 영국으로 다시 돌아갈 것인가의 문제에 대한 순례자들의 복잡한 심정 등을 자세히 기술하였다.

브래드포드는 순례자들이 네덜란드로부터 신세계로의 이주를 결정하기까지의 사유과정을 서술하면서 잠언, 룻기, 예레미야기 등을 인용하였다. 네덜란드를 떠날 수 없었던 순례자들의 슬픔을 전달하기 위해서는 플루타르크의 기술을 인용하기도 하였다.

브래드포드의 글에는 특히 성서 구절을 인용한 표현이 많았다. 그는 모세가 쓴 구약성서의 신명기(申命記)를 인용하여, "성령과 신의 은총 외에 무엇이 이들을 지탱시킬 수 있었겠는가? … 이들은 거대한 바다를 건너와 이 황무지에서 소멸할 처지에 놓였으나 신에게 청원하였고 신이 그들의 소리를 듣고 역경을 보살펴 주었다"라고 기술하였다.

신의 특별한 계시를 강조하는 브래드포드의 이러한 글귀는 제네바 성경의 글귀와 매우 비슷하여, 제네바 성경이 청교도의 사상과 그들의 상상력에 미친 영향을 짐작케 한다. 순례자들이 신세계로 이주한 것도 유대인들이 이집트에서 탈출하여 가나안 땅으로 이주한 것에 비유하면서 구약의 성서구절을 거의 그대로 인용하고 있다.

또한 브래드포드는 원시 그리스도교 신앙을 따르는 분리주의 교리를 충직하게 설명했으며 분리주의자들에 대한 사탄의 방해도 묘사하였다. 즉 "사탄이 그리스도를 믿지 않는 미개한 통치자들을 움직여 야만적인 박해를 가하게 하였으며 … 복음을 물리치지 못하게 되자 그리스도 교도들 사이에 이단과 분파를 심어 나가기 시작했다"고 하였다.

즉, 브래드포드에게 있어서 역사는 신과 사탄 사이의 역동적인 상호작용이자 신의 의지의 실현이었다. 그는 종교개혁을 새로운 복음진리의 태동으로 보았으며, 이에 대한 로마 가톨릭의 박해를 사탄의 전쟁으로 정의하였다. 순교자들이 흘린 피에 의해 복음의 가르침이 더욱 번성하게 되자, 사탄은 교리 전도자들 내부에 이단과 분파를 만드는 방식으로 성도(聖徒)들을 해치려 하였다는 것이다. 하지만 영국에서 전개된 메리 여왕의 박해에도 불구하고 종교개혁가들의 교리가 전파되어 갔고, 결국 '복음의 빛'이 승리함으로써 인류의 역사는 전진하게 되었다고 강조하였다.

브래드포드는 순례자들의 감정 상태를 표현하기 위해 문학적 자료들을 자주 사용하여 자신의 독서 편력을 과시했다. 직유와 은유를 절묘하게 사용한 그의 글의 억양, 어법, 문장은 풍부한 문학적 예술성과 종교적 영감의 훌륭한 조화를 보여 주었다.

예를 들어 "지금 그들에게 닥치고 있는 것과 비교하면 과거의 고난은 너무나 사소한 것이었다" 혹은 "순례자들은 안전하게 '거대한 바다'를 건넌 후에 그들 앞에 전개된 '고난의 바다'를 발견했으며, '그들을 반겨줄 친구도 한 명 없고 지친 몸을 쉬게 해 줄 숙소도 하나 없는' 황무지를 발견했다"는 등으로 표현하였다. 브래드포드가 햄릿을 읽었다는 증거는 없으므로 '고난의 바다'라는 은유는 바다를 건너 끝없이 계속되는 어려움에 당면한 식민지인들의 경험을 표현한 것으로 보인다.

이처럼 『플리머스 식민지역사』는 청교도 신앙에 대한 감동적이고 설득력 있는 묘사를 창조하기 위해 문학적 용례들을 힘들게 노력하여 사용한 '의식적인 예술작품'이었다.

고난의 역사

순례자들이 플리머스라고 이름지은 곳에 정착한 데에서 이야기가 끝나는 1권에 이어, 2권은 그러한 공동체 정신을 가진 순례자들이 신세계에서 겪은 파란만장한 경험과 고난을 연대기순으로 1646년까지 기록하고 있다. 한 해에 한 장(章)을 할애하여, '주요 사건의 대표적인 참여자들과 알 만한 가치가 있거나 유용하다고 판단된 사실을 시간 순서에 따라' 매년 기록하였다.

브래드포드는 각 장을 사건이 일어난 몇 년 후에 썼는데 1646년에 관한 장은 1650년에 완성하였다. '1647년'과 '1648년'은 타이틀만 나와있고 기록이 없는데, 그것은 아마 브래드포드 말년의 플리머스 식민지에 대한 실망을 말없이 증언하는 것 같다. 그는 플리머스 교회를 "자식들에 의해 버림받은 늙은 어머니처럼 … 홀로 남겨져 오로지 신에게 의탁하는 과부와 같다"고 기술하였다.

브래드포드는 플리머스 건립 후 25년간의 역사를 서술하면서 성약(Covenant)을 맺은 교회 공동체를 항상 플리머스 식민지의 중심에

놓았다. 브래드포드 스스로도 교회 공동체에 헌신하여 에너지와 열정
을 불살랐으며 공동체를 자신과 동일시하였다. 그는 순례자들을 이스
라엘의 구약의 자녀들과 동일시하였고, 플리머스의 성스러운 공동체
윤리를 강조하면서 성약의 가치와 그 원리를 일상생활에까지 적용할
것을 설교하였다.

브래드포드는 교회를 중심으로 집결하는 공동체에 초점을 맞추어
기술하였으므로, 등장인물의 족보나 개인적인 고난보다는 공동체의
정체성이 확립되어 가는 과정을 자세히 서술하였다. 때로는 개인적인
우연한 사건을 보편적인 은총의 유형으로 해석하면서, 브래드포드는
그 자신과 플리머스 교회 구성원들의 개별적인 자서전을 교회와 공동
체의 운명에 관한 기술(記述)로 확장시켰다.

그러나 플리머스 식민지에도 여러 가지 고난과 위험이 찾아왔다.
브래드포드는 식민지의 고난은 대부분 공동체 자체 내부에 그 원인이
있다고 지적하였다. 즉 플리머스 공동체의 고난은 사탄의 방해로부터
오는 것이 아니라 플리머스 정착지를 이기적인 목적으로 이용하려는
인간들에 의해 비롯되었다고 봄으로써 식민지 내부로부터의 위협을
인식하였다.

메이플라워호를 타고 온 최초의 정착민들 중에는 순례자들 외에
도, 식민지를 후원한 런던의 회사가 보낸 사람들로서 분리주의파 교
회와는 관련이 없는 일단의 정착민들이 있었다. '메이플라워 서약'은
이들 일부 이방인들의 불만과 저항을 진정시키려는 의도도 부분적으
로 지니고 있었다.

불만 세력의 도전

물론 신대륙에서의 여러 가지 시련은 성도(聖徒)들을 더욱 하나
로 단결시키는 데 공헌하였지만, 일부 이기적이고 교활한 정착민들의
탐욕과 책략은 식민지에 심각한 위협으로 인식되었다. 브래드포드는

풍부한 문학적 자료들을 동원하여 그들의 성격을 묘사하였지만, '악인'들에 대한 최종적이고 절대적인 판단을 보류하면서 단지 신(神)만이 판단하실 것이라고 기록하였다.

그는 '남들을 쉽게 비판해서는 안 된다'는 로빈슨(John Robinson)의 훈계를 인용하면서, 사람들에게 자비와 자선을 베푸는 것이 곧 신의 은총의 표시라고 강조했다. 브래드포드는 자비에 대한 로빈슨의 가르침을 플리머스의 윤리 규범으로 강조하면서 순례자들의 자선적인 행위를 기록하였으며, '악인'들에 대하여도 그들이 끼친 물질적인 해악보다는 자비심의 부족을 비난하였다.

예를 들면 웨스턴(Thomas Weston)이란 사람은 플리머스 식민지 건립에 재정적 후원을 제공한 '런던 탐험가 회사'의 한 사람이었는데, 런던 회사의 상인들과 플리머스 순례자들의 중간에서 부당한 이익을 챙기는 간사한 행동을 하였다.

하지만 브래드포드는 웨스턴이 회사 동료들과 플리머스 정착민들을 배반한 것에 대해 비난을 삼가하고, "순례자들은… 그의 잘못과 말썽에도 불구하고 우호적인 대우를 했다"고 기록하였다. 브래드포드는 웨스턴을 단순한 악한으로 성급하게 판단하지 않고, 인간의 복잡한 동기와 도덕적 혼돈이 서서히 드러나는 것을 보여줌으로써 독자들의 판단을 유도하였다. 그리고 그가 근본적으로 선한 사람인가, 타락한 사람인가 하는 최종적인 판단은 인간의 내면을 알 수 있는 유일한 존재인 신에게 맡겼다.

웨스턴보다 플리머스에 더 위협적인 존재였지만 자신을 훨씬 빨리 드러낸 사람은 라이포드(John Lyford) 목사였다. 1624년에 목사 후계자로 플리머스에 온 그는 지나치게 신앙을 과시하였고 불안정한 성품을 드러냈다. 그는 교회에 가까이 하기 위해 브래드포드 총독 및 플리머스의 지도자들을 자주 방문하였으나, 곧 플리머스의 불만 세력과 가까워졌다. 그리고 플리머스 정부의 불공평한 대우를 비난하는 편지를 런던 회사에 써 보내는 등 식민정부와 교회에 반대하는 음모를 꾀하였다.

결국 그는 아일랜드에서 목사로 있을 때 천하고 방종한 생활을 하여 교인들로부터 쫓겨난 과거까지 드러났고, 플리머스 법정 및 런던 회사의 조사와 심문에 의해 더 이상 목사직을 수행할 수 없다는 결정이 내려졌다. 하지만 브래드포드와 플리머스 정착민들은 끈기있게 그리고 자비롭게 그에게 속죄할 기회를 여러 번 주었으며, 그가 공동체의 조화와 안정을 위협한 후에야 비로소 추방결정을 내렸다.

그런데 브래드포드는 플리머스의 시련을 기술하면서도 "모든 위대한 행동은 항상 큰 위험과 함께 하였다"고 덧붙임으로써, 어려운 위기는 용기를 가지고 대처하여 극복해야 한다고 보았다. 공동체에 대한 고난과 위협은 공동체의 단결을 강화하고 성공에 대한 의지를 고무한다는 것이다.

브래드포드에 의하면 분리주의자들은 신을 믿고 의지하였기 때문에 자신들의 미래에 대해 비관하지 않았다고 한다. 그는 신이 인간의 행동에 잠재력을 부여해 준다고 믿었으며, 순례자들의 생활경험 속에 신의 성스러운 뜻과 보살핌이 드러나 있다고 보았다. "신은 자신이 선택한 사람들에게 자비와 권능을 베풂으로써 그들로 하여금 시련의 시기에 신에 의지하도록 하며, 선택받지 못한 사람들도 그것을 보고 신의 이름을 찬양하게 한다"는 것이다.

이처럼 역사에 대한 브래드포드의 신학적 해석은 플리머스 역사 전개에 대한 낙관적인 믿음을 갖게 했다.

역사관

그러나 브래드포드에게 있어서 역사는 복잡하고 모호한 것이었으며 인간의 역사에 대한 신의 계획은 불확실하였다. 그 한 예로 인디언들에 대한 플리머스의 개종노력을 들 수 있다.

플리머스인들은 옥수수작물의 재배법을 가르쳐 준 인디언들과 우호적인 관계를 맺고 그들을 개종시키려고 하였다. 하지만 그들은 식민지의 영토를 확장해 가는 과정에서 강하게 저항하던 피쿼트(Pequot)족과 잔인한 전쟁을 치러야 했다. 이후 플리머스는 매사추세츠, 코네티컷 등 뉴잉글랜드 식민지들과 연합하여 모히간(Mohegan)족을 동맹 삼고, 내러갠시트(Narra-gansett)족과 왐파노아그(Wampanoag)족을 공격하는 데 가담함으로써 야만적인 학살에 동참하였다.

무엇보다도 결론이나 끝맺음이 없이 1646년의 기록에서 갑자기 중단되고 있는 『플리머스 식민지역사』의 마지막 부분은, 브래드포드가 순례자들의 실험을 어떻게 평가했는지를 둘러싸고 이견을 불러 일으켰다. 2권이 플리머스에서의 죄악의 시작과 교회의 해체에 대한 이야기로 끝나기 때문에, 브래드포드가 공동체의 분열에 대한 슬픔, 절망, 패배감으로 플리머스 역사 기록의 막을 내린 것처럼 보였다.

1640년대에 대한 브래드포드의 기록은 내러갠시트족 인디언 추장의 살해, 브루스터의 죽음, 교회 구성원의 일부가 새로운 마을을 세우기 위해 이탈한 것 등 플리머스의 어두운 면을 다루고 있다. 플리머스를 떠난 사람들은 "마치 늙은 엄마를 버리고 떠나는 아이들처럼 이 가련한 교회를 버리고 갔다"고 기술하였다.

그는 2권을 쓰면서, 1617년의 기록인 "우리는 가장 엄숙하고 성스러운 유대 속에서 그리고 신의 성약 속에서 한 몸으로 결합하였다"라는 지면의 반대 페이지에, "사악한 사탄이 '세속적인 필요'라는 이름으로 가장하여 이 공동체를 손상시키고 성스러운 유대와 결속을 해체시키고 약화시켰다"고 기록하였다.

브래드포드는 플리머스의 식민지인들이 자유로운 정신과 의지에도 불구하고, 황무지에서의 가혹한 노동에 점차 지치고 쇠약해져 갔다고 개탄하였다. 무엇보다 '많은 자녀들이 검약하지 않는 생활을 하거나 나쁜 길로 빠져 들어갔으며 구속을 벗어나 부모를 떠나가는' 추세

를 안타까워했다. 이것은 브래드포드가 기대했던 천년왕국의 희망이
좌절되고 플리머스가 타락하였음을 묘사한 것이라고 해석된다.

플리머스 사회에 대한 브래드포드 말기의 인식은 확실히 자신과
동료들의 삶의 궁극적인 목적과 본질을 회의하고 있었다. 그의 역사서
에서 순례자들은 더 이상 신화적이고 영웅적으로 묘사되지 않고 새로
운 현실 상황 속에서 어려움에 직면하여 갈등하는 모습으로 묘사되었
다. 브래드포드는 청교도 혁명이 성공을 거둔 영국을 보고 고향에 대
한 향수와 감상에 젖는 모습을 보여 주기도 하였다.

하지만 브래드포드는 1640년대 말 플리머스의 변화는 종국적인
쇄망이 아니라 역사 주기에서의 일종의 하강국면이라고 이해하였다.
그는 비록 외적으로는 구성원의 일부를 새로운 교회에 뺏겼지만, ‘아
직 아이들의 애정을 받고 있는 옛어머니’로서의 플리머스 교회는 그
성공과 실패의 굴곡을 겪으면서 생존해 나갔다고 하였다. 즉 브래드포
드는 인간의 역사에 작용하는 신의 의지를, 인간 경험에 있어서의 밝은
순간들과 어두운 순간들 사이의 상호관계를 통해 조명하였던 것이다.

브래드포드에 의하면, 신은 우연한 일로 보일지 모를 사건에 개입
하여 상황을 변화시키는 모습으로 작용한다. 신의 뜻은 매우 복잡하고
다양하며, 인간의 양면적인 본성을 조화시켜 결국은 자비로운 결과를
초래시킨다. 하지만 그러한 신의 능력은 보통사람들에게는 쉽게 보이
지도 않고 이해되기도 어렵다.

예를 들어 순례자들이 네덜란드로 이주하기 위해 배를 타고 있을
때, 영국 정부 관리들이 들이닥쳐서 주로 여자와 아이들을 체포했다.
하지만 관리들은 그들을 감옥에 넣지도 못하고 집과 가구를 정리한
그들을 집으로 돌려 보내지도 못한 채 어떻게 해야 할지 몰랐다. 결국
영국 관리들은 어떤 이유로든 그들을 내쫓을 수 있다는 것을 기쁘게
생각하게 되었다.

물론 병약한 영혼을 가진 사람들은 이 과정에서 상당한 고난을

견뎌야 했지만, 여기서 브래드포드는 다음과 같은 교훈을 지적하고 있다. 즉 신이 인간을 보호하고 후원해주는 존재임에는 틀림없지만, 그 방식은 단순하지 않아서 고통을 주는 경우가 더욱 많다는 것이다. 신은 구원해 주는 것만큼이나 많은 고통을 겪게 하는데, 그 이유는 고통의 경험이 사람들의 믿음을 시험하여 보다 강하게 하고 사람들의 유대를 강화시키며 지나친 자만심을 막아 주기 때문이다. 그는 순례자들도 신과의 성약에 의해 복음의 동지애로 단결하여 모든 어려움을 감수하는 희생을 치른 후에야 비로소 '신의 자유민'이 되는 기쁨을 누릴 수 있었음을 상기시켰다.

이처럼 브래드포드는 신의 뜻이 작용하는 인간의 역사를 복잡하고 모호한 현상으로 해석할 수 있는 유연한 신앙을 지니고 있었다. 브래드포드는 인간 역사의 모든 것을 관장하는 신의 성스러운 손을 강조하기보다는 역사의 유동적인 변화체계에 더 관심을 보였다. 그는 순례의 과정을 엄격한 교리해석에 따라 정형적인 속죄의 시각에서 기술하지 않았으며, 신앙도 사회·경제적 변화에 의해 해체되고 재구성되는 역동적인 것으로 보았다.

브래드포드는 인간의 나약한 본질을 인정하고 그에 따른 선택의 혼돈과 갈등, 분노 등을 구체적인 인간행위를 통해 기술했다. 순례자들은 신의 은총의 선물에 대한 자신들의 임무를 알면서도, 자신들의 행위와 실천이 그 역량의 한계를 드러낼 것이라는 것도 알고 있었다. 브래드포드는 순례자들의 이러한 '정신의 이중성'과 갈등을 묘사하였다. 브래드포드에게 있어서 역사는 성공과 실패의 순환과 교체의 과정으로 이어지는 변증법적인 형식을 취하고 있었다.

대화와 설교

브래드포드는 플리머스 역사의 기술은 중단하였지만 다른 형태의 집필을 계속하였다. 1648년부터 그는 뉴잉글랜드에서 태어난 젊은 세대와 네덜란드 및 영국으로부터 온 구세대 사이에 세 편의 대화를 구성하였다. 역사와 신학에 대한 이 대화에서 젊은이들은 분리주의 교리의 의미와 분리주의 집회의 기원에 관하여 토론하였으며, 브래드포드는 솔직하고 어눌한 표현으로 교훈적인 이야기를 전해 주었다.

브래드포드는 1650년대에는 시(詩)의 형태로 전환하여 젊은 세대들에게 설교하였다. 예를 들면 '옛 영국과 뉴잉글랜드에서의 여러 가지 이단적인 교리에 대하여,' '새 플리머스에 대하여,' '뉴잉글랜드에 대하여,' '황무지의 우리들에게 베푼 신의 자비로운 행위에 대하여' 등이다.

그의 일곱 편의 시들은 서사적인 구성으로 이루어졌으며, 브래드포드의 시적인 재능을 보이기보다는 신의 진리를 경건하게 탐구하는 정신을 보다 잘 드러낸다. 또한 시의 형태를 빌어 도덕적인 진리와 경험을 표현하고자 했던 초기 뉴잉글랜드인들의 경향을 보여 준다. 브래드포드는 마지막 시에서 자신을 '행복한 변화를 기다리는 슬픈 인간'으로 묘사하였다.

이처럼 역사서, 대화편, 시 외에 브래드포드의 히브리어 학습장이 보존되어 있다. 그는 자신이 히브리어를 공부하는 이유를 다음과 같이 설명하였다.

비록 나는 늙어가고 있지만 내 두 눈으로 가장 오래된 언어이자 성스러운 언어를 직접 보고 싶은 욕망을 갖고 있었다. 그 언어로 바로 신의 율법과 말씀이 기록되었으며, 그 언어로 신과 천사들이 과거의 성인들에게 말씀하셨고, 그 언어로 창세기로부터의 모든 사물에 이름이 붙여졌다. 나는 히브리어를 많이 익히지는 못했지만 조금을 배우고도 모세가 멀리 가나안의 땅을 보았듯이 신선한 감동에 젖는다. 내 목표와 희망은 내 자신의 만족을 위하여 히브리어의 단어와 구절들이 어떻게 성스러운 책을 구성하고 있는가를 아는 것이다.

브래드포드는 1657년, 그의 생을 마감할 때까지 플리머스의 지도자로서 그리고 역사가로서의 생애를 살았다. 브래드포드와 그의 『플리머스 식민지역사』는 특히 1960년대 이후 역사가들의 관심을 끌면서 전형적인 초기 청교도 문헌으로 인식되었다. 플리머스의 분리주의 교리와 그 정착민에 관한 브래드포드의 기록은 그 글의 정확함과 문학적 예술성으로 주목을 받았다. 브래드포드의 글은 17세기 미국사에 대한 훌륭한 기술(記述)일 뿐 아니라 순례자들의 이주 및 정착을 풍부한 상상력으로 조망한 예술적 솜씨와 문학적 특성으로 인해 '미국의 고전'으로 예찬되고 있다.

2. 존 윈스럽

청교도 신앙

청교도들의 지도자인 윈스럽은 1588년에 영국 서포크(Suffolk)의 젠트리 가문에서 태어났다. 윈스럽의 아버지는 캠브리지 대학의 트리니티 칼리지(Trinity College)의 회계검사관이었다. 윈스럽도 14세에 그 대학에 입학하였는데, 이 때 심하게 앓았던 경험은 후에 그가 청교도로 개종하는 데 영향을 미쳤다.

그는 당시의 신사(gentry) 가문의 자제들처럼 트리니티 칼리지에서 2년을 채 보내지 않고 집으로 돌아가 1605년에 결혼하였는데, 이 때 윈스럽의 나이는 17세였다. 윈스럽은 신부의 결혼지참금으로 상당한 토지를 받았으며 곧 이어 자신의 아버지로부터 장원을 물려받았다.

25세 되던 1613년에 그는 런던의 법학원(Gray's Inn)에서 법률을 공부하였으며 다음 해에는 자신의 영지에서 치안판사로 활동하였다.

이 시기에 대하여 윈스럽이 1607년부터 1613년까지 쓴 글인 『경험』(Experiencia)에서, 그는 1606년에 자신이 '신과의 새로운 성약'

(Covenant)을 맺었다고 기록하였다. 즉 신의 은총을 입어 자신의 '자존심, 탐욕, 물욕, 허영, 교만, 나태함' 등을 고치기로 했다는 것이다. 그렇다고 해서 윈스럽이 특별히 세속적으로 탐욕적인 사람이었다고 생각해서는 안 된다. 그가 열거한 죄목들은 당시 전형적인 청교도가 속죄할 때 흔히 열거하는 것들이었다.

윈스럽의 생애에 있어서 첫시련은 첫번째 부인이 결혼 10년 만에 사망하고, 그의 두번째 부인도 결혼한 바로 다음 해인 1616년에 사망한 것이었다. 1618년에 30세의 윈스럽은 세번째 부인을 맞이하였지만, 서포크 지역의 경제위기가 가중되면서 늘어나는 집안 부양인구를 책임지기가 점차 어려워졌다.

그는 소득을 늘리기 위해 수입이 좋은 변호사 일에 몰두했으며 더 많은 일을 맡아서 했다. 그러다 1627년에 그는 런던에 있는 법원(His Majesty's Court of Wards and Liveries)의 평변호사로 임명되어 런던에서 지내야 했으므로 부인과 떨어져 살았다. 이들은 후에도 대서양을 사이에 두고 몇 년간 별거하였는데, 이 때 이들이 주고 받은 편지들은 두 사람 사이의 사랑과 신뢰를 보여 준다.

이러한 시련과 변화의 세월을 거치는 동안에 윈스럽은 독실한 청교도가 되었다. 로마 가톨릭 교회와 교황으로부터 독립하여 영국 국교가 성립되어 있었으나, 청교도 집단은 그 조직, 의식(儀式), 그리고 교리를 개혁하고자 하였다. 그들은 검소한 생활을 하면서 신이 계시한 가르침을 전도하는 데 헌신하였다.

그런데 1625년에 영국 국교도인 찰스 1세가 왕위를 계승한 후에 청교도와 왕권 및 국교 성직권과의 갈등이 심해졌다. 변호사로 일하던 윈스럽도 찰스 1세와 영국 의회 사이의 점증하는 갈등을 가까이서 접하게 되었다. 윈스럽과 청교도는 의회를 지지했지만, 1629년 3월에 찰스 1세는 의회를 해산했으며, 프로테스탄트 교도들에 대한 로마 가톨릭의 억압도 심하였다. 1629년 5월에 윈스럽은 부인에게 다음과 같은 편지를 썼다.

> 신은 항상 우리를 훈계하고 잘못을 고쳐 주었소.… 하지만 우리는 더욱
> 타락해 갔으며 이제 성령은 우리와 함께 하지 않고 마침내 분노할 것이오.
> 신은 다른 교회들을 멸망시켰으며 심지어 죽음에까지 이르는 고난의 잔을 마
> 시게 했소. 우리는 … 자신을 겸손히 낮추지 못하였고 신을 분노케 했으며 이
> 제 신은 그 컵을 우리에게로 향하고 있소. 우리는 마지막으로 고난을 받는
> 사람들이므로 바닥에 남은 찌꺼기까지 고난의 잔을 마셔야 할 것이오. 사랑
> 하는 부인, 나는 신이 곧 이 땅에 심각한 재난을 가져올 것이라고 믿소. 그러
> 나 외부의 재난보다도 더욱 힘든 일은, 이 타락과 부패를 이겨 내고 … 그리
> 스도 왕국에 대해 확신을 갖는 일이오. 만약 신이 그것을 보신다면 … 우리를
> 위해 피난처와 안식처를 제공해 주실 것이오.

드디어 영국 청교도의 일부는 자신들의 삶의 방식과 신앙이 옳다
는 것을 증명하기 위해 북미에 식민지 건립 계획을 세우기 시작했으며
뉴잉글랜드 회사를 조직하였다. 이 회사는 매사추세츠 만 회사로 재조
직되어 영국 왕 찰스 1세의 특허장을 받았다.

'성약' 의 공동체

청교도가 그들의 개혁을 실현하기 위해 신대륙으로의 이주를 결
정한 배경에는 영국의 종교개혁가 폭스(John Foxe)의 영향력도 작용
하였다. 그는 1550년대에 영국의 메리 여왕에 의해 행해진 개혁적 성
직자들에 대한 박해를 지적하면서, 속죄와 구원의 역사에서 영국이 중
심적인 역할을 수행하도록 신에 의해 선택되었다고 하였다.

청교도의 뉴잉글랜드 이주 결정은, 이처럼 폭스가 제시한 임무를
위해 영국이 깨어나도록 청교도 자신들이 모범이 되는 공동체를 신세
계에 건설하겠다는 의지에서 비롯되었다. 그들이 '새로운 영국'의 본

보기를 보임으로써 영국을 부패와 무기력 상태로부터 일깨우고 개혁의 지도적 역할을 하도록 고무하기 위함이라는 것이다.

윈스럽은 청교주의의 회중교회주의(Congregationalism)에 동조하거나 경제적 성공을 추구하여 식민지의 구성원이 되고자 하는 사람들로부터 식민지 건립 동의안에 서명을 받기 시작했다.

그는 뉴잉글랜드 식민지의 건립 필요성을 설명하는 글에서, 식민지의 건립은 첫째, 북미 원주민들에 대한 선교활동의 좋은 기회이며 둘째, 유럽 가톨릭 교회의 파멸에 대처하여 피신할 필요에 부응한 것이며 셋째, 영국의 인구는 너무 많고 교육과 종교가 부패해 있으므로 신세계에 '특별한 교회'를 건설함으로써 본보기를 보이기 위해 필요하다고 주장하였다. 이 '특별한 교회'는 회중교회제 형태를 의미했다.

1629년 10월에 41세의 윈스럽은 매사추세츠 만 회사의 총독으로 선출되었으며, 1630년 4월 8일에 윈스럽은 자신의 세 아들과 함께 아르벨라(Arbella)호에 승선하여 아메리카 대륙으로 향하였다. 약 400명으로 구성된 이 선발대와 함께 새로운 청교도 영국을 건설하기 위해 대서양을 건너면서 윈스럽은, 성직자가 아닌 신도로서 "그리스도교적 자비의 본보기"(A Model of Christian Charity)라는 설교를 하였다.

윈스럽이 아르벨라호 위에서 행한 이 설교는 청교도의 포부와 야망을 보여 주는 중요한 문건이다. 그는 자신의 설교에 권위를 부여하기 위해 자주 성경을 인용하면서, 청교도가 한 몸으로 결합해야 하며 정의롭고 자애로운 공동체를 건설해야 한다고 하였다. 왜냐하면 신의 특별한 은총을 통해 그리고 교회(Churches of Christ)의 허락으로 그리스도 공동체를 건립할 것을 신에 의해 위임받았기 때문이라는 것이다. "만약 우리가 평화의 유대 속에 단결하면 신은 곧 우리의 신이 될 것이며 우리들 가운데 기쁘게 계실 것"이라고 하였다.

윈스럽은 마태복음을 인용하여, 자신들이 모든 사람들에게 본보기가 되라는 신의 특별한 부름을 받은 사람들이며 그들은 '산 위의 성'

(City upon a Hill)을 세울 것이고 모든 사람들의 눈이 그들을 지켜볼 것이라고 하였다. 즉 "신을 찬양하고 서로를 사랑하며 신의 길을 따라 걷고 신의 명령과 율법을 지키며 그리스도와의 성약을 지킬 것을 명령받았다"는 것이다.

만약 그들이 성스러운 신의 의지를 지키고 따른다면 그들은 번영과 안정, 그리고 성공이라는 보상을 받을 것이며, 그러한 신의 선물이 증거한 바에 따라 영국과 다른 나라들도 뉴잉글랜드의 방식을 따르게 될 것이라고 하였다. 하지만 만약 그들이 신의 요청에 부응하지 못하고 임무수행을 제대로 하지 못하게 되면 그들은 신의 분노로 고통받을 것이라고 하였다.

신과 청교도 사이의 계약인 이 '성약'의 개념은 개인적인 구원의 토대이자 매사추세츠 식민국가와 교회의 토대였다.

정교일치의 사회

"그리스도교적 자비의 본보기"라는 설교에서 윈스럽은 에덴의 동산에서 시작하여 예수의 재림과 천년왕국을 향하여 나아가는 진보의 과정으로 역사를 해석하였으며, 그리스도교적 유기체론을 피력하였다.

윈스럽은, 인간 사회에는 불평등이 존재하며 그러한 불평등은 신의 창조의 다양함을 보여 주는 것으로서 공동체 안에서의 상호의존과 사랑의 실천을 고무한다고 정당화하였다. 즉 인간 육체의 여러 부분들처럼 사회의 구성원들은 각자의 독특한 기능을 수행하며, 전체의 복지를 증진시키기 위한 역할을 담당한다는 것이다.

따라서 각 성도(the saint)는 식민지사회에서 자신에게 적절한 수준으로 공헌할 것이 요구되었다. 하지만 이 유기체론은 매사추세츠의 공동체 원리로서 식민지인들에 의해 계속 이의가 제기되고 논의되었다.

그런데 매사추세츠 회사의 특허장은 다른 특허장과 달리 회사의 근거지를 명시하지 않았으므로 이주민들은 회사를 뉴잉글랜드로 이전하고, 청교도 식민지를 건립하는 계획에 비협조적일 수 있는 영국 왕정이나 다른 세력이 회사의 권한을 장악하는 것을 방지할 수 있었다. 또한 식민지를 다스릴 통치권이 매사추세츠 만 식민지에 부여되었기 때문에, 식민지는 자치정부를 실현할 수 있는 자유가 주어졌다.

식민지의 통치 권한은 매사추세츠 만 회사의 총회(General Court)에 부여되었고 총독도 총회에서 선출하였다. 총회는 식민지인들의 참정권 요구를 수용하여 각 마을에서 두 명의 대의원을 선출하여 총회에 참석하게 함으로써 주민대표들도 식민정부의 통치권에 참여할 수 있었다. 또한 '자유민'(freemen)에게는 식민정부의 관리들을 매년 선출할 수 있는 권리를 보장하였다.

그러나 특허장은 식민지 입법을 위한 정착민들의 동의를 규정하지 않고 식민지 입법과 시행의 모든 권한을 회사에 부여하였으므로, 새로운 식민지를 형성하고 그것을 청교도 공동체로 만들어 나가는 데 있어서 총독인 윈스럽과 지도자들에게 상당한 권력이 주어졌다. 신대륙으로 건너온 청교도 지도자들은 헤브라이 신학, 칼빈파의 교리, 영국의 전통 등을 추종하는 신정(神政) 국가를 수립하려는 열망을 가지고 있었다. 그들은 성서를 문자 그대로 신봉하고 인간에 대한 신의 관여와 교회 성직자의 세속적인 권위를 신봉하였다.

청교도 지도자들은 정치 권력은 신성한 사람들에게만 주어질 수 있다고 주장하였으며, 참정권은 청교도 교리를 믿는 정식 신도들에게만 제한하였다. 총회의 구성원도 교회의 회원인 '자유민'만이 될 수 있었다. 즉 청교도가 종교 뿐만 아니라 식민지의 정치를 지배하는 것이 보장되었다. 소수의 청교도 지도자들이 실질적인 권력을 행사했고, 식민정부가 종교적·윤리적 생활의 최고 판결자요, 집행관의 권한을 가짐으로써 매사추세츠 정치는 신정정치(theocracy)와 비슷하였다.

이처럼 매사추세츠 청교도들은 자신들을 '신에 의해 선택된 사람들'(God's Chosen People)이라고 믿고 종교적 과두제 사회를 형성하였다. 그리고 개인의 신앙의 자유를 찾아 신성한 사회를 건설하고자 하면서도, 다른 종파에게는 이러한 종교적 자유를 허용하지 않으려 했다. 자기 신앙의 완성에 대한 강한 욕구가 이들로 하여금 독선에 빠지게 했던 것이다. 모든 식민지인은 자기 마을의 교회에 출석해야 했으며, 각 가정은 자식이나 하인뿐만 아니라 방문 숙식자들도 교화시켜야 할 의무를 지녔다.

윈스럽과 그의 동료들은 식민정부의 정통성에 도전하는 사람들을 다른 곳으로 추방하였는데, 왜냐하면 건강하고 모범적인 사회를 해치는 세속적인, 혹은 종교적인 전염으로부터 공동체를 보호하고자 하였기 때문이다. 교회와 식민정부의 지도자들은 옛 이스라엘을 모델로 하여 새로운 공동체를 세웠으며, 형식적으로는 세속적 권한과 정신적 권한을 분리했지만 사실상으로는 정교일치의 사회였다.

이단들의 도전

그러나 매사추세츠의 정교일치와 엄격한 불관용 통치에 대해 곧 강한 저항이 일어났다.

먼저 급진적인 청교도인 로저 윌리암스(Roger Williams)는 정치와 종교의 완전 분리 및 영국 교회로부터의 청교도 교회의 독립을 주장했다. 또한 청교도가 인디언의 땅을 빼앗는 것을 비난하였다. 윈스럽이 매사추세츠 공동체가 신과의 성약에 토대한 '신성한 공동체'이며 따라서 세속적인 행정관리들의 권한은 신에게서 받은 것이라고 믿었던 반면에, 윌리암스는 행정관리들의 권한은 주민들로부터 나온 것이며 그들은 주민의 공복이라고 하였다. 따라서 행정관리들은 어떤 종교 문제에도 권한을 갖지 못하며 정착민들의 교회참석을 요구할 수도 없다고 주장했다.

결국 윌리암스는 매사추세츠 만 식민지에서 추방당하여 1636년에 지금의 로드아일랜드(Rhode Island)에 있는 인디언들로부터 땅을 매입하고 새로운 식민지를 건설하였다. 로저 윌리암스는 교회와 국가의 분리, 완전한 종교적 자유, 민주주의의 원리를 추구하며, 영국과 식민지에서 이단자로 몰리거나 박해를 받는 사람들을 받아들였다.

뒤이어 토마스 후커(Thomas Hooker)도 윈스럽의 신정 정치를 반대하였고, 정치적 권한의 토대는 무엇보다도 주민의 자유로운 동의에 있다고 주장하였다. 그는 1637년에 코네티컷 강 유역에 새로운 식민지를 건설하고 독자적인 정치제도와 자치정부를 수립하였다. 특히 '근대 민주주의 최초의 성문헌법'이라는 코네티컷 기본법을 채택했다. 이들 새로운 공동체들은 교회의 신도가 아니라도 투표권을 행사할 수 있게 하였다.

매사추세츠 공동체 내의 또 다른 이단자는 1634년에 보스턴으로 온 앤 허친슨(Anne Hutchinson)이었다. 그녀는 자신이 따르던 코튼(John Cotton) 목사를 따라 영국에서 왔는데, 윈스럽의 집 바로 길 건너편에 있는 자신의 집에 많은 추종자들을 끌어들였다. 그녀는 '자기 계시'의 교리를 전도하며 청교도 교회의 율법주의를 반대하였다.

그녀는 대부분의 목사들이 '신앙'보다는 '선행'을 설교하고 있다고 주장했다. 허친슨은, 거룩하게 됨(sanctification)이 곧 올바른 생활로 이끌어 주는 구원의 증거가 아니며 개종한 사람들은 그들 안의 성령의 존재를 발견해야 한다고 주장했다. 즉 믿음을 가진 자들은 좋은 일을 하는 능력이 아니라 바로 이 성령의 내재함을 찾아야 한다고 하였다.

허친슨의 명성이 높아지고 영향이 커져가면서 그녀는 매사추세츠 공동체에 더욱 비판적으로 되어 갔다. 그녀와 추종자들은 선행을 강조하는 소위 '율법주의자'(legalists) 목사들을 비판하였다. 그러다 1636년에 영국에서 도착한 지 얼마 안 된 23살의 청년으로 허친슨의 추종자인 베인(Henry Vane)이 총독으로 선출되자, 허친슨의 개혁운동은 명백히 윈스럽과 그의 신앙을 위협하게 되었다.

허친슨 추종자들의 주장은 매사추세츠 식민지가 토대로 하고 있던 '그리스도교적 자선'이라는 중심 이론에 대한 반발이었다. 허친슨 등은 선행에 의한 구원이 아니라 신의 직접적인 은총을 받는 것이 신앙의 증표라고 주장하면서, 신의 부름을 받았다는 식민지 관리들을 비난하고 더 나아가 그들을 사탄의 인도를 받는 그리스도의 적들이라고 하였다. 허친슨의 교리는 예정설을 부정하였으며 선택된 성도들과 신 사이의 약속을 믿는 성약(聖約)이론을 부인한 것으로서, 청교도 교회와 사회의 토대를 뒤흔드는 것이었다.

1637년 5월에 다시 총독으로 선출된 윈스럽은 그 해 11월에 허친슨을 심문하게 되었다. 허친슨은 상당한 신학적 지식을 가지고 윈스럽에 대응했으나, 매사추세츠 총회는 결국 그녀를 추방하기로 결정하였고 허친슨은 추종자들과 함께 로드 아일랜드로 떠났다.

허친슨의 설교와 활동을 둘러싸고 일어난 "신앙지상주의 논쟁" (Antinomian controversy)에 관해 윈스럽은 "반율법주의자들의 … 흥기, 지배, 멸망에 대한 이야기"(1644)라는 글에서 자세히 기술하였다. 그 글은 허친슨의 '가짜 가르침'이 결국에는 몰락하였다고 하면서 청교도 교리에 대한 윈스럽의 굳은 확신을 보여 주었다.

또한 허친슨 파동 이후, 총회는 "어떤 마을이나 사람도 치안판사 2명의 허가를 받지 않고서는 이 지역에 살고자 하는 이방인을 받아들여서는 안 되며 그들에게 어떤 땅이나 집도 허용해서는 안 된다"고 결정하였다. 이 명령은 식민지 경영의 중요한 권한을 치안판사들에게 허용하는 결과를 가져왔다.

윈스럽은 공동체의 안정을 저해할 수 있는 사람에게는 당연히 이주가 거부되어야 하며 그 권한을 치안판사들이 갖는다고 주장하면서, 총회의 명령이 치안판사들에게 부여한 권한을 옹호하였다. 그는 치안판사들이 정의에 대한 열정과 죄를 처벌한다는 신념으로 '참다운 그리스도교인의 거주를 거부하는' 잘못을 저지를 수도 있지만, 그럴 경우

교회지도자들과 주민들의 탄핵을 받게 될 것이라고 하였다.

윈스럽은 "여러 가지 불건전한 견해들이 식민지에 확산되고 그로 인해 … 형제애와 공동체 의식이 쇠약해지고 교회 법령들이 무시되는 식민지 상황에서 그러한 총회의 명령과 행동이 요구되었다"고 주장했다.

치안판사의 권한을 강화한 총회의 결정은 초기 매사추세츠 역사에 상당한 영향을 미쳤다. 그것은 식민지인들의 의사를 통제하는 정부의 권한을 증대시켰을 뿐만 아니라 교리에 대한 이의제기를 억제함으로써 교회의 권한도 증대시켰다. 국가는 성스러운 신의 명령의 수호자로서 교회를 보호하고 후원하는 책임을 가졌으며 이단을 다른 죄와 똑같이 처벌하였다. 또한 공동체의 신앙을 엄격한 도덕적 교의로 구속함으로써 식민지인들의 종교적 열정이 식어갔으며, 개종자들의 수도 줄어들었고 교인과 비교인 사이의 구분이 더 심해졌다.

그럼에도 불구하고 매사추세츠 식민지에는 해마다 많은 정착민들이 들어왔으며, 식민정부의 업무도 계속 증대하였다. 식민지 건립 후 첫 10년 동안 18개의 마을이 세워졌으며 대학이 건립되었다.

하지만 매사추세츠 식민지가 성장하고 번영할수록 식민 총독인 윈스럽은 새로운 도전들에 대처해야 했다. 특히 민주적 원리를 채택했으나 실질적으로 과두 지배체제였던 식민정부의 정치권력 분배를 둘러싼 갈등을 해결해야 했다. 교회 회원들에게만 정치적 참정권을 부여하는 제도에 대한 비판에 직면하여 윈스럽은 '신의 위대한 공동체' 건설을 강조했다.

또한 인디언들과의 계속되는 충돌도 윈스럽이 대처해야 할 문제였다. 더구나 개인적으로 윈스럽은 자신의 매사추세츠 영지의 관리 문제로 상당한 액수의 빚을 갚아야 했으며 1647년에는 아내까지 잃었다. 결국 매사추세츠 식민지의 초기 지도자로서 식민지의 형성과 발전에 큰 영향을 미친 윈스럽은 1649년에 62세의 나이로 사망하였다.

섭리의 역사

윈스럽이 죽은 다음 그에게 역사가로서의 명성을 가져다 준 책은 『연보』(*A Journal of the Transactions and Occurrences in the Settlement of Massachusetts and the Other New England Colonies, from the year 1630 to 1644*)였다. 『연보』는 매사추세츠뿐만 아니라 다른 뉴잉글랜드 식민지들과 영국에서 일어난 관련 사건들에 대해서도 상당한 자료를 담고 있으며, 그 어느 자료보다도 식민지 공동체에서 일어난 다양한 일들을 구체적으로 기록하고 있다.

그래서 코튼 마더(Cotton Mather)를 비롯한 당시 17세기 뉴잉글랜드 역사가들에 의해 주요 기본사료로 사용되었는데, 특히 프린스(Thomas Prince)의 『뉴잉글랜드 연대기사』(1736)와 허바드(William Hubbard)의 『뉴잉글랜드 일반사』(1815)의 중요한 토대가 되었다. 윈스럽의 『연보』는 윌리엄 브래드포드의 『플리머스 식민지역사』와 함께 초기 뉴잉글랜드에 대한 가장 중요한 기록 중의 하나이다.

매사추세츠 식민지에 대한 윈스럽의 관찰과 기록은, 약 20만 자에 달하는 세 권의 노트 분량으로서 100여 년 이상 필사본의 형식으로 보존되었다. 윈스럽의 필사본은 1790년에 처음으로 출판되었으며, 『1630년에서 1649년의 뉴잉글랜드의 역사』라는 제목으로 1826년에 완전한 내용이 발간되었다. 윈스럽은 필사본 1권에는 제목을 붙이지 않았지만 다른 두 권에는 『뉴잉글랜드 역사의 계속』이라는 제목을 붙여 자신의 기록을 단순히 공적인 기록이라기보다는 역사로 보았다.

『연보』는 사실적인 기록이 대부분이나 저자의 개성과 가치관을 강하게 보여 주는 내용들도 있다. 특히 윈스럽 자신의 종교적 경험, 비(非)분리주의적 회중교회신앙(Nonseparatist Congregationalism)의 본질, 무정부주의에 가까운 신앙지상주의(Antinominianism), 식민정부 관리들의 권한, 주민의 자유 등의 주제에 관한 글들은 매우 중요하다.

『연보』에서 윈스럽은 전 우주를 신의 섭리가 투영된 도덕적 질라고 보았다. 심지어 역사의 가장 사소한 사건들도 우연히 일어난 일이 아니라 순서에 의해 정해져 있는 것으로 여겼다. 모든 사건은 신의 뜻을 암시하는 것으로 해석되었기 때문에 사소한 사건들도 때로 자세하게 기록하여 그 사건들의 도덕적 중요성을 강조하였다.

윈스럽은 특히 매사추세츠 식민지인들이 낯선 신천지에서 겪은 여러 가지 고난을 통해 '신의 역사'를 기술하였다. 예를 들어 숲속이나 산길에서 길을 잃고 헤매다 살아 돌아온 정착민들의 생존에 대한 이야기를 통해 윈스럽은 '식민지를 위하여 신이 베풀어주신 특별한 역사'를 관찰하고자 하였다.

식민지인들이 새로운 땅에서 겪게 된 작은 고난이라 하더라도 그것을 극복하고 이겨낸 것은 모두 신의 특별한 은총에 의한 것이었다고 해석하였다. 윈스럽 아들 집의 창고에 있던 책 중에 영국 국교회의 미사통상문만을 쥐들이 갉아먹은 것도 영국 교회를 정화하고자 한 자신들의 신앙에 대한 신의 판단을 드러낸 것이라고 보았다. 이처럼 윈스럽에게 있어서 인간의 역사는 신의 궁극적인 목적을 보여 주는 수단이었다.

『연보』는 뉴잉글랜드에 대한 신의 특별한 관심을 드러낸 사건들에 초점을 맞추었는데, 기록되어 있는 사건들은 신의 은총과 신의 경고를 나타내는 두 개의 범주로 나누어진다. 윈스럽이 "그리스도교적 자비의 본보기"에서 말했듯이, 만약 성도들이 올바르게 살아간다면 신은 그의 은총의 표시를 보여 줄 것이고, 만약 그들이 타락하면 신은 일시적인 재난의 형식으로 경고를 보낼 것이다.

이러한 신의 사랑이나 미움의 표시들은 종종 공적인 사건들에서도 발견되었다. 특히 식민지의 자치를 훼손하려 하거나 그 지배권을 독점하려 한 사람들, 청교도 교회를 경멸하거나 식민지를 비방하던 불평분자들에게는 재산이나 생명을 잃는 등의 재난이 닥쳤다. 또한 주인의 명령을 무시한 하인, 부모를 돌보지 않고 자신의 이익만을 도모한 자식, 도적질 등 타락한 행위를 한 사람은 익사하거나 체포되는 등 '신의 처벌'을 받았다.

신은 사악한 자를 벌하듯이 한편으로 올바른 자를 보호해 주었다. 추운 겨울날 산속에서 길을 잃은 하녀가 무사히 집으로 돌아왔고 통나무 더미에 깔릴 뻔한 소녀들이 '신의 특별한 뜻에 의해' 몸을 피하였다. 오랫동안 비가 오지 않아 추수를 걱정하던 식민지인들이 죄를 속죄하고 기도하자 1주일만에 비가 와서 풍작을 하게 되었다.

이처럼 식민지인들의 적(敵)들을 벌하고 자신들을 축복해 주었던 일, 이 모든 일이 뉴잉글랜드인들에 대한 신의 관심을 보여 준 것이었다. 이러한 기록은 식민사회에 대한 종교적 메시지를 담고 있었으며 청교도의 도덕성을 강화하고자 했던 윈스럽의 의도를 보여 준다.

물론 매사추세츠의 평화나 풍성한 수확 등을 신의 은총의 증거로서, 그리고 좌절과 시련들은 사탄의 시험이거나 개혁의 필요성을 일깨우는 신의 경고로 설명한 윈스럽의 관점이, 이방인들에게는 자기 합리화로 보였을지 모른다. 하지만 윈스럽과 매사추세츠 청교도들은 신에 의해 부여받은 자신들의 특별한 역할을 굳게 믿었으며 역사 속에서 그것을 보여 주는 일들을 발견했던 것이다.

통치의 문제

또한 윈스럽은 식민지의 정치적 발전을 기술하면서, 정부체계의 구체적인 내용에 관한 합의를 도출하는 과정에서 제기된 다양한 견해들도 기록하고 있다. 즉, 선출된 지도자의 권한의 범위, 치안판사의 종신임명 문제, 식민지 의회의 상원과 하원의 상대적인 권한, 성문법과 행정법령의 범위 등에 대한 것들이다.

『연보』는 무엇보다도 매사추세츠의 치안판사 및 행정관리들의 권한을 둘러싼 식민지인들의 견해와 윈스럽의 입장을 잘 보여 주고 있다. 매사추세츠의 최고 의결기구인 총회는 입법의원들과 행정관리들로 구성되었는데, 두 집단 모두 자유민에 의해 선출되었지만 의원들은 식민지인들을 대변하여 공공여론을 식민정부에 반영하고 행정관리들은 행정조치와 판결에 대한 총회의 자문을 받도록 되어 있었다.

그런데 1643년에 입법의원들은 총회의 의사결정에 있어서 행정관리들이 갖고 있던 거부권을 없애려고 하였다. 윈스럽은 이에 대해 행정관리들의 거부권은 식민정부에 필수적이라고 하였다.

만약 거부권이 없으면 매사추세츠는 '가장 저급한 민주주의' 사회가 될 것이라고 하였다. "이제 만약 우리의 절충식 귀족정치를 민주정치로 바꾼다면 첫째로 그것은 우리 성서에 근거한 것이 아니다. 왜냐하면 이스라엘에는 민주정치가 없었기 때문이다. 둘째로는 민주정치가 되면 우리 스스로 비천해질 것이고 신의 섭리로서 우리에게 주어진 품위를 잃게 된다. … 민주정치는 모든 문명국가에서 제일 천하고 나쁜 정치제도로 간주되고 있다."

그러나 일부 청교도는, 죄인이라고 판명된 사람들에게 시행할 벌칙을 부과하는 권한을 총회가 치안판사들에게 부여함으로써 그들의 자의적인 통치를 가져왔다고 비난하였다. 즉 행정기능과 사법기능의 구분이 없다는 것이다.

그러자 윈스럽은 식민정부 및 그 기능의 토대나 근거가 임의적이지 않다는 것을 주장했다. 윈스럽은 총독직의 권위를 성경으로부터 구하였는데, 바로 신이 정부라는 개념을 만들었으며 총독은 신의 대리인으로서 역할하는 사람이라고 하였다. 치안판사도 신의 명령을 대신 수행하는 사람으로서 '지구상의 신들'이며, 그들의 판결은 '신의 지혜와 자비를 실행'하는 것이었다.

윈스럽은 "신이 자신의 법을 해석할 사람들에게 힘과 지혜를 주었으며, 식민지 인구가 늘어나면서 넘치는 죄에 대한 처벌은 치안판사들에게 맡겨야 한다"고 강조했다. 치안판사의 권한을 줄이는 것은 신의 선물인 지혜와 지식을 무시하는 것이며, 사람들의 죄를 통치하지 않는다면 죄가 식민지를 뒤덮을 것이라고 하였다.

　윈스럽은 자신의 권한남용에 대한 비난에, 식민지 총회에서 치안판사와 총독직의 권한에 대한 자신의 입장을 다음과 같이 설명하였다.

　　매사추세츠를 뒤흔든 가장 큰 문제는 치안판사들의 권한과 식민지인들의 자유에 대한 것이었습니다. 우리를 이런 직위로 부른 사람들은 여러분이었습니다. 여러분에게 부름을 받은 우리는 신으로부터 우리의 권한을 부여받았으며 신이 부여한 법령을 받았습니다. 그것을 무시하거나 위반하면 성스러운 분노의 징표로서 정의의 처벌이 내려졌습니다. 여러분이 치안판사들을 선택할 때 여러분과 같은 사람들 중에서 선택했다는 것을 생각해 보십시오. 즉 여러분이 우리의 나약함을 본다면 여러분 자신의 나약함을 돌아보십시오. 그렇게 함으로써 당신들은 우리와 보다 가까워질 수 있습니다. 그리고 여러분과 주위 사람들의 나약함을 보게 되었다면 치안판사들의 실수를 너무 심하게 비난하지 마십시오. 우리는 치안판사들이 성약을 깨지 않은 훌륭한 종복이라고 믿습니다. 여러분과 우리는 성약을 통해서 우리가 여러분을 통치하고 신의 법령과 우리 자신의 법령 그리고 우리의 최선의 능력에 따라서 여러분의 행위를 판단할 것을 맹세하였습니다.

　윈스럽은 주민의 자유에 대해서도, 자기가 하고 싶은 대로 하는 ‘자연적인’ 자유와 선하고 정당하며 정직한 것만 하는 ‘도덕적’ 자유를 구분했다. 그리고 식민지인들에게는 합당한 권위에 복종하면서 도덕적 자유만을 추구하라고 하였다. 윈스럽의 이 연설은 치안판사의 권한과 민중의 자유에 대한 청교도의 개념을 명확히 설명한 것이다.

　하지만 『연보』는 윈스럽의 정치적, 종교적 신념과 행동을 정당화하기 위하여 쓴 것만은 아니었다. 윈스럽과 청교도들은 역사적 행로의 이정표가 성경에 계시되어 있다고 믿었지만, 그 지도상에서 자신들의 정확한 위치를 찾는 것이 쉽지 않았음을 보여 준다. 즉 인간사의 모든 일이 신의 뜻이지만 그것은 항상 성공의 역사는 아니었으며 굴곡과 실패를 포함하는 것이었다.

윈스럽의 글에는 인간의 나약함, 특히 윈스럽 자신을 비롯한 다른 식민지 지도자들의 나약함을 드러내는 내용도 들어 있다. 예를 들어 윈스럽과 그의 경쟁자인 더들리(Thomas Dudley) 사이에 총독직을 사이에 두고 일어난 논쟁이 자세히 기술되어 있으며, 성직자들이 윈스럽의 의견에 반대하는 장면들까지도 포함되어 있다.

또한 윈스럽은 정치적인 내용과 더불어 사회 및 경제생활 그리고 자연현상에도 관심을 두었다. 그는 식민지인들이 개인적인 이익 추구를 도모하여 분쟁하는 것을 막기 위해 식민정부가 임금과 물가를 조종하고자 하였다는 것을 기록하였다. 그리고 재판을 둘러싼 여러 집단간의 갈등, 인디언 문제, 모피무역의 성장, 이민수의 증감, 해외무역의 경향, 날씨의 패턴과 농작물에 미친 영향, 그리고 지진의 발생과 결과 등도 기록하였다.

윈스럽의 『연보』는 신의 섭리와 그 실행에 대한 구체적인 기록이었다. 윈스럽은 매사추세츠 식민지의 지도자로서 식민지역사의 기록을 통해 17세기 미국의 청교도들이 세상을 어떻게 보았고, 그 속에서 자신들의 역할을 어떻게 수행했는가를 보여 주었다. 특히 자신들을 선택받은 사람들로 인식했던 청교도들이 새로 약속받은 땅에서의 개척 생활에서 보여 준 자신감과 확고한 의지를 기록하고자 하였다.

청교도들은 거칠은 자연을 정복하고, 이단자들을 추방하고, 인디언들의 음모를 분쇄하고, 영국 왕정으로부터의 위협을 물리친 사람들로 묘사되었다. 모든 사람이 평등하게 창조되었다고 믿지 않았던 윈스럽은 청교도의 위계적 사회와 '혼합 귀족주의' 정부라고 자신이 명명한 매사추세츠 정부의 역사적 정당성을 확신하였던 것이다.

참고문헌

Darrett B. Rutman. *Winthrop's Boston: A Portrait of a Puritan Town, 1630~1649*. Chapel Hill : University of North Carolina Press, 1965.

David Levin. "William Bradford : The Value of Puritan Historiography," in Everett Emerson(ed.). *Major Writers of Early American Literature*. Madison : University of Wisconsin Press, 1972. pp. 11-31.

Edmund S. Morgan. *The Puritan Dilemma: The Story of John Winthrop*. Boston : Little, Brown, 1958.

Everett Emerson. *Puritanism in America, 1620~1750*. Boston : G. K. Hall, 1977.

Floyd Ogburn, Jr.. *Style as Structure and Meaning : William Bradford's Of Plymouth Plantation*. Washington, D. C. : University Press of America, 1981.

John Winthrop. *A Journal of the Transactions and Occurrences in the Settlement of Massachusetts and the Other New England Colonies, from the Year 1630 to 1644*. Hartford : Printed by Elisha Babcock, 1790 ; James Savage . ed.. *The History of New England from 1630 to 1644*. 1826.

Perry Miller. *The New England Mind: The Seventeenth Century*. Cambridge : Harvard University Press, 1939.

Richard S. Dunn. "Seventeenth-Century English Historians of America," in James Morton Smith(ed.). *Seventeenth-Century America : Essays in Colonial History*. Chapel Hill, 1966. pp. 26-52.

————, *Puritans and Yankees: The Winthrop Dynasty of New England, 1630~1717*. Princeton : Princeton University Press, 1962.

Samuel Eliot Morison. *Introduction to Of Plymouth Plantation 1620~1647 by William Bradford, Sometime Governor Thereof*. New York : Knopf, 1952.

William Bradford. History of Plymouth Plantation···. Charles Deane (ed.). *Collections of the Massachusetts Historical Society*. 4th series, no.2. 1856; Samuel Eliot Morison. ed.. *Of Plymouth Plantation, 1620~1647*. New York : Knopf, 1922.

제3장

국민주의 역사학 : 뱅크로프트

조 지 형

조지 뱅크로프트(George Bancroft, 1800~1891)는 흔히 '미국역사학의 아버지'라고 불리운다. 하지만 그는 역사학을 전문적으로 다루는 직업 역사가는 아니었다. 오히려 그는 현실정치 속의 정치가·외교관으로서 19세기의 미국을 이끌었던 인물이었다.

그럼에도 불구하고, 아마추어 역사가인 그를 미국사의 아버지라고 칭송하는 이유는, 역사연구를 집단적 기억을 통하여 끊임없이 정체성을 찾아가는 의식적인 작업이라고 한다면, 뱅크로프트는 누구보다도 가장 먼저 미국인의 집단적 기억을 통하여 미국의 정체성을 명확하게 밝히려고 했던 역사가이기 때문이다.

따라서 "미국사는 뱅크로프트와 함께 성숙기에 도달하였다"[1]고

---

* 필자는 이화여대 사학과 교수

1) G. P. Gooch, *History and Historians in the Nineteenth Century,* 2d. ed. (London: Longmans, Green, and Co., 1913), p. 403.

말한 사학사가 구치(G. P. Gooch)의 평가는 미국을 하나의 역사 단위로 파악한 뱅크로프트의 역사서술을 긍정적이며 적극적으로 자리매김한 것이라 할 수 있다.

뱅크로프트는 바쁜 정치외교생활 속에서도 틈을 내어 미국뿐 아니라 프랑스·영국·독일 등 유럽 각지에 흩어져 있던 미국사 관계자료를 수집하는 데 놀라운 노력을 기울였을 뿐만 아니라 『미국사』(*History of the United States of America*)에서 낭만주의적 문체로 미국과 미국인을 자랑스럽게 묘사하였다.

현재의 관점에서, 그의 역사서술에는 여러 문제점들이 내재해 있다는 사실을 손쉽게 지적할 수 있다.[2] 그러나 우리는 이와 동시에 『미국사』가 동시대인들로부터 극도의 찬사를 받았다는 점을 기억해야만 한다.

1834년에 제1권이 출판된 이후 그의 일생에 걸쳐 여러 차례 제작·출판된 총 10권의 『미국사』는 당시로써는 이례적으로 영국에서도 출판되었으며, 또한 출판 즉시 독일어, 프랑스어, 이탈리아어, 네덜란드어로 번역되어 유럽 지성계에 소개되었다.

하버드 대학 시절 뱅크로프트의 지도교수였던 에드워드 에버렛(Edward Everett)은 『미국사』를 "미국에 대한 기억이 계속되는 한 '영원히' 계속 남을 저작"이라고 격찬하였다.[3] 또한 레오폴드 퐁 랑케(Leopold von Ranke)는 자신의 강의시간에 『미국사』에 대하여 "지금까지 민주주의적 관점에서 저술된 최고의 걸작"이라는 찬사를 아끼지 않았다.[4]

---

2) N. H. Dawes and F. T. Nichols, "Revaluing George Bancroft," *New England Quarterly*, 6(1933), pp. 278-293 참조.

3) Mark A. De Wolfe Howe, *The Life and Letters of George Bancroft*, 2 vols. (New York: Scribner's, 1908), I, p. 206.

4) *Ibid.*, II, p. 183.

　　뱅크로프트의 전기작가인 럿셀 나이(Russel Nye)는 이러한 그의 업적을 염두에 두면서 미국역사학에서의 뱅크로프트의 위치를 "그리스인들 가운데 헤로도토스가 차지했던 위치와 같이 확고부동한" 것이라고 평가하였다.[5] 미국인들이 최초로 미국의 역사담론을 통하여 미국인으로서의 역사의식과 정체성을 확고하게 갖게 된 것은 뱅크로프트의 헌신적인 노력의 결과였다.

　　오늘날의 관점에서 본다면, 뱅크로프트 이전의 여러 역사학자들은 지방 역사를 서술했을 뿐이다. 매사추세츠, 버지니아 등의 지방 역사서술로는 전 미국인을 하나의 운명공동체로서 묶는 역사적 정체성을 제공해 줄 수 없었다. 말하자면, 뱅크로프트는 역사서술의 대상을 확대하고 여기에 역사적 의미를 새롭게 부여함으로써 미국 역사담론의 문화사적 전환을 이룩하였던 것이다.

　　그리고 뱅크로프트의 문화사적 전환은 무엇보다도 미국혁명이 성공을 거두고 국민적 유대감이 충분히 발전하였던 19세기의 문화적 풍토와 이를 자신의 역사관과 역사서술에 충실히 재현할 수 있었던 그의 문화적 통찰력 때문이었다.

1. 미국역사학의 아버지

유럽 낭만주의의 영향

　　뱅크로프트는 1800년 매사추세츠 주의 우스터(Worcester)에서 태어났다. 그는 하버드 대학을 졸업한 후 1818년부터 1822년까지 독일에서 수학하고 유럽을 여행하였다.

　　그는 하버드 대학 학장이었던 존 커크랜드(John T. Kirkland)와

---

5) Russel B. Nye, *George Bancroft: Brahmin Rebel*(New York: Alfred A. Knopf, 1945), p. 188.

에드워드 에버렛 교수의 충고를 받아들여 성직자가 되기 위하여 괴팅
겐 대학에서 유학하였으며, 괴테와 쉴러의 작품을 비롯하여 독일문학,
정치학, 역사 등을 폭넓게 섭렵하였다. 그리고 크리스토퍼 다니엘 에
벨링(Christopher Daniel Ebeling)의 미국사 저작들을 숙독하였다. 유
학 기간에 뱅크로프트는 괴테를 직접 만나 그로부터 깊은 인상을 받
기도 하였다. 1820년 괴팅겐 대학에서 박사학위를 받은 뱅크로프트는
한 때 베를린에서 헤겔로부터 배우기도 하였다.

그리고 프랑스와 이탈리아를 여행하며 낭만주의 시인 바이런(Lord
Byron)을 만나 지적(知的)인 관계를 맺기도 하였다. 그러나 유럽 유
학과 여행은 오히려 뱅크로프트에게 성직과 신학에 대한 회의를 가져
다 주었다. 대신에 그는 유럽의 대문호들과의 만남 속에서 역사에 대
한 깊은 관심을 갖게 되었다.

1819년 그는 에버렛 교수에게 역사에 대한 자신의 큰 관심을 표
출하였다. 그는 역사학이 "항상 나의 흥미를 자아내었고, 나의 언어학
적 지식과도 잘 들어맞으며, 또 교회사를 듣고 있노라면 나의 신학 지
식과도 잘 들어맞을 뿐더러, 또한 내가 생각하기에 그것 '역사학'을 통
해 나는 쓸모 있는 존재가 될 수 있을 것"이라고 고백하였다.[6]

또한 유럽의 경험은 뱅크로프트에게 무엇보다도 낭만주의 사상
과 문화에 젖을 수 있는 기회를 가져다 주었다. 그는 괴테와 헤겔뿐
아니라 슐라이에르마허(Friedrich D. Schleiermacher), 헤르더(Johann
Gottfried von Herder), 볼프(Frederich A. Wolf), 아이히호른(Johann
G. Eichhorn) 등과 지적 교류를 통하여, 18세기의 계몽사상과 합리주
의를 거부하고 감성과 열정을 찬양하며 인간의 완전성과 선(善)을 강
조하는 낭만주의에 접하게 되었다.

---

6) Kirk Wood, "George Bancroft," in *American Hisotrians, 1607~1865*,
ed. Clyde N. Wilson, vol. 30 of *Dictionary of Literary Biography* (Detroit :
Gale Research Company, 1984), p. 9에서 재인용.

낭만주의의 지적 경험을 통하여 뱅크로프트는 인간이 양심을 통하여 정의를 구현할 수 있다고 신뢰하게 되었다. 그러나 그는 정의(正義)란 이웃에 대하여 자비심과 심미적 관점을 동시에 취해야 하는 결단이라고 생각하였다. 뱅크로프트가 말하는 정의는 이성에 못지않게 감성에 근거한 것이며 그 자신이 자애(自愛)와 다를 바 없이 인간 본성이라고 간주한 기독교적 이웃사랑에 근거한 것이었다.

이러한 뱅크로프트의 인간관은 인간이 우주의 영장이며 모든 인간은 하나님의 근본적인 인간미를 발견할 수 있다는 헤르더의 낭만주의적 믿음을 반영한 결과였다. 요컨대, 그는 낭만주의를 통하여 '인간의 선천적인 자연적 선(善)과 인류에 대한 무한한 신뢰'[7]를 가지게 되었던 것이다.

나아가 낭만주의는 뱅크로프트에게 현질서에 대한 날카로운 비판력뿐 아니라 사회가 완전하게 될 수 있다는 가능성에 대한 희망과 꿈을 제공하여 주었다. 1854년 "인류 진보의 필연성, 현실 그리고 약속"이라는 연설에서 그는 "모든 것은 움직이며 나아지고 있다"고 낭만주의적 진보관을 표현하였다.[8]

사실, 진보에 대한 그의 확신은 절대적인 종교적 믿음의 또 다른 표현이기도 하였다. 그는 하나님이 저 멀리 하늘에 있는 것이 아니라 인간 가운데 계시며 인간사와 모든 일을 통찰하고 섭리하고 있다고 믿었다. 그는 "하나님이 인간 속에서 역사(役事)하여 왔으며 역사하고 있다는 것은 인간 본성의 가장 고결한 표현일 뿐 아니라 인류 진보에 대한 완전한 보증"[9]이라고 강조하였다.

---

7) Nye, *George Bancroft,* p. 100.
8) George Bancroft, "The Necessity, the Reality, and the Promise of the Progress of the Human Race, 1854" in *Literary and Historical Miscella nies* (New York: Harper & Brothers, 1855), p. 517.
9) *Ibid.,* p. 505.

진보의 완성 : 미국 민주주의

뱅크로프트에게 있어 인류 진보의 가장 완성된 표현은 민주주의였다. 인간의 완전성과 선에 대한 그의 확신은 추상적이며 관념적인 차원에 머물러 있지 않고 구체적이며 현실적인 추동력을 가지고 있었다. 말하자면, 그는 각 개인의 완전성과 선을 신뢰하고 개개인이 동등하게 대우받고 존중되어야 한다고 믿었다.

그는 정부가 재산 있는 유력가들에 의하여 지지되고 유지되는 것이 아니라 시민 각 개개인의 능력과 자질에 의해 지지되고 유지되어야 하며 사실 또한 그렇다고 믿었다. 그는 1826년 독립기념일 축하 연설에서 "국민의 주권은 이 '나라의 통치'체제의 기초이다. 이론적으로나 실제적으로나 권력은 국민에게 있다"고 주장하였다.

그러나 그에게 국민의 중요성은 단순한 정치적 의미를 초월하는 것이었다. '국민의 소리는… 하나님의 소리'였기 때문이었다.[10] 이러한 일반 국민과 민주주의에 대한 신뢰에 근거하여 그는 유럽의 1848년 혁명들을 지지하기도 하였다. 그는 유럽이 비참한 상태에 있다고 보고 유럽이 이러한 상태에서 벗어나는 길은 국민의 주권을 인정하는 것 이외에 다른 방법이 없다고 말함으로써 민주주의에 대한 열렬한 열정을 피력하기도 하였다.

유럽에서 돌아온 후 약 10년 동안의 시기는 뱅크로프트에게 '실험의 기간, 다소간 실패의 기간'이었다.[11] 귀국한 직후 뱅크로프트는 하버드 대학에서 그리스어를 가르치고 설교를 하였으나, 이내 하버드 대학의 '낡은' 체제에 싫증을 내고 그만두었다. 대신 그는 하버드 대학 광물학 교수인 조셉 그린 콕스웰(Joseph Green Cogswell)과 함께 매

---

10) Howe, *Life and Letters of George Bancroft*, I, p. 186.

11) Watt Stewart, "George Bancroft," in *The Marcus W. Jernegan Essays in American Historiography*, ed. William T. Hutchinson (New York : Russel and Russel, 1958), p. 3.

사추세츠 주의 노샘턴(Northampton)에 라운드 힐 학교(Round Hill School)를 설립하였다.

또한 그는 그리스어와 라틴어의 문법서와 여러 번역서를 출간하였으며 여러 논문들을 『북아메리카 평론』(*North American Review*)과 『미국계간』(*American Quarterly*)에 기고하였다.[12] 하지만 8년 동안 라운드 힐 학교 교장으로서의 그의 활동 역시 그를 만족시켜 주지는 못하였다.

뱅크로프트의 사상은 당시 잭슨 시대의 민주주의 지도이념과 부합된 것이었다. 1826년의 독립기념 축하연설은 매사추세츠 주의 공화당의 주목을 끌었으며, 뱅크로프트는 비록 거절했지만 그 자신과의 사전승인 없이 주의회 의원에 선출되기도 하였고 주정부에의 입각제의를 받기도 하였다.

무엇보다도 잭슨(Andrew Jackson)과 잭슨 민주공화당의 관심을 끈 것은 『북아메리카평론』에 기고한 연방은행에 대한 뱅크로프트의 논문이었다. 연방은행 문제에 잭슨 행정부의 입장을 지지한 그의 기고문은 그의 민주주의의 열정과 사상을 반영하는 것이었다.

따라서 뱅크로프트는 잭슨 민주당과 자연스럽게 정치적인 관련을 맺게 되었다. 이러한 정치적 관련성은 그의 민주주의 사상의 소산이었으며 동시에 그의 사상을 강화시키는 원인이 되었다.

곧 그는 뉴잉글랜드 지방의 가장 유력한 민주당원이 되었다. 1844년 대통령 선거전에서 그는 열성적인 민주당 후보의 지지자였을 뿐만 아니라 직접 매사추세츠 주지사의 후보로 나서기도 하였다. 비록 그가 지지한 마틴 밴뷰렌(Martin Van Buren)이 민주당 대통령 후

---

12) 번역서로는 헤른(Arnold H. L. Heeren)의 『고대 그리스의 정치에 대한 단상』(*Reflections on the Politics of Ancient Greece*, 1824), 2권으로 된 『유럽과 유럽의 식민지의 정치제도사』(*History of the Poiitical System of Europe and Its Colonies*, 1829) 등이 있다.

보로 지명되지는 않았지만, 선거전에서 쏟은 그의 노력이 높이 인정
되어 포크(James K. Polk) 행정부의 해군부 장관으로 입각하였다.

그는 재직시 애나폴리스에 해군사관학교(Naval Academy)를 설립
하였으며, 직위보다는 공훈에 의한 승진·진급 정책을 실시하였다. 그
러나 새로운 인사 정책으로 그는 기존의 해군 장성들과 마찰을 빚게
되었고, 마침내는 주영대사로 임명되어 외교관의 길을 걷게 되었다.

그는 1849년에 귀국, 뉴욕에 정착하여 문필생활과 정치활동을 계
속하였다. 1865년에는 존슨(Andrew Johnson) 대통령의 의회 교서를
기초하기도 하였다. 그는 1867년에 독일대사로 발령받아 1874년까지
베를린에 머물면서 외교활동을 펼쳤다.

뱅크로프트는 외교관 생활을 즐겼으며, 학문적 목적을 위해 자신
의 외교관 신분을 적극 활용하였다. 그는 당대의 여러 유력한 문필가
들과 역사가들을 직접 만나고 풍부한 지적 교류를 할 수 있는 생활을
긍정적이며 가치 있게 생각하였다. 훗날 그는 랑케, 몸젠, 그리고 드로
이젠 등의 역사가들이 거의 매일 저녁에 집을 들러 환담하곤 하였다
고 회고하였다.

물론 비스마르크와 몰트케(Moltke)와 같은 유력한 정치인들이
뱅크로프트의 즐거운 환담객이었음은 굳이 언급할 필요가 없다. 또한
그는 외교관 신분과 지위를 적극 이용하여 여러 문서보관소와 도서관
에서 많은 사료들을 발굴하고 조사하였다.

1874년 뱅크로프트는 독일대사직을 사임하고 귀국하여 워싱턴에
정착하였다. 그리고 마침내 1834년 이후 저술해 왔던 『미국사』의 마
지막 권(총10권)을 탈고하여 출판하였다. 그 직후, 그는 『미국사』의
전권을 개정하기 시작하여 1876년에 독립 100주년 기념판 『미국사』
를 출판하였다. 이 개정판은 첫판과 마찬가지로 매우 인기가 있어 출
판년도에만 약 1만 8천부가 판매되었다.

하지만 100주년 기념판에 만족하지 않았던 그는 1885년에 여섯

권으로 된 '저자의 최종결정판'을 출판하였다. 그는 과도한 내셔널리즘적 논조를 줄이고 미국 노예제의 도입이 영국의 중상주의적 이익에 의한 것이라는 종래의 주장을 수정하였다.

『미국사』 이외에도 뱅크로프트는 2권으로 된 『미국 연방헌법 제정사』(*History of the Formation of the Constitution of the United States of America*, 1882)를 저술하였으며, 1889년에는 마틴 밴뷰렌의 전기를 출판하기도 하였다. 그는 생전에 셰익스피어와 포크, 그리고 앤드류 잭슨의 전기에 대하여도 저술하려고 하였으나 실천에 옮기지는 못하였다. 그는 1891년에 세상을 떠나 우스터에 묻혔다.

2. 미국 역사의 특수성

미국적인 것의 기원

『미국사』는 뱅크로프트가 그야말로 일생 동안 자신의 삶과 역사의식을 투영하여 저술한 역작이었다. 그에게 역사라는 학문이 주요 관심사로 떠오른 것은 아마도 1828년 이후라고 할 수 있다. 그러나 『미국사』라는 거대한 역사서술 기획이 실천에 옮겨진 것은 1830년대 초의 일이었다. 1834년 제1권이 출판된 이래, 정치인과 외교관 생활 속에서도 『미국사』에 대한 그의 관심은 계속 유지되어 왔다.[13]

『미국사』에서 뱅크로프트가 제시한 미국의 역사는 자유의 역사인 동시에 민주주의의 역사였다. 그는 미국의 자유의 역사는 영국으로

---

13) 제2권이 1837년에 출판된 후 어느 정도 규칙적으로 제3권(1840), 제4, 5권 (1852), 제6권(1854), 제7권(1858), 제8권(1860), 제9권(1866), 제10권 (1874)이 출간되었다. 100주년 기념판은 전 10권을 6권으로 간추린 것이며, 저자의 최종결정판은 1882년 출판된 『미국 연방헌법 제정사』를 포함시켜 6권으로 간추린 것이다.

부터의 독립을 선언한 미국혁명으로부터 시작되는 것이 아니라 아메리카 대륙을 발견하였을 때부터 시작되는 것으로 파악하였다.

　뱅크로프트는 미국의 민주주의적 정치·사회 제도의 맹아가 식민지 시대에 배태되었다고 확신하고 『미국사』의 상당 부분을 식민지 시대의 역사에 할애하였다. 그는 무엇보다도 여러 아메리카 "식민지들의 정신이 처음부터 자유를 요구하였다"[14]고 주장하였다.

　특히, 그는 1619년 버지니아에서의 하원(下院, House of Bur-gesses)의 소집을 강조하였다. 하원은 버지니아 식민지의 모(母)회사인 버지니아 런던회사의 승인 없이 버지니아 식민지의 자발적인 선거를 통하여 구성된 민주적 정치체였다.

　이러한 민주적 정치체의 구현이 흔히 미국의 민주주의의 상징으로 간주되는 1620년의 메이플라워 서약보다 앞선 것이며, 1619년 흑인노예들의 버지니아 식민지 도착보다도 이른 것이었다는 사실은 뱅크로프트의 특별한 관심을 끌었다. 그는 버지니아가 어느 식민지보다도 먼저 하원의 소집을 통하여 인민 주권의 원리, 보통 선거의 원칙, 과세의 원리 등을 확립하였다고 주장하였다.

　이러한 주장은 아메리카 식민지의 본질적인 정치·경제제도가 노예제가 아니라 민주적 제도였음을 강조하려는 것이다. 물론 뱅크로프트가 버지니아의 경우만을 강조하는 것이 아니라는 것은 재삼 강조할 필요가 없을 것이다.[15]

　뱅크로프트는 대체적으로 17세기 말이 되면 아메리카 식민지에서 자유와 독립을 향한 발전이 상당히 진행되어 실제로 미국혁명기에

---

14) George Bancroft, *History of the United States, from the Discovery of the American Continent,* 10 vols.(Boston: Little, Brown, and Company, 1874), I, p. vii(이하 *History*로 약기함).

15) 예를 들어, 메릴랜드 식민지와 플리머스 식민지의 경우에 관해서는 *ibid.,* p. 265, 320을 참조.

는 거의 발전할 것이 없는 상태였다고 주장하였다. 그에 따르면, 아메리카 식민지에서의 자유와 민주주의의 발달과 성장은 무엇보다도 자유를 애호하는 사람들의 존재에 의해 가능하였다. 특히, 유럽에서 아메리카로 건너온 사람들 가운데 가장 중요한 사람들은 '개인적 독립을 좋아하는 것으로 유명한 게르만 민족'[16]이었다.

그리고 뱅크로프트는 이러한 자유로운 사람들이 자유로운 삶을 영위할 수 있었던 특수한 아메리카적 상황을 강조하였다. 말하자면, 그에게 아메리카로의 이민은 17세기의 문화와 지성을 가진 앵글로 색슨족이 원시적 자연으로 복귀하여 그들 본유의 자유 추구의 기질과 성향을 유감 없이 발휘할 수 있도록 해 준 역사적 운동을 의미하였다.

일단 아메리카에 오면, 유럽과 달리 군주, 귀족, 성직자, 도시 조합들이 존재하지 않아 그들의 억압과 착취로부터 벗어날 수 있기 때문에, 아메리카 식민지인들은 자유를 적극적으로 추구할 수 있었으며 인간의 권리를 옹호하고 실천에 옮길 수 있었다는 것이다.

그러나 뱅크로프트는 아메리카의 특수성에 대한 지나친 강조를 경계하였다. 물론 그에게 아메리카란 젖과 꿀이 넘치는 약속의 땅이었다. 그러나 뱅크로프트는 아메리카가 광야(wilderness)가 아니라 에덴동산일 때 진정한 역사적 의미와 가치가 생성된다고 보았다.

이러한 에덴동산 은유는 미국의 독특한 인류적 사명과 운명을 강조하는 것으로 이어진다.[17] 에덴동산으로서의 아메리카는 단순히 발

---

16) *Ibid.*, II, p. 452. 게르만 민족의 역사적 중요성을 강조하는 뱅크로프트의 논의는 미국의 민주주의적 제도의 기원이 원시적 게르만 공동체에 있다고 주장하는 프리맨(Edward A. Freeman), 애담스(Herbert Baxter Adams), 피스크(John Fiske)의 원초적인 주장이라고 할 수 있다. Michael Kraus and Davis D. Joyce, *The Writing of American History,* rev. ed.(Norman: University of Oklahoma Press, 1985), p. 101.

17) Merrill Lewis, "Organic Metaphor and Edenic Myth in George Bancroft's History of the United States," *Journal of the History of Ideas,* 26(1965),

견되는 광야와 달리 원시적 자연을 가꾸는 노력과 근면 그리고 하나
님의 축복에 의해 유기적으로 발전함으로써 성취되는 것이다. 성취된
에덴동산은 자유와 평등의 원리를 구현한 미국헌법에 의해 부패와 쇠
락으로부터 수호되며 보존된다.

인디언과 노예제의 의미

이러한 맥락에서, 인디언은 비록 아메리카 원주민이지만 에덴동
산의 주인공이 될 수 없다. 그들은 민주주의적 정치원리를 전혀 인식
하지 못하며 본능에 의해 지배되는 존재이기 때문이라고 보았다.[18] 뱅
크로프트는 오로지 하나님의 섭리에 의해 자유와 평등을 실현하였던
아메리카 식민지인들만이 에덴동산을 건설할 수 있으며 보존할 수 있
었다고 주장하였다.

에덴동산으로서의 아메리카에서 노예제도의 존재는 뱅크로프트
의 논리적 한계를 보여 줄 수 있는 부분이었다. 그러나 무엇보다도 뱅
크로프트는 아메리카에서의 노예제도를 식민지의 '이해 혹은 희망과
관계없이'[19] 영국 등 유럽 국가들의 중상주의적 탐욕과 제국주의적
경제이익 때문에 식민지에 도입된 것으로 파악하였다. 달리 말하자면,
아메리카 식민지인들은 마지못해 노예를 소유하게 되었으나, 심정적
으로는 반노예제적이었다는 것이다.

뱅크로프트는 아메리카 식민지인들이 일반적으로 아프리카 노예
무역에 항상 반대해 왔다고 주장하였다. 환금작물(staples)의 과잉생
산과 이에 따른 가격하락 등으로 식민지인들은 흑인보다는 백인들의
이주를 오히려 갈망했으며 노예수입을 제한하는 입법을 추진하였다.
단지, "노동력의 즉각적인 필요 때문에 아메리카 플랜테이션 농장주

---

pp. 587-592.
18) *History,* II, pp. 274-275.
19) *Ibid.,* I, p. 159.

들은 노예제의 근본적인 악에 대해 외면"[20]하였을 뿐이었다는 것이다.

반면에 영국은 경제적 이익뿐 아니라 정치적 이익을 위하여 노예제를 유지·옹호하였다고 뱅크로프트는 지적하였다. 따라서 노예제도의 폐지는 에덴동산의 성취로 간주된다. 요컨대, 루이스(R. W. B. Lewis)가 지적한 바와 같이, 뱅크로프트가 에덴동산 은유를 통하여 보여 주려는 것은 "구세계에서는 인간이 최후의 기회조차 제대로 활용하지 못하고 참혹하게 실패하였으나 신세계에서는 인간이 두번째 기회를 확보하고 이를 성공적으로 활용하게 되었다는 사실"이었다.[21]

미국혁명의 의미

뱅크로프트에게 미국혁명이란 아메리카 식민지인들이 보여 주었던 자유를 향한 열정과 노력의 필연적 결과였다. 그에 따르면, 유럽의 폭정과 불법으로 초래된 고통과 역경 속에서도 자유를 본성적으로 추구할 수 있는 능력을 가진 사람들에 의해 아메리카 식민운동이 이루어졌다. 그러나 이민 그 자체로는 식민지인들이 유럽의 폭정과 불법으로부터 완전히 벗어날 수가 없었다. 따라서 미국혁명의 역사는 식민지 시대와 더불어 시작돼 영국으로부터 독립을 성취함으로써 절정에 도달하는 것으로 파악된다.

예를 들어, 뱅크로프트는 나산니엘 베이컨(Nathaniel Bacon)의 반란을 아메리카 원주민들과의 갈등 속에서 벌어진 사건으로서 이해하고, 이 사건에서 나타난 버지니아 식민지정부의 무책임한 아메리카 원주민 정책과 폭정을 맹렬히 비난하였다. 그는 베이컨의 반란을 버지니아인들의 민주주의적 열정과 자치의사를 표현한 '미국독립과 미국

---

20) *Ibid.*, I, p. 177.

21) R. W. B. Lewis, *The American Adam: Innocence, Tragedy, and Tradition in the Nineteenth Century* (Chicago: University of Chicago Press, 1959), p. 162.

국민성의 초기 전조(前兆)' [22]이며 '민중혁명의 예' [23]였다고 평가하였다.

미국혁명은 유럽 정치제도의 청산과 미국적인 민주주의 정치제도의 시작을 의미한다. 뱅크로프트는 미국의 공화제를 '아메리카에 내린 하나님의 선물' [24]로 찬양하였다. 그는 공화제를 아메리카의 오랜 자유전통으로부터 유래된, 그렇기 때문에 미국적 조건과 환경에 적절한 미국적 정치제도로서 옹호하였다. 그렇다고 해서 그가 식민 초기 역사에서 식민지인들이 영국으로부터 정치제도를 빌려 왔다는 사실을 전적으로 부정한 것은 아니었다.

그에게 중요한 점은 아메리카 식민지인들의 자유와 독립에 대한 열망 자체가 "사람의 손에 의하여 심어지거나 관계된 것이 아니라 수고와 길쌈(spin) 없이도 자라는 백합처럼 성장하였다" [25]는 사실이었다.

예컨대, 17세기 버지니아의 소수 집권세력에 의해 공교육이 거부될 위기에 처했을 때 그 제도가 계속 잔존·유지될 수 있었던 것은 버지니아 식민지인들의 '자유의 본능'과 '국민의 의식적인 지성' 때문이었다는 것이다. [26]

매사추세츠 식민지와 달리, 버지니아 식민지가 상당히 영국 귀족들의 비호 속에서 성장했으며 영국 사회의 연속적인 특성을 상당히 많이 간직하고 있었다는 점을 고려할 때, 이와 같은 뱅크로프트의 주장은 생득권으로서의 '영국인의 권리'보다는 아메리카의 자생적 권리를 강조하고 있는 것이라 할 수 있다. 비록 낭만주의적이며 종교적으로 표현되었지만, 그의 주장은 미국의 자치전통과 그 자연적인 결과로

---

22) *History*, II, p. 222.

23) *Ibid.*, II, p. 225.

24) *Ibid.*, VIII, p. 474.

25) *Ibid.*, III, p. 396.

26) *Ibid.*, II, p. 191.

서의 민주주의제도의 실현을 강조하는 것이라 할 수 있다.

뱅크로프트에게 있어 미국혁명은 한편으로는 미국 민주주의의 성장을 보여 주는 역사적 사건인 동시에 다른 한편으로는 하나의 통합된 국가로의 미국의 성장을 보여 주는 역사적 계기였다.

물론 통합된 국가로의 미국의 발전은 식민지 시대에 서서히 진행된 점진적인 것이었다. 뱅크로프트는 미국의 점진적 통합과정을 추상적인 이론의 귀납법적 실천이라기보다는 오랜 기간 동안 배어든 자유에 대한 열정과 감각이 현실 속에서 실천으로 옮겨진 결과로 파악하였다. 동시에 그것은 오랫동안 식민지인들의 마음 속에서 자라 온 식민지인으로서의 공동체적 감성이 실천으로 옮겨진 결과였다.

따라서 뱅크로프트의 『미국사』에서는, 아메리카 원주민들과의 갈등과 전쟁에 보다 체계적이고 강력하게 대응하기 위해 조직되었던 뉴잉글랜드 식민지연합(United Colonies of New England), 영제국으로부터의 독립의 결과로 얻어진 연합헌장(Articles of Confederation) 등과 같이 자유의 깃발 아래 아메리카 식민지들을 통합시켰던 역사적 예들이 강조되어 있다.

자유의 의미

그러나 뱅크로프트가 강조하는 자유는 단순히 정치적 의미에 한정되지 않는다. 그가 말하는 자유의 개념은 경제적인 의미를 포함하고 있으며, 이러한 경제적 자유가 정치적 자유와 더불어 아메리카 식민지인들을 묶어 주는 또 하나의 결속력으로 파악된다.

그의 경제적 자유는 무엇보다도 아메리카의 광야 이미지를 통해 적절하게 표현되었다. 그에게 아메리카는 식민지인들의 수고와 땀을 통해 경작되고 개발되기를 기다리는 장엄한 광야이며 미래의 풍요를 담고 있는, 그러나 현재에는 별다른 결실이 없는 광야였다. 아무런 봉건적 제약과 한계가 없는 프런티어로서의 광야는 식민지인들에게 자유방임 자본주의적 정책과 정신을 심어주었다.

따라서 뱅크로프트는 아메리카의 발전이 "원주민과의 예상되는 갈등에 의해서가 아니라 산업발달에 의해 성취되었다"[27]고 설명하였다. 이러한 맥락에서, 뱅크로프트는 미국혁명을 초래한 영국의 제국적 과세 및 경제정책이 식민지인들의 자유방임적 경제적 자유와 이에 근거한 평등주의를 침해하는 것이었다고 강조하였다.

이러한 자유에 대한 희구와 열망은 하나님의 섭리에 의해 인도되며 완성되는 것으로 파악된다. 모든 인간사는 하나님의 뜻에 따라 이루어진다. 그러나 특히 뱅크로프트는 아메리카 식민지의 정착과 발달만큼 '하나님이 그의 은혜로운 섭리와 사랑을 뚜렷하게'[28] 보여 준 사건은 없었다고 찬양하였다.

따라서 식민지인들의 자유에 대한 열망을 구현한 미국혁명은 하나님의 섭리에 의해 보장된 운명적 사건이었다. 뱅크로프트에게 미국혁명은 "지혜로우신 하나님이 결정해 놓은 변화이며 어떤 인간의 정책과 힘으로도 막을 수 없는 변화"[29]였기 때문이었다.

그러나 뱅크로프트는 이러한 자유의 진보와 그 혜택은 미국인들에게 국한되지 않는다고 주장하였다. 그는 하나님이 보장하고 섭리하는 "정의와 진리는 모든 시간과 장소에서 그리고 모든 사람들에게 동일한 것"[30]이라고 보았다.

섭리의 보편성이라는 맥락에서 뱅크로프트는 미국혁명의 정당성을 옹호하고 독립선언문에 나타난 자연권 주장을 해석하였다. 독립선언서에서 선포된 권리들은 어떠한 "인간의 제도보다 오래되었으며 미국보다 앞서 존재하는 영원한 정의로부터 유래"하였고 "어떠한 예외

---

27) *Ibid.*, III, p. 369.
28) *Ibid.*, IV, p. 15.
29) *Ibid.*, VII, p. 21.
30) *Ibid.*, X, p. 65.

도 없이 전 인류세계와 미래의 모든 세대들을 위하여" 선언되었던 것이다.[31] 뱅크로프트에게 역사를 움직이는 하나님의 섭리와 이를 구현한 독립선언서의 권리는 현실 속에 실재하는 존재일 뿐 아니라 동시에 보편성을 지니는 것으로 이해되었다. 이러한 논리 속에서 뱅크로프트는 미국의 역사와 발전을 보편적 질서, 가치 그리고 의미를 실현하는 것으로 고양시키고자 하였다.

뱅크로프트가 제기한 미국 역사의 가장 중요한 주제는 그의 전기 작가 럿셀 나이가 명확히 지적한 바와 같이 자유와 하나님의 섭리였다.[32] 그리고 이러한 두 주제는 통합성(unity)을 향한 진보로 표현되었다. 그것은 무정부나 독재를 거부하는 것인 동시에 개별적인 사건이면서 보편적인 사건으로 이해되었다. 역사가 리차드 비츔(Richard C. Vitzthum)이 뱅크로프트의 역사 주제를 '자유와 연방'[33]으로 내세우면서도 동시에 자신의 주장이 나이의 '자유와 섭리'와 배치되는 것이 아니라고 주장하는 것은 바로 이러한 논리적 맥락에서이다.

그러나 엄밀한 의미에서, 통합성을 향한 진보 혹은 연방이라는 역사 주제는 자유와 섭리가 구현되는 하나의 방법이며 발전 현상으로 파악되어야 한다. 만일 뱅크로프트가 미국의 역사를 미국헌법의 제정 시기까지 서술하지 아니하고 그가 생존했던 19세기 말까지를 모두 다루었다면, 연방이라는 역사 주제의 중요성은 상당히 축소될 수밖에 없었을 것이다.

---

31) *Ibid.*, VIII, p. 472.

32) Nye, *George Bancroft*, pp. 157-159.

33) Richard C. Vitzthum, *The American Compromise: Theme and Method in the Histories of Bancroft, Parkman, and Adams* (Norman: University of Oklahoma Press, 1974), p. 15.

3. 역사관과 역사서술

기독교적 역사관

뱅크로프트의 역사관은 기본적으로 기독교적 관점에 기초하고 있다. 하나님의 섭리에 의해 보장된 보편적 진보, 선민으로서의 미국, 그리고 하나님의 섭리의 실현으로서의 미국의 발달과 성장에 대한 관념은 미국의 청교적 전통에 입각한 역사관을 반영하는 것이었다. 어떠한 인간의 정책과 추동력도 하나님의 명령을 거스를 수 없다는 섭리적 결정론(providential determinism)은 뱅크로프트의 역사담론의 기초이며 틀이었다.

특히 뱅크로프트는 조나단 에드워즈(Jonathan Edwards)의 청교적 역사관을 이어받았다. 뱅크로프트는 원하는 것 자체를 축소하거나 확대할 자유는 없지만 원하는 것을 선택할 자유는 있다고 파악한 에드워즈의 신앙과 자유의지론에 의지하여 역사적 사건들을 해석하였다. 즉, 그는 역사 사건들이 하나님의 섭리에 따라 결정된다고 보았으나 인간의 자유의지를 거부하지는 않았다.

그에게 하나님의 섭리란 독단적인 것이 아니었다. 뱅크로프트는 종교적 "경건은 '하나님의' 법을 연구하고 법에 순종하며 법을 사랑하고, 오로지 완전한 순종을 통해서 완전히 자유롭게 되는 것이다. 왜냐하면 자유란 필연성의 산물이기 때문이다"[34]라고 주장하였다.

그러나 에드워즈의 역사관이 신의 분노와 심판을 강조하는 정통적이고 합리적인 것이라면, 뱅크로프트의 역사관은 하나님의 사랑과 진보의 축복을 강조하는 낭만주의적이고 직관적인 것이었다. 뱅크로프트에게 있어서 하나님은 '행복과 인간의 완전성 그리고 인간의 자유'[35]의 원천이었기 때문이다.

---

34) Howe, *Life and Letters of George Bancroft,* II, pp. 114-115.
35) *History,* IV, p. 155.

이러한 뱅크로프트의 적극적이며 긍정적인 기독교적 역사관은 신교주의에 대한 그의 미국적 해석에 기인한다. 뱅크로프트는 개신교(Protestantism) 종교개혁을 과거와 현재의 자유를 향한 진보 사이를 명확히 구분한 역사적 사건으로 간주하였다. 그는 루터의 '믿음으로 의(義)롭게 됨'(Justfication by faith) 원리와 칼뱅의 '종교의 공화주의적 정신'이 교회법의 구조와 교회의 위계조직을 파괴함으로써 인간의 내면적 중요성을 부각시키고 신앙과 양심의 자유, 나아가 하나님의 명령에 따른 행동의 자유를 공고히 하였다고 보았다. 칼뱅주의는 "인간의 본성과 인간의 권리에 대한 불변한 원리"를 선언한 "혁신적인 원칙"이었으며, 종교뿐 아니라 정치에도 적용되었다.[36]

그러나 유럽에서의 칼뱅주의의 예정설이 부패한 기존의 성직제도와 귀족제도에 대항하는 것으로 파괴적이고 부정적인 것이었다면, 미국에서의 칼뱅주의는 부패가 없는 프런티어의 원시적 상태에 대한 축복으로써 건설적이고 긍정적인 것이었다고 뱅크로프트는 평가하였다. 아메리카인들에게 칼뱅주의란 행복의 근원으로서의 하나님을 강조하고 신앙과 양심의 자유, 법 앞에서의 평등, 평등에 기초한 개인적 자유에 대한 확신을 의미하였다.

따라서 뱅크로프트는 칼뱅주의가 아메리카에서 자유에 대한 사랑과 민주주의 운동을 필연적으로 낳을 수밖에 없었다고 자연스럽게 주장하였다. 요컨대, 뱅크로프트에게 '민주주의는 실천적 기독교'[37]였던 것이다.

초월주의적 역사관

그러나 뱅크로프트의 인간관과 신관(神觀)은 정통적인 칼뱅주의적 신앙에 기초하였다기보다는 당시의 지적 풍토였던 초월주의(tran-

---

36) Howe, *Life and Letters of George Bancroft,* I, p. 216.
37) *Ibid.,* I, p. 4.

scendentalism)에 근거를 두고 있었다.[38] 인간에 대한 절대적 신뢰와 인간의 본질적인 선함에 대한 확신으로 윤색되어 있는 초월주의는 인간의 내재적인 직관 혹은 이성(Reason)을 통한 우주와의 교섭과 진리에 대한 완전한 이해를 이념적 중핵으로 삼는다.

계몽주의의 이성(reason)과는 뚜렷하게 구별되는 개념으로서의 이성(Reason), 즉 직관적 이성은 육체적인 오감과 전혀 다른 내면의 감각이며 지성의 세계로 열려 있는 창문인 동시에 하나님의 명령과의 교통을 통해 인간의 완전성을 성취하는 가장 고귀한 인간의 본성이며 능력으로 간주된다.

이러한 직관적 이성은 특별한 계급이나 집단이 배타적으로 가지고 있는 능력이 아니라 모든 인간들이 본성으로 가지고 있는 능력이다. 또한 그것은 "시간과 공간의 통제를 넘어서서 우리에게 영원한 그리고 보이지 않는 것들에 대한 믿음을 부여하는 능력이다."[39]

이러한 직관적 이성의 능력을 통해, 뱅크로프트는 진보하는 역사의 발전 속에서 실현되어 가는 하나님의 섭리를 이해할 수 있다고 주장하였다. 이러한 초월주의적 의미들은 자연스럽게 뱅크로프트를 구체적인 사건 자체보다도 그 이면에 있는 하나님의 섭리와 자유의 진보에 대한 이해를 더욱 중요하게 취급하도록 하였다.

동시에 모든 인간들에게 보편적으로 부여된 직관적 이성에 대한 강조는 민주주의적 정치 이론과 제도의 구현에 대한 찬양으로 이어졌

---

38) "조지 뱅크로프트는 미국에서 초월주의운동이 일어나기 전에 '이미' 초월주의자였다." Bert James Loewenberg, *American History in American Thought: Christopher Columbus to Henry Adams*(New York: Simon and Schuster, 1972), p. 248. 뱅크로프트의 초월주의적 사상을 보여주는 대표적 저작은 1835년의 연설문, "The Office of the People in Art, Government, and Religion"이다.

39) Bancroft, "The Office of the People in Art, Government, and Religion," in *Miscellanies*, p. 409.

다. 그는 "최상의 정부는 소수가 아니라 국민에, 재산이 아니라 개인
에, 권위가 아니라 여론의 자유로운 발달에 기초한다"[40]고 하였다. 초
월주의가 잭슨주의(Jacksonianism)의 철학적 기초였다는 것을 고려한
다면, 뱅크로프트가 자연스럽게 민주당의 민주주의적 정치 문화 속으
로 합류하여 정계에 입문하였다는 것은 그리 놀라운 일이 아니다.

유기체론적 환경결정론과 문화의 다양성

그렇지만 뱅크로프트의 역사관과 역사서술은 기독교적 혹은 초월
주의적 이념만으로는 설명할 수 없다. 그는 역사연구와 인식에 있어서
인간을 환경의 산물로 파악하는 유기체론적 환경결정론을 신뢰하였으
며, 특히 19세기 초의 독일 관념론의 영향을 받아 환경의 결정적 영향
력과 유전(heredity)을 강조하였다.

뱅크로프트는 현재를 언제나 과거의 직접적인 소산이라고 보고,
은유적 우연을 배제하려고 하였다. "자연에서 어떤 동물의 삶도 씨앗
이나 종자 없이는 존재할 수 없는 것처럼, 새로운 형태의 정치적 삶은
결코 존재하지 않으며 그보다 선행하는 것으로부터 유래되어 성장하
는 것이다."[41]

사실, 이러한 환경결정론적 사고는 당시 독일의 지적 풍토에 널리
확산되어 있었으며, 헤겔의 사상을 통하여 절정에 도달하였다. 비록
뱅크로프트는 헤겔의 이론을 충분히 이해하지 못하였지만, 몇 가지 헤
겔의 개념을 원용하였다.[42]

뱅크로프트에게 국민성이라는 언어는 세계를 깊이 이해하는 관점
을 제공해 주는 인식틀이었으며 예술, 제도, 법률 등의 모든 문화는

---

40) *Ibid.,* p. 421.

41) *History,* IX, p. 436.

42) John W. Rathbun, "George Bancroft on Man and History." *Wisconsin
Academy of Sciences, Arts and Letters,* 43(1954), p. 54.

'사람들의 조건'에 따라 고유하게 '전유되는' 것으로 간주되었다.[43] 따라서 각 시대는 그 시대의 독특한 문화를 가지며 각 '시대정신'은 역사적 개별성과 독특성을 갖는다. 그렇다고 해서 뱅크로프트가 역사가 갖는 인과관계의 끊임없는 연속성을 무시하였다는 것은 결코 아니다. 그는 각 '시대정신'이 이전의 시대로부터 유래하여 성장한다고 믿었다.

그럼에도 불구하고, 과거 소산으로서의 시대정신에 대한 뱅크로프트의 주장은 조심스럽게 다루어져야 한다. 왜냐하면 그는 문화와 시대정신의 무한한 다양성을 신뢰하였기 때문이다.

유전에 대한 강조는 다양성에 대한 그의 세심한 관심으로 보완되었다. 그는 인간의 성격에 있어서 성(sex)이라는 '보편적 구분' 이외에도 다섯 가지의 중요한 특질, 즉 인종적 · 민족적 · 가정적 · 개인적 · 연령적 차이를 강조하였다.[44] 그는 이러한 특질이 유전적 개선과 밀접하게 연관되며, 기후 · 연령 · 식생활 · 직업 등의 영향을 받아 인간의 성격이 무한적으로 다양하게 나타난다고 믿었다.[45] 이러한 다양성에 대한 뱅크로프트의 관심은 환경결정론과 문화결정론적인 시각을 보완하려는 노력이었다.

또한 역사의 연속성에 관한 뱅크로프트의 사고는 유기체론적 진보관과 밀접한 관련을 갖고 있다. 그는 한 문화 안에 존재하는 모든 것들이 서로 호혜적인 관계를 지니며 상호간에 진보하게도 하고 퇴보시키기도 하며 변용되기도 하고 충돌을 일으키기도 한다고 보았다.

그러나 문화는 역사적 독립성과 독특성을 가지고 있기 때문에 국가와 민족은 하나의 살아 있는 식물과 같이 성장하며 자신을 실현한다고 믿었다. 그에게는 문화란 유기체적 관계성을 지닌 총체성이었던 것이다. 따라서 다양한 문화요소들의 변용과 충돌을 통하여 국가와 민

---

43) *History*, II, p. 146.

44) *Ibid.*, IX, p. 501.

45) Rathbun, "George Bancroft on Man and History," pp. 56-58.

족은 내적 에너지를 갖게 되며 그 결과로 형성된 내재적 필요에 의하여 새로운 단계를 맞이하게 된다. 뱅크로프트는 이러한 유기체 법칙이 현실에 새롭고 보다 위대한 이상을 불러일으킴으로써 그 사회와 역사를 진보시킨다고 확신하였다.

이러한 맥락에서, 뱅크로프트는 미국혁명을 아메리카 사회의 내재적인 추동력에 의해 이루어진 유기체적 소산물로 파악하였다. 따라서 건국시조들의 노력과 지혜는 당시 미국의 문화적 발달 속에서 평가되어야 한다고 그는 생각하였다. 미국혁명을 통하여 이룩한 세계사적 발전과 공헌은 건국시조들의 지혜에 의한 것이라기보다는 아메리카 사회에 내재되어 있었으며 영국의 법과 통제에 수긍하기를 거부했던 미국 문화의 승리였다.

또한 다가올 미국의 위대한 역사발전과 점진적 진보는 미국 사회의 내재적 필연성에 의하여 보장된다고 파악된다. 뱅크로프트는 미국혁명을 미국 사회가 "스스로 만들어낸 것이지, 과거의 어떤 것을 복제한 것도 아니고 외적 추동력의 소산"도 아니라고 파악하고 미국 사회 "그 자신의 내적 본질을 실현"한 것으로 평가하였다.[46]

이와 같은 유기체적 역사담론을 통하여 뱅크로프트는 개인 혹은 민중의 지나친 강조를 피해 독재와 무정부의 양극단을 극복하고 이를 중재할 수 있는 방법으로서 다양성과 통일성을 동시에 구현하는 역사와 사회의 정당성을 강조하고자 하였다.

4. 맺음말

뱅크로프트는 미국 국민의 집단적 기억 속에서 하나의 주제를 통

---

46) *History*, VII, p. 354.

하여 미국과 미국인으로서의 정체성을 추구하였다. 그것은 다름 아닌 하나님의 섭리의 실현이면서 동시에 자유의 실현이었다.

자유는 하나님의 섭리에 의해 보장되었으며, 그 섭리는 자유의 진보에 의하여 구체화되었다. 식민지 시대로부터 미국혁명에 이르기까지를 서술하면서 뱅크로프트는 하나님의 호흡을 받아 숨쉬는 자유의 역사로서의 미국사를 보여 주기를 희구하였다.

섭리와 자유의 역사서술은 성격상 무엇보다도 잭슨주의적이었다. 민중의 소리를 하나님의 소리로 간주한 뱅크로프트의 민중에 대한 신뢰는 19세기 초의 잭슨주의를 구현한 것이었다. 그의 초월주의적 종교관과 인간관은 그의 역사서술에 지적 기초를 이루고 있었으며, 그의 낭만주의적 인간관은 민주주의의 필요성을 절대시하고 사회개혁을 고무하였다.

뱅크로프트의 인간의 완전성에 대한 신뢰와 사회의 완전성 추구는 역사연구를 세속적인 차원을 넘어서 종교적인 차원으로 올려놓았다. 그는 역사학을 자연과학보다 더 숭엄하다고 평가하였다. 그에게 역사학이란 ‘창조의 마지막 작품이며 영원무궁하신 하나님과의 관계 속에서 가장 완전한 존재’[47]인 인간을 다루는 것을 의미하였기 때문이었다. 따라서 완전한 존재로서의 인간을 다루는 역사연구는 역사의 사실을 조합하는 데 그치는 것이 아니라 사실의 이면에 있는 도덕적 진리를 발견하는 차원까지 고양되어야 한다고 믿었다.

뱅크로프트에게 이러한 역사연구의 작업은 고귀한 철학적 관념과 진리를 과거에 대한 “관찰을 통해 검증하는 것으로, 각 시대의 민족들의 실천을 통하여 도덕법의 흔적을 추적하며 정의의 리얼리티를 실험적으로 입증하고 귀납적으로 직관적 이성을 확인하는 것”[48]이다.

따라서 그의 역사연구와 역사서술의 주제가 잭슨 시대에 시작된

---

47) Bancroft, "Progress of the Human Race," p. 493.
48) *History*, VIII, p. 117.

낭만주의적 사회개혁운동의 지적·문화적 토대를 형성하는 데 커다란
역할을 담당하였다는 사실은 자연스러운 결과였다. 그는 '인간의 제도
란 항상 인간의 가슴과 지성을 반영하는 것' [49]이라고 믿었던 것이다.

　　이러한 맥락에서, 흔히 평가하듯이 뱅크로프트를 단순히 가위와
풀의 역사가로 폄하하는 것은 경계할 일이다. 그의 역사서술은 시대적
제약 때문에 가위와 풀의 역사서술일 수밖에 없었다고 평가되곤 한다.
그러나 그에게 가위와 풀의 역사서술은 '정의의 실체(reality)를 실험
적으로 입증'하기 위한 방법일 뿐이며, 그 한도 내에서 의미를 갖는
작업이었다.

　　랑케의 경우처럼, 뱅크로프트의 역사담론에서도 모든 사건과 모든
시대는 '신과 직결되어' 있으며 역사가의 가장 중요한 임무는 사실의
수집을 넘어서서 과거의 내적 본질을 추적하는 것으로 간주되었다. [50]

　　뱅크로프트는 구체적인 사실과 살아 있는 인간의 탐구를 통하여
신중하게 확인된 인과관계의 고리 속에서 도덕적 진리와 자유를 발견
하고 미국의 정체성을 찾으려고 하였다. 엄청난 사료의 수집과 분석에
도 불구하고, 그가 고집스럽게 가위와 풀의 역사서술을 통하여 자신의
목소리를 미국민의 소리로 승화시키려고 했던 것은 바로 미국 민주주
의의 열망과 이에 대한 하나님의 축복을 희구했던 그의 역사담론에서
비롯된 것이었다.

---

49) Bancroft, "Progress of the Human Race," p. 515.

50) Fritz Stern, ed., *The Varieties of History : From Voltaire to the Present*
　　(Cleveland : Meridian Books, 1956), p. 55; Peter Novick, *That Noble
　　Dream : The 'Objectivity Question' and the American Historical Profession*
　　(Cambridge : Cambridge University Press, 1988), pp. 27-29.

참고문헌

Bert James Loewenberg. *American History in American Thought: Christopher Columbus to Henry Adams.* York: Simon and Schuster, 1972.

Fritz Stern, ed.. *The Varieties of History: From Voltaire to the Present.* Cleveland: Meridian Books, 1956.

George Bancroft. *History of the United States, from the Discovery of the American Continent.* 10 vols. Boston: Little, Brown, and Company. 1874.

George Bancroft. *Literary and Historical Miscellanies.* New York: Harper & Brothers, 1855.

G. P. Gooch. *History and Historians in the Nineteenth Century.* 2d. ed. London: Longmans, Green, and Co., 1913.

John W. Rathbun. "George Bancroft on Man and History." *Wisconsin Academy of Sciences, Arts and Letters,* 43. 1954.

Kirk Wood. "George Bancroft" in *American Hisotrians, 1607~1865.* ed. Clyde N. Willson, vol. 30 of *Dictionary of Literary Biography.* Detroit: Gale Research Company, 1984.

Mark A. De Wolfe Howe. *The Life and Letters of George Bancroft,* 2 vols. New York: Scribner's, 1908.

Merrill Lewis, "Organic Metaphor and Edenic Myth in George Bancroft's History of the United States," *Journal of the History of Ideas.* 26. 1965.

Michael Kraus and Davis D. Joyce. *The Writing of American History,* rev. ed. Norman: University of Oklahoma Press, 1985.

Peter Novick. *That Noble Dream: The 'Objectivity Question' and the American Historical Profession.* Cambridge: Cambridge University Press, 1988.

R. W. B. Lewis. *The American Adam: Innocence, Tragedy, and Tradition in the Nineteenth Century.* Chicago: University of Chicago Press, 1959.

Richard C. Vitzthum. *The American Compromise: Theme and Method in the Histories of Bancroft, Parkman, and Adams.* Norman: University of Oklahoma Press. 1974.

제4장

혁신주의 역사학 : 터너

최　웅

1. 프런티어 이론과 미국역사

지역의 개념과 역사연구

프레드릭 잭슨 터너(Frederick Jackson Turner, 1861~1932)는 '프런티어 명제'(Frontier Thesis)의 창시자로 잘 알려져 있지만, 그는 또한 '지역 명제'(Sectional Thesis)를 창도하기도 하였다.

터너는 1861년 앤드류 잭슨 터너(Andrew Jackson Turner)와 메리 올리비아 터너(Mary Olivia Turner) 사이의 막내 아들로 태어났다. 그의 부계(父系)는 1634년에, 그의 모계(母系)는 1642년에 각기 뉴잉글랜드 지방에 이주한 집안이었다. 그의 아버지 잭슨 터너는 1858년 위스콘신 주의 포테이지(Portage)에서 그의 어머니 메리 핸포드를 만

---

* 필자는 전남대 사학과 명예교수

났다. 2년 뒤에 그들은 결혼했고 잭은 포테이지 인쇄소의 식자공으로 일하면서 그 곳에 자리잡았다.

포테이지는 당시 전형적인 중서부 지방의 수목이 우거진 소도읍으로 터너는 그 곳에서 학교와 교회에 나가는 일 외에 수영과 낚시와 사냥 등 중서부 지방의 일상생활을 즐겼다.

400권이나 되는 그의 아버지의 장서와 순회도서관으로부터 그는 당대뿐만 아니라 고전에 관한 광범한 독서를 하였다. 재학 시절에 성적이 우수하여 1878년에 포테이지 고등학교를 졸업할 때에는 특별상과 1등상을 받아 당시 부상으로 정평이 나있던 토마스 매콜리(Thomas B. Macaulay)의 『영국사』(*History of England*)를 받았다.

터너의 소년시절은 그의 생애에 많은 영향을 끼쳤다. 그는 아버지로부터 그 지방의 역사에 관한 애착과 지방 정치에 대한 관심(그의 아버지는 전적으로 공화당에 헌신하였다)을, 그리고 평생 동안 낚시에 대한 정열을 이어받았다고 회고하고 있다.

1878년 9월에 터너는 포테이지를 떠나 매디슨(Madison)으로 가서 당시 학생수가 500명도 안 되는 위스콘신 대학에 들어갔다. 고교 시절의 교육이 매우 불충분하여 터너는 예과생(subfreshman)으로 등록하였고, 첫해 동안은 그리스어, 라틴어, 기하학, 식물학 및 수사학을 공부하였는데, 평균성적 90.8을 획득하였다.

그는 2학기가 되자 척추수막염을 앓아 휴학하고 1881년 봄 학기에 복학하였다. 그는 역사에 관해 지속적인 흥미를 가지고 공부하였다. 특히 하버드 대학과 독일에서 새로운 과학적 역사방법을 교육받은 윌리엄 알랜(William F. Allen)으로부터 영향을 받았고, 1884년에는 우수한 성적으로 졸업하였다.

1884년 당시 역사학을 전공하면 고등학교에 교사로 가는 길은 있었으나, 대학에는 거의 자리가 없었다. 1881년까지만 해도 미국의 어떤 대학도 역사학 전임교수가 없었으며, 그 후 3년 뒤에 가서야 전국적으로 3개의 대학에 15명의 역사교수와 5명의 역사학 조교수가 있었을 뿐이었다. 그런 연고로 터너는 처음에는 생활 방편으로 저널리즘에 몸담아 『밀워키 센티넬』(*Milwaukee Sentinel*)지의 통신원으로 근무하였다. 1885년 봄에 그는 휴가중에 있던 알랜 교수의 강의를 메꿔 달라는 요청을 받았다. 이 경험이 터너로 하여금 자신의 장래가 대학에서 가르치는 데 있다는 확신을 갖게 만들었다.

그 해 가을 알랜 교수는 캠퍼스로 돌아왔다. 터너는 계속 위스콘신 대학에 머물면서 시간제 근무로 수사학과 웅변론을 가르쳤다. 위스콘신 대학이 1886년과 1887년 사이에 석사학위 수여를 개시하기로 결정했을 때 터너는 그 후보로 등록하였다. 석사학위 취득의 유일한 요구조건은 논문이었다. 그는 「위스콘신에 있어서 모피무역의 특성과 영향」(The Character and Influence of the Fur Trade in Wisconsin)이라는 제목의 논문을 써서 1888년 6월 석사학위를 받았으며, 위스콘신 주 역사학회(The State Historical Society of Wisconsin)는 그의 논문을 출판했다.

석사학위를 취득한 1888년 그는 새로 개설된 존스홉킨스 대학의 대학원 사학과에 진학했다. 당시 사학과에는 독일에서 레오폴드 퐁 랑케(Leopold von Ranke)의 지도를 받고 갓 돌아온 허버 백스터 애담스(Herber Baxter Adams)가 리차드 일라이(Richard Ely)와 함께 '세미나'라는 새로운 교수방식을 채택하여 가르치고 있었다. 터너를 비롯하여 우드로우 윌슨(Woodrow Wilson), 찰스 하스킨스(Charles Haskins), 찰스 앤드류(Charles A. Andrews)가 그의 문하생이었다.

그는 1890년 박사학위를 받을 예정이었으나, 1889년 위스콘신 대학으로부터 조교수의 제의를 받아 그 해 가을 메디슨으로 돌아왔다. 조교수로서 가족을 부양할 능력이 생기자, 그는 11월에 위스콘신 대학 대학원생 시절에 만난 매 셔우드(Mae Sherwood)와 결혼하였다. 이 결혼으로 1남 2녀를 갖게 되었으나 아들과 딸 하나를 병으로 잃는 불행을 겪어야 했다.

그러한 외중에서도 그의 학문은 급속히 전진하였고, 1889년 12월에 알랜 교수가 죽자 터너는 유일한 역사학 교수로 남게 되었다. 그는 박사학위를 취득하자 알랜 교수가 맡았던 과목까지 가르쳐야 했고 사학과장직까지 맡아 위스콘신 대학에서 촉망받는 정교수가 되었다.

그가 이와 같이 성장할 수 있었던 것에는 그의 박사학위 논문 「위스콘신 주에 있어서 인디언 무역의 특성과 영향: 하나의 제도로서의 무역거점에 관한 연구」(The Character and Influence of the Indian Trade in Wisconsin: A Study of the Trading Post as an Institution, 1891)가 1891년에 권위가 있었던 『존스홉킨스 대학 역사 정치학 연구지』(*Johns Hopkins University Studies in History and Political Science*)에 발표되고, 대학 은사들과 대학 동료들이 추천서를 잘 써 줌으로써 도움을 받은 덕분이었다.

다음 몇 해 동안은 터너에게 바쁜 나날이었다. 그는 대학의 여러 위원회에서 일했고, 시민 또는 사회 클럽에서 연설하고, 각종 강의를 하고, 논문을 심사하고, 그의 학과 확충과 수준 향상을 위해 로비 활동도 하였다. 이런 활동 중에서 특기할 것은 허버트 백스터 애담스 교수와 격이 벌어진 리차드 일라이 교수를 위스콘신 대학으로 초청하여 경제사분야의 새로운 강좌를 개설시킨 일이었다.

당시 위스콘신 대학에서의 그에 대한 대우는 그렇게 풍족하지 못하였다. 그래서 그는 섬머스쿨에서 강의하고, 공개강연도 맡고, 역사의 올바른 교육을 위하여 고등학교 역사교육의 장학사일도 하고, 또한 신문을 통해 활발한 문필활동을 폈다.

이러는 동안 그는 본격적인 저술은 등한시하였으나 그렇다고 연구를 게을리한 것은 아니었다. 그는 오랫동안 위스콘신 주 역사학회(The State Historical Society of Wisconsin)의 먼지긴 문서들을 탐독하였고, 1900년에 개관된 이 학회의 새 건물의 설계를 도왔고, 또한 그

관장으로 봉사하였다. 그는 지방사 연구의 필요성을 인식하였고, 특히 모든 실천적 역사가가 최선을 다하여 연구해야 할 분야는 지방사라고까지 생각하였다.

서부인으로서의 역사가

터너는 위스콘신 대학에서 새로운 학문적 실험을 시도했는데, 그는 미국 서부에 관한 과목 설치를 최초로 제안하였다. 그는 강의실에서 일방적인 주입식 강의를 하기보다는 학생들이 실제적인 역사연구 방법에 따라 '무엇'(What)보다는 '어째서'(Why)를 증명하는 증거를 찾도록 하는 데 주력하였다.

이러한 연구와 교육을 시행하는 동안 그에게 하나의 아이디어가 떠올랐다. 즉, 프런티어는 민주주의가 미국에서 탄생된 바로 그 장소이고 따라서 프런티어에 대한 연구가 미국을 유럽과 다르게 만든 것을 설명해 준다는 것이었다. 그런 생각은 터너가 처음으로 한 것은 아니었다.

1782년에 마이클 끄레브꿸(Michel de Crevecoeur)이 『미국농민으로부터의 편지』(*Letters from An American Farmer*)를 출판했는데 거기에서 그는 최근에 신세계에 도착한 한 이민이 겪은 경험을 소개하였다.

그 이주민은 정착지의 경계선까지 나아갔는데, 그 곳에서 그는 유럽의 복장을 벗어 던지고 변경인의 옷을 입을 수밖에 없었다는 것이다. 또한 거기에서 그 이민은 유럽의 사고방식을 던져 버리고 신세계의 사고방식을 채택해야 했다는 것이다. 그리고 또한 거기에서 그는 그의 옛날의 편견과 태도를 떨쳐 버리고 새로운 편견과 태도를 취해야 했다는 것이다. 요컨대 프런티어로의 이민은 프랑스인이나 영국인이나 독일인으로부터 미국인으로 변모시켰다는 것이다.

더 나아가 벤자민 프랭클린과 토마스 제퍼슨은 '안전판'(safety

valve)으로서의 서부에 관해 이야기하였다. 그것은 서부가 동부로부터 불만을 품은 자나 잉여노동자들을 흡수하고, 그럼으로써 유럽을 괴롭힌 저항분자와 불평분자를 진정시켰다는 것이다.

1865년에 발표된 고드킨(E. L. Godkin)의 「민주주의에 관한 귀족주의적 견해」(Aristocratic Opinions of Democracy)는 미국에 있어서 3백여 년에 걸친 서부지향운동이 예술과 문학에 대한 감상력을 결핍시켰고, 그 대신 물질적인 것에 대한 애착과 민주주의에 대한 확고한 신념과 그리고 권위나 이론에 대한 경멸심을 낳게 하였다고 주장하였다. 또한 고드킨은 서부지향운동이 미국인들로 하여금 실용성을 존중하도록 이끌었다고 주장하였다.

터너는 점차로 이러한 주장들이 모두 맞다고 확신하게 되었고, 그 이상으로까지 발전시켰다.

그는 동부와 중부 대서양 연안의 교수들이 서부에 대해 지닌 경멸적 시각을 싫어했다. 그러한 그의 혐오감은 미국제도의 기원이 대부분 독일의 산림 속에 있다는 생각에 동의하지 않게 하였다. 1890년에는 튜턴족 기원론(Teutonic Theory)이 미국대학에서 거의 정설로 되어 있었는데, 그러한 현상은 당시의 많은 미국 교수들이 독일에서 공부하여 독일을 이상화하였기 때문이다. 그의 은사 애담스 교수에 따른다면 뉴잉글랜드의 마을들은 중세 독일의 마을들을 본 딴 것이다.

그러나 터너는 프런티어를 미국제도의 탄생지로 보았으며, 1893년에 그는 그의 신념을 토로할 공개토론회를 갖자는 제의를 받았다.

그 해에 시카고에서는 크리스토퍼 콜럼버스의 영웅적 항해의 4백주년을 기념하기 위한 '세계 콜럼버스 기념박람회'(World Columbian Exposition)가 열리고 있었다. 박람회에는 당시의 경이적인 제품들의 전시만이 아니라 '세계역사가 및 역사연구협의회'(World's Congress of Historians and Historical Studies)를 포함하여 문학과 예술분야에서도 특별한 행사가 있을 예정이었다. 애담스 교수는 이 전시회에서 논문을 발표할 인사들에게 초청장을 보냈는데 그 중에는 터너도 끼어 있었다. 터너는 「미국사에 있어서 프런티어의 의의」(The Significance of the Frontier in American History)라는 제목의 논문을 발표할 것이라고 답신하였다.

프런티어와 미국역사

7월 12일 오후에 터너는 훗날 래이 A. 빌링톤(Ray A. Billimgton)이 「미국사학사의 독립선언」이라고 부른 상기의 논문을 발표하였다. 터너에 따르면 프런티어는 미국적 특성을 형성시키는 데 있어서 뿐만 아니라 다른 국가나 국민성과 구별되는 국민성을 조성시키는 데 있어서도 결정적인 요인이었다.

자유지의 존재, 그것의 연이은 서부로의 후퇴, 아메리카 이주지의 서부로의 전진, 이러한 것이 아메리카의 발전을 설명한다고 그는 주장하였다. 터너에게 있어서 프런티어는 정착민이 드문 지역일 뿐만 아니라 하나의 정신상태(a state of mind)로 '야만과 문명'이 공존하는 곳이었다. 그 곳은 개인주의, 강인성, 이완된 기업윤리, 그리고 민주주의가 지배적 특징이 되는 장소였다.

터너에 따르면 프런티어에서는 모든 사람의 경제적 수준이 비슷하고, 이러한 사정은 결국 변경인들로 하여금 평등과 보통 사람들의 복리를 위한 정치계획에 대한 확고한 신념을 지니도록 만든다. 이러한 신념은 개인주의, 기회의 자유, 부 취득의 고취뿐만 아니라 사회개혁을 위한 정부계획을 함축하는 것이었다.

더 나아가 터너는 프런티어가 그것을 얻고자 하는 자에게 개방되어 있는 풍부한 자원을 가진 '안전판'이었다고 선언하였는데, 이것은 서부인들이 국가의 천연자원은 개발되어야 된다고 생각했다는 것을 의미한 것이었다. 이러한 맥락에서 변경인들은 공유지가 생산적으로 이용될 수 있도록 가능한 한 빨리 사유지가 되기를 원했다는 것이다.

이러한 욕구는 결국 관대한 토지법, 정부지출에 의한 국토개발, 보호관세, 강력한 중앙정부를 선호하는 미국의 국민주의를 낳게 하였다고 터너는 주장하였다. 그러나 역설적으로 이러한 풍조는 또한 권위에 대한 전적인 혐오감, 개인의 창의성, 자유기업관념에 대한 매력을 불러일으켰다. 이러한 새로운 인간인 '미국인'은 행동하는 인간상으로 주목받게 되었다.

그러한 미국인은 유형적(類型的)인 것들을 만들어내는 데 뛰어났다. 그러나, 철학적으로 사색하거나 이론화할 여유가 없었다. 프런티어에서 그림을 그리거나 교향곡을 작곡하는 인간은 그림을 보아 주거나 곡을 들어 줄 사람을 얻지 못했다. 그러나 만일 토지를 경작하였다면 그 해 겨울 동안 줄곧 식탁 위에 음식을 마련할 수 있을 것이었다. 그러한 인간은 그의 노동으로부터 유형의 결과를 얻을 수 있었지만, 철학적 사색으로부터는 아무 것도 얻을 수 없다고 터너는 선언하였다.

그러나, 터너가 주목한 것은 1890년의 국세조사에 따른다면 서부에서의 자유지가 거의 사라지고 없어졌다는 것이었다. 이 이상 새로운 인생출발을 추구하던 젊은이나, 또 다시 인생의 출발장소를 고대하던 늙은이들은 프런티어에서 자유지나 심지어 값싼 토지를 발견할 수 없었다. 터너가 묘사한 대로 프런티어는 더 이상 '과거의 속박으로부터의 탈출구가 되는 새로운 기회의 영역'을 공급하지 않을 것이었다. 미국인들은 앞으로는 이 사실에 적응하지 않으면 안 된다.

그러나 역사가들에게 계속적인 프런티어의 물결에 대한 연구는 미국의 과거와 현재를 이해하는 열쇠가 된다고 터너는 말하였다.

그 날 미국 전지역에서 시카고에 몰려든 역사가들은 터너의 강연에 별로 감명받지는 않은 것 같다. 그 날의 발표를 요약한 연사들 중에서 터너의 이름을 주목한 사람은 별로 없었고, 그에 관해 언급한 유일한 기사는 시카고 신문 3면 기사였을 뿐이었다. 그의 논문은 먼저 위스콘신 주 역사학회지 『위스콘신 주 사학회 회보』(*Proceedings of the*

State Historical Society of Wisconsin)에 게재되었고 그 후 『미국역사학회연보』(*Annual Report of the American Historical Association*)에 게재되었지만 어느 것도 광범한 독자를 끌지 못하였다.

2. 프런티어 이론의 공헌

프런티어 이론을 둘러싼 논쟁

그러나 터너는 그의 새로운 이론을 가능한 한 많이 전파시키려고 노력하였다. 초청받은 여러 강연에서 그는 프런티어의 복음을 설교하였다. 심지어 신문의 논설을 통해서 그리고 『월간 대서양』(*The Atlantic Monthly*)과 같은 대중잡지의 논설을 통해서 자신의 이론을 퍼뜨리려고 노력하였다.

때로는 연설의 열기 속에서 청중의 반응을 느꼈을 때 터너는 프런티어의 영향에 관해서 터무니없는 주장을 할 충동을 받기도 하였으며, 이 때문에 훗날 1930년대와 1940년대의 수정론자로부터 비판을 받기도 하였다.

그러나 용어와 각주를 신중하게 선택한 그의 학술논문에서는 그런 터무니없는 주장을 하지 않았다. 아마 프런티어에 관해 쓴 글 중 가장 훌륭한 글은 1894년에 나온 『존슨세계대백과사전』(*Johnson's Universal Encyclopedia*)에 실린 글이 아닐까 한다.

여기서 그는 프런티어를 "인디언 무역상인들, 사냥꾼들, 광부들, 목장인들, 변경개척민들 그리고 여러 종류의 모험가들이 여기 저기 흩어져 사는 지대"라고 정의하였으며, 그리하여 그는 프런티어는 미국인들 속에 정열적이고 독립적인 정신을 심어 주고 그 결과 실용적이고 창조적 인간을 만들어 낸다고 주장하였다.

터너의 명성은 그의 글과 연설에 의해서보다는 대학원생들과 그의 추종자들에 의해서 더 많이 번져 갔다. 그 후 1930년대에 점차 수정이론이 나올 때까지 수많은 터너 지지자들은 미국 학계를 휩쓸면서 프런티어 이론의 장점을 강의하고 이 개념에 입각해서 책과 논문을 썼다.

이런 논쟁 덕분에 터너는 그 당시 일류 역사가들 사이에서 점점 명성을 얻어 갔다. 점점 더 많이 그는 『월간 대서양』(*The Atlantic Monthly*)이나 『네이션』(*The Nation*)과 같은 주요 간행물에서 서평을 써 달라는 청탁을 받기도 하고, 주요 신문이나 잡지에서 기고해 달라는 요청을 받았다.

그러나 터너는 마감 날짜를 맞추는 일이 드물고, 그의 글이 얼마만큼의 분량이 되는지를 가늠하지 못했다. 그래서 그는 1897년에 『월간 대서양』의 월터 H. 페이지(Walter H. Page)에게 글을 쓴다는 것은 가능하면 피해야 할 고통스러운 작업이라고 실토했다. 또한 그의 서평은 너무나 정직하였기 때문에 많은 친구들과 사이가 멀어졌다. 그리하여 다시는 서평을 쓰지 않겠다고 맹세할 정도였다. 이렇듯 그는 앉아서 글쓰는 것은 싫어했지만 낚시, 사냥, 독서나 연구는 좋아하였다.

학문적 명성이 올라감에 따라 터너는 출판사들의 추적의 대상이 되었다. 그는 출판사의 요청을 거절하는 일이 거의 없었다. 헨리 홀트(Henry Holt), 맥미란(Macmillan), 맥쿨루어 (A. C. McCllure), 그리고 휴튼 미플린(Houghton Miffllin) 등의 출판사들이 계약을 제의하여 서명하였다. 그가 쓰기로 계약한 서적은 초등학교(grammer school), 고등학교 및 대학의 교재, 조지 클라크(George R. Clark)의 전기, 서부의 주 건설에 관한 것들이었다.

그러나 원고료의 선불, 꽤 많은 인세의 약속, 원고 도착을 촉구하는 곤혹스러운 독촉장에도 불구하고 이들 약속된 작품 중 어느 것도 출판에 이른 것은 없었다. 터너는 약속은 잘했지만 이행은 못하는 사람이었다. 레이 빌링톤은 "터너는 완벽주의자이나 성품이 꾸물대는 성향이 있어서 중요한 책을 써내는 데 필요한 지속적 노력을 견디기 싫어하고, 광범한 주제에 요구되는 불완전한 설명을 기록에 남겨 두기를 싫어하였다”고 말하였다. 오직 하퍼(Harper) 출판사만이 터너에게서 겨우 한 권의 책을 얻어 낼 수 있었다.

1899년 미국역사학회(The American Historical Association)는 ‘과학적 역사가’의 최고 수준을 구현시킬 여러 권으로 된 연구서를 구상하였다. 편집위원장인 앨버트 B. 하트(Albert B. Hart)는 터너와 계약을 맺고 망설이는 터너로부터 원고를 끌어내는 데 힘썼다. 그가 약속된 기한을 넘기면서도 써낸 원고는 너무나 길었고, 참고문헌 제시도 배당분량을 두 배나 넘겼다. 그러나 그 노력은 값있는 것이어서 1906년에 『신서부의 흥기, 1819~1829』(*Rise of the New West, 1819~1829*)라는 제목의 책으로 출판되어 호평을 받았다.

1896년 위스콘신 주 사학회는 「드레이퍼 문서집」(Draper Collection)을 공개했다. 이 문서집은 애팔래치아산맥 서쪽의 프런티어에 관한 자료로 드레이퍼가 일생 동안 모은 것이며 자료집은 약 400권이나 되었다. 이즈음 새로 나올 「역사학보」(American Historical Review) 편집을 맡은 제이 프랭클린 제임슨(J. Framklin Jameson)은 터너에게 창간호에의 기고를 청탁했다. 그러자 터너는 드레이퍼 문서집의 자료를 이용하여 「서부에서의 주 건설」(State Making in the West, 1772~1789)을 써냈다. 그에게 할당된 매수는 16면이었으나 완성된 그의 논문은 35면이나 되었다.

이 논문이 발표되자 전국역사문헌위원회(National Historical Manuscripts Commission)는 터너에게 드레이퍼 문서집의 편집을 의뢰했다. 그가 편집한 문서는 1896년도 「미국역사학회년보」에 실렸는데 이 길이는 200면에 달했다.

터너는 외교사에도 관심이 있었다. 그는 프랑스에 있던 복사자가 제공해 준 프랑스의 문서를 토대로 프랑스 혁명 후 임명된 초대 미국

공사인 시민 쥬네(Citizen Genét)에 관한 문서집을 간행하기에 이르렀다. 그러자 터너는 전국역사문헌위원회에서 일하고 있던 워싱턴 포드(Washington C. Ford)로부터 1791~1797년 사이에 미국에 파견된 세 사람의 프랑스 사절에 관한 문서를 편집해 달라는 요청을 받았다. 1년 후 그는 1000면 정도의 『주미 프랑스 공사들의 서한집』(*Correspondence of the French Ministers to the United States, 1791~1791*)을 편집하여 출간했는데 당초 계획은 100면 정도였다.

지역주의 개념의 부각

그는 미국사를 연구하면서 미국의 역사가 어떻게 지역간의 대립, 즉 북부와 남부, 동부와 서부 사이의 대립의 역사가 되었는가에 항상 관심을 가졌다. 1890년대 말까지 지역주의(Sectionalism)에 관해 광범위하게 사료를 읽고 대학원생에게도 이 방면에 관심을 갖도록 했다. 1899년 전국히바트학회(National Hebart Society)가 재발간을 위하여 그의 논문 「미국사에서 프런티어의 의의」의 수정을 요청했을 때 그는 지리와 지역주의를 강조하였으며 각 지역을 '구세계의 각 국가들'과 견주었다.

세기의 전환기까지 해서 그는 미국은 여러 지역의 연방체이며 각 지역은 지리, 이민형태, 경제에 있어서 독자성을 갖고 있고, 이들 지역들의 상호작용과 융합이 미국민들을 하나의 '복합적'국민으로 만들었다고 확신하였다. 각 지역은 그의 제도를 유럽으로부터 끌어왔지만 새로운 나라로 정착하는 가운데 일어난 지방적 조건에 따라 이들 제도를 수정했다는 것이다. 이 새로운 나라의 각 지역은 서로 지리가 다르기 때문에 지역간에는 서로 차이가 생긴다는 것이었다. 반면에 이 명제는 터너로 하여금 역사가가 지역주의를 이해하기 위해서는 지리학, 사회학, 문학과 같은 역사 이외 학문분야의 학자들의 협력을 끌어들여야 할 필요가 있다는 것을 믿게 하였다.

여러 해 동안의 연구와 조사 후에 그는 이 명제, 즉 '지역주의'를 제창할 준비를 갖추었다. 그가 이용한 기회는 1907년 12월에 위스콘신 주의 매디슨에서 열린 미국역사학회의 모임에서 이 제목에 할애된 분과토론회였다. 하지만 그 결과는 실망스러운 것이었다. 왜냐하면 그의 동료학자들은 역사에 있어서 인과관계의 한 요인으로써 지리를 인정하지 않거나 단순히 이 토론을 따분해 하였기 때문이었다.

그러나 그 후에도 미국사 이해에 있어서 지역주의의 중요성을 꾸준히 설명해 나갔다. 1904년 2월 터너는 하버드 대학에서 한 학기 동안 강의하게 되었다. 그러나, 미국 서부에 관한 강의에 등록한 학생수는 실망적이었다. 이러한 사정은 그 해 여름 캘리포니아 대학의 버클리 캠퍼스에서도, 1906년 동대학의 여름학기에서도 마찬가지였다.

20세기에 들어오면서 거의 10년 동안 터너는 위스콘신 대학의 사학과를 충실하게 하는 데 힘을 기울였다. 이 동안에 그는 수많은 제자를 길러냈는데, 그 중에는 역사이론의 칼 벡커(Carl Becker), 노예제도의 울리히 필립스(Ulich B. Phillips)가 있다. 그는 또 미국사를 가르치는 중·고등학교의 교사를 훈련시키기 위하여 썸머스쿨을 개설하기도 했다.

1910년에 이르자 대학원의 지도교수로서, 미국역사학회를 실질적으로 좌지우지한 핵심회원의 한 사람으로서, 몇몇 명예직의 수임자로서, 그리고 프런티어 이론의 창시자로서 그의 명성은 정상에 달하고 있었다. 특히 프런티어 이론은 중·고등학교를 비롯하여 대학교까지 미국사의 모든 교과서에 채택되어 전파되었다.

이즈음 터너는 하버드 대학의 사학과장이었던 중세사가인 찰스 하스킨스(Charles Homer Haskins)로부터 그가 학수고대했던 하버드 대학 교수로의 초청을 받았다. 이로 말미암아 그는 거의 교섭이 끝난 캘리포니아 대학 버클리 캠퍼스의 교수직을 사양하고 1909년 10월 하버드 대학에서 명예박사학위를 받고 1910년 9월 교수직에 취임하였다. 당시 그의 연봉은 5천 달러였으며 언젠가는 500달러를 더 받을 약속이 되어 있었다.

하버드로 옮긴 뒤에도 그는 학생지도에 충실했다. 그는 매주 120면에 달하는 독서, 2주마다의 시험, 중간고사와 기말고사 그리고 최하 25면의 기말보고서를 요구하는 등 학생들에게 과중한 과제를 안겨 주었다. 따라서 수강학생의 수는 결코 많지 않았다고 한다. 학부에서와 마찬가지로 대학원 학생지도에도 그는 열성적이었다. 여기서도 수많은 제자를 길렀는데 서부개척사의 프레드릭 머크(Frederic Merk), 외교사가의 사무엘 비미스(Samuel F. Bemis)가 이 시기의 그의 제자였다.

이 시기에 그는 『대영백과사전』으로부터 1865년 이후의 미국에 관하여 25면 정도의 글을 써달라는 청탁을 받았다. 완성된 그의 글은 요구한 분량의 10배가 넘어 272면에 달했다. 터너는 수업과 연구에 헌신했으므로 글쓰는 것을 게을리했는데 일단 펜을 들면 이 경우와 같이 터무니없이 장문의 글을 썼다.

그의 제자는 아니었지만 터너의 유일한 자녀인 도로시(Dorothy)는 존 메인(John Main)과 결혼하여 터너에게 손자를 안겨 주는 기쁨을 주었다. 그가 바로 아메리카 혁명시대의 사회구성연구로 명성을 얻은 잭슨 터너 메인(Jackson Turner Main)이다. 말하자면 역사가 터너의 혈통은 그의 손자에 의하여 계승되었다고 할 수 있다.

그는 1916년 하버드에서 첫 안식년을 맞이하자 1년간 카네기연구소(Carmegie Institution)에서 연구에 종사했다.

또한 그는 1917년 미국이 제1차 세계대전에 참전하자 전시의 선전기관으로 연방정부가 설치한 9명으로 구성된 국립역사연구위원회(National Board to Historical Studies)에서 위원의 한 사람으로 봉사했다. 이 기관에서는 미국의 국민성을 이해하는 데 필요한 문헌집을 편찬했는데, 이 문헌집에는 여기저기에 흩어져 있는 터너의 논문이 많이 수록되었다. 그리하여 이 목록을 토대로 다년간 터너의 논문집을 발간하기를 고대했던 홀트출판사(Henry Holt and Company)가 이 논문들을 수합하여 1920년『미국사에 있어서 프런티어』(*The Frontier in American History*)를 출판했다.

1918년 터너는 보스턴에 있는 로웰연구소(Lowell Institute)에서 8회에 걸쳐 그의 이론 중 하나인 '지역주의'에 관하여 강의할 기회를 가졌다. 이 강의에서 프런티어와 지역은 미국사를 이해하는 데 기초적 사상이며 여러 지역간의 갈등과 타협 속에서 미국은 형성되었다고 주장했다. 그는 이와 같이 '지역주의'에 대한 사고를 발전시켜 그 뒤 미시간과 시카고의 두 대학에서 강연하고 이 내용을 1922년『예일논평』(*Yale Review*)에서 발표했다. 이 논문에서 "미국은 주의 연합국가라기보다는 지역의 연합국가이며 주권(州權)은 지역의 이해를 지켜 주는 합법적 방패로서만 힘을 가졌다"고 주장했다.

'지역주의'에 대한 이와 같은 강조에도 불구하고, 이 주제는 프런티어에 대한 그의 이론만큼 미국사를 이해하는 방법으로는 호소력이 없었다. 그래서 그는 프런티어 이론과 지역주의 이론을 종합한 연구서를 간행하려 했으나 이 일은 그의 사후에 완성되었다.

1920년에 들어서면서 그의 건강은 점점 악화돼 가고 있었다. 그래서 그는 여생을 연구에 바치기 위하여 1924년 하버드를 사임하고, 위스콘신의 매디슨에 돌아와 일단 교수 직무로부터는 은퇴했다. 그러나 위스콘신의 추위는 그의 건강에 좋지 않았다. 그리하여 캘리포니아의 따뜻한 클레어몬트로 이주하여 차츰 건강을 회복했다.

이즈음 그의 오랜 친구이며 1787년 필라델피아의 제헌회의(制憲會議)의 의사록을 복원한 맥스 패란드(Max Farrand)가 패서디나의 헌팅턴 도서관(Huntington Library)의 관장으로 있었다. 패란드는 터너를 선임연구원(senier research associate)으로 초청했다. 그는 이 초청을 수락하고, 이 도서관에서 고문서의 수집을 돕기도 하고, 강연도 하고, 그의 옛제자들과 서신을 교환하면서 즐거운 시간을 보내다가

1932년 3월 14일 심근경색증으로 세상을 떠났다.

그가 죽은 다음 그가 완성하고자 한 프런티어 이론과 지역주의 이론을 종합한 연구는 그의 제자인 에이베리 크레이븐(Avery O. Craven)이 터너의 전속비서의 협조를 받아 『미국의 국가와 지역』(*The United States, 1830~1850: The Nation and Its Sections*)이라는 서명으로 홀트출판사에서 1935년 출판했다.

그러나 이 책에 대한 미국사학계의 반응은, 프런티어 역사가로서의 터너의 명성에 비하면, 그다지 큰 것이 아니었다. 터너의 이론은 이미 많이 알려져 있고 더욱이 사회사·지성사에 대한 관심이 커 가고 있었으므로 참신하게 받아들여질 수가 없었다. 또 하나 터너의 이론에 내포되어 있는 낙관주의적 미국관은 1930년대 경제공황으로 침체되어 있는 비관주의적 분위기에는 맞지 않았다.

3. 터너에 대한 비판과 평가

벤자민 라이트(Benjamin F. Wright, Jr.)는 프런티어가 미국 민주주의의 모태라는 터너의 주장을 반박하였다.

그에 의하면 미국 중서부 지방의 민주주의적인 여러 제도를 검토해 볼 때 프런티어에서의 경험이 미국의 민주주의제도를 재형성시켰다는 증거를 찾을 수 없다는 것이었다. 참정권의 예를 보더라도 1802년에 프런티어 지방에서 성립된 오하이오 주나 1816년에 성립된 인디아나 주는 펜실베니아 주의 전례를 따르는 등 서부의 여러 주는 오히려 선진적인 동부 여러 주의 영향을 받았다고 그는 주장하였다. 자유 흑인의 경우 뉴욕 및 잉글랜드 지방의 여러 주가 그들에게 참정권을 부여하고 있었을 때 중서부 지방에 생긴 모든 주는 이것을 거부하였다는 것이다.

경제적 측면, 특히 서부가 안전판 역할을 하였다는 터너의 주장이 근거가 희박하다는 것을 지적한 학자들도 있었다. 프레드 샤논(Fred A. Shannon)은 1873년의 공황기에 백만 명 이상의 실직자가 거리를 헤매었고, 1877년에 철도 대파업이 일어났으며, 1880년대에 노사간에 대충돌이 빈발하였던 것에 주목하여 서부가 안전판 역할을 할 수 있었다는 데 이의를 제기하였다. 그는 또한 동부의 노동자들이 서부로 가서 토지를 획득하여 자영농으로 전환함으로써 사회적 갈등을 해소시킬 수 있었다는 터너의 주장은 통계자료가 뒷받침되지 못하고 있다고 주장하였다.

물론 160에이커(19만 2천 평)의 농지를 정착민에게 무상으로 부여한 1862년의 자영농지법(Homestead Act)으로 많은 정착민들이 농지 획득의 기회를 가졌지만 미시시피강 이서에서 그들이 취득한 토지는 철도회사들이 취득한 토지의 1/4 밖에 되지 못하였다는 것이다. 인구면에서도 1860년부터 1900년까지의 미국 인구는 4천5백만 명이 증가하였는데 자영농, 소작인, 농업노동자를 합해도 그 증가수는 9백만 명이고 나머지 3천6백만 명은 도시인구가 증가한 것이었다. 그리하여 샤논은 농촌이 도시인구를 흡수한 것이 아니라 도시가 농촌인구를 흡수하여 오히려 도시가 안전판 역할을 하였다고 주장하였다.

칼튼 헤이스(Carton J. H Hayes)는 미국사를 유럽사와 관련시켜서 프런티어는 미국의 동부에 대한 서부가 아니라, 미국 자체가 유럽의 프런티어라고 보았다. 또한 그는 미국문명과 유럽문명은 본질적으로 동질적인 것이며, 양 문명은 다 같이 그리스·로마적 전통과 기독교적 전통을 지닌 것이라고 주장하였다. 그에 의하면 미국인의 언어, 종교, 문화가 유럽에 그 근원을 갖고 있으며 자유와 입헌정치에 대한 미국인의 이상도 유럽의 유산이었다는 것이다.

그 밖에 조지 피어슨(George W. Person)은 터너가 사용한 프런티어라는 용어의 모호성을, 머레이 케인(Marray Kane)은 터너가 이용한 통계숫자의 오용이나 사회발전요인들의 과도한 단순화 등을 비판하였다.

터너의 다른 유저의 출판은 흩어져 있는 그의 논문들을 모은 것이었다. 그가 죽기 몇 달 전에 그는 지역주의에 관한 논문들을 모아 『미국사에 있어서 지역의 의의』(*The Significance of Sections in American History*)라는 제목으로 책을 출판할 것을 구상하였다. 홀트출판사는 이 연구물을 출판하는 데 동의하였다. 비록 이 책은 서평가들로부터 충분한 주목을 받지는 못하였지만 그가 죽은 다음 해인 1933년에 역사부분에 있어서 풀리처상을 수상하였다.

그가 죽은 다음 수년 동안 터너의 주요 명제인 『미국사에서의 프런티어의 의의』는 역사를 쓰고 가르치는 데 있어서 계속해서 영향을 주었다. 1930년대와 1940년대 기성학설에 대한 수정론이 유행할 때에는, 이미 언급한 바와 같이, 터너 명제 중의 하나나 또는 그 이상의 관점을 공박하면 명성을 얻을 수 있었다.

그러나 이 때에도 언제나 일단의 그의 신봉자들이 있었다. 그의 제자들은 정교수로 성장했고, 대학원생들을 훈련시켰다. 이들 터너의 제자의 제자는 새로 박사과정을 개설한 대학에 취직하여 터너의 이론에 입각해서 더 많은 젊은 박사를 훈련했다.

이 결과 터너의 프런티어 이론은 미국의 역사를 이해하는 데 유효한 명제가 되었다. 리차드 호프스테터(Richard Hopstadter)는 터너에 대하여 다음과 같은 결론을 내리고 있다. "4세대에 걸쳐 역사가들의 관심을 끌기에 충분한 대 논쟁을 일으킨 역사가는 단언하건대 오로지 터너 한사람뿐이다"라고. 다만 한 가지 애석한 점은 그가 연구에 너무 몰두한 나머지 저술활동을 등한시한 까닭으로 그에게는 그의 명성에 부합할 만한 저작이 많지 않다는 것이다.

참고문헌

이보형. 「터너의 프런티어 사관」. 차하순 편. 『사관의 현대적 조명』. 청담문
　　화사, 1978.
정만득. 「미국사에 있어서의 프런티어」. 『미국사 연구 서설』. 일조각, 1984.
터너. F. J.. 『프런티어와 미국사』. 이주영 역. 박영사, 1978.
Allen, H. C.. "F. J. Turner and the Frontier in American History." in H.
　　C. Allen and C. P. Hill. *British Essays in America History*. London,
　　1957.
Burkhart, J. A.. "The Frontier Thesis: A Historian's Controversy." *Wis-
　　consin Magazine of History*. vol. XXXI, Sept, 1947.
Gressley, G. M.. "The Turner Thesis: A Problem in Historiography."
　　Agricultural History. vol. XXXII, No. 4. Oct, 1958.
Hofstadter, R.. "Turner and the Frontier Myth." *American Scholar*, vol
　　XI. Autum, 1949.
Lokken, R. L.. "Turner's Thesis: Criticism and Defence." *Social Studies*.
　　vol. XXXII. 1941.
Lyon, W. H.. "The Third Generation of the Frontier Hypothesis."
　　Arizona and the West. vol. IV. 1962.
Simler, N. J.. "The Safety-Value Doctrine Re-evaluated." *Agricultural
　　History*. vol. XXXII. Oct, 1958.

제5장

상대주의 역사학 : 벡커

박 현 숙

칼 벡커(Carl Lotus Becker, 1873~1945)[1]는 매우 매혹적이며 포착하기 어려운 역사가이다. 그가 미국역사학계에 가장 큰 영향력을 미친 역사가 중 한 사람이라는 데에는 이론의 여지가 없지만 그에 대한 평가는 다양하다.

찰스 메리암(Charles E. Merriam)은 벡커가 죽은 뒤에 "우리는 그가 냉소주의자인지 이상주의자인지 가늠하기 어렵다. 그는 때로는 18세기의 합리주의자 같았고, 때로는 결정론자 같았다"고 평한 바 있다.

해리 엘머 반스(Harry Elmer Barnes)는 벡커를 신역사가로 분류

---

* 필자는 서강대 사학과 강사

1) 칼 벡커는 미구 역사학계에 아주 큰 영향을 미친 역사가 중 한 사람이다. 그는 상대주의 역사가로 널리 알려졌으며, 혁신주의 역사학의 지도적인 인물로 평가받기도 하였다. 그러나 그는 한 마디로 정의내릴 수 없는 포착하기 어려운 역사가이다. 이러한 이유로 그에 대한 평가는 매우 다양하다.

하였으며, 헤롤드 래스키(Harold J. Laski)는 그를 자유주의자라고 보았으며, 호머 호켓(Homer Hockett)은 벡커를 역사가라기보다는 심리학자가 더 적합할 것이라고 하였다. 그의 역사학 이론에 대해서도 일관성이 없었다는 평가가 있는가 하면, 찰스 비어드(Charles A. Beard)는 그를 일관성 있는 상대주의자라고 보았다.

칼 벡커가 이렇게 다양한 평가를 받고 있는 것은 역사연구의 본질에 대해 끊임없이 도전적인 문제를 제기하였기 때문일 것이다. 그는 모든 사람들이 자명한 진리로 받아들이는 상식적이고 추상적인 문제에 대해 의문을 던지며 근원적인 의미를 추구한 인물이다.

그는 본인 스스로 자신의 장점은 역사의 해박한 지식을 습득한 것이라기보다는 역사의 의미에 대해 많이 생각한 것이라고 하였다. 그는 자신의 지식에 대해 결코 확신을 갖지 않았다. 그는 "역사의 의미에 대해 최종적인 답을 찾기를 기대하는 것은 인생의 의미에 대한 답을 찾기를 기대하는 것만큼이나 부질없는 일"이라고 말하였다.

칼 벡커를 가장 유명하게 만든 것은 "각자는 나름대로의 역사가"(Everyman His Own Historian)라는 1931년 미국역사학회 회장 취임 연설일 것이다. 그는 이 연설에서 시공을 초월한 보편타당한 역사기술이라는 관념을 거부하였으며, 모든 세대는 불가피하게 그 자신의 제한된 경험에 비추어서 과거를 이해한다고 하였다.

이러한 연설로 인해 그는 상대주의 역사가로 널리 알려지게 되었으며, 혁신주의 역사가가 아님에도 불구하고 혁신주의 역사학의 신전에 모셔졌다. 또한 그는 제임스 하비 로빈슨(James Harvey Robinson)의 '새로운 역사학'(New History)을 지지하였다는 이유로 신역사가로 분류되기도 하였다.

그러나 그는 자신을 어떠한 범주로 분류하거나 명칭을 붙이는 것을 거부하였다. 바로 이러한 점들이 그에 대해 단정적이고 일차원적인 평가를 유보하게 만드는 이유일 것이다. 그는 자신을 역사가라기보다는 역사나 역사가에 대한 관찰자로 생각하였다.

1. 터너와의 만남

벡커는 1873년 아이오아 주 워터루로부터 15마일 떨어진 블랙호크 군(Black Hawk County)에 있는 농장에서 출생하였다. 그의 어머니는 영국과 아일랜드계였고, 아버지는 독일계 네덜란드인이었다. 벡커의 아버지는 1868년, 보다 좋은 농토를 찾아 뉴욕의 카디지(Carthage)에서 블랙호크 군으로 옮겨 왔으며, 처음에 구입한 80에이커의 토지는 벡커가 태어날 즈음에는 세 배로 늘어났다. 벡커의 어린 시절은 거의 알려져 있지 않으며 그의 가족은 그가 열한 살 때 워터루로 이주하였다.

그의 아버지는 공화당원이며, 감리교도로서 그리고 비밀공제당(Free Mason)의 당원으로 활동하였다. 워터루에 있는 웨스트 사이드 고등학교(West Side High School)에서 벡커는 교사들로부터 탁월한 학생으로 평가받았다. 그 중 한 교사는 그의 아버지에게 "당신의 아들은 우리 학교에서 가장 우수한 학생이며, 우리는 언젠가 그의 이름을 듣게 될 것이다"라고 하였다.

1892년 가을, 벡커는 아이오아 주의 베논산에 있는 감리교 학교인 코넬 대학(Cornell College)에 입학하였다. 하지만 벡커는 그 곳의 분위기가 너무 답답하다면서 1년 후 위스콘신 대학으로 재입학하였다. 이러한 변화는 벡커가 가족의 종교를 거부한 것을 의미하였고 그는 후에 감리교에 대해 "존경스럽지만 진부하고 답답하다"고 말한 바 있다. 위스콘신 대학에서 그는 코넬 대학에서의 학점을 인정받지 못하였다. 그러나 그 곳에서 4년 과정을 3년 만에 마쳤으며, 고등학교 때와 마찬가지로 A학점 학생이 되었다.

위스콘신에서 벡커는 역사가로서의 성장에 지대한 영향을 받게 될 두 분의 스승, 찰스 호머 해스킨스(Charles Homer Haskins)와 프레드릭 잭슨 터너(Frederick Jackson Turner)를 만났다. 그는 터너와의 만남으로 자신이 꿈꾸어 왔던 소설가나, 아버지가 원하는 법률가가 아니라 역사가가 되기로 결심하였다.

터너가 벡커에게 영감을 주게 된 것은 그의 명성보다는 역사에 대한 그의 열정과 학생들과 역사에 대해 의사소통을 하는 그의 능력 때문이었다. 벡커는 터너로부터 도전하고 탐구하고, 의문을 제기하는 법을 배웠으며, 이러한 방법으로 그는 역사에 대한 새로운 개념을 얻게 되었다. 즉 역사란 기계적으로 암기해야 할 학문이 아니라 인간의 과거에 대해 끊임없이 모색하는 학문이라는 것이다.

또한 벡커는 각 시대는 그 시대의 필요에 맞게 역사를 다시 써야 한다는 터너의 생각을 받아들였고, 이것은 벡커가 지녔던 '모든 사람은 그가 사는 시대의 지적 풍토의 영향을 받는 역사가이며, 현재의 중요한 문제에 답하기 위해 역사를 연구하는 것'이라는 신념의 토대가 되었다.

1896년 벡커는 위스콘신 대학에서 학사학위를 받았고, 1년을 더 보낸 후 대학원 과정을 밟기 위해 콜롬비아 대학으로 갔다. 이 곳에서 그는 세 명의 스승, 존 버저스(John W. Burgess), '새로운 역사학'의 제임스 하비 로빈슨(James Harvey Robbinson), 허버트 레비 오스굿(Herbert Levi Osgood)을 만난다. 그는 버저스로부터 역사주의와 현재주의의 영향을 받았고, 로빈슨으로부터 역사철학과 프랑스사에 접할 기회와 역사가의 선입관과 역사가에 대한 회의주의를 습득하였다.

로빈슨의 영향으로 벡커는 18세기의 합리주의적 계몽사상가들에게 매료되었고, 계몽사상가들은 평생 그의 지적 관심 대상의 중심이 되었다. 또한 오스굿의 영향으로 벡커는 미국사의 식민지 시기와 혁명 시기에 관심을 갖게 되었으며, 식민지 뉴욕의 정당사에 관한 박사학위 논문을 쓰게 되었다.

그는 이 시기에 그의 반려자, 모드 헵워스 래이니(Maude Hepworth Ranney)를 만났는데 그녀는 벡커보다 7년 연상이며 7살된 딸을 둔 과부였다. 벡커의 집안에서는 그녀와의 결혼을 반대하였다. 그러나 그는 결국 그녀와 결혼하였다. 아마도 벡커는 그녀로부터 인생의 반려자인 동시에 모성으로서의 감정을 느꼈는지도 모른다. 그녀는 그에게 정신적 안정을 주었으며 모든 것을 포용하는 아내로서 그를 돌보아 주었다.

콜럼비아 대학에서 박사학위 논문은 별 진전이 없었지만 그는 헌법연구로 태판상(Tappan Prize)을 수상하였고, 이것이 계기가 되어 펜실바니아 대학(University of Pennsylvania)의 미국사 강의를 제의받았다. 그러나 이를 거절하고 펜실바니아 주립 대학(Pennsylvania State College)에 전임강사로 갔다. 펜실바니아 주립 대학에서 2년, 다트머스 대학(Dartmouth College)에서 잠시 가르친 후, 1902년 캔자스 대학으로 갔으며, 그 곳에서 1916년까지 14년간 재직하였다.

벡커는 캔자스 대학에 있는 동안에 많은 글을 집필하였다. 그는 세 편의 논문을 『미국역사학보』(*American Historical Review*)에 실었고, 한 편은 『미국 정치학 및 사회과학연보』(*Annals of the American Academy of Political and Social Science*)에 실었다. 이 논문들은 현학적인 글들로, 두 편은 헌법사에 관한 것이었고, 다른 한 편은 아직 완성되지 않은 박사학위 논문의 주제에 관한 것이었다. 이 밖에 『내이션지』(*The Nation*)나 『다이알지』(*Dial*)와 같은 비학술잡지에 여러 편의 서평을 실었다. 그는 풍자적이고 우아하며 재치 있고 명쾌한 산문체로 수많은 글을 발표함으로써 역사가로서 두각을 나타냈다.

그는 1907년 박사학위 논문을 완성하였다. 학위는 위스콘신 대학에서 받았으며, 이 논문으로 캔자스 대학에서 부교수로 승진하였다. 그는 1916년 미네소타 대학에 유럽사 교수로 초빙되었으며, 미네소타 대학에서 첫학기를 마치기도 전에 뉴욕 주의 코넬 대학에서 근대사 교수직 제의를 받았다. 코넬 대학의 교수들은 그의 박사학위논문, 「캔자스」 논문과 미국역사학회지의 편집위원으로 수행한 일 등을 높이 평가하였다. 그는 1917년 가을, 코넬 대학으로 옮겼고, 그 곳에서 은퇴할 때까지 재직하였다. 코넬 대학에 있는 동안 그는 11권의 책을 더 집필하였으며, 그 중 한 권은 그의 사후에 출판되었다.

그는 왕성한 집필활동으로 탁월한 역사가로서의 명성을 날렸으며, 왕립역사학회, 미국예술과학학회(American Academy of Arts and Sciences), 미국고고학회(American Antiquarian Society), 예술문학연구소(National Institute of Arts and Letters), 미국철학학회(American Philosophical Society)의 회원으로 선출되었다. 1932년 예일 대학에서 탁월한 문체로 명예박사학위(Doctor of Letters)를 받은 것을 필두로 계속해서 로체스터 대학과 콜롬비아 대학에서 명예박사학위를 받았으며, 1931년 미국역사학회 회장으로 선출되었다.

그는 1941년 코넬 대학에서 은퇴하였다. 은퇴 후 그는 스미스 대학을 비롯한 여러 대학에서 강의와 공개 강연을 계속하였다. 제2차 세계대전이 진행되는 동안 그는 스미스 대학에 있었고 1945년 급작스런 사망 직전까지 뉴욕 주의 이타카(Ithaca)에서 생활하였다.

2. 캔자스 시기와 코넬 시기

벡커는 비교적 방대한 저술을 남겼다. 16권의 책을 출판하였으며, 75편의 논문, 200편의 서평을 집필하였다. 그의 관심 범위는 광범위하였고, 그가 관심을 쏟은 역사분야도 다양하였다. 그는 정치사, 지성사, 전기, 대학과 고등학교 교과서, 사학사 논문, 당시의 지적 풍토에 관한 글, 서평 등을 집필하였다. 그는 비록 유럽사를 가르쳤고, 유럽사에 관한 논문, 서평, 유럽사 저서를 집필하기도 하였지만 미국사와 역사학에 관해서 보다 많은 글을 집필하였다.

벡커는 유려하고 평이한 문체와 적절한 단어 선택으로 "역사서를 문학작품으로 만들었다"는 평을 듣기도 하였다. 그는 사고의 차원을 높이기 위해 패러독스, 상반된 사상, 인물, 어구의 배열, 경구 등을 사용하였다. 그럼에도 불구하고 그는 학생들에게 서술할 때 문체의 일관성과 주제의 일관성을 강조한 인물이기도 하다.

그의 연구기간은 크게 두 시기로 나누어진다. 그를 역사가로서 반석 위에 올려 놓은 캔자스 시기와 역사가로서 명성을 날렸던 코넬 시기이다. 벡커는 캔자스에서 많은 연구성과를 냈으며, 바로 이러한 작업이 그를 코넬 대학으로 옮겨가는 계기를 마련해 주었다.

캔자스 대학에서의 연구 성과로는 1909년 출판된 박사학위 논문, 『뉴욕 식민지 정당사』(*The History of Political Parties in the Province of New York, 1760~1776*)와 『미국민의 기원』(*The Beginnings of the American People*)이라는 두 권의 저서와 두 편의 논문 「캔자스」(The Kansas essay)논문과 「초탈과 역사서술」(Detachment and the Writing of History)논문이었다.

그의 박사논문은 콜롬비아 대학에서 사사 받은 오스굿의 영향을 많이 받았다. 그는 논문에서 식민지 뉴욕의 정치는 상층 상인과 지주들이 장악하고 있었으며, 이들은 준봉건적인 형태로 통치를 하고 있음을 밝혀 냈다. 이들은 끊임없이 하층 수공업자와 노동자들로부터 정치적 권력을 공유하고자 하는 압력을 받았으며, 독립전쟁은 이러한 급진주의자들이 정치의 장으로 들어가도록 문을 열어 주었으며, 미국정부와 사회의 민주화운동을 추진시켰다는 것이다. 따라서 독립혁명은 자치권을 둘러싼 식민지와 모국 간의 투쟁일 뿐 아니라 식민지에서 누가 다스려야 하는가 하는 '이중 혁명'(Dual Revolution)이라고 보았다.

벡커의 테제로 알려진 '이중 혁명론'은 혁신주의 시대에 전적으로 받아들여졌으며, 곧 혁명의 성격에 관한 공인된 해석이 되었다. 그러나 1950년부터 그의 이론은 거센 비판을 받았으며, 아직도 논의가 계속되고 있다. 그럼에도 불구하고 그의 논문은 발표 당시 가장 탁월한 박사 논문이라는 극찬을 받았으며, 모범적인 박사 논문의 예로 학생들에게 제시되었다.

「캔자스」와 「초탈과 역사서술」은 그의 논문 중 가장 탁월한 두 편의 논문으로 평가받았다. 특히 「캔자스」 논문은 역사가들로부터 상당한 주목을 받았다. 리오 거쇼이(Leo Gershoy)는 그의 글이 경쾌하고 생기에 넘친다고 평하였다. 이 글은 해석 방법이나 문체에 있어서 그가 터너의 제자임을 입증해 주었다. 「초탈과 역사서술」은 『애틀랜틱 월간지』(*Atlantic Monthly*)의 편집자로부터 이해하기 쉬운 논문이라는 평을 받았다. 『미국민의 기원』은 탁월한 문체와 아름다운 언어 구사로 격찬을 받았다. 이 글에서 그는 박사 논문에서 주장한 '이중 혁명' 이론을 뉴욕 식민지에서 다른 식민지로 확대하여 적용하였다.

그의 두번째 연구 시기인 코넬 시절은 미국의 제1차 세계대전의 참전과 함께 시작되었다. 1917년 벡커는 미네소타 대학에서 유럽사 교수로 초빙되었고, 미네소타 대학에서 첫학기를 마치기도 전에 코넬 대학에서 근대사 교수직 제의를 받았다. 그는 자신이 참전하기에는 이미 중년에 접어들었다는 점을 안타까워하였지만 애국적 역사가의 역할을 담당하였다.

그는 1918년 조지 크릴(George Creel)의 홍보위원회(Committee on Public Information)에서 홍보를 위한 교과서를 편찬하기 위해 워싱턴으로 갔다. 그러나 베르사이유 조약의 결과에 실망한 벡커는 미국이 전쟁에 개입한 것을 한탄하였고, 자신의 평소 주장인 고립을 포기한 것을 후회하기도 하였다. 그는 매우 냉소주의적이며 회의주의적이 되었다. 그럼에도 불구하고 이 시기에 그는 여러 편의 명작을 집필하였다.

1918년에서 1922년 동안 그는 『혁명의 전야 : 영국과의 단절기』(*The Eve of the Revolution : A Chronicle of the Breach with England,*

1918), 『미국사 : 민주주의의 실험』(*The United States : An Experiment in Democracy,* 1920), 『독립선언서 : 정치 사상사 연구』(*The Declaration of Independence : A Study in the History of Political Ideas,* 1922)를 출판하였으며 그 외 여러 편의 전기적인 논문을 펴냈다.

이 세 권의 저서는 그의 미국사 저서의 결정판이라고 할 수 있다. 한 권의 책과 여러 편의 전기적 논문에서 그는 행동을 결정하는 심리적 요인에 대한 새로운 관심을 보여 주었고, 지성사에 관한 두 권의 책에서는 사상은 인간의 행위를 결정할 뿐만 아니라 인간의 행위에 반영된다는 자신의 확신을 보여 주었다.

이 기간 동안 벡커는 알프레드 화이트헤드(Alfred Whitehead)의 영향을 강하게 받았다. 그는 각 시대의 사상은 교육받은 지도층의 세계관을 반영한다는 화이트헤드의 이론을 받아들였고, 그가 '지적 풍토'(climate of opinion)라고 부른 집단정신을 역사에서 인간의 행동을 설명하는 지침으로 받아들였다.

『혁명의 전야』에서 벡커는 그 시대의 개인정신상태와 지적 분위기를 추구하였다. 이 책은 역사적 사실에 대해 비교적 자유롭게 해석한 이론서로, 정통적인 해석서로서의 가치는 의심받았지만 유려한 문체, 현실의 상상적인 재구성으로 비평가들의 극찬을 받았다. 이 책의 참신한 면이며 동시에 벡커의 새로운 관심사를 보여 주는 점은 샘 애덤스(Sam Adams)와 토마스 허친슨(Thomas Hutchinson)을 전형적인 급진주의자와 보수주의자로 상징화하여 대조시킨 점과 이들이 자신들도 이해하지 못하고 통제할 수 없는 세력에 의해 자신들이 원하지 않은 전쟁에 연루되게 되었음을 설명하였다는 점이다.

이후 그는 역사에는 보다 미묘한 심리학이 필요하다는 것을 인식하고, 1년 후 혁명지지파인 존 제이(John Jay)와 혁명 반대파인 피터 반 샤크(Peter Van Schaack)의 입장을 비교하는 논문을 썼다. 그는 이들을 통해 급진주의자와 보수주의자들의 심리, 특히 독립을 위한 결정에 얼마나 많은 의심과 망설임이 따라야 했는지 보여 주었으며, 상황의 논리에 무기력하게 따라갈 수밖에 없는 현실을 묘사하였다. 그 외세 편의 논문에서 개인의 행동을 이해하기 위해서는 시대의 사회적 정신에 대한 이해가 전제되어야 하며, 문명에 대한 이해는 행위보다는 행위의 동기로 이해되어야 한다는 점을 주장하였다.

그 다음 해 몇 년 동안 벡커는 샘 애덤스, 벤자민 프랭클린, 헨리 애덤스와 같은 역사적 인물과 그들의 동기에 대한 글을 『미국인명사전』(*Dictionary of American Biography*)과 『사회과학사전』(*Enclopedia of Social Sciences*)에 기고하였다. 그는 이러한 전기적 논문에서 심리적인 인물묘사를 시도하였지만 자신을 심리학적 역사가로 평가하는 것은 사절하였다. 그러나 멀 커티(Merle Curti)가 그에게 낯선 용어를 사용하지 않고 역사서술에 심리학을 도입하였다고 극찬한 것은 감사하게 받아들였다.

1차 대전 동안 홍보를 위해 준비한 『미국사 : 민주주의의 실험』은 1920년에 출판되었다. 이 책은 그의 첫번째 교과서로, 70만 부가 학교에 보급되었다. 이 책은 철학적인 영감으로 사료를 마스터한 것이라는 극찬을 받았고, 탁월한 문학서, 탁월한 해석서 등의 평가를 받았다.

이 저서는 오스굿과 터너와 채닝(Edward Channing)의 저서를 요약한 것이었다. 오스굿의 예를 따라 정치적인 틀 속에서 사회적·경제적 사건을 서술하였고, 터너의 주장인 해안과 프런티어 간의 대립과 토지의 중요성을 강조하였으며, 채닝의 예를 따라 인물에 대한 묘사를 빼놓지 않았다. 그는 이 저서에서 패러독스의 단면을 보여 주었다. 즉 감정적 갈등을 통해 기본적인 진리가 드러나며, 그것은 이성적으로 해결될 수 없으며, 진실과 질서의 지배는 열정과 무질서의 충돌의 역사에서 나타날 수 있다는 것이다.

『독립선언서 : 정치 사상의 연구』는 미국사에서 가장 지속적인 영향을 미친 저서일 것이다. 『혁명의 전야』에서는 단지 사상의 영역에 대해서 언급만 하였다면, 『독립선언서』에서는 사상을 행위의 결정요인으로서 강조하였다. 또한 사상보다도 당시의 지적 풍토가 더 중요하다고 주장하였다. 사상에 대한 연구는 인간의 행위에 대한 연구보다 더 어렵지만 역사연구에 필수적이라는 자신의 주장에 따라 독립선언서를 집필하고 승인하게 된 '정신상태'(state of mind)를 발견하고자 시도하였다.

그는 이 글에서 상황보다는 그들의 행위결정요인이 되는 이상을 강조하였다. 벡커는 이 문서의 중요성은 미국혁명의 정치사상의 진술서라는 점이고, 이러한 정치철학의 핵심은 자연권 이론이라고 믿었다. 벡커는 제퍼슨이 독립선언서에서 자신이 받아들인 자연권 이론을 어떻게 혁명 문서에 편입시키고, 자신들의 행위를 정당화하고, 자신의 행위를 기존의 질서와 조화시켰으며, 혁명을 고결하고 숭고한 것으로 승화시켰는가 하는 점에 초점을 맞추었다.

『독립선언서』는 거의 즉각적으로 환호를 받았으며, 최근까지 이 주제에 관한 최고의 연구로 간주되고 있다. 1952년 역사가들의 투표에 의하면 1920~1935년 사이에 출판된 미국사에 관한 책 중에서 이 책은 여섯번째로 우수한 책으로 뽑혔으며, 뉴욕 식민지의 정치에 관한 책과 마찬가지로 아직도 출판되고 있다. 만일 후자의 책이 사회 경제적인 요소와 계급투쟁을 강조함으로써 혁신주의자들에게 호소력을 지녔다면, 전자는 사상의 원동력에 관심이 많은 역사가들의 주목을 받았다.

3. 상대주의 역사학

제1차 세계대전에 대한 실망과 윌슨 대통령에 대한 혐오감도 점차 사라지게 되고 1923년부터 그는 본래의 객관적이고 고립적인 입장으로 돌아갔다. 양차 대전 사이의 기간은 벡커에게는 상당히 어려운 시기였다. 그는 자유주의를 포기하지는 않았지만 자유주의와 민주주의와의 관계에 대해 의문을 제기하였다. 또한 이 시기는 그가 질병으로 고통을 당한 시기이기도 하였다.

그러나 그를 전적으로 세상과 단절된 생활을 한 사람으로 생각하는 것은 잘못이다. 그는 자유민주주의가 위기에 직면해 있다고 우려하였으며, 이를 타개하기 위한 방편으로 역사연구의 실용성을 찾고자 하였다. 그는 역사연구의 유용성을 인식시키기 위해 사회과학에 관심을 가졌고, 이성과 가치의 상대성을 주장하였다.

이 시기의 벡커의 입장을 대변해 주는 것이 바로 1931년 미국역사학회 회장 취임 연설 '각자는 나름대로의 역사가'와 『근대사』(*Modern History*, 1931)와 『18세기 계몽사상가들의 천국』(*The Heavenly City of the Eighteenth Century Philosophers.* 1932) 등일 것이다.

'각자는 나름대로의 역사가'는 그의 상대주의적 입장을 가장 분명하게 보여 준 것으로 연설 직후 대단한 파문을 일으켰다. 그의 연설을 환영한 상대주의자들은 객관적인 진실의 개념을 거부하였고, 과학적인 역사지식의 추구를 포기한 반면, 전통주의자들은 벡커가 지적 학문으로서 역사의 유효성을 부인하였고, 역사를 허무주의적 무정부상태로 방치했다고 비난하였다. 그럼에도 불구하고 그의 연설은 이후 근대역사학파의 고전적인 선언문이 되었다.

이 글에서 벡커는 과거에 대한 역사가의 해석은 역사가의 동시대의 분위기, 그의 시대의 지배적인 사상, 지적 풍토를 표현하여 상상적으로 재구성한 것에 불과하며, 역사적 사실은 스스로 말하지 않으며, 그것은 진정으로 역사가의 정신적 구조물이라는 대담한 선언을 하였다. 벡커는 역사가의 개입없이 역사가 쓰여진다는 것은 불가능하며, 만일 그것이 가능하다면 거의 가치없는 역사가 생산될 것이라고 하였다. 역사란 유용한 신화로, 그것을 창출한 세대에게 기여하고, 또한 상상의 창조물로 보통 사람의 개인적 경험에 의해 만들어지고, 보통 사람에게 유용하다면 역사는 그 목적을 달성한 것이라고 덧붙였다. 벡커는 '각자는 나름대로의 역사가'에서 유용한 역사 지식의 필요성과 필요에 따른 역사 지식의 상대성을 강조하였다.

『18세기 계몽사상가들의 천국』은 그의 가장 인기 있는 저서로 『독립선언서』와 같이 세련되고 우아하며, 예술적인 문체로 서술되었다. 전후의 회의주의와 냉소주의에서 그는 자신의 자유주의적 민주주의의 원천인 18세기로 도피하였다. 한 발은 18세기에, 한 발은 20세기를 딛고 그는 『18세기 계몽사상가들의 천국』을 집필하였다. 이 책은 지성사가로서 그의 지위를 확인해 주었다.

이 책에서 벡커는 13세기, 18세기, 20세기의 지적 풍토를 비교하였으며, 이 사상가에서 저 사상가로, 이 사상에서 저 사상으로 옮겨 다녔다.

그는 계몽사상가들을 분석한 결과, 계몽사상가들이 근대의 합리주의론자들보다는 중세의 스콜라 철학자들과 일치하는 점이 더 많으며, 볼테르, 디데로, 콩도르세와 같은 18세기 인물들의 특성은 이성만이 아니라 신앙과 이성 양자로 설명될 수 있다고 주장하여 독자들을 놀라게 하였다. 18세기는 중세의 크리스트교 신앙으로부터 해방되지 않았으며, 18세기의 지적 풍토는 중세의 연장이며, 18세기의 사고를 기초하는 선입견은 본질적으로 13세기의 선입견과 같다는 것이다. 이 책은 출판된 지 25년 후인 1956년에 학자들의 심포지엄에서 재평가를 받게 되었다.

바로 이 시기의 또 다른 업적은 고등학교 교과서 「근대사」의 출판이었다. 이 교과서는 과거를 끊임없이 현재의 관점에서 재해석하려는 노력의 결실이며, 자유민주주의자로서의 업적이었다. 「근대사」는 흥미있고 진지한 역사서로, 과학적 지식, 경제적 해석, 인간의 감정과 민주적 사상, 민족주의의 발전을 주제로 한 책이었다.

2차 대전이 시작되자 벡커는 냉소주의와 회의주의에서 벗어나 민주주의와 자유주의적·합리적 관습의 가치를 강조하였다. 또한 히틀러와 파시즘의 부정적인 측면은 그의 자유주의와 민주주의에 대한 신념에 불을 지폈다. 정치상황은 항상 벡커의 지식 이론에 영향을 미쳤고, 현상황에서 그는 민주주의를 지키기 위해서 분투해야 한다고 인식하였다.

1935년에서 1944년 사이 벡커의 저술은 문제의 두 측면을 모두 받아들이는 듯한 상대주의적 성향을 나타냈다. 벡커는 『예일평론』(*Yale Review*)과 같은 학술지에 여러 편의 글을 실었으며, 스탠포드 대학과 버지니아 대학, 미시간 대학에서 공개 강연을 하였고, 이것은 『진보와 권력』(*Progress and Power*, 1936), 『근대 민주주의』(*Modern Democracy*, 1941), 『신자유』(*New Liberties*, 1944), 『보다 낳은 세상은 얼마나 새로울 것인가?』(*How New Will the Better World Be?*, 1944), 『미국식 생활방식의 자유와 책임』(*Freedom and Responsibility in American Way of Life*, 1945) 등의 책으로 출판되었다.

이러한 모든 저서에 때로는 유보적으로 때로는 분명하게 나타난 사상은, 비록 한계는 있지만, 자유롭게 지성을 사용함으로써 18세기 계몽사상가들이 열망하였던 인간 사회가 확실히 보장될 수 있다는 것이다.

그러나 벡커는 인간에게 목표를 달성할 수 있는 능력이 있는가에 대해서는 회의적이었다. 벡커에게 비인격적인 자연의 힘은 인간의 열망에 대한 장애물로 보였으며, 인간이 진보함에도 불구하고 결국 인간은 무관심한 세계에서 홀로 견디어야 하며, 홀로 무엇인가 성취하기 위해 열망하고 노력하여도 결국에는 성취한 것을 포기해야 한다는 점을 종국에는 인정하게 된다는 것이다.

벡커는 지적 능력만이 인간의 유일한 희망이지만 그의 지적 능력이 그 과업에 적합한지 확신할 수 없으며, 원초적인 두려움과 금기의 수준에서 기능하는 집단 지성에 대해서는 불신하였다. 그는 기술이 인간을 압도하는 점과 사회발전이 과학발전에 뒤처진다는 점에 대해 우려를 표명하였지만 민주주의 철학에 대한 그의 신념으로 돌아갔다.

제2차 세계대전 동안 벡커는 미국에서 자유민주주의자들에 대한 여론 통제가 완화됨에 따라 미국 민주주의가 외관상이나마 일관성을 유지하고 목적의식이 있다고 느꼈다. 벡커는 자유롭게 표현할 수 있는 중산 계급 문화의 미덕을 재발견하였고, 소외된 생활 대신 세상과 화해의 문을 열었다.

그의 삶에 대한 일치감과 행복은 건강회복과도 관계가 있다. 1940년 위궤양 수술을 받은 뒤, 1945년 갑작스럽게 사망하기 이전까지 그는 건강하게 살았으며 연사로, 수필가로, 저술가로, 서평가로 서의 명성을 꾸준히 누렸다. 1차 대전 당시 벡커의 낙관주의는 영원히 사라졌지만 20년대와 30년대와 비교할 때 벡커의 40년대는 신념과 희망과 관용으로 넘쳤다. 전쟁에서 승전하자 벡커는 연합군이 평화적 분위기에 앞장서고 독일인에 대한 증오를 자제하기를 부탁하였다.

양차 대전의 경험으로 벡커가 받아들인 것은 타협의 지혜와 현실주의였으며, 토마스 제퍼슨이 독립선언서에서 주장한 영원한 진실에 대한 신념 역시 회복되었다. 그의 절충주의적 태도에도 불구하고 40년대의 일관된 입장은 점진주의, 현실주의, 민주주의에 대한 신념, 사회적 실용주의였다.

4. 역사가로서의 위치

벡커의 명성은 미국사에 대한 그의 실제적인 기여보다는 미국사가들에 대한 그의 도전에 더 기인한다. 그의 이중 혁명이론은 지나치게 단순하고 부정확하다는 비판을 받았고, 그의 지성사는 피상적인 것

으로 평가되었다. 그의 신비스러운 언어 구사는 매혹적이긴 하지만 종
종 그의 공허한 일반화를 감춘다는 비난을 받았다. 그의 제자 중 한
사람은 "벡커의 말은 그의 사상을 앞질러 가는 듯하고, 그의 사상은
비록 흥미롭기는 하지만 제한된 틀 안에서 움직이며, 끊임없이 반복된
다"고 평가하였다.

그럼에도 불구하고 벡커는 미국의 역사가들에게 그들의 과거를
이해하는 데 필요한 결정적인 열쇠 이상을 제공한 인물임에 틀림없다.
그는 미국역사연구의 동기와 특성과 이데올로기 연구의 가능성을 제
시하였으며, 인간과 지적 풍토 간의 상호작용을 인식하도록 하였다.
그는 기존의 역사 해석의 무비판적인 수용을 경고하였으며, 끊임없이
의문을 제기하였다. 그는 역사에 대한 실용주의적 개념을 평생 일관성
있게 주장하였고 이러한 실용주의적 측면으로 인해 그는 역사 지식에
대한 상대주의적 입장을 취하였다.

결론적으로 칼 벡커는 항상 지속적으로 진실을 추구해야 한다는
것을 그의 수많은 저작을 통하여 보여 줌으로써, 미국사학사에서 중요
한 자리를 차지하고 있는 역사가 중의 한 사람이다.

참고문헌

신혜수. 『Carl Becker의 '지적 풍토'에 관한 고찰』. 서강대학교 석사학위 논
    문. 1992.
양병우. 「Carl Becker의 역사이론」. 『서양사론』. 14호. 1973.
이상현. 「칼 벡커의 역사 사상 소고」. 『서양사론』. 43호. 1994. 6.
Cushing Strout. *The Pragramatic Revolt in American History: Carl
    Becker and Charles Beard*. New Haven: Yale University Press,
    1958.

B. T. Wilkins. *Carl Becker: A Biographical Study in American Intellectual History*. Cambridge, Massachusetts: The M.I.T Press and Harvard University Press, 1961.

Milton M. Klein. "Carl Becker," *Dictionary of Literary Biography*. Vol. 17: *Twentith-Century American Historians*, 1983.

————. "Detachment and the Writing of American History: The Dilemma of Carl Becker." in Alden T. Vaughan & George Athan Billias ed.. *Perspectives on Early American History*. New York: Harper & Row Publishers, 1973.

제6장

경제적 해석의 역사학 : 비어드

이 보 형

미국역사학의 역사에서 찰스 오스틴 비어드(Charles Austin Beard, 1874~1948)와 같은 거목(巨木)은 없다. 존 하이앰(John Higham)은 비어드는 양차 대전시기의 미국사학계를 거의 석권하는 위치에 있었다고 말한다. 그러나 오늘날 역사가로서 그에 대한 평가는 어떠한가.

비어드의 출신 대학인 인디애나 주의 드포(DePauw) 대학에서는 1974년 10월 11일과 12일, 이틀에 걸쳐 비어드의 탄생 100주년을 축하하는 세미나가 열렸다. 대학 당국자, 그의 가족 및 친지를 비롯하여 미국역사학계의 장로인 헨리 스틸 코메져(Henry Steele Commager), 그리고 좌파의 신진사가인 유진 제노비즈(Eugene Genovese)가 참가한 이 세미나는 비어드의 명성에 비할 때 너무도 조촐한 것이었다.

그러나 그 조촐함은 바로 비어드에 대한 현대 미국역사학계의 평

* 필자는 서강대 사학과 명예교수

가를 반영한 것이라 하겠다.

세미나에 참가한 코메져는 이렇게 말하고 있다.

> 비어드는 우리 세대(의 역사가)에게 젖을 준 암소였다. 좀 지나치게 비유한다면 그는 미국의 역사가들에게는 (청교도혁명에서 처형된) 찰스1세의 머리와 같은 존재이다. 여러분들은 그에게서 벗어날 수 없다. 그는 항상 거기에 있다. 설사 하나의 세력으로 존재하지 않는다 해도 반대세력으로 그는 그 곳에 있다. 무엇보다도 그를 처리하지 않고서는 여러분은 앞으로 나아갈 수 없다. 우리 시대의 어떤 역사가도 그와 같지 않다. 터너도 패링턴도 그렇지는 않다.

또 제노비즈는 "비어드에 대한 적대적인 비평이 쌓이면 쌓일수록 20세기의 미국사상에 대한 비어드의 지적 지배는 명백해진다. 그러므로 현대의 학자들이 그의 이론을 폐기하고 또 새로운 사실이 그의 해석을 부인한다해도 그의 사상은 간접적인 통로를 통해 역사해석의 주류에 계속 흘러들어가고 있다"고 말하고 있다.

이와 같이 비어드에 대한 평가는 분분하지만, 이로써도 우리는 그가 한 때 미국사학계의 거목이었다는 것을 부인할 수 없다.

1. 혁신주의 역사학

학문과 사회활동

비어드는 1974년 인디아나 주의 시골에서 태어났다. 그의 조부가 퀘이커교도였던 관계도 있어 그는 근방의 퀘이커교도가 경영하는 고등학교를 졸업하고 그 지방에서는 소실업가였던 아버지의 도움을 받아 형과 같이 『선』(*Sun*)이란 이름의 주간지를 편집, 발행했다.

그러나 4년 뒤 언론생활을 청산하고 1895년 같은 주의 그린캐슬에 있는 감리교 계통의 드포 대학에 진학했다. 3년만에 정규과정을 이수하고 졸업했으나 재학중 역사학의 앤드류 스티븐슨(Andrew Stephenson)과 정치학의 제임스 알 위버(James R. Weaver)의 두 교수로부터 커다란 영향을 받았다. 전자로부터는 역사연구에 있어 정치보다는 사회, 경제, 문화를 중요시할 것을, 후자로부터는 고전적 정치사상가의 사상을 배웠다. 특히 칼 마르크스의 사상을 알게 되었고 1896년 시카고에 여행하여 제인 애담스(Jane Addams)의 사회복지관인 '헐 하우스'(Hull House)를 시찰한 뒤로는 사회개혁의 필요성을 절실히 느끼게 되었다.

그는 대학을 졸업하자 역사학을 연구할 뜻을 지니고 1898년 영국의 옥스포드 대학에 유학했다. 여기서는 영국 근대사와 제도사의 대가인 퍼윌(Frederick York Powell) 교수에 사사했으나 동시에 옥스포드에 유학중이었던 미국 부호의 자제인 월터 브루맨(Walter Vrooman)을 만나 그의 도움을 받으면서 노동자의 계몽교육을 목적으로 한 러스킨 홀(Ruskin Hall)을 창설했다. 그 이듬해 봄 그는 일단 귀국하여 코넬 대학의 대학원에 진학하였으나 가을학기만 수료하고 드포 대학 시절에 사귀었던 메리 리터(Mary Ritter)와 결혼했다.

1900년 영국에 다시 돌아온 비어드는 공업도시인 맨체스터에 정착하여 노동자의 계몽교육에 종사하면서 영국의 산업혁명을 연구하여 첫 저서인 『산업혁명』(Industrial Revolution)을 출판했다. 그러나 정치 및 노동운동과 역사학연구 사이에서 갈등을 느낀 그는 부인과 같이 유럽을 여행하고 돌아온 뒤 러스킨 홀을 위시하여 그 때까지 정렬을 쏟았던 노동자의 계몽운동을 청산하고 1902년 봄 미국으로 돌아왔다.

그 해 가을, 콜럼비아 대학의 대학원에 입학한 비어드는 1903년 봄, 미국의 문관제도의 연구로 석사학위를 받고 1904년에는 영국에 있을 때 준비해왔던 영국의 치안판사제도에 관한 연구로 박사학위를 받았다. 이어서 그는 사학과의 전임강사로 임명되어 유럽사 및 영국사의 개설을 강의하다가 1907년에는 조교수로 승진되면서 정치학을 강의하기도 했다. 이 때까지 미국사 강의와 인연이 없던 그는 1909년 그를 지도해 왔던 존 버제스(John Burgess) 교수가 대학의 행정직을 맡게되자 비로소 미국사 강의를 담당하게 되었다.

1910년 부교수, 1915년 정교수로 임명된 그는 1917년에는 콜럼비아 대학과 작별하게 되었다. 그것은 동료교수 중 한 사람이 미국의 제1차 세계대전 참전에 반대했다는 이유로 사직당하자, 그 자신은 참전에 반대하지 않았으나 대학당국의 인사조치는 언론과 학문연구의 자유에 대한 침해라고 항의하면서, 그와 친분이 두터웠던 '신역사학'(New History)의 제임스 하비 로빈슨(James Harvey Robinson), 프래그마티즘 철학의 존 듀이(John Dewy)와 같이 사표를 제출했다.

13년 동안 몸담았던 콜럼비아 대학을 사임한 뒤 그는 역사, 정치, 행정, 재정 등에 관한 풍부한 지식을 살려 각종의 자문역할에 종사했다. 우선 뉴욕시의 행정개혁에 참여했고, 이것이 인연이 되어 1922년에는 동경의 시정개혁자문을 위하여 일본에 가기도 했다. 그 이듬해 6월, 일본을 떠나면서 약 한 달간 대만, 중국, 그리고 한국을 여행하고 귀국했다. 그러나 그 해 9월 동경대지진이 일어나자 비어드는 다시 동경시의 초청을 받아 일본에 와서 동경시의 부흥계획에 참여했다. 또한 1927~1928년에는 유고슬라비아 정부의 초청을 받아 교육을 중심으로 한 각종 행정문제의 고문을 지내기도 했다.

이와 같은 일로 그는 대학강단에는 돌아가지 않았으나 그렇다고 학구적인 생활과 연을 끊은 것은 아니었다. 우선 앞에서 말한 로빈슨 교수와 협력하여 1919년 사회연구대학원(New School of Social Research)을 뉴욕시에 창설하여 기존의 대학과는 다른 자유로운 체제에서 성인교육을 시도했다.

그러나 무엇보다도 중요한 것은 그의 저술활동이었다. 콜럼비아 대학을 사임한 후 코네티컷의 뉴밀�풔드(New Milford)에 농장을 사서

낙농업을 경영하는 한편 미국사의 저술을 위시하여 서평, 사사문제 등 여러 언론매체에 기고했다. 그래서 그는 대학은 떠나 있었지만 1926년에는 미국정치학회의 회장으로, 1933년에는 미국역사학회의 회장으로 선출되기도 했다. 그리고 거의 말년인 1940년에는 존스홉킨스 대학이 그를 정식으로 초빙했다. 당시 그는 미국학연구소를 세울 계획을 가지고 있었으나 이 일이 뜻대로 안 되자 그 이듬해 사임했다. 그 뒤에도 그의 저술활동은 지속되었으나 1945년에 중병을 앓았던 그는 결국 1948년 9월 1일, 세상을 떠났다.

그가 콜럼비아 대학에 재직하던 시절에 그의 수제자였고 뒤에 프랭클린 델라노 루즈벨트 대통령의 정치고문이었던 레이몬드 몰리(Raymond Moley)는 비어드를 애도하여 다음과 같이 말하고 있다. "그는 너무도 정열적으로 일하다 희생되었다. 그의 허약한 신체는 그가 이해하는 대로 진리를 전달하고자 하는 불타는 정신으로 숯같이 까맣게 타서 소멸했다."

역사의 경제적 해석

비어드의 저서는 공저를 합하여 49권에 달하며 각종 학술지 및 주요 언론매체에 그가 기고한 글은 이루 헤아릴 수 없을 정도이다. 이 방대한 저서 중 역사가로서의 그의 자리를 확립시킨 저서는 1913년에 발표한 『미국헌법의 경제적 해석』(*An Economic Interpretation of the Constitution of the United States*)이다.

비어드는 이 저서에서 미국헌법은 미국의 민주주의를 위한 신의 선물이라고 신성시하는 미국 학계의 전통적인 해석에 대한 신화를 깨트리고 미국헌법은 헌법제정회의에 참가한 대표들의 세속적, 즉 경제적 이해가 반영된 문서라고 주장했다.

이 연구에서 그가 제시한 경제적 이해집단은 금융업자, 공채소유자, 공산품제조업자, 상인, 해운업자 등으로 구성된 동산소유집단과 대다수 채무에 시달리고 있는 소농으로 구성된 부동산소유집단으로, 미국헌법은 이 두 집단의 싸움에서 동산소유집단의 이해가 반영된 문서라는 것이었다.

즉 비어드에 의하면, 1) 독립전쟁중 제정된 연합헌장에 대신할 새로운 연방헌법의 제정을 발의한 이해집단은 동산소유집단이며, 2) 대다수의 국민은 재산에 의한 참정권의 제한으로 제헌회의에 파견할 대표를 선출하지 못했으며, 3) 제헌회의 의원은 소수의 예외는 있으나 새헌법에 의하여 새정부가 들어서면 개인적으로 경제적 이익을 받을 수 있는 집단이며, 4) 각 주에서의 헌법 비준과정에서도 백인 성인남자의 1/4 내지 1/5이 찬반의 투표에 참가했을 뿐이며, 5) 헌법은 사유재산권을 정치보다 우선한 경제문서인 동시에 비민주적 문서라는 것이었다.

비어드가 발표한 이러한 내용의 연구는 학계와 일반 지식층 사이에 커다란 파문을 일으켰다. 1912년 대통령선거에서 낙선의 고배를 마신 공화당의 윌리암 태프트(William Taft)는 '건국의 아버지'를 모독한 연구라고 규탄했고, 비어드가 재직하고 있던 콜럼비아 대학의 총장 니콜라스 버틀러(Nicholas Butler)는 비어드를 마르크스주의자라고 비난했다.

한편 당시 미국정치에 개혁의 바람을 일으키고 있던 혁신주의 진영에서는 개혁정치에 이용할 뜻에서 찬사를 아끼지 않았다. 학계에서는 1914년 미국사학회의 회장으로 취임한 앤드류 맥러클린(Andrew C. McLaughlin)을 비롯하여 많은 사학자와 법학자로부터 비판을 받았다.

이와 같이 비어드의 헌법연구에 대한 논란이 컸으나, 그의 학설은 그 뒤 대부분의 미국사 개설서에 채택되었다. 그러나 1950년대 이후 즉, 그가 세상을 떠난 뒤 그의 헌법연구에 대하여 본격적인 비판이 속출했다. 이들 비판 중 미국헌법이 비민주적 문서라는 주장을 반박한 연구로는 로버트 브라운(Robert Brown)의 연구가 있고 비어드가 이용한 자료의 검증으로부터 그의 잘못된 인용에 이르기까지 보다 실증적인 연구를 통하여 비어드의 주장을 반박한 연구로는 포레스트 맥도날드(Forrest McDonald)의 연구가 있다.

이러한 연구로 말미암아 오늘날 비어드의 헌법연구는 설 땅을 많이 잃은 것 같아 보인다. 그러나 거의 신성시되던 미국헌법의 제정과정에 대하여 그가 재무부의 기록을 토대로 제헌회의에 참석한 의원들의 경제적 전기를 검토하는 방식으로 과감히 '경제적 해석'을 시도한 점은 높이 평가받을 만하다.

비어드에게 있어서 경제적 해석은 그의 역사관에서 기본적인 입장으로 생각된다. 그는 미국헌법의 연구에 이어 1915년 『제퍼슨 민주주의의 경제적 기원』(*Economic Origins of Jeffersonian Democracy*)을 발표했고, 또 1922년에는 『정치의 경제적 기초』(*Economic Basis of Politics*)를 발표했다. 이런 저서를 통해 그의 '경제적 해석'의 의미를 구체적으로 살펴보면 대체로 다음과 같다.

즉 그의 경제적 해석의 기본사상은, 첫째로 마르크스적 경제적 결정론은 아니며, 둘째로 그의 선배이며 콜럼비아 대학의 동료이기도 한 에드윈 셀리그만(Edwin R. A. Seligman) 교수가 1902년에 발표한 『역사의 경제적 해석』(*Economic Interpretation of History*)에서 역사에서의 경제적 요인의 중요성을 인식하게 되었으며, 셋째로 제헌회의의 주도적 의원이었던 제임스 메디슨(James Madison)이 새헌법의 지지를 호소한 논집인 『연방주의론』(*The Federalist*)에서 발표한 제10호 논문에 토대를 두고 있다.

메디슨은 이 논문에서 인간은 각자의 재산을 보호하려는 성향이 있고 재산의 종류에 따라 경제적 이해가 달라지는데 바로 그 이해 때문에 파벌이 생기고 당파가 발생한다고 했다. 바로 이러한 생각이 비어드의 경제적 해석의 기초를 이루었다고 볼 수 있다.

그러나 비어드의 이런 입장에 대하여 전기한 맥도날드는 메디슨―

비어드의 체계는 너무도 개괄적이라 방법론으로서는 정치(精緻)성이 없다고 비판하고 있고, 또 연방대법원의 대법관이었던 올리버 웬델 홈즈(Oliver Wendell Holmes)는 비어드의 시도를 지지하면서도 "인간에게 고매한 정신이 불가능하지는 않다"라는 말로써 인간의 모든 행동이 항상 경제적 이해에 의하여 좌우되는 것은 아니라는 점을 지적하기도 했다.

2. 현재주의적 역사해석

역사가의 현재적 위치와 역사해석

1923년 일본에서 돌아온 비어드는 미국사 개설의 집필에 착수했다. 그리하여 1927년 부인을 공저자로 하여 『미국문명의 흥기(興起)』(*The Rise of American Civilization*)를 발표했다.

그가 대학생시절부터 애독한 영국의 역사가 존 알 그린(John R. Green)의 『영국 국민소사』(*A Short History of the English People*)의 양식을 본 딴 그의 개설서는 미국문명의 모든 분야를 총망라한 파노라마적 작품으로 아름다운 문장과 풍부한 어휘 사용으로 사람들을 놀라게 했다. 뿐만 아니라 이 개설에서도 그의 경제적 해석은 중요한 분석도구의 역할을 하고 있다. 그 예를 그의 남북전쟁론에서 찾아볼 수 있다.

비어드는 남북전쟁을 '제2의 미국혁명'이라고도 할 만큼 사회적 대변혁의 사건이라고 했다. 그는 남북전쟁이 흑인노예제도로 인해 일어난 전쟁이기는 하지만 결코 노예해방을 위하여 일어난 전쟁은 아니며, 그 전쟁은 북부 및 서부의 자본가, 노동자, 농민이 남부의 노예소유지주를 미국정치에서 몰아내고 그 뒤 미국 경제발전의 길을 터놓은 사건이라고 말했다. 그것은 마치 중세의 봉건세력이 시민계급에 의하여 축출되는 과정과 같다는 것이었다.

남북전쟁에 대한 비어드의 해석은 남북전쟁의 역사적 의의를 크게 부각시키는 데 있어서는 커다란 역할을 했으나, 남부의 지주세력을 중세의 봉건세력에 비유하여 남북전쟁을 일종의 부르주아혁명으로 파악하려 한 것은 역사의 흐름을 너무 피상적으로 평가했기 때문이 아니냐는 비판을 받았다. 더욱이 그가 집필하던 당시에는 이용할 수 없었던 자료가 그 뒤 연구됨으로써 현재 그의 남북전쟁에 대한 해석에는 많은 수정이 가해지고 있다. 그러나 여기서도 그의 남북전쟁론이 남북전쟁에 대한 새로운 시각을 여는 데 크게 이바지했다는 점을 부인할 수는 없다.

『미국문명의 흥기』는 시간적으로는 식민지 시대부터 1920년대 중반까지를 포함하고 있다. 그 뒤 미국은 경제공황과 뉴딜(New Deal) 시대를 맞이하는데 이 시대의 역사를 1939년 『중년기에 있는 미국』(*America in Midpassage*)에서 다루고, 다시 1942년에는 미국문명의 특수성을 사상적인 측면에서 다룬 『미국의 정신』(*American Spirit*)을 발표했다. 이로써 그는 미국문명사의 3부작을 완성했다.

그 뒤 1944년에 그는 부인과 공저로 미국사의 총체적 개설이라 할 수 있는 『미국의 기본적 역사』(*A Basic History of the United States*)를 출판했다. 이 개설과 미국문명사의 3부작, 또 그의 다른 저서를 비교하면 그는 과거의 그의 견해에 집착하지 않고 항상 새로운 시각에서 미국사의 흐름을 새롭게 보았다는 것을 알 수 있다.

1933년 비어드는 미국역사학회의 회장으로 취임하면서 「신념의 행위로서의 역사서술」(Written History As an Act of Faith)이라는 제목의 연설을 발표했다. 이 연설에서 그는 랑케적인 객관사학을 비판하면서 역사의 서술은 주제의 선택, 범위의 설정, 사실의 선택과 배열, 이 모든 과정이 역사가가 필요하고 바람직하다고 여겨지는 것들로 구성되는 그 자신의 준거틀(frame of reference)에 의하여 결정된다고 주장했다.

이어서 그는 이 틀에서 실제 일어난 사실로서 역사의 개념으로는 오직 세 가지가 있을 뿐이라고 했다. 그 하나는 역사는 혼돈이며 그 혼돈을 설명하려는 모든 기도는 환상이라는 것, 둘째로 역사는 일종의 순환형태를 가지고 돌고 돈다는 것, 마지막으로 역사는 직선적으로 또는 나선형으로 그리고 같은 방향으로 움직이고 있다는 것이다.

이런 개념에서 어떤 입장을 취하느냐 하는 문제에 대하여 어떤 역사가는 침묵할 수도 있고 어떤 역사가는 신념을 가지고 당당하게 대할 수도 있다. 그리하여 역사가의 영원한 생명은 과거와 미래의 연관 속에서 그의 예상이 얼마나 오래가느냐 그리고 얼마나 정확하냐에 달렸다고 하였다. 그리고 그 자신이 바라는 것은 세계가 집산주의적 민주주의(collectivist democracy) 방향으로 움직이고 있다는 것이라고 했다. 말하자면 그는 그의 역사관과 세계관을 동시에 밝혔던 것이다.

비어드의 연설은 곧 찬반의 커다란 반향을 일으켰다. 특히 그의 사관을 비판하는 사람들은 그를 주관주의적·상대주의적·현재주의적 역사가라고 했다. 그의 취임연설은 『미국역사학보』 39권 2호에 실렸다. 그 이듬해 시어도어 스미스(Theodore Clarke Smith)는 이 학보 40권 2호에 실린 「1884년에서 1934년에 이르는 미국에서의 미국사 서술」(The Writing of American History in America, from 1884 to 1934)의 끝부분에서 객관주의적 역사학을 옹호하면서 비어드의 사관에는 역사가 정치적 도구로 이용될 우려가 있으며 실제로 소련, 이태리, 독일에서는 역사가 정치적 이념선전에 이용되고 있다고 지적하면서 비어드의 입장을 반박했다.

이에 대하여 비어드는 이 학보 41권 1호에서 「저 고귀한 꿈」(That Noble Dream)이란 제목하의 반박문을 발표했다. 여기서 비어드는 역사연구에 있어서 객관성의 한계를 지적하고 또 역사해석에는 경제적 해석 이외에도 여러 종류의 해석이 있을 수 있다는 다원적 입장도 피력했다.

　　확실히 비어드의 역사관에는 역사가 정치의 도구로 이용될 수 있는 여지를 배격할 수 없다.

　　그러나 이보다 더 중요한 것으로 그가 강조하고자 한 것은 객관적, 중립적, 몰가치적 역사의 서술에는 한계가 있다는 주장이 아닐까 여겨진다. 객관주의적 역사연구를 가장 열렬히 주장한 저 랑케의 역사서술에서조차 그가 옹호했던 당시의 프러시아적 정치적 입장이 드러나고 있다. 또 사마천(司馬遷)의 『사기』(史記)의 경우에서 보는 바와 같이, 그는 자기의 입장을 조금도 감추지 않았다. 이런 점에서 그의 역사관과 세계관을 당당하게 피력한 비어드는 역시 위대한 역사가라고 할 수 있다.

반전운동가

　　그러나 말년에 비어드는 미국의 대외정책연구에서 역사가로서 자신의 신념으로 말미암아 실의에 빠지게 되었다.

　　그는 1946년에는 『미국 대외정책의 형성』(*American Foreign Policy in the Making, 1932~1940*)을, 그리고 1948년에는 『루즈벨트 대통령과 1941년의 개전』(*President Roosevelt and the Coming of the War, 1941; A Study in Appearances and Realities*)를 발표하고, 이 두 권의 저서에서 프랭클린 루즈벨트 대통령의 대외정책을 맹렬히 비판했다. 즉 제2차 세계대전이 일어나자 루즈벨트는 한편으로는 국민에게 중립과 평화를 약속하면서 다른 한편에서는 일본을 교묘히 유도하여 결과적으로는 미국을 전쟁으로 이끌었다고 비어드는 주장했다.

　　이 때문에 비어드는 그의 추종자 및 숭배자의 대부분으로부터 외면을 당했다. 이들은 한 때 루즈벨트의 뉴딜정책을 지지했던 그가 갑자기 대통령에 등을 돌려 악의에 찬 공격을 퍼부은 것을 도저히 이해할 수 없었기 때문이다. 왜 이런 변화가 일어났는가?

　　비어드는 1929년에 공황이 일어나고 이 공황을 극복하기 위하여 뉴딜정책이 나왔을 때 희망에 부풀어 있었다. 그는 기술과 정부의 합리적인 계획으로 미국은 황혼이 아니라 여명을 맞이한다고 생각했다.

그러나 그 뒤 두 가지 사건이 일어났다. 그 하나는 제1차 세계대전에 미국이 참전한 원인을 조사한 1934년의 의회의 나이 위원회(Nye Committee)의 보고서였다. 이 보고서를 통하여 그는 미국의 참전이 세계평화를 위한다는 이상주의에서가 아니라 군수업자, 제조업자 및 국제금융업자의 음모에 의한 것임을 확신하게 되었다.

다른 하나는 전운이 유럽과 아시아에 감돌기 시작하자, 장차 있을지도 모를 참전이 현재 진행중에 있는 루즈벨트의 국내개혁을 지연시킬지도 모른다는 우려를 갖게 된 것이다. 그는 이런 개혁의 지연은 제퍼슨, 잭슨 그리고 윌슨의 사례로 증명된다고 믿었다. 그리하여 그는 미국이 참전하면 그가 원했던 집산주의적 민주주의, 즉 기술적 발전으로 문명의 이득을 풍부하게 걷어들일 수 있는 사회를 향해 미국이 나아간다는 것은 어렵다고 생각했다. 바로 이런 생각이 루즈벨트의 참전에 대한 비난으로 나타났을지도 모른다.

원래 비어드는 미국은 자원이 풍부하고 국내시장도 넓어 자급자족이 가능한 경제를 확립할 수 있으므로 시어도어 루즈벨즈의 대외간섭외교나 윌슨적인 도덕적 사명감에 불탄 대외정책은 필요없다는 입장이었다. 그러나 그는 소극적이고 부정적인 냄새를 품기는 고립주의라는 표현은 기피하고 그의 대외정책의 입장을 대륙중심주의(continentalism)라고 표현했다.

그가 미국의 참전을 반대한 배경에는 물론 그의 대외정책관이 도사리고 있지만 미국과 일본의 개전을 루즈벨트의 음모일색으로 해석하려는 그의 주장은 결코 옳다고는 볼 수 없다. 이유가 어디에 있든지 선제공격을 한 것은 일본이며 또 일본의 미국공격은 그 동안 일본이 아시아에서 얻은 침략의 결실을 확보하고자 한 데 있으므로 일본의 입장을 변호할 아무런 이유도 없다. 그 자신은 꼭 일본을 두둔

하는 입장을 표현하지는 않았지만 그의 연구가 일본의 당시 정책을 변호하는 것으로 오해받을 여지가 없었다고는 볼 수 없다.

그 뒤 비어드의 연구에 대하여는 감정적인 면에서가 아니라 실증적인 면에서 오류가 지적되어 대외정책연구에도 수정이 불가피했다. 그러나 그의 연구는 개전에 있어 당사국 중 어느 편에 더 책임이 있는가 하는 일반적 연구에서 하나의 좋은 사례를 제공해 준 것으로 여겨진다.

3. 맺음말

리처드 호프스태터(Richard Hofstadter)는 비어드를 퇴락한 웅장한 건축물에 비유하고 있다. 그러므로 1920년대, 또 1930년대 그의 『미국헌법의 경제적 해석』이나 『미국문명의 흥기』를 탐독하고 성장한 사람들에게 그의 명성의 쇠퇴는 가슴 아픈 일이 아닐 수 없다.

그러나 그만큼 생산적인 역사가는 없으며, 젊은 사학도의 길잡이가 된 역사가도 없고, 친절하고 용기있고 명예를 존중하고 호소력이 있고 박학한 역사가는 없다고 말하고 있다. 비어드와는 결코 친숙할 수 없었던 루이 멈포드(Louis Mumford)도 비어드는 "가장 영향력이 있는 유일한 미국사의 교사"였다고 평가하고 있다.

45년이 지나 비어드의 『미국헌법의 경제적 해석』을 철저하게 비판한 포레스트 맥도날드(Forrest McDonald)는 비어드는 위대한 교사이었을망정 위대한 역사가는 아니었다고 평가하고 있다. 왜냐하면 교사의 역할은 사람의 마음을 열어주는 것이고 역사가의 역할은 인간의 기억을 보관해주는 것인데, 전자에 있어서 그는 커다란 역할을 했으나 후자에 있어서는 그의 정치적 편견으로 그 역할을 제대로 수행하지 못했다는 것이다.

그리고 맥도날드는 비어드의 경우 교사와 역사가의 역할을 혼합하고 혼동함으로써 역사가로서의 자격을 잃었다고 말한다. 말하자면 맥도날드는 비어드가 공격한 '저 고귀한 꿈'을 꾸는 입장에서 비어드를 비판하고 있다.

그러나 교사나 역사가이기 이전에 인간으로서 앞을 내다보면서 '쓸모있는 과거'(usable past)를 끌어내고 바람직한 미래를 제시한 것은 가장 가치 있는 의무라고도 할 수 있다. 비어드는 그의 집산주의적 민주주의에서 '빈곤이 없고 실직이 없고 또 사치가 없고 경쟁이 없고 낭비가 없는' 아름다운 미국을 꿈꾸었다. 이 점에 있어 그는 '진짜 유토피안'이었다. 비어드는 말한다. "비전이 없으면 인간은 망한다. 국가도 망한다"고.

이와 같이 비어드가 그 나름대로의 비전을 가지고 저술한 까닭에, 후학들의 연구로 그의 역사가로서의 업적이 빛을 잃었다 하더라도, 그의 역사가로서의 업적은 아직도 생동적인 호소력을 갖고 있다. 그는 미국이 낳은 가장 위대한 역사가이다.

참고문헌

이보형. 「비어드의 경제적 해석」. 『사총』. 12, 13합집. 고대사학회, 1968.
Cushing Strout. The Pragmatic Revolt in American History: Carl Becker and Charles Beard. 1958.
DePauw University ed.. Chrles A. Beard. 1975.
Ellen Nore. Charles A. Beard: An Intellectual Biography. 1983.
Forrest McDonald. "Charles A. Beard," Marcus Cunliffe and Robin Winks eds.. *Pastmasters*. 1975.
Howard K. Beale ed.. *Charles A. Beard*. 1954.
John Braeman. "Charles A.Beard." *Dictionary of Literary Biography*. V. 17: Twentieth-Century American Historians. 1983.

제7장

지성사의 등장 : 패링턴

정 상 준

 1897년 거대한 황진운(黃塵雲)이 거칠고 헐벗은 마을을 뒤덮고 있는 가운데 오클라호마에 도착한 버넌 루이스 패링턴(Vernon Louis Parrington, 1871~1929)은 자신의 새로운 고향이 된 노먼(Norman)이 '얼마나 초라하고 황폐하고 조잡한' 곳인지 남서부를 본 적이 없는 사람들은 상상할 수 없을 것이라고 언급했다. 패링턴은 이러한 환경을 참을 수 없었다. 그는 자신이 태어난 일리노이 주의 오로라(Aurora)와 첫직장이었던 캔자스 주의 엠포리아(Emporia)의 황량한 환경으로부터 영원히 벗어나고 싶었던 것이다.

 그는 지금은 아름다운 캠퍼스로 변한 오클라호마 대학의 기본디자인을 제공했을 뿐만 아니라, 이 대학의 거의 모든 나무와 현재 노먼의 거대한 나무들 중 상당부분을 직접 심었다. 그는 오클라호마 대학

---

* 필자는 서울대 영문과 교수

의 디자인을 제출하고 나서 다음과 같이 말했다.

> 우리는 큰 대학에 관해서는 지나치게 말이 많고 아름다운 대학에 대해서는 지나치게 말이 없다. 실리적인 것을 선호하고 실리적인 것은 반드시 보기 흥하다고 여기며, 반면에 아름다운 것은 쓸모가 없고 따라서 나약하다고 가정하는 것은 우리의 국가적 불명예 가운데 하나이다.

아름다움에 대한 패링턴의 관심과 아름다움을 효용성에 종속시키는 경향을 '국가적 불명예'라고 비판하는 그의 모습은 많은 사람들에게 다소 의아하다는 느낌을 줄 것이다. 패링턴은 문학을 경시하고 정치사상을 우위에 두며 예술적 감수성이 결핍된 인물로 비판받아왔다. 또한 그를 평가절하하는 것이 오늘날의 주된 경향이다. 그러나 최근 여러 비평가들은 미국의 지성 및 문학사에서 패링턴에 대한 평가 가운데 많은 부분이 혼동과 오해의 산물이라고 지적하고 있다.

1. 학문의 형성

중서부와 개신교적 교육

패링턴은 1871년 일리노이 주의 오로라에서 태어났다.

그의 할아버지인 존 패링턴(John Parrington)은 톰 페인(Tom Paine)의 급진주의를 열렬하게 지지했으며, 1820년대에 영국의 산업 변화와 불안을 피하여 미국으로 건너왔다. 그의 아버지 존 윌리암 패링턴(John William Parrington)은 메인 주에서 태어났으며 1850년대에 일리노이 주로 이주하여 노예해방론자인 전직 침례교 목사의 딸과 결혼했다. 남북전쟁기간 동안 그는 북군의 장교로 근무했으며, 1866년 이후에는 변호사로 일하면서 공화당원으로 정치에 입문했다.

패링턴이 여섯 살 되던 1877년 그의 가족은 캔자스 주의 엠포리아 외곽에 위치한 아메리커스(Americus)라는 작은 마을 근처의 농장으로 옮겨 왔다. 아메리커스는 주로 옥수수를 재배하는 평원이었다. 그의 아버지의 사업은 그 곳에서 번창했지만 그 곳에 대한 패링턴의 기억은 유쾌하지만은 않다. 그의 기억 속에는 봄철에 피는 꽃, 자라나는 작물의 모습, 그리고 사냥의 즐거움 등 평원의 따뜻하고 활기있는 모습과 함께 추위와 가뭄의 위협, 우기의 진창과 건기의 진풍(塵風), 작고 추한 농장의 집, 거칠고 헐벗은 마을 등 상반되는 이미지가 공존했다. 패링턴은 이 곳에서 농장의 잡일을 하고 시골학교에 다니면서 세상에 대한 첫경험을 시작했다.

1884년 패링턴의 아버지가 검인재판소의 판사로 선출되자 그의 가족은 농장을 떠나 엠포리아로 옮겨왔다. 패링턴은 엠포리아 대학에 입학했다. 장로교계의 작은 대학인 엠포리아 대학은 그리스어, 라틴어 등 고전과목과 함께 기독교의 정통성에 관한 각별한 교육, 그리고 종교적 근본주의를 강조했다. 엠포리아에서 패링턴은 정통신앙을 받아들였던 것 같다. 그는 「역사속의 신」이라는 제목의 연설에서 역사의 진보는 신의 의도가 이루어지는 것이라고 주장하고 이 진보가 미래에도 지속되기를 기대했다.

그는 엠포리아의 교육을 고맙게 여기고 꽤 만족스럽게 생각하기까지 했다. 그러나 엠포리아의 교수방법은 고루했고 강의는 지루했으며, 지적으로 패링턴에게 별다른 자극을 주지 못했다. 훗날 돌이켜볼 때에 그 곳은 '불모의 세계'였으며, 선생들은 모든 새로운, 비정통적인 견해로부터 학생들을 열심히 차단했다. 이 시절 패링턴의 교육은 주로 스스로에 의해 이루어졌다. 만족을 모를 정도로 책을 좋아하던 그는 마침내 자신의 욕망에 걸맞는 충분한 자료를 갖춘 시립도서관을 발견하고 그 곳에서 빅토리아 시대의 소설을 중심으로 스스로 방향을 정한 독서에 빠져들었다.

하버드 교육과 세속화

패링턴의 부모는 그의 지적인 가능성에 감명을 받았던 것으로 보인다. 그들은 가정형편이 넉넉하지 않았지만 엠포리아 대학에서 패링턴이 3년간 수학한 후 그를 하버드 대학으로 보냈다. 그는 단조로운 중서부의 평원에서 동부로 탈출하여 1893년 하버드 대학에서 학사학위를 받았다.

케임브리지에서 패링턴은 시골 출신 청년의 전형이었다. 그의 하버드 시절은 자극적인 좌절의 시기였다. 패링턴은 동부의 보다 자유로운 지적인 분위기에 들떠 있으면서도 소박했고 따라서 그 곳의 코스모폴리타니즘과 사회적인 엘리트주의에 취약했다. 전통있는 기존체제 앞에서 위축되는 모습을 발견할 때 중서부 출신들이 일반적으로 갖는 느낌은 열등감이었다. 그는 하버드에서 이전에 전혀 경험하지 못한 속물성을 경험했으며 서부 출신을 시골뜨기로 여기는 분위기에서 친구도 별로 없이 외로운 생활을 보냈다. 그는 자신이 소외되었다는 느낌에서 벗어날 수 없었다. 그가 가장 만족감과 성취감을 느꼈던 때는 야구부에서 경기를 할 때였다.

하버드에서 패링턴의 소외는 그의 교육이 지닌 중요한 속성을 강조한다. 그는 당시 하버드에서 윌리암 제임스(William James)나 조사이어 로이스(Josiah Royce) 등이 제공하는 지적 자극을 받을 수 있는 기회를 놓쳤다. 그가 하버드에서 얻은 것은 주로 교수법에 대한 느낌이었다. 당시 하버드는 선택과목제도를 개발하고 강의실에서의 암기같은 케케묵은 교육방식을 극복하는 일에 앞장섰다. 패링턴은 몇몇 강의에서 암시를 얻었으며 이는 후일 그가 탁월한 대학선생이 되는 데 도움이 되었다.

그러나 패링턴은 불행하게도 그의 타고난 수줍음을 극복하고 지적 능력을 개발할 수 있도록 도와 줄 뛰어난 스승을 만나지 못했다. 하버드에서도 그의 교육은 독학이었다. 이번에는 하버드 대학 도서관이 그가 찾은 곳이었다. 그의 지식은 대부분 처음에는 엠포리아의 도서관에서, 그 후에는 하버드의 도서관에서 열성적인 고독한 독서를 통하여 스스로 습득한 것이 대부분이었다. 이것은 평생 그가 따르게 될 패턴이었다. 그는 비어드(Charles Beard)나 터너(Frederick Jackson Turner)와는 달리 학계의 도움과 혜택을 가장 받지 못한 학계의 방랑자였다.

패링턴에게서는 그가 마침내 워싱턴 대학에 자리잡기 전, 학계의 변두리에서 오랜 세월 그를 지탱시켰을 외로운 용기와 굳건한 의지를 느낄 수 있다. 그의 소외가 그를 독창적인 학자, 직접적이고 독립적인, 거의 모든 것을 자력으로 성취한 작가가 될 수 있도록 도왔다. 그에게서 발견할 수 있는 특성들, 예컨대 차가운 체제와 그 곳에 번성하는 지식인들에 대한 그의 반감, 거창하고 난해한 비평용어에 대한 그의 사랑, 거의 백과사전처럼 미국문학의 광범위한 영역을 망라하려는 그의 욕망, 격식을 갖춘 자의식적인 그의 문체 등은 이러한 경험의 산물이었다.

하버드 시절의 가장 중요한 결과는 아마도 패링턴의 마음이 세속화된 점일 것이다. 진화론이 여전히 금기사항이었던 엠포리아 대학에서 그는 정통교리에 반발하지 않았다. 그러나 하버드 대학에서 독립적인 독서를 오랜 기간 계속하는 가운데 그는 당시 최근의 진화론자들에게 매료되었다. 진화론과 종교의 조화를 시도한 헨리 드러몬드(Henry Drummond)의 『인간의 등장』(*The Ascent of Man*)이 그의 주된 지침서가 되었고 허버트 스펜서(Herbert Spencer)의 사회적 진화론에도 끌렸다.

이러한 영향을 받으면서 엠포리아에서 받아들인 정통교리는 무너졌고 하버드 대학을 졸업하고 엠포리아로 돌아왔을 때 그는 엠포리아 대학이 소중하게 여기는 믿음에 대한 일종의 이단자였다.

오클라호마 시절

1893년 패링턴은 평원의 고향으로 돌아와서 엠포리아 대학에서 영문학과 불어를 가르치기 시작했다. 후일 고백한 바에 따르면 그는 교직에 소명의식을 지닌 것은 아니었고 교직으로 표류되어 왔다. 그러나 그는 엠포리아 대학에 영문과를 만들고, 미국문학이 포함되지는 않았지만 교과과정을 조직하며, 영문학 연구를 계속했다. 그리고 가끔 시를 썼으며, 1895년에는 엠포리아 대학에서 석사학위를 받았다. 그가 특히 열성을 보인 분야는 미식축구였다. 그는 축구를 캠퍼스에 도입하고 코치, 트레이너, 주장, 그리고 쿼터백을 동시에 맡았다.

이 시기에 중요한 사건은 그가 아버지의 완강한 공화주의를 떠나 민중주의(populism)에 공감을 느끼게 된 사실이다. 그는 1896년 대통령 선거에서 윌리엄 제닝스 브라이언(William Jennings Bryan)에게 투표했으며 1897년에는 대표단을 이끌고 캔자스의 민중당 전당대회에 참석했다. 그리고 간간히 대학신문에 산업의 독점체제를 비난하고 존 러스킨(John Ruskin)과 윌리엄 모리스(William Morris)의 사회사상을 권하는 글을 썼다.

1897년 패링턴은 엠포리아 대학을 떠나 보다 나은 대우를 제의한 오클라호마 대학교로 자리를 옮겼다. 그는 오클라호마 대학에서 쵸서(Geoffrey Chaucer)에서 테니슨(Alfred Tennyson)에 이르기까지 영문학의 광범위한 영역을 가르쳤고 오클라호마를 떠나기 전에는 모리스와 러스킨에 관한 특별강좌를 개설하기도 했다. 그러나 미국문학에 관한 강좌는 개설하지 않았다. 패링턴은 대학 미식축구부의 첫 코치직을 맡으면서 체육 감독, 트레이너, 심판, 섭외 등 모든 일을 담당했다. 후일 오클라호마 대학 축구사에는 "패링턴이 손을 대면 모든 것이 활기를 띤다"고 기록되어 있다. 그는 저녁에는 시를 썼고 그 가운데 일부를 신문에 발표했다. 1901년 줄리아 윌리암스(Julia Williams)와 결혼했다.

1903년과 1904년에 패링턴은 유럽에서 원예와 건축을 공부하고 프랑스의 국립도서관과 대영박물관에서 연구를 했다. 그는 오클라호마로 돌아와서 엘리자베스풍으로 자신의 저택을 설계하고, 상당부분 자신이 직접 집을 지었다. 1907년에는 오클라호마 대학 총장의 부탁을 받아 여러 대학 캠퍼스의 건축양식을 조사하고 새캠퍼스의 설계도를 제출했다. 패링턴은 오클라호마 대학을 거칠고 조잡하다고 여기고 별로 좋아하지 않았지만 그 곳의 생활에는 어느 정도 안주했던 것 같다. 그는 축구팀을 맡고 시를 쓰고 원예와 사냥을 즐겼다.

그는 또한 독특한 강의방식으로 유명해졌다. 그는 소크라테스식 문답법을 강의에 도입하여 지적으로 호기심이 강한 학생들의 에너지뿐만 아니라 다소 뒤떨어지는 학생들의 엉성한 논리도 즐겼다. 패링턴의 강의를 듣는 것은 오클라호마 대학에서 전통으로 자리잡았다. 대학은 그에게 괜찮은 소득을 보장했고 그 곳에서 그는 이런 식으로 일생을 마감했을 수도 있었다.

동부에 대한 반감

1907년 젊은 패링턴은 시련을 겪는다. 그는 오클라호마 대학에서 스캔들에 말려 잠시 일자리를 잃었다.

오클라호마는 1907년 주로 승격되었고 새 주지사는 민주당원으로서 그의 권력기반은 남부의 감리교회였다. 감리교도들은 오클라호마 대학의 교수진 가운데 흡연, 음주, 도박과 같은 행위를 장려하는 건방진 젊은 동부 출신들을 쫓아내고 그 자리를 그들과 정서가 비슷한 감리교도들로 채우고자 했다. 패링턴은 술을 마시지도 않고 춤과 도박을 즐기지도 않았으며 자신의 하버드 졸업장을 자랑스럽게 여기지도 않았다. 그러나 그는 담배를 피우는 하버드 출신이었기에 쫓겨날 자격을 갖추고 있었다. 주지사는 감리교도들이 요구하는 대로 패링턴을 총장과 다른 13명의 교수들과 함께 해고시켰다.

패링턴은 자신이 직접 설계하고 지은 집으로 이사한 지 몇 달이 채 지나지 않아 36세에 실직자가 되었다. 우리는 여기에서 그의 삶의 치열한 행위 가운데 하나를 목격하게 된다.

그는 하버드 대학 영문과의 박사과정에 입학하고자 시도했다. 그는 하버드 대학에 보낸 장문의 편지에서 르네상스가 영국의 산문에 끼친 영향을 연구하고 산문의 변화와 영국 건축의 발전을 비교하며 그가 식민지 영국문학이라고 명명한 미국, 캐나다, 호주문학과 영국문학을 비교하겠다는 자신의 계획을 밝혔다. 하버드 대학의 입장에서 이미 다른 대학에서 15년 동안 가르친 경력이 있는 37세된 지원자의 상상력이 풍부한 그러나 실현가능성이 희박한 계획을 의심스럽게 본 것은 이해할 만한 일이다.

하버드 대학은 대학원 과정을 시작하기에는 너무 나이가 들었다는 이유로 패링턴을 받아들이지 않았다. 학부생으로서도 하버드의 내부에 진입하지 못했던 패링턴은 다시 하버드에 의해 거부되었다. 이 결정은 당시 패링턴에게 깊은 상처를 주었고 그 이후 그는 평생 동부와 동부의 기존 학계에 대하여 반감을 지니게 되었다.

『미국사상의 주류』 출간

그러나 하버드 대학으로부터 거부당한 것이 시간이 지남에 따라 다행스러운 일임이 입증되었다. 왜냐하면 일년도 지나지 않아 패링턴은 앞으로 약 20년 후에, 그의 사후이긴 했지만, 지적인 명예라는 면에서 정점에 오르게 될 길로 들어섰기 때문이다.

1908년 그는 워싱턴 대학교의 문학교수직 제의를 받아들였다. 시애틀은 그가 항상 원했던 쾌적하고 아름다운 자연환경을 제공했다. 그리고 그 곳에서 그는 혁신주의 지식인인 앨런 스미스(J. Allen Smith)와 생산적인 교분을 맺었다. 이 새로운 환경에서 그의 내부에 잠재해 있던 정치적인 면이 보다 일관성 있는 지적인 형태를 갖추게 되었다. 그의 할아버지가 남긴 급진주의의 유산, 하버드 대학 시절의 사회적 반감, 1890년대의 민중주의의 저항정신, 근본주의자들과 삼류정치인들의 감시 하에 보냈던 오랜 교수생활 등 그의 급진적인 성향을 형성한 요소들이 문학과 정치에 대하여 보다 체계적이고 다소 호전적인 견해로 초점이 모아졌다.

『역사의 경제적 해석』이 그의 시야를 밝혀주고 미국문학에 대한 그의 관심은 그에게 새로운 지평을 열었으며 이 분야에 그는 경제적 해석을 엄격하게 적용했다. 뛰어난 동료들의 지적인 자극을 받으면서 패링턴은 자신에 대한 신념을 가지고 새로운 관심분야를 개발하기 시작했다. 그는 시애틀로 오기 전에 미국문학을 가르친 적이 없었지만 초심자의 신선한 열정으로 미국문학연구에 몰입했다. 워싱턴 대학에서 그는 영국문학을 가르치도록 임명되었지만 처음으로 학부 및 대학원 과정에 미국문학강좌를 개설했다. 1910년경 그는 미국문학에 관한 대작의 집필을 구상하고 1913년 진지하게 그 작업에 착수했다.

후일 되돌아보면 패링턴의 삶이 패턴과 방향을 지니고 있었다고 여길 수 있겠지만 그의 입장에서 볼 때 그의 경력은 실망의 연속이었다. 시애틀에서 패링턴은 축구팀을 지도할 책임으로부터 자유로와졌고 감리교도들의 감시도 받지 않았다. 그는 또한 스미스로부터 지적인 자극을 받고 학문적으로 성숙해지고 있었다. 그러나 그는 그의 역작을 읽고 출판해 줄 출판사를 발견할 수 없었다. 출판업자들은 한결같이 『미국사상의 주류』의 초고를 거부했다. 거의 10년간의 연구가 수포로 돌아가자 그는 낙담하여 사실상 작업을 중단했다.

다행스럽게도 1922년 당시 하코트 브레이스(Harcourt Brace)의 문학고문이었던 밴 윅 브룩스(Van Wyck Brooks)가 제1권의 원고를 보게 되었고 여러 출판사에 출판을 권고했다. 그러나 『미국사상의 주류』(*Main Currents in American Thoughts*)가 출간되기까지는 5년이란 세월이 더 흘러야 했으며 결국 1927년 『미국사상의 주류』는 패링턴이 외롭게 연구에 착수한 지 14년 만에 출간되었다. 그 때 패링턴의 나이는 56세였다. 오늘날의 미국대학이라면 양심적인 테뉴어위원회가 학문적 수월성을 유지한다는 이유로 그를 '학자적인 전망이 결여'되었다고 쫓아냈을 것이다.

2. 『미국사상의 주류』에 관한 고찰

진보주의와 보수주의의 대립

패링턴의 작업이 고독한 것이었지만, 그렇다고 해서 『미국사상의 주류』가 어느 누구의 영향도 받지 않은 저술이라는 의미는 아니다. 패링턴이 자신의 저서를 스미스에게 헌정한 사실에서 알 수 있듯이, 그는 스미스의 미국헌법에 대한 경제적 해석을 받아들이고 미국헌법이 반동적인 문서라고 믿었다.

또한 이뽀리뜨 뗀느(Hippolyte Taine)가 기술한 영국문학사에서 전기와 비평적 기술을 결합한 서술 기법과 미국문학연구를 위한 사회학적 모델을 발견했다. 모리스의 산업화에 대한 강렬한 비판은 건축과 형식을 사랑하는 패링턴의 미학적 상상력을 고무했다. 그리고 패링턴은 포프(Alexander Pope)와 처칠(Charles Churchill) 같은 형이상학파 시인들의 간결함과 신랄함, 그리고 균형감각을 좋아했다. 이러한 영향의 많은 부분은 미국적이 아니었다. 사실상 패링턴의 마음 자체가 미국사상사의 '소우주'였다. 그것은 유럽의 지적 전통과 미국사회의 힘이 상호작용한 결과 생겨난 것이었다.

『미국사상의 주류』에서 패링턴은 먼저 유럽에서 건너온 주요 사상이나 경향을 서술하고 그것이 미국의 환경에서 어떤 모습을 띠는지 검토한다. 그리고 미국의 작가, 정치사상가, 정치인에 관한 간단한 전기가 이어진다. 이 전기의 중간 중간에 사회경제적 맥락에 대한 설명이 제시된다.

각 인물은 자유주의와 보수주의의 투쟁이라는 미국사상의 본질적인 대립구조 속에 위치되고 그 구도 속에서 평가받는다.

그 한편에는 식민지 시대에 신정주의의 질서를 수호하려고 했던 존 윈스럽(John Winthrop), 존 카튼(John Cotton), 매더 부자(the Mathers), 그리고 죽어가는 칼뱅주의에 새로운 삶을 부여하려고 애쓴 조나단 에드워즈(Johnathan Edwards)가 있다.

후일 정치적 논쟁에서 이들의 후예로 보수적인 휘그파인 존 디킨슨(John Dickinson), 토리파인 토머스 허친슨(Thomas Hutchinson), 해밀턴(Alexander Hamilton)으로 대변되는 강력한 국가의 옹호자들이 등장한다.

이들에 대항하는 이상주의자들의 진영에는 독립파, 저항파, 자유주의자, 민주론자, 인도주의자들이 있다. 신정주의의 대항자로는 로저 윌리암스(Roger Williams), 토머스 후커(Thomas Hooker), 존 와이즈(John Wise) 등이 등장하며, 보다 세속적인 계몽적, 민주적, 인본주의적 18세기 운동의 대변자로는 프랭클린(Benjamin Franklin), 제퍼슨(Thomas Jefferson), 페인 등이 등장한다.

19세기는 존 마샬(John Marshall) 대 존 테일러(John Taylor), 존 캘훈(John C. Calhoun) 대 윌리암 개리슨(William Lloyd Garrison), 뉴잉글랜드의 보수주의자들 대 일신론자와 초절주의자들 간의 갈등과 투쟁이 부각된다. 따라서 그의 저서는 미국문학 자체에 관한 연구라기보다는 문학을 통해 본 미국의 정치사상에 관한 연구라고 할 수 있다.

연대기적으로 『미국사상의 주류』는 미국의 역사를 세 시기로 구분한다. 제퍼슨이 대통령으로 선출된 1800년까지의 식민지 시대, 1800년부터 남북전쟁까지의 낭만주의 혁명기, 그리고 1865년부터 1920년까지 비판적 사실주의의 시작 시기가 그것이다. 이 세 시기가 세 권의 각 권과 일치한다.

패링턴은 제3권을 끝내지 못했고 그것은 유고로 출간되었다. 공간적으로 『미국사상의 주류』는 미국의 문화를 뉴잉글랜드, 중부, 남부 그리고 서부의 네 지역으로 구분한다. 이 책에서 미국의 사상사는 영웅과 악한, 시대에 저항한 인물들과 순응한 인물, 프랑스의 낭만주의자와 영국의 현실주의자들 간의 갈등과 투쟁으로 제시된다.

거대한 바베큐

패링턴에 의하면 미국사상의 주류는 대부분 유럽에 근원을 두었다. 영국의 휘그주의, 프랑스의 중농주의와 낭만주의, 자유방임주의, 19세기의 과학 등 다양한 유럽의 사상이 미국에서 충돌했으며, 개별적인 이상주의자들의 에너지와 부유한 보수주의자들의 저항, 그리고 미국의 급박한 경제적 환경에 의해 그 쟁점이 형성되었다.

가령, 식민지 시대에 엄격한 청교도들의 신정주의는 토지를 소유한 자영농과 탐욕적인 상인계층에 의하여 강화되었지만 관용적인 자유주의에 의하여 도전을 받았다. 미국혁명은 이윤을 추구하는 상인들, 영국 상인들에게 부채가 있는 대농장주들, 그리고 프런티어의 자유주의자들의 어색한 연합으로 성취되었다. 유산계층이 반동적인 헌법을 제정하고 다수를 압도하고 강제적 국가를 세웠지만 1800년 제퍼슨이 대통령에 선출됨으로써 자유주의가 승리를 거두면서 프랑스의 인도주의가 그 영향력을 크게 확대했다.

1812년의 전쟁부터 남북전쟁까지는 낭만주의가 번성하며, 제2권에서 패링턴은 뉴잉글랜드, 남부, 서부, 그리고 뉴잉글랜드와 남부 사이의 중간 주(州)에서 나타난 다양한 지역적 열망과 문학적 표현을 낭만주의라는 의미만으로 파악했다.

남부의 낭만주의는 제퍼슨을 버리고 캘훈을 받아들였으며 노예소유주들의 이상인 그리스식 민주주의를 만들어냈다. 중간주에는 절충적인 성격의 문화가 자리잡았으며, 필라델피아와 뉴욕이 이 지역의 문화를 대변했다. 서부는 잭슨주의를 제시하여 정치적 민주주의를 촉진했지만 그것은 제퍼슨의 현실주의적 경제를 상실한 것이었다. 보스턴의 연방주의가 지배했던 뉴잉글랜드는 반동의 수렁에 빠져 있었으나 결국 채닝(W.E. Channing)의 시대에 씨오도르 파커(Theodor Parker)같은 일신론자와 에머슨(Ralph Waldo Emerson)과 쏘로(Henry David Thoreau)를 비롯한 초절주의자를 생산했다.

패링턴은 남북전쟁을 공격적인 자본주의에 의하여 결합된 탐욕적인 중간계층의 에너지가 분출된 것으로 보았다. 남북전쟁 이후 낭만주의적 자유주의의 열정과 생명력은 패배하고 미래는 기계, 중앙집권적 국가, 획득과 소유와 향유의 방식을 알고 있는 집단의 차지였다.

미국인들은 '거대한 바베큐'(Great Barbecue)파티에 초대받은 개척자 무리들처럼 대륙의 부를 게걸스럽게 먹어치웠다. 보다 민감한 감수성을 지닌 자들은 현실을 견디지 못하고 비판을 가했지만, 그들 가운데 탐욕스러운 개인주의자들의 약탈에 저항할 수 있는 활력 있고 고무적인 철학을 제시한 자는 별로 없었다.

낭만주의 시대와 함께 왔던 낙관주의의 세월은 끝나고 현대 과학기술과 결합한 산업자본주의가 희망의 기초를 침식했다. 칼뱅주의 신학에 기반을 둔 식민지 시대의 비관주의와는 다른, 근대 기계주의 철학에 기반한 새로운 비관주의가 미국인들의 마음을 휩쓸었다. 제3권에서 패링턴은 이 비관주의의 결과와 비판적 사실주의 및 지식인들과 예술가들 가운데 나타나는 저항의 가능성을 다룬다. 거대한 바베큐의 가장 큰 몫은 동부와 중간계층에게 떨어졌고 농민들에게는 보잘 것 없는 몫만 돌아갔다.

민중주의는 결국 실패로 돌아갔지만 이는 농민들을 위한 마지막 시도였다. 패링턴은 저항적인 지식인층의 비판적인 감수성에서 대세를 상쇄할 힘과 희망을 발견하고자 애썼다.

역사와 예술의 접목
패링턴의 역작이 지닌 두드러진 특징 가운데 하나는 그것 자체가 하나의 예술작품이라는 점이다. 『미국사상의 주류』는 그의 제퍼슨주의적 시각뿐만 아니라 구조감각, 드라마, 등장인물의 갈등, 메타포(metaphor)와 이미저리(imagery)의 사용 등 패링턴의 미학을 탁월하게 구현하고 있다. 그는 『미국사상의 주류』를 건축학적으로 구상했다.

제1권은 칼뱅주의의 비관주의로 시작하여 제2권은 낭만적인 낙관주의가 지배하면서 정점을 향하여 솟아오르다가 제3권에서는 현대 기계문명 속에서 미국적 비관주의가 부활된다. 이 구조 속에서 상반되는 이념을 가진 인물들이 대칭을 이루면서 등장하여 일련의 갈등과 투쟁을 겪는다. 패링턴은 드라마의 긴장감을 유지하면서 미국의 과거에서 인도주의적 민주주의의 전망을 내세운 일련의 이상을 식별해내면서도 이것을 제약하고 전복하려는 사상에 의해 이 이념이 좌절되는 모습을 보여 준다.

패링턴은 제유법을 교묘하게 사용하여 긴장감을 유지한다. 이 긴장감은 '너구리 가죽모자'(coonskin cap)와 '장식가발'(tie wig), '수직물'(homespun)과 '양질의 나사'(broadcloth), '시골'(countryside)과 '시장'(marketplace), '광활한 푸른 평원'의 농업주의와 '자갈(cobblestone)로 포장된 좁은 거리'의 산업주의 간의 대립에서 효과적으로 전달된다.

그는 또한 적절한 메타포와 이미지를 찾아내고 창조해냈다. 『미국사상의 주류』라는 이미지 자체가 구조적으로 그의 저서의 메타포가 되어 전체 드라마에 통일성을 제공하며, '거대한 바베큐'는 도금 시대(Gilded Age)의 드라마와 흥분을 포착한다. 미국사상의 주류인 자유주의에 반대하는 사상들은 '암초'(reefs), '장애물'(barriers), '침몰하는 바크선'(foundering barks), '도덕적 진눈깨비'(moral squalls), 또는 '냉랭한 바람'(chill winds) 등으로 표현된다. 그가 옹호하는 자유주의 사상가들은 밝고 너그러운 이성의 빛과 관련된 이미지로 묘사되는 반면 보수주의자들은 마음의 창문을 꽉 닫은 채 왜곡되고 병든 마음을 가지고 어두침침한 거리에 거주하고 있는 자들로 제시된다.

열정적 수용

1927년 『미국사상의 주류』 세 권 가운데 첫 두 권이 출간되었을 때 그것은 터너나 비어드의 첫 주요 저서들보다 더욱 즉각적이고 열정적인 환영을 받았다. 자유주의 비평가들은 이 책을 자유주의의 주요 업적으로 기쁘게 받아들였고 전통적인 대학의 미국문학 옹호자들도 우호적인 반응을 보였다. 1930년대에 이 책은 터너의 프런티어에 관한 논문이나 비어드의 헌법연구만큼 영향력이 컸다.

라이오넬 트릴링(Lionell Trilling)은 1940년에 발표한 유명한 논문 「미국의 현실」에서 패링턴이 "지난 20년간 미국문화에 대한 우리의 관념에 대하여 어느 작가도 필적할 수 없는 영향"을 끼쳤다고 기술했다.

대공황이 발생한 이후 패링턴의 자유주의적 사회·경제 비평은 더욱 설득력을 얻었고, 30년대에 적극적인 비평활동을 했던 러셀 블랜켄쉽(Russell Blankenship), 칼버턴(V.F. Calverton), 버너드 스미스(Bernard Smith), 그랜빌 힉스(Granville Hicks) 등은 패링턴의 직접적인 영향을 받은 마르크스주의 비평가들이었다.

하워드 멈포드 존스(Howard Mumford Jones)의 다음 반응은 이 책이 출간된 후 그 명성이 사라지는 40년대 초반까지 『미국사상의 주류』에 대한 찬미와 열정을 잘 보여 준다. "우리가 처음 이 명쾌한 책을 읽으면서 엄청난 분량의 완고한 자료를 확신을 갖고 제 자리에 정렬해 놓은 모습을 보았을 때 느꼈던 설레는 마음을 잊을 수 있는 사람이 누가 있겠는가? 각 섹션이, 각 장(章)이, 마침내 책 전체가 대부대처럼 질서있게 행진해 나갔다!"

패링턴의 명성이 이미 기운 1950년에도 헨리 스틸 코메저(Henry Steele Commager)는 『미국의 정신』(*The American Mind*)에서 자신이 패링턴에게 깊은 지적인 부채를 지고 있음을 고백하고, 미국의 사상에 대한 패링턴의 위대한 업적이 오랫동안 그의 영감이었으며 자신이 패링턴의 사도임을 인정했다. 거의 같은 시기에 미국역사가를 대상으로 행해진 조사에서 1920년과 1950년 사이에 미국사 분야에서 출간된 저서 가운데 패링턴의 저서가 터너의 프런티어 논문보다 약간의 우위를, 그리고 비어드의 『미국문명의 흥기』(*The Rise of American Civilization*)보다 상당한 우위를 누리고 있었다.

호프스태터(Richard Hofstadter)는 패링턴의 저서에는 "깊은 느낌이 담겨 있으며, 생명력과 열정적인 관심이 넘쳐 흐른다"고 지적했다. 그 이전의 어느 누구도 패링턴만큼 민주주의에 대한 열정을 지니고 미국문학을 다룬 역사가는 없었다. 또한 『미국사상의 주류』처럼 1620년대부터 19세기 말까지의 미국문학에 관하여 개인적인 표식이 분명하면서도 미국의 문학과 사상을 사회적 환경 속에 위치시키려고 지속적으로 시도한 저서는 없었다.

지성사의 개척

『미국사상의 주류』에 대한 이러한 열정적인 수용, 패링턴이 시도한 작업의 대범함과 의미, 그리고 갑작스러운 몰락을 이해하기 위해서는 당시 미국사상사와 문학사, 그리고 비평의 상황에 관하여 고찰해 볼 필요가 있다.

그 당시 미국사 전공자들 가운데서 사상사는 거의 관심을 끌지 못했다. 비어드와 칼 벡커(Carl Becker)가 이 방향으로 약간 나아갔지만 지성사 분야에서 학문적 전통을 세우지는 못했다.

패링턴이 참고할 수 있었던 사람은 그와 마찬가지로 독학한 아마추어 역사가인 소설가 에드워드 이글스턴(Edward Eggleston)과 역시 소설가인 모지즈 코이트 타일러(Moses Coit Tyler)뿐이었으며, 두 사람 모두 그 분야에서 충분히 인정을 받지 못했다. 사실상 거의 이런 종류의 역사를 역사로 여기지 않았으며 『미국사상의 주류』가 역사부문에서 풀리처상을 받았지만 대부분의 역사가들은 이 책을 역사분야의 업적으로 여기지 않았다. 그리고 패링턴이 거주한 워싱턴 주를 제외하고는 역사관련 학술지들은 이 책에 대한 서평을 내지 않았다.

『미국사상의 주류』가 출간된 1927년까지 미국문학사 전체에 관한 책들이 여러 권 나왔지만 대부분 정형화된 무비판적이고 교과서적인, 그리고 편협한 성격의 저술이었다. 패링턴 이전에 가장 중요한 미국문학사가인 타일러는 그의 연구를 1783년까지만 포함시켰으며, 미국의 전통에 점점 중심적인 것으로 여겨지는 대다수의 작품을 취급하지 않았다.

배릿 웬델(Barrett Wendell)의 유명한 『미국문학사』(*A Literary History of America,* 1900)를 비롯한 소위 '점잖은 전통'(genteel tradition)의 미국문학사는 뉴잉글랜드 이외의 문학은 별로 거론하지 않고 한정된 문학적 전통을 도덕주의적으로 제시했다. 1917년에 출간된 『캠브리지 미국문학사』(*Cambridge History of American Literature*)는 웬델의 책보다 포괄적이긴 하지만, 미국문학의 유산에 대한 관점을 제시하기보다는 백과사전적인 개관을 제공했을 뿐이었다.

미국문학은 대부분의 영문과에서 무시와 경멸의 대상이었으며 대학의 미국문학 교수들은 자신들이 다루는 주제의 정통성을 획득하기 위하여 싸워야 했다. 일반적으로 미국문학은 학부의 교과과정에서 중요하게 취급되지 않았고 많은 대학에서는 아예 교과과정에 포함되지도 않았다. 심지어 대학원에서조차 미국문학에 대한 관심은 극도로 제한되어 있었다. 1929년까지 미국문학에 관한 연구만 다루는 전문 학술지는 없었으며 패링턴이 다루었던 주요 작가에 대한 전기는 전무했다.

비평분야의 상황도 별로 나은 점이 없었다. 그 당시 미국 비평계의 형편을 고려하면 패링턴의 몇 가지 어이없는 판단을 더욱 잘 이해할 수 있다. 이 시절 비평계의 지배적인 인물은 브룩스와 멘켄(H. L. Mencken)이었으며 패링턴은 이들의 책을 읽었다. 그들이 패링턴에게 끼친 영향이 어느 정도인지 말하기는 어려우나 그들의 영향이 있었다면 그것은 그를 방황하게 만든 것이었다. 그들은 미국문화의 많은 문제점들이 청교주의(Puritanism)로 인해 초래되었다고 보았으며, 이러한 견해는 패링턴의 시야를 제한했다. 또한 그들은 여러 가지 장점을 지녔지만 일부 작가들을 너무나 쉽게 도매금으로 평가절하하는 경향이 있었다.

비평계의 다른 편에는 어빙 배빗(Irving Babbit)과 폴 엘머 모어(Paul Elmer More)가 있었으나 그들은 반동적인 정치성향으로 인해 패링턴에게 별다른 영향을 끼치지 못했을 것이다. 그리고 새로운 세대에 속하는 에드먼드 윌슨(Edmund Wilson), 케네스 버크(Kenneth Burke), 알렌 테이트(Allen Tate), 클린스 브룩스(Cleanth Brooks), 매티슨(F. O. Matthiessen), 트릴링 등은 아직 비평활동을 시작하지 않은 시절이었다. 이들은 1930년대 이후 활동을 시작했으며 이 때에는 문학을 평가하는 전제나 문학에 대한 사람들의 감수성이 급진적인 변화를 겪었다.

패링턴은 자신이 전인미답의 분야에 도전한다는 사실을 알고 있었다. 그는 자신의 연구가 의심스러운 해석, 성급한 일반화, 생략 및 추측 등 불충분한 점이 많다는 사실을 고통스럽게 인식하고 있었다. 그러나 미국문학사에 대한 정확한 지식이 부재하는 상황에서 그러한 한계는 어쩔 수 없는 일이라고 생각했다. 『미국사상의 주류』의 일차적인 기능은 미국지성사에 대하여 새로운 관심을 자극하는 것이었다.

명성의 쇠퇴

오늘날의 관점에서 고려해 볼 때 패링턴의 명성에서 가장 두드러진 점은 그 갑작스러운 몰락이다. 터너와 비어드는 그들의 옹호자와 반대자들 간의 격렬한 논쟁을 야기했고 시간이 지남에 따라 계속적으로 방대하고 생산적인 연구를 자극했지만 패링턴은 몇몇 뛰어난 논문을 제외하고는 특별히 연구되지 않았다.

흥미롭게도 패링턴이 그의 역작을 출간한 바로 그 시점에 새로운 비평적 감수성이 형성되고 있었다. 무엇보다도 문학작품 자체를 중요시하는 신비평은 패링턴을 구시대적 도덕주의자로 만들었다. 또한 1930년대와 1940년대의 전체주의의 대두, 1950년대와 1960년대의 공산주의의 위협 등은 패링턴의 서사(敍事)가 암시하는 진보에 대한 믿음을 유지하기 어렵게 했으며, 제2차 세계대전 이후 합의사가들의 출현도 그의 영향력을 급속히 감소시킨 계기가 되었다.

3. 『미국사상의 주류』 비판

문학적 감수성 비판

『미국사상의 주류』에 대하여 수많은 비평가들이 계속적으로 지적하는 문제는 패링턴의 초점이 역사가들이 보기에는 너무 문학적이고, 반면에 많은 문학비평가들에게는 충분히 문학적이 아니라는 점이다.

많은 문학사가와 비평가들은 패링턴의 약점으로 무엇보다도 그의 문학적 감수성을 거론했다. 물론 문학을 경시했다는 사실이 모든 이들을 분노케 하지는 않았다. 가령 비어드는 『미국사상의 주류』에 대한 서평에서 패링턴이 '아름다운 문학'을 높은 예술의 영역으로부터 떨어뜨려 역동적인 현실과 접촉시킨 업적에 대하여 찬사를 보냈다.

그러나 많은 비평가들은 예술성을 대담하게 경멸하는 패링턴에게 비어드와는 달리 감명을 받지 않았고 경제에 대한 관심이 패링턴의 미학적 감수성에 종종 해악을 끼쳤다고 비판했다. 이보 윈터스(Yvor Winters)는 패링턴이 문학작품의 예술적 속성을 완전히 무시하고 그 사상만 우선적으로 다루었다고 불평했다. 트릴링도 "패링턴의 재능에서 가장 취약한 점은 미학적 판단력"이라고 지적했다.

비평가들의 이러한 비판은 패링턴이 『미국사상의 주류』에서 자신의 작업과 관련하여 제시한 여러 주장에서 비롯된 것으로 여겨진다. 그는 자신의 연구목적이 "미국사상의 전체적인 패턴"을 이해하는 것이라고 밝히면서 '미학적 판단'이나 '문학적 가치'의 평가에는 관심을 두지 않았다고 강조했다. 특히 제1권의 서문에서는 다음과 같이 선언했다.

> 나는 미국문학에서 전통적으로 미국적이라고 여겨져 온 근원적 사상들의 생성과 발달에 관한 설명을 시도했다. 어떻게 이 사상들이 이 곳에 생겨났고 어떻게 그것들이 반대에 직면했으며 우리의 특징적인 이상과 제도의 형태와 범위를 결정하는 데 어떠한 영향을 끼쳤는지 밝히고자 했다. 이러한 작업을 수행하면서 나는 좁은 문학적 길보다는 우리의 정치, 경제, 사회적 발달의 넓은 길을 따르기로 정했다. 그리고 이 연구의 주된 부분은 문학 학파와 운동보다 선행하는 힘에 의해 결정되었다. 이 힘이 결국 문학적 문화를 파생시키는 일단의 사상을 창조했다.

'문학적 문화'가 문학학파나 문학운동보다 '선행하는 힘'으로부터 '파생'된다는 패링턴의 전제는 상당히 거친 상부·하부구조 모델에 기초하고 있다. 즉, 문학적 문화가 기존의 사회질서의 반영에 불과하다는 것이다. 따라서 문화적 담론이 사회질서를 구성하는 기능이 있다는 입장에서는 패링턴의 전제를 반대할 수 있을 것이다. 그러나 이 서문에서 패링턴의 입장은 그가 양적으로 광범위한 사회적 담론에 초점을 맞추어 연구를 하겠다는 것이지 원래 문학이 편협하거나 중요하지 않다는 것을 주장하는 것이 아니다.

패링턴의 미학적 관심

이 점은 패링턴이 옹호한 자유주의 작가들 가운데 다수가 그들의 예술적인 실패에 대하여 신랄한 평가를 받는다는 사실에서 확인된다.

그는 스토우(Harriet Beecher Stowe) 부인의 인도주의적 열정을 존중했지만 그녀가 '예술가로서의 솜씨'가 부족하여 "감정이 잠잠해진 후에 아름다움만이 살아남는다는 사실을 망각한 자들에게 따르는 운명"을 맞이했다고 평가했다.

그리고 쿠퍼(James Fenimore Cooper)는 비판적인 통찰력이 있었지만 "그의 예술을 너무나 서투르게 토막내어 작품의 아름다움을 거의 파괴"했으며, 업톤 싱클레어(Upton Sinclair)의 "예술은 그의 프로파간다에 의해 물 속에 잠겼다"고 지적했다. 드라이저(Theodore Dreiser)와 노리스(Frank Norris) 등도 유사한 비판을 받았다.

또한 많은 비평가들이 패링턴의 문학적 판단력에 결정적인 문제가 있다는 증거로 포(Edgar Allan Poe)와 멜빌(Herman Melville)에 대한 그의 평가를 들고 있지만, 두 작가에 대한 그의 견해를 자세히 들여다보면 그들에 대한 정전적인 지위가 강화되기 이전에 패링턴이 이들의 업적과 예술적인 재능을 인식하고 있었음이 드러난다. 그러나 이 작가들은 미국의 사회사상의 발전에 관한 그의 서사에서는 특별히 부각되지 않기 때문에 패링턴의 견해가 별다른 주목을 받지 못했다.

포에 관한 패링턴의 언급은 매우 짧지만 당시 대부분의 비평가들이 포에 대해 언급조차 하지 않은 사실을 고려한다면 그것은 주목할 만한 일이다. 그리고 포에 대한 그의 평가 자체가 일반적으로 인정하는 것보다 훨씬 날카롭게 포의 핵심을 파악하고 있다.

패링턴은 포가 매우 매력적인 작가이지만 '미국사상의 주류 바깥'에 위치하고 있다고 선언한다. 그러나 이 발언은 패링턴이 자신의 연구 주제로 규정한 사회적, 경제적 문제들을 포가 명시적으로 취급하지 않았다는 사실을 주장하려는 의도로 행해졌을 뿐이다. 포에 대한 그의 논의는 천박하고 하찮은 작품에 장악당한 문학시장에서 순수한 미학적 감수성을 지닌 예술가들이 받는 고통에 대한 이해와 물질주의적 미국문화와 투쟁하는 포에 대한 깊은 공감을 보여 준다.

멜빌에 대한 견해도 패링턴의 명성에 부정적인 역할을 했다. 물론 패링턴은 오늘날 멜빌 전문가와 같은 정교함을 지니고 있지는 않았지만, 그의 견해는 현재 멜빌 비평의 전체적인 방향과 많은 유사점을 보인다. 패링턴은 멜빌을 '미국이 이해할 수 없는 비평가'로 평가하고 그를 소로와 함께 미국의 물질주의와 문화적 자족감을 증오하는 작가로 파악했다.

멜빌은 패링턴의 영웅 가운데 한 사람으로 굳게 자리잡는다. 그리고 그의 멜빌에 관한 논의는 문학적 생산과 수용이 밀접하게 얽혀 있음을 강조하고 이 문제를 문화적, 경제적, 사회적 힘의 연결망 속에 위치시킴으로써 그가 멜빌을 매우 복잡하게 파악하고 있음을 보여 준다. 물론 패링턴은, 제임스(Henry James)와 호손(Nathaniel Hawthorne)에 대한 해석에서 볼 수 있듯이, 한계를 지니기도 했지만 멜빌에 대한 그의 이해는 멜빌이 당대 문화와 투쟁했다는 점에서 멜빌에 대한 오늘날의 관심과 상당부분 일치한다.

『미국사상의 주류』에서 발견할 수 있는 패링턴의 미학적 관심은 그의 삶에서 지속적으로 나타나는 성향이었다. 그는 의식적으로 자신을 훈련하여 아메리커스의 메마르고 헐벗은 환경을 극복하고자 시도했다. 봄철에 평원은 들꽃으로 살아났으며 그는 그것에 대한 사랑과 원예에 대한 열정을 키웠다. 음악을 제외하고 그는 모든 예술분야에 매료되었다. 어린 나이에 회화를 배웠으며 미술에 관심을 잃은 적이 없었다.

그는 건축에서 큰 즐거움을 느꼈으며 여러 해 동안 건축을 연구했고 그의 저서 역시 건축적인 구성의 원칙에 입각하여 집필했다. 그는 모리스의 찬미가답게 공예와 목공에 흥미를 가졌으며 자신이 살던 집을 설계하고 건축일을 도왔다. 의상에도 세심한 주의를 기울였고 서부의 농장 출신 소년으로서는 꽤 멋쟁이였다. 그리고 그의 매너는 민주적이고 관대했지만 그를 만나는 사람들은 그에게서 귀족적인 취향과 우아함을 존중하는 고풍스러운 신사의 분위기를 느꼈다. 패링턴이 어린 시절부터 강한 예술적, 문학적인 면을 지니고 있었으며 『미국사상의 주류』 자체를 하나의 예술작품으로 볼 수 있다는 점을 고려하면 문학적 관점에서 작가와 작품을 평가한 부분들이 그의 저서에서 빈번하게 발견되는 것은 당연한 일이다.

　『미국사상의 주류』에서 패링턴은 문학을 경시했다기보다는 우리의 삶에서 문학적, 또는 미학적 가치의 위치에 대하여 불확실한 태도를 취한 것으로 여겨진다. 그는 미학적 가치에 대하여 예민한 관심을 보이지만 사회적 담론에 관심을 집중시키고 미학적 판단을 억제했다.

　이는 그가 어느 정도의 아름다움을 성취하기 위해서는 엄청난 노력이 필요하다는 사실을 일찍 깨달았으며, 자신의 미학적 성향에도 불구하고 불의와 가난으로 가득찬 현실세계에서 그러한 노력이 정당한가에 대하여 확신을 가지지 못했기 때문으로 보인다. 사실상 『미국사상의 주류』에서 문학에 대한 그의 사랑과 존중은 사라지지 않으며, 그의 저서가 역사적이지 않다는 비판은 대부분 이로 말미암은 것이다.

미국문학의 정치사

　패링턴은 『미국사상의 주류』에서 단지 문학사나 정치사상사를 기술한 것이 아니었다. 또한 미국사상의 주된 흐름의 역사를 다양한 분야에서 접근하지도 않았다. 예를 들면 철학, 과학, 법분야의 사상을 설명하는 것이 그의 목적이 아니었다. 신학사상 역시 그의 주된 관심사는 아니었으며 신학 자체는 꽤 피상적으로 다루어지고 있다.

　그의 주관심사인 미국문학과 민주주의라는 주제에 있어서 역사가들의 저술이 중요함에도 불구하고 그는 주요 역사가들을 깊이 있고 진지하게 취급하지 않았다. 미학사상도 별다른 관심을 받지 못했다.

　『미국사상의 주류』는 미국문학의 정치적 측면의 역사를 다루는 책이었다. 패링턴은 미학적 판단을 하거나 인습적인 문학사를 쓰는 것이 아니라고 주장했다. 그러나 그는 정치적인 사상이 별로 중요하지 않은, 문학적인 관점에서만 정당화될 수 있는 많은 작가들을 포함시켰다. 즉 미학적 관점에서 그들의 가치를 판단했다. 반면에 결정적으로 중요한 정치적 사상을 지닌 몇몇 작가들을 소홀히 다루거나 아예 생략했다.

이것은 정치사상사를 기술하려는 그의 계획을 손상시키는 절차였다. 문학과 정치가 교차하는 영역이 정통성이 있는 주제라는 것은 이론의 여지가 없다. 그러나 이 영역을 기술하기 위해서는 사상의 뉘앙스에 대한 세심한 감수성이 요구된다. 더욱이 그의 방법은 전기(傳記)적이었으며 전기는 개인의 개별성을 존중하고 개인의 변화 및 발전 가능성을 전제로 한다.

『미국사상의 주류』의 정체성

이러한 고려는 패링턴의 틀에서는 거의 불가능하다. 그의 작품은 일백명이나 되는 인물들의 전기 및 지적인 특성을 다루고 있기 때문에 심층적인 분석을 할 수 있는 공간이 없으며, 서로 상이한 시대에 속하는 인물과 사건의 유사성에 초점을 맞추었기 때문에 그의 서사에서는 역사적 개별성과 구체성이 결여되어 있다. 예컨대 윌리엄스는 페인, 채닝, 파커, 에머슨의 선구이며 패링턴에게 있어서 그들의 진정한 의미는 현재성에 있었다.

패링턴은 그들의 차이점에 관해서는 관심을 보이지 않았다. 그 결과 현실의 핵심적인 흐름을 추적하는 그의 작업이 역설적이게도 추상적이 되고, 윌리엄스나 그의 후예들의 마음을 실제로 사로잡고 있었던 내용과는 거리가 멀어지게 된다.

당대의 직접적인 문제에 대해 각 인물들이 보이는 반응에 주의를 기울이지 않음으로써 그의 서사에서는 한 사상이 상황이 바뀜에 따라서 변화하는 모습을 찾아보기 힘들다. 요컨대 『미국사상의 주류』에서 사상은 변화하지 않고 단지 반복하여 나타날 따름이다.

패링턴의 서사가 지닌 정체성은 보수적인 사상의 변화가능성을 인정하지 않는 그의 태도와 관련이 있다. 패링턴은 제1권의 서문에서 자신의 관점이 "보수적이라기보다는 자유주의적이고, 연방주의적이기보다는 제퍼슨주의적"이라고 분명하게 밝혔다.

그는 자유주의의 주된 흐름을 거스리는 자들을 폐쇄된 생식불능자라고 비판하였으며 창조적인 자유주의자들은 열린 마음의 소유자로서 변화하는 세계에 그 마음이 개방되어 있다고 보았다. 그는 다른 사람들과 마찬가지로 자신도 이 세계에서 자신이 발견하고 싶은 것을 발견했을 가능성이 높을 것이라고 솔직하게 인정했다.

그는 칼뱅주의와 같은 전통을 부정적으로 보았으며, 그러한 전통은 고정된 단일한 특성을 지니고 있기 때문에 발전될 수 있는 가능성이 없다고 믿었다. 그것은 변화의 가능성이 없기 때문에 거부되거나 전복되어야 했으며, 그 과업은 보수주의와는 완전히 상이한 전통을 따르는 사람들에 의해 수행되어야 했다.

그는 칼뱅주의가 17세기와 18세기의 시대적인 상황변화의 압력으로 말미암아 완화되고 수정될 수 있다고 생각하지 않았다. 그것은 마지막까지 '그로테스크하고 비자유주의적'이며, 따라서 자연권 사상가들과 민주론자에 의하여 거부되어야 했다. 전적으로 반대되는 두 사상이 갈등상태에 있다고 보는 경향으로 인하여, 그는 가령 윌리엄스와 존 카튼이 공유하는 칼뱅주의를 볼 수 없었으며, 시대의 변화에 따라 적응하고 변천하는 청교주의의 모습을 상상하기 어려웠다.

이러한 정체성은 호프스태터가 지적하는 바와 같이 『미국사상의 주류』가 지닌 미학적인 구조와도 관련이 있다. 건축학적으로 조직된 이 책은 상반되는 사상체계를 제시함으로써 독자가 각 장면의 분위기, 각 등장인물의 역할 등을 명쾌하게 알 수 있는 장점이 있다.

그러나 실제 역사는 기하학적이고 예측가능하기보다는 비대칭적
이고, 유기적이며 변덕스럽다. 하나의 사상은 진공상태에서 발생하여
상황에 관계없이 불변하는 고정된 것이 아니라 구체적인 상황에서 탄
생하여 그 상황에 흔적을 남기고 형태를 바꾸며 원래 의도와는 다른
결과를 낳기도 한다.

패링턴이 미국사상의 전체적인 패턴을 파악하기 위하여 채택한
절차와 서사구조는 그의 미학적 성향에 의하여 많은 영향을 받았다.
그리고 그것은 그의 목적과 그 목적에 도달하기 위한 수단 간의 괴리
를 현저하게 드러낸다. 『미국사상의 주류』가 충분히 문학적이지 않고
동시에 충분히 역사적이지 않다는 비판은 그가 시도한 작업의 기본
성격과 그의 성향, 방법론 등을 고려할 때 회피할 수 없는 것으로 여
겨진다.

또한 역사가들의 관점에서는 그의 문학적 판단과 미학적 관심이,
그의 서사에서 정체성과 개별성을 감소하는 데 공헌했음에도 불구하
고, 그가 문학을 소홀히 했다는 이유로 비평가들로부터 비판을 받는다
는 사실은 문학과 역사가 교차하는 영역을 다루는 작업의 어려움을
보여 준다.

4. 평가 및 현재성

『미국사상의 주류』가 집필되고 있는 동안 혁신주의 시대는 무르
익었고, 많은 사람들이 새로운 민주주의와 새로운 자유에 관하여 활발
하게 의견을 개진했다. 자유주의의 성쇠에 관한 패링턴의 서사는 혁신
주의 역사해석의 정점이었으며 그 시대의 지적 양식과 사고형태를 생
생하게 전달하고 있다. 그는 문학을 수단으로 하여 미국의 역사를 명
쾌하고 분명한 용어로 묘사했다.

그의 저서 이후에 나온 많은 미국문학과 역사에 관한 연구들이 패링턴의 주장과 견해를 교체했다. 청교주의에 대한 패링턴의 이해나 프랑스의 사상이 미국의 민주주의에 가장 큰 영향력을 행사했다는 등 그가 제시했던 많은 구체적인 주장은 후세의 학자들에 의해 거부되고 수정되었다.

그러나 『미국사상의 주류』와 같은 방대한 범위와 시간대를 다루는 저서의 경우 성급한 해석이나 추측, 일반화 등은 작업의 속성상 회피할 수 없는 것이었다. 그는 출판사의 요청으로 결국 제목을 변경했지만 출판 직전까지 자신의 저서를 『미국문학에서 민주주의 정신』(*The Democratic Spirit in American Literature: 1620~1870*)으로 부르고자 했다. 이 제목은 그의 선택적이며 제한된 의도를 잘 드러내고 있어서 이 제목을 살릴 수 있었다면 그가 받았던 비판의 상당한 부분을 완화시킬 수 있었을 것이다.

패링턴은 영국중심적인 학계에서 미국의 문학적 과거가 학문적 탐구의 영역이 될 수 있도록 공헌했으며 미국지성사에 대한 새로운 치열한 관심을 자극했다. 미국문학이 집중적인 연구를 할 가치가 있는지, 미국작가의 저술이 사상적 체계를 지니고 있는지에 관해 회의를 품고 있던 세대에게 그는 미국사상의 전체적인 패턴을 제시하고자 했다.

그는 또한 대단히 유용한 과거를 만들어 내었다. 『미국사상의 주류』는 과거를 현재의 절실한 문제에 관련짓는다는 명백한 의미에서뿐만 아니라 미국역사의 수많은 개별적인 자료들로부터 질서와 방향을 창조해내는 방법을 제시했다는 점에서 유용하다. 그는 미국의 경험이 어떠한지, 그리고 그것을 어떤 절차로 연구할 것인지에 관하여 한 방식을 제시했다. 그는 한 국가의 문화를 탐구하는 데에 여러 가지 문제점이 있지만 문학과 역사의 연구를 결합하는 것이 가치가 있다는 것을 증명했다.

이런 의미에서 그의 영향력은 미국학 분야에 가장 두드러지게 나타나며, 그는 미국학의 선구자로 종종 거론된다. 1927년 『미국사상의 주류』의 출간과 함께 미국문화에 대한 통합적 연구는 새로운 시대로 돌입한다.

　『미국사상의 주류』 이후에 미국의 경험에 관하여 연구하는 학자들은 패링턴이라는 본보기가 있었다. 그들은 패링턴을 수용하든지 거부하든지 또는 수정하려고 시도할 수도 있었는데, 그들이 어떠한 태도를 취하든 그들에게는 반응을 보일 수 있는 대상이 있었다. 패링턴은 그 이후 미국학 연구자들의 한계와 강점을 공유했으며, 그의 최상의 순간에는 오늘날 비평가들이 문학과 역사기술에 대하여 보이는 관심의 많은 부분을 예상했다.

　『미국사상의 주류』의 출간은 패링턴의 전기와 분리시켜서 생각할 수 없다. 패링턴의 독특한 점은 그가 모든 연구를 혼자서 수행했다는 점이다. 당시에 문학, 역사, 경제학, 사회학, 정치학 등 개별적인 학문분야들은 그 분야를 제도화함으로써 전문성을 추구하고 있었다. 즉, 각 분야에서 그 분야의 경계선을 확립하기 위하여 규정과 규범을 수립하고 전문학회를 설립하며 전문학술지의 발간을 도모하고 있었다.

　이런 시절에 패링턴은 미국지성사의 여정을 홀로 걸어갔다. 그는 자신의 관심을 집중하고 전달할 수 있는 대학원 훈련을 받지 못했다. 또한 스미스와 몇몇 학자를 제외하고는 관심분야가 유사한 동료 학자들과 지속적으로 지적 교류를 유지할 수 있는 기회를 갖지 못했다. 그는 구겐하임이나 인문학 진흥기금과 같은 연구지원을 받지 못했다. 그는 전문적인 학회의 연례 회의가 제공하는 학자들간의 유대감도 나누지 못했다. 그리고 그에게는 풀브라이트 교수가 되어 정부의 지원을 받으며 외국으로 연구를 떠날 기회도 없었다.

　『미국사상의 주류』는 오늘날 학문연구에 필수적이라고 느끼는 제도적인 지원을 전혀 받지 못했다. 그것은 최소한의 본질로 환원된 한 인간의 지력이 창조해낸 결과였다. 미국의 경험이라는 재료를 이해하고 그것으로부터 질서를 창조하려는 열정이 낳은, 한 개인의 마음의 소산이었다. 패링턴은 인습의 형식에 얽매이지 않고 역동적인 세계를 직면하는 열정적인 정신의 소유자로서 에머슨의 '미국의 학자'의 비전을 구현했다.

패링턴이 강조했던 문화생산에서의 투쟁과 갈등은, 오늘날 유행하는 용어를 사용한다면, 모든 담론행위의 상호텍스트성(intertextuality)을 다른 방식으로 주장한 것이었다고 할 수 있다.

1980년대부터 문화 및 역사에 대한 관심이 문화연구와 신역사주의 등의 형태로 비평계에서 고조됨에 따라, 패링턴에 대한 관심도 새로와졌다. 그에 따라 1987년 오클라호마 대학 출판부는 『미국사상의 주류』를 출간했다. 그리고 커밋 반더빌트(Kermit Vanderbilt), 그레고리 제이(Gregory Jay), 러셀 라이징(Russell J. Reising) 등과 같은 비평가는 미국의 문학 및 문화비평사에서 패링턴의 의미가 왜곡되었다고 지적하고 패링턴을 새로운 시각에서 접근할 것을 주장했다.

많은 비평가들이 패링턴이 제시한 미국의 문학적 전통을 거부하면서 작업을 했다. 이런 의미에서 그의 저술은 골동품 이상의 가치를 지니고 있다. 『미국사상의 주류』는 많은 문학비평가와 역사가들에게 하나의 도전이다. 그것은 미국문학과 사상, 그리고 문화에 대하여 어떻게 생각할 것인가에 관해서 뿐만 아니라 문학 텍스트와 사회 텍스트 간의 관계를 다룰 전략에 관하여 새로운 관심을 불러일으킨다.

많은 비평가들이 주로 패링턴을 비판하기 위하여 그를 인용했지만, 아마도 지금은 그를 읽어야 할 때인 것 같다. 이것은 패링턴을 오늘날 재처리하지 않고 문제 없이 활용할 수 있는 비평가로 내세운다거나 그의 모든 통찰력에 동의한다는 의미가 아니라 패링턴의 해석을 다시 한 번 살펴보면 그것이 새롭게 보일 수 있음을 강조하는 것이다.

참고문헌

Beard, Charles. Review of *Main Currents in American Thought*. Nation 124. May 18, 1927. pp. 560-562.

Gabriel, Ralph. H. "Vernon Louis Parrington." In *Pastmasters: Some Essays on American Historians,* ed. Marcus Cunliffe and Robin W. Winks. New York, 1969.

Hofstadter, Richard. *The Progressive Historians: Turner, Beard, Parrington*. New York, 1968.

Jay, Gregory. "Hegel and the Dialectics of American Literary Historiography: From Parrington to Trilling and Beyond." In *Theorizing American Literature: Hegel, the Sign and History,* ed. Bainard Cowan and Joseph Kronick. Barton Rouge, 1991.

O'Brien, Michael. "Vernon L. Parrington." In *Dictionary of Literary Biography*. Vol. 17. Detroit, 1983.

Parrington, Vernon L. *Main Currents in American Thought*. Vol. I: *The Colonial Mind, 1620~1800*; Vol. II: *The Romantic Revolution in America, 1800~1860*; Vol. III: *The Beginnings of Critical Realism in America, 1860~1920*. Norman, 1987.

Reising, Russell, J.. *The Unusable Past: Theory and the Study of American Literature*. New York, 1986.

Trilling, Lionel. *The Liberal Imagination*. New York, 1950.

Vanderbilt, Kermit. *American Literature and the Academy: The Roots, Growth, and Maturity of a Profession*. Philadelphia, 1986.

Wald, Alan M. *The New York Intellectuals: The Rise and Decline of the Anti-Stalinist Left from the 1930s to the 1980s*. Chapel Hill, 1987.

Winters, Yvor. *The Anatomy of Nonsense*. Norfolk, 1943.

제**8**장

남부지역사의 특수성 : 필립스

손 세 호

　　미국역사학계를 통털어서 울리히 보넬 필립스(Ulrich Bonnell Phillips, 1877~1932)만큼 미국사학계 및 미국 남부사(南部史)에 커다란 흔적을 남긴 인물도 드물 것이다. 그는 전생애에 걸쳐 미국 남부사 및 흑인노예제에 관해 9권의 저서와 55편 이상의 논문 이외에도 수많은 글을 남김으로써 대다수의 역사가들로부터 진정한 남부사의 창건자라는 찬사를 받았다.[1]

　　하지만 필립스만큼 시대상황의 변화와 보는 이의 관점에 따라 상반된 평가를 받은 역사가도 드물다고 할 수 있다. 특히 1960년대 미국에서 흑인인권운동이 활발하게 전개되고, 그 때까지 흑인문제에 대

＊ 필자는 평택대 국제관계학부 미국학 교수

1) Kirk Wood, "Ulrich B. Phillips," in Clyde N. Wison, ed., *Dictionary of Literary Biography, vol. 17: Twentieth-Century American Historians* (Detroit, Mich., 1983), pp. 350-351.

해 무관심하거나 냉담했던 역사가들이 흑인들의 과거사에 대해 긍정적인 입장에서 재해석을 시도하게 되자, 남북전쟁 이전의 남부사회에 대해 친남부적이고 노예제를 옹호하는 듯한 입장으로 비쳐졌던 필립스에 대한 비판이 빗발치듯 쏟아지기 시작했다.

한 마디로 그는 남부사학사에서 반동적이고 인종주의적인 입장을 대변하는 인물로 평가받았던 것이다. 그에게 퍼부어진 비난은 그가 흑인노예들의 고통을 외면했으며 비인간적이고 야만적인 착취체제인 노예제를 옹호했다는 점이었다.[2]

이러한 이유로 당대의 대학교수들은 필립스의 저서를 학생들에게 거의 과제로 내주지 않았으며, 설혹 과제목록에 오른다 하더라도 그것은 학생들에게 역사가가 범할 수 있는 오류를 예증하는 사례라는 점을 보여 주기 위해 부여되었다. 필립스의 비판자들은 그가 애초부터 '그릇된' 문제제기에서 출발했으며, 그가 내린 결론은 지나친 엘리트주의와 흑인에 대한 극단적 적개심에 입각한 것이며, 방법론적으로도 균형잡히지 못한 부정확한 것이라고 주장했다.

그러나 최근에 몇몇 역사가들은 필립스를 새롭게 조망하면서, 그가 인종적, 계급적 편견을 지녔다는 점을 인정하면서도 그에 대해 한결 긍정적인 평가를 내리고 있다.

이렇듯 필립스에 대한 평가가 시대에 따라 변화해 온 것은 무슨 까닭인가? 이를 알아보기 위해서 먼저 그의 생애와 주요 저작에 대한 개괄적인 고찰을 한 다음 그에 대한 역사가들의 평가가 어떻게 변천해 왔는가를 살펴보는 것이 순서일 것이다.

---

2) G.N. Grob and G.A. Billias, *Interpretations of American History: Patterns and Perspectives,* 5th ed. (New York, 1987), vol. I, pp. 349-350.

1. 남부인의 지역사

　미국 남부사 및 남부농장제에 대한 필립스의 관심과 동조적 입장은 그의 성장배경에서 비롯되었다. 그는 1877년 조지아 주 트룹카운티(Troup County)의 라그레인지(La Grange)에서 태어나 유소년기를 이 곳에서 보냈다. 그 곳은 남북전쟁 이전부터 면화재배지역에 속해 있었다. 따라서 필립스가 어린 시절부터 면화재배농장에서 놀면서, 때로는 남북전쟁에 남부연합군으로 참전한 퇴역군인들로부터 전쟁 무용담을 듣는 것은 일상적인 일 중의 하나였다.[3]

　그가 출생한 1877년 또한 남부사와 관련해 각별한 의미가 있다. 왜냐하면 남북전쟁 이후 남부에서 실시되었던 북군에 의한 군정(軍政) 중에서 마지막으로 남아 있던 3개 주에 대한 군정이 종식되는 '1877년의 타협'이 이루어져, 남부 백인들에게 다시 실질적인 권력이 되돌아 가는 전환점을 마련해 주었기 때문이다.

　그러므로 필립스는 남북전쟁 이후 북부 공화당원들과 일부 흑인들이 득세했던 재건시대가 끝나고 남부인들이 정치적, 경제적 주도권을 장악하는 신남부체제하에서 성장했던 것이다. 따라서 그는 일찍부터 남부에 대한 애착과 자존심을 길러 왔다고 할 수 있다.

　이러한 사실을 단적으로 보여 주는 일화 중의 하나는 필립스가 대학에 들어가기 전 그의 이름마저도 본래 율리시즈(Ulysses)였던 것을 남북전쟁 당시 북군의 장군이자 나중에 대통령이 되었던 율리시즈 그랜트(Ulysses S. Grant)와 같은 '저주받을 양키 이름'이라는 이유로 아마도 인명록에서 무작위로 추출해냈을 것으로 추정되는 울리히(Ulrich)로 바꾸었던 것이다.[4]

---

3) K. Wood, "Ulrich B. Phillips," p. 351.
4) *Ibid.*, p. 352.

그의 부모 중 아버지에 관하여는 하층 중간계급에 속하는 자영농이었다는 정도만 알려져 있다. 하지만 그의 어머니는 남부연합의 지도자였던 윌리암 얀시(William L. Yancey) 및 조셉 브라운(Joseph E. Brown)과 친척이었으며, 외가 쪽은 남북전쟁 이전에 1,500에이커의 농장과 25명의 노예를 소유했던 농장주 가문이었다. 그러므로 그가 남부 농장의 문화 및 노예제에 대해 일찍부터 관심을 갖게 된 것은 일견 자연스러운 일이라고 할 수 있다.

2. 노예제의 학문적 옹호

남부인으로서의 자각

필립스는 1893년 조지아 대학 사학과에 입학해서 석사학위까지 마쳤다. 이 곳에서 그는 당시 사학과장이었던 존 맥퍼슨(John H. T. McPherson)의 지도를 받게 된다. 맥퍼슨 교수는 당시 미국에서 최초의 대학원 세미나식 교육을 실시했던 존스홉킨스 대학 출신 박사였고 베를린 대학과 소르본느 대학에서도 수학한 바 있는 미국사학계에서는 전문적 역사가의 제1세대에 속하는 인물이었다. 이후 1900년에 필립스는 박사학위를 받기 위해 콜럼비아 대학에 등록하였다.

필립스가 자신의 평생 전공으로 남부사를 택하였으면서도 남부 대학을 떠나 북부의 대학으로 옮긴 데에는 그럴 만한 이유가 있었다. 당시 콜럼비아 대학에는 윌리암 던닝(Wiiliam A. Dunning) 교수가 이미 남부사에 관한 세미나로 명성을 얻고 있었고, 일군의 남부 출신 학생들이 그에게 지도를 받기 위해 몰려들고 있었던 것이다. 던닝은 이전의 북부 출신 학자들이 지녔던 편견과 결별하고 남부적인 관점을 이해하기 위해 양심적인 노력을 기울이는 학자로 정평이 나 있었다.

하지만 필립스는 북부의 대학에서 공부하는 동안 남부사가 편견에 사로잡힌 북부 역사가들에 의해서 지배되고 서술된다고 느꼈다. 필립스는 진정한 남부사는 남부의 전통을 이어받고 남부의 지배적 관습과 생활방식을 아는 사람들만이 집필할 수 있다고 생각했던 것이다. 이 당시 남부사에 대한 그의 생각은 다음과 같은 글에 잘 나타나 있다.

> 남부사는 거의 처녀지이고 연구대상으로는 세계에서 가장 풍부한 분야 중의 하나이다. 미국사는 보스턴 사람들이 써왔으며 대개 잘못 기술되어 왔다. 미국사는 최종적 형태에 도달하기 전에 새롭게 써져야 한다. … 이 점에서 뉴잉글랜드는 이미 그 역할을 다했다. … 나는 이제 남부사의 언저리에 조금 손을 대기 시작했을 뿐이다. 그러나 그 결과는 매우 놀라운 것이었다. 내부에서 바라본 구남부(Old South)의 상황에 대한 연구는 구태의연한 역사 학파들이 저지른 엄청난 과오를 보여 줄 뿐이다.[5]

터너의 영향

필립스가 북부의 대학에서 공부하던 시절 그에게 학문적으로 가장 큰 영향을 끼친 역사가는 프레드릭 잭슨 터너(Frederick Jackson Turner)였다.

필립스는 1898년 여름 당시 시카고 대학에서 잠시 동안 교수로 재직하고 있었던 터너를 처음 만나 미국 식민지 시대의 제도에 관한 세미나와 미국사 및 미국 서부사에 대한 지역주의(sectionalism)의 영향에 관한 강연을 들을 기회가 있었다. 특히 이 강연은 학위논문 주제를 잡기 위해 고심하던 필립스에게 한 줄기 빛을 던져 준 것이었다. 뿐만 아니라 터너의 프런티어 가설은 이후 필립스에게 일생 동안 남부사 해석의 길잡이 역할을 했다고 해도 과언이 아니었다.[6]

---

5) *Ibid.*, p. 353.
6) Darden Asbury Pyron, "U.B. Phillips: Biography and Scholarship," *Reviews in American History,* 15(March 1987), p. 72.

　　사실 어떤 의미에서 1909년 필립스가 편집한 『플랜테이션과 프런티어 문서들』(*Plantation and Frontier Documents, 1649~1863*)의 서문에 나타난 그의 남부사에 대한 설명은 터너의 가설을 남부에 적용한 것에 지나지 않았다.

　　필립스에 의하면 남부는 본래 프런티어였고, 남부사도 북부 및 서부사와 마찬가지로 경작 가능한 토지의 점유와 정착의 과정이며 사람들이 이러한 새로운 환경에 적응해 나가는 과정의 산물이었다는 것이다. 하지만 남부는 이들 지역과는 달리 동일한 결과를 가져오지 않았다. 즉 남부는 프런티어의 환경에서 도시화나 산업화가 아닌 특산 작물의 생산과 농장 노예제의 확대를 가져왔으며, 민주주의 대신에 남부의 부와 정치를 지배했던 농장주들의 귀족정만 잉태했다는 것이다.

　　또한 필립스는 남부가 국가주의 대신에 지역적 분리감과 지역적 충성심만을 키웠다고 보았다. 궁극적으로 그러한 감정은 남부인들이 노예제를 고수하기 위해 분리주의를 택하게 되는 계기가 되기도 했던 것이다.[7]

　　일반적인 생각으로 필립스가 이처럼 미개척분야인 남부사를 연구하기 위해서는 남부로 돌아가 남부 소재 대학에 자리를 잡는 것이 당연했을 것이다. 그러나 당시의 현실은 필립스로 하여금 남부 대학으로 돌아가는 것을 주저하게 만들었다. 왜냐하면 북부의 대학들은 풍족한 연구비와 풍부한 자료를 갖추고 심도 있는 연구를 할 수 있는 환경을 마련해 주었다면, 남부 대학들은 대개 가난했고 도서관의 자료도 빈곤한 상태에 있었기 때문이었다. 따라서 필립스는 필생의 연구 주제를 남부사로 택하였음에도 불구하고, 1908 ~ 1911년까지의 3년간 남부 투레인(Tulane) 대학에 재직한 경우를 제외하고는 대부분의 교수직을

---

7) Ulrich B. Phillips, *Plantation and Frontier Documents, 1649~1863; Illustrative of Industrial History in the Colonial and Antebellum South: Collected from MSS. and Other Rare Sources*, 2 vols. (Cleveland, 1909).

위스콘신대, 미시간대, 예일대 같은 북부의 대학에서 보냈다.

필립스는 대학 교수로 재직하면서도 오로지 남부사에 대한 연구 활동에만 집중하였다. 그가 유일하게 얼마 동안 남부 대학인 투레인 대학을 택한 이유도 그 대학에서 더 많은 월급을 주겠다는 제의도 작용했지만, 그보다 더 중요한 것은 그 대학이 당시 최근에 발견된 남북전쟁 이전 조지아 주의 지도자들인 하웰 콥(Howell Cobb), 알렉산더 스티븐스(Alexander Stephens), 로버트 툼스(Robert Toombs)의 편지를 편집할 기회를 주었기 때문이다.

그가 나중에 미시간 대학에서 예일 대학으로 옮긴 이유도 담당 강의시간을 4시간으로 줄여 주겠다는 제의였다. 그럼으로써 그는 강의 부담에서 벗어나 연구 및 저술 활동에 더 많은 시간을 할애할 수 있으리라는 생각을 했던 것이다.[8]

필립스는 이처럼 연구에 몰두했기 때문에 수많은 저서와 논문을 내놓을 수 있었지만, 대학 교수로서 강의하는 데에는 비교적 덜 열성적이었던 듯하다. 그의 강의를 들었던 한 제자의 회고에 따르면 많은 학생들이 지식에 대한 불타는 열정보다는 학점을 쉽게 딸 수 있기 때문에 그의 강의를 신청했다고 한다. 그는 실제로 강의 출석도 학생들의 자유의사에 맡겼고, '신사들의 학점'인 C학점 미만으로는 거의 주지 않았다는 이야기도 전해진다. 하지만 그렇다고 해서 남부사의 개척자이자 대가로서 필립스의 명성에 금이 가는 것은 아니었다. 많은 학생들 역시 연구열에 불타는 학자의 강의에 매료되었다.

노예제의 역사적 당위성

필립스를 논할 때 가장 먼저 주목하게 되는 것은 그의 기념비적 저작인 『미국흑인노예제』(*American Negro Slavery*, 1918)와 『구남부의

---

8) K. Wood, "Ulrich B. Phillips," p. 353.

생활과 노동』(*Life and Labor in the Old South*, 1929)이다. 하지만 그는 1902년 박사학위를 받은 뒤로 이미 여러 편의 논문을 통해 이 두 책으로 꽃 피우게 될 자료들을 발굴하고 발전시켰다.

필립스는 먼저 이 초기의 논문들에서 노예제는 남부에 필수적인 것이며 인종적 통제를 위한 성공적인 양식이었다고 서술했다. 그는 남부농장제를 일종의 근대적인 공장제나 혁신주의 시대의 사회복지관과 같은 것이라고 보았다.[9] 그에 의하면 농장제는 남부에서 없어서는 안 될 사회적 기능을 수행했다는 것이다. 즉, 농장제는 농장주와 노예가 평화롭고 조화롭게 살아가는 가운데 통제된 환경을 창출했다는 것이다.

따라서 필립스가 보기에 노예제는 자애로운 온정주의에 입각한 제도였다. 그 제도하에서 흑인들은 적절한 음식, 의복, 주택 등을 제공받았다.[10] 노예를 단속하는 법도 단지 이따금씩 그리고 긴급한 경우를 제외하고는 거의 시행되지 않았으며, 주인들이 노예를 파는 경우도 드물었다.

농장주들이 주로 염두에 두었던 것은 많은 수익을 올리는 것이 아니라 어떻게 하면 노예들에게 일에 대한 중요성을 일깨워 주고 더불어 쾌적한 환경에서 안락한 삶을 누릴 수 있게 해주는가 하는 것이었다.

필립스는 이러한 식의 '주고 받기'(give and take)가 농장에서의 노동관계를 특징짓는다고 주장했다. 한 마디로 농장주들이란 이기심도 없고 그렇다고 진심에서 우러난 친절함을 지닌 것도 아닌 자애로운 가부장이었다는 것이다. 그래서 필립스는 "노예들은 많은 수단을 갖고 있었다. 따라서 때로는 주인이 노예를 지배하는 것 이상으로 노예들이 주인을 지배했다"라고까지 주장했다.[11]

---

9) James Oakes, "The Present Becomes the Past: The Planter Class in the Postbellum South," in R. H. Abzug and S.E. Maizlish, eds., *New Perspectives on Race and Slavery in America*(Lexington, KY, 1986), p. 160.

10) G. N. Grob and G. A. Billias, *Interpretations of American History*, pp. 348-349.

이러한 '온정주의적 전제주의'(paternalistic despotism)하에서의
생활은 교육적인 요소도 포함되었다. 필립스는 농장이란 "무지하고,
진취적이지도 못하며, 야만적이고, 마치 어린아이 같으며, 잘 속는" 아
프리카인들을 훈련시켜 문명의 길로 인도하는 학교와 같다고 보았다.
필립스는 이들 초기 논문에서 노예제가 거대 규모의 농업에서 미숙한
노동력을 이용하기 위해 고안된 방법 중에서는 가장 효율적인 방법이
라고 결론지었던 것이다.

노예제의 경제성 문제

하지만 필립스는 노예제가 남부사회에 질서를 부여하는 데 중요
했다는 점을 인정하면서도, 노예제 자체는 경제적인 면에서 완전한 실
패였다고 판단했다.[12] 그는 심지어 남북전쟁이 일어나지 않았더라도
남부에서 노예제는 경제적 이유 때문에 평화적인 방법으로 해체되었
을 것이라고 보았다. 그는 가뜩이나 빈약한 남부의 자본이 노예 및 토
지에 묶여 있음으로 인해서 남부의 산업화를 지체시키고, 나아가 재정
적으로도 취약하게 되었다고 주장했다.

더욱이 노예제는 임금노동제 밑에서 일하는 데 익숙한 백인 이
민이 남부로 유입되는 것을 막고, 농작물 생산의 다양화에 제약을 가

---

11) 이러한 해석을 발전시킨 초기의 대표적 논문들은 다음과 같다. Ulrich B.
Phillips, "The Economics of the Plantation," *South Atlantic Quarterly,* 2
(July 1903), pp. 231-236; "Conservatism and Progress in the Cotton
Belt," *South Atlantic Quarterly,* 3(January 1904), pp. 1-10; "The Plan-
tation as a Civilizing Factor," *Sewanee Review,* 12(July 1904), pp. 257-
267; "The Economic Cost of Slaveholding in the Cotton Belt," *Political
Science Quarterly,* 20(June 1905), pp. 257-275; "The Decadence of
the Plantation System," *Annals of the American Academy of Political and
Social Science,* 25(January 1910), pp. 37-41.

12) Peter J. Parish, *Slavery: History and Historians*(New York, 1989), pp. 6-7.

한 데다가 그에 따른 단일작물 생산으로 토질마저 망치게 되는 결과를 가져왔다는 것이다. 따라서 필립스는 노예제가 남부의 경제발전을 위해서는 오히려 저해요인이 되었다고 보았다.

필립스는 이와 같은 초기 연구주제들을 1918년에 출간된 대표작 『미국흑인노예제』에서 한층 더 발전시키게 된다. 이 책은 미국 남부 전체의 노예제에 관한 최초의 체계적 분석서라고 할 수 있다. 그리고 이 책은 미국의 노예제뿐 아니라 노예제와 관련된 거의 모든 연구에 상당한 영향을 끼치기도 했다. 그가 이 책에서 언급한 서부 아프리카의 문화, 노예 무역, 카리브해의 노예제 및 미국 북부의 노예제 등은 기존의 연구와 비교해 그다지 새로울 것이 없는 내용이었지만, 서인도 제도의 노예제를 연구하기 위해 비교사적 방법을 사용한 것은 당대의 미국사학계에서는 참신한 것이었다.

그는 이 책에서 미국 남부농장제에 관해 언급하면서 일단 농장 노예제가 확립되자, 그것이 남북전쟁 이전 시기 남부 전체의 사회적, 정치적, 경제적 구조를 지배하게 되었다고 주장했다. 그는 또한 남부 농장제의 가장 큰 실수는 농장들이 전적으로 특정작물만을 생산하고, 제조업이나 다른 형태의 산업을 도외시한 데 있다고 보았다. 결과적으로 그는 특산작물, 즉 담배와 면화의 과잉생산이 남부의 경제적 발전을 저해했다고 보았다.[13]

필립스는 또한 이 책에서 백인과 흑인이 오랜 기간을 함께 생활하면서 둘 사이에 평등한 존재로서가 아니라 의존적인 불평등한 존재로서의 조화로운 관계를 발전시켰다고 보았다. 한 마디로 노예제하에서 두 인종적 집단은 상호의존적인 관계가 되었던 것이다. 그로부터 반 세기 뒤의 유진 제노비즈(Eugene D. Genovese)의 연구에서도 나

---

13) Ulrich Bonnell Phillips, *American Negro Slavey: A Survey of the Supply, Employment and Control of Negro Labor as Determined by the Planta-tion Regime*(New York, 1918), pp. 8-45.

타나듯이 필립스는 이 책에서 노예제를 하나의 노동체계로 해석했으며, 이 노동체계는 서로간에 전통적인 도덕과 책임의 규약을 만들어내면서 상호필요성 및 양보와 이해에 의해 형성되었다고 보았다.

필립스는 1929년에 출간된 『구남부의 생활과 노동』에서도 노예제에 대한 자신의 해석을 거의 바꾸지 않았다. 앞서 언급했듯이 노예제가 경제적 측면에서 남부에게 암적 존재이지만 인종적 통제를 위해서 없어서는 안될 양식이라는 노예제의 이중성에 관한 근본논의는 이미 그의 초기 논문들에서부터 이어져 온 생각이었다.

그는 생전에 출간된 마지막 저작이기도 한 이 책에서도 흑인들이 선천적으로 열등하다는 생각과 그들이 노예가 된 뒤에도 자신들이 떠나 온 아프리카의 문화적 특성을 거의 간직하지 못했다는 믿음을 버리지 않았다. 그는 흑인들의 대다수가 악명높을 정도로 원시적이고, 버릇없으며, 부주의하고, 일관성이 없다고 주장했다.[14]

이 책은 남부사회에 대해 『미국흑인노예제』보다 미국 남부에 대해 광범위한 조망을 하였고, 일관성 있는 논저라기보다는 전반적 상황을 종합한 것이기 때문에 그의 인종주의가 이전의 다른 책들보다는 덜 드러난다는 평가를 받기도 했지만, 그의 인종적 편견은 여전히 남아 있다고 할 수 있다.

3. 역사가들의 평가

지지론자들

필립스에 대한 역사가들의 평가를 시기별로 정확하게 구분하기란

---

14) Ulrich B. Phillips, *Life and Labor in the Old South* (Boston, 1929, 1963), pp. 160-172.

쉬운 일이 아니다. 왜냐하면 그에 대한 찬사나 비판은 특정 시기에 국한된 것이 아니었고, 역사가들의 인종적 입장에 따라서도 달리 나타나기 때문이다. 하지만 이를 좀 더 단순화시키면 1960년대를 기준으로 크게 세 시기로 나누어 볼 수 있다.

먼저 1960년대 이전 시기에는 필립스의 연구방법, 자료의 성격, 주제 등에 관한 학문적 평가가 두드러지게 나타난다. 이 시기도 세분하자면 『미국흑인노예제』의 출간에서 1930년대에 이르는 기간에는 역사가들이 자신의 인종적 입장에 따라 백인 역사가들은 필립스에게 찬사를 보냈고 흑인 역사가들은 비판을 하였다. 그러나 1940년대 이후에는 대부분의 역사가들이 인종적 입장에 상관없이 그의 학문적 성과에 대해 의문을 제기했고 1960년대에 이르면 그에 대한 비판이 절정에 달했다. 그러나 1960년대 중반 이후부터는 그에 대한 재평가가 이루어지기 시작했다고 할 수 있다.

우선 필립스와 동시대를 살았거나 혹은 직후에 활동했던 대다수 백인 역사가들은 필립스의 노예제 및 남부사 해석에 대해 찬사를 보냈다. 그들은 먼저 필립스가 『미국흑인노예제』에서 폭넓은 연구를 했고, 지역적 편견에 치우치지 않았으며, 사실적으로도 정확하다고 평가하면서 이 책에 대해 경의를 표했다. 몇몇 학자들은 한 걸음 더 나아가 필립스가 이제까지 남부사연구에서 별로 사용되지 않았던 새로운 자료들, 예를 들면 농장 기록, 편지, 일기 등을 이용했다는 점에 주목했다.

예컨대 백인 남부사가인 필립 브루스(Phiip Alexander Bruce)는 이 책에 대해 흑인노예제에 관한 기념비적인 저서라고 극찬하기도 했다. 『구남부의 생활과 노동』은 더 큰 찬사를 받았다. 역시 백인 역사가인 드룰랙 해밀턴(J. G. de Roulhac Hamilton)은 이 책에 대해 "미국 사학사에서 일대 사건"이라고 평하였고, 어떤 학자는 이 책이 제임스 하비 로빈슨의 '새로운 역사학'에 입각한 연구의 본보기라고 찬양하였다. 또한 저명한 미국사학자인 헨리 코매저(Henry Steel Commager)

도 이 책이 "아마도 필립스 세대에서 구남부사에 대한 가장 중요한 기여일 것"이라고 언급했다.

필립스의 저서는 동시대의 백인 역사가들뿐 아니라 후대 역사학자들에게도 강한 인상을 심어 주었다. 그가 사망한 지 몇 년도 되지 않아 그의 영향을 받아 각 주별로 노예제를 연구하는 소위 '필립스 학파'가 출현했다. 심지어 필립스에 대한 가장 격렬한 비판자들조차도 종종 그가 대중화한 자료, 방법, 주제 등을 포용했던 것이다. 예컨대 이는 노예제를 연구하는 많은 역사가들이 아직도 필립스가 창안한 '노예의 사회화 모델'을 사용하고 있다는 허버트 거트먼(Herbert Gutman)의 증언으로도 입증된다. 이것은 최근까지도 많은 노예제연구 역사가들이 "노예화가 아프리카인들과 그들의 아프리카계 미국인(Afro-American) 후손들에게 어떤 작용을 했는가?"라는 주제에 매달려 있다는 사실을 생각하면 쉽게 납득이 간다.

비판론자들

이처럼 필립스의 저술에 대한 전반적인 호평에도 불구하고, 흑인 역사가들은 이미 『미국흑인노예제』의 출간 직후부터 격렬한 비판을 가하기 시작했다. 1913년 유명한 흑인 역사가이자 흑인인권운동의 개척자인 두보이즈(W. E. B. DuBois)는 필립스의 친노예제적 태도에 비판을 가했다. 두보이즈는 특히 필립스가 노예해방 이후에 남부 흑인노동자들의 생산성은 감소한 반면 같은 남부 백인노동자들의 생산성이 증가했다고 주장한 데 대해 이는 그릇된 자료에 입각한 주장이라고 반박했다.

그로부터 5년 뒤 두보이즈는 『미국흑인노예제』에 대한 서평에서도 필립스가 "이상하게도 불완전하고, 불행히도 편견에 사로잡힌 미국 노예소유주의 경제사"를 썼으며, 노예들에 대해서는 초점을 맞추지도 않고 노예들의 자료에 대해서는 전혀 살펴보지 않았다고 비난하였다.

두보이즈가 보기에 필립스는 하나의 인격체로서의 흑인에 대해서도 무관심했으며, 사리를 판단할 줄 아는 인간 존재로서의 흑인의 모습은 그 책 어느 곳에서도 안 보인다고 주장했다. 두보이즈에게 『미국흑인노예제』는 미국 노예제에 대한 뻔뻔스러운 옹호서였던 것이다.[15]

다른 흑인 역사가들 역시 필립스에 대해 두보이즈와 유사한 비판을 가하였다. 카터 우드슨(Carter G. Woodson)은 필립스가 노예반란이 있었다는 사실을 무시했으며, 흑인들이 무엇을 생각하고 느꼈으며 무슨 행동을 했는가를 이해하지 못했다고 비난했다.

『구남부의 생활과 노동』 또한 역사가들로부터 상당한 비판을 받았다. 이번에도 역시 흑인 역사가들이 필립스 비판에 앞장섰다. 윌리암 브루워(William M. Brewer)는 필립스가 이 책에서 노예 수공업자(salve artisan)의 존재를 무시했다는 점을 지적했다. 그는 필립스가 모든 노예들을 하나의 통제된 조직체로 묶어 버리는 잘못을 저질렀다고 보았던 것이다. 한편 프레드릭 뱅크로프트(Frederic Bancroft)는 농장주들이 막대한 수익을 얻기 위해 광범위하게 노예를 사육했다는 증거가 필립스 자신의 책에서도 나타나는데 그는 이를 인식하는 것조차 실패했다고 비판했다.

이러한 초기의 비판은 1930~1940년대까지 이어지고, 이 무렵에는 흑인뿐 아니라 백인 역사가들까지 이에 가세하게 된다. 이 시기에는 주로 노예제가 경제적 측면에서 수익성이 없었다는 필립스의 주장에 대한 비판이 주류를 이루었다고 할 수 있다.

먼저 루이스 그레이(Lewis C. Gray)는 노예제가 남부 경제에 대해 해로운 결과를 가져다 준 점은 인정하지만, 한편으로는 매우 수익성 높은 사업이었다고 주장했다. 그레이에 따르면 필립스는 노예 가격

---

15) Eugene D. Genovese, "Ulrich Bonnell Phillips and His Critics," Introduction to U.B. Phillips, *American Negro Slavery* (Baton Rouge, 1966), pp. vii‑xxi.

의 등락을 잘못 읽었다는 것이다. 그는 필립스가 주장한 자본의 과잉 투자는 기껏해야 일시적 현상이었고, 남북전쟁 이전 시기를 통틀어 면화 생산비의 상당한 감소가 있었다는 것이다. 다른 경제사가인 로버트 러셀(Robert Russel)도 단일작물 생산이 남부 경제에 후진성을 초래했다는 필립스의 주장에 의문을 제기하였다.

나아가 일부 역사가들은 필립스가 행한 농장 회계 장부의 계산방법에도 문제가 있음을 지적했다. 따라서 오늘날에는 노예제가 수익성이 없는 것이었다는 필립스의 주장에 귀를 기울이는 학자는 거의 없다.

이 시기에는 또한 필립스의 연구방법에 대한 비판도 제기되었다. 1944년 초 리처드 호프스태터(Richard Hofstadter)는 필립스가 부적절하고 결론을 잘못 이끌게 만드는 자료, 특히 대농장의 기록에만 초점을 맞추었다고 논박하면서 대부분의 노예들은 소규모 농장에 살았다는 점을 지적하였다.[16]

시대상황의 변화와 더불어 필립스에게 가해진 비판은 앞서 언급한 연구방법, 자료의 성격, 주제보다도 그의 아킬레스건이라고 할 수 있는 인종주의에 집중되었다. 이러한 조짐은 이미 1943년 좌파 역사가인 허버트 앱시커(Herbert Aptheker)의 지적에서부터 나타나기 시작했다. 그는 필립스가 인종주의에 사로잡혀 있었기 때문에 노예들의 광범위한 저항을 올바로 볼 수 없었다고 비판했다. 나아가 앱시커는 '불만과 반항심'이 흑인노예들의 특징이었다고 주장했던 것이다.[17]

민권운동 이후의 필립스 논평

이후 1960년대가 다가오면서 미국 내에서는 그 동안 역사 속에서 소외당했다고 생각하는 계층들의 광범위한 사회저항의 물결이 요

---

16) Richard Hofstadter, "U. B. Phillips and the Plantation Legend," *Journal of Negro History,* 29(April 1944), pp. 109-124.

17) Herbert Aptheker, *American Negro Slave Revolts* (New York, 1943), p. 13.

동치기 시작했다. 그 중 가장 두드러진 운동 중의 하나가 흑인인권운동이었다. 이 운동에는 흑인들뿐 아니라 많은 양심적인 백인들까지 가세하면서 흑백인종차별에 대한 격렬한 반대운동이 미국을 휩쓸기 시작했다.

미국사학계도 이러한 흐름에서 예외일 수 없었다. 신진 소장학자들은 미국의 과거 흑인노예제 및 흑인문제에 대하여 새로운 시각에서 새해석을 내놓기 시작했으며, 이전의 사학자들이 이룩한 연구성과에 대해서도 재검토했던 것이다. 이러한 분위기에서 인종주의적 편견이 뚜렷하게 나타나는 필립스에 대한 비판이 집중된 것은 당연한 귀결이었다.

흑인인권운동이 전성기를 맞이하게 되는 1960년대가 다가오기 전에 이미 흑인노예제에 대한 재해석작업의 선구적 역할을 담당한 인물은 케네스 스탬프(Kenneth M. Stampp)였다. 스탬프는 자신의 대표작 『독특한 제도』(*The Peculiar Institution*, 1956)에서 필립스가 소규모 농장 노예의 생활을 무시했고, 노예제에 대해서도 느슨한 외화내빈격 일반화를 했으며, 흑인의 눈을 통해 노예제를 보는 데에도 실패했다고 비판했다.[18] 반면에 스탬프는 자신이 인종적 평등관을 갖고 있다는 것을 강조하기 위해 흑인에 대해 다음과 같이 규정하였다. "노예들도 단지 보통의 인간일 뿐이다. 흑인들은 본래 검은 피부를 지닌 백인 이상도 이하도 아닐 뿐이다."[19]

스탬프 역시 후대의 학자들로부터 상당한 비판을 받고 자신의 입장을 어느 정도 수정하기도 하지만, 1960년대의 역사가들에게는 새로운 관점의 노예제 연구의 기수처럼 받아들여졌다. 그의 연구는 자연스레 필립스와 동일시되는 미국적 삶의 죄악들, 예를 들면 인종주의, 엘

---

18) Kenneth M. Stampp, "The Historian and Southern Negro Slavery." *American Historical Review,* 57 (April, 1952), pp. 613-624.

19) Kenneth M. Stampp, *The Peculiar Institution : Slavery in the Ante-Bellum South* (New York, 1956), pp. vii-viii.

리트주의, 인권 박탈 등에 대한 승리로 간주되었다. 반면에 많은 역사
가들은 무의식적으로 필립스를 희생양으로 만들었던 것이다. 1960년
대 중반에 이르러서는 필립스를 금기시하는 일은 너무나 용이했다.

이처럼 필립스에 대해 배타적인 분위기가 지배적일 때 홀연히 그
에 대한 재평가를 시도한 학자는 유진 제노비즈였다. 제노비즈는 그
누구보다도 필립스에 대한 관심을 회복시키는 데 크게 기여한 인물이
었다. 그는 1966년 미국역사학회(American Historical Association)에
서 필립스에 관한 수정주의적 논문을 발표했으며, 새로 출간된 『미국
흑인노예제』의 염가판 서문을 쓰면서 그를 복권시키고자 했다. 나아가
제노비즈는 2년 뒤에 직접 필립스의 논문집을 편집하기도 했다. 그는
필립스를 그 때까지 미국이 배출한 역사가 중에서 가장 위대한 역사
가 중의 한 명일 것이라고 극찬하였다.

제노비즈는 필립스가 인종주의적이었다는 점을 인정하면서도 그
가 오늘날의 역사가들이 해 온 것보다도 한층 더 좋은 문제제기를 했
으며, 일관된 참신성과 비판적 지성으로 연구를 수행했다고 찬양했다.
제노비즈가 필립스를 어느 정도로 평가했는가는 다음의 글에서도 잘
나타난다.

지난 몇십년 동안 울리히 보넬 필립스의 명성은 극에서 극으로 왔다갔다
했다. 오늘날 그는 아마도 남부에서는 변명을 늘어 놓기 위해서나 아니면 불
편한 마음으로 읽힐 뿐이고 북부에서는 전혀 읽히지 않는다. 그에 대한 비난
은 늘상 들어오던 말들이다. 즉 필립스는 인종주의자이고, 상층계급에만 관심
을 기울였으며, 남부사에 관해서는 향수어린 친노예제적 관점을 지녔고, 편견
에 사로잡혀 있는 사람이라는 말들이 그것이다. 그럼에도 불구하고 나는 그의
연구가 전체적으로는 남부사, 특히 인종 및 계급으로 야기된 문제에 대한 최
고의 그리고 가장 정교한 소개서로 남아 있다고 생각한다. 그리고 그의 사회
적 관점은 향수적이지도, 반동적이지도, 개조불가능하지도 않을 뿐 아니라 오

히려 조심스럽게 앞을 내다 볼 줄 알며, 고상할 정도로 보수적이며, 사회 및 인종적 정의에 깊이 헌신하는 것이었다고 생각한다.[20]

나아가 제노비즈는 필립스가 프레드릭 잭슨 터너의 영향을 받아 심각한 경쟁이 사회의 전반적인 질서를 이루었던 구남부의 역사를 프런티어와 농장의 산물로 해석했다고 보았다. 그는 신좌파 역사가답게 심지어 필립스의 글에서 사적유물론의 뉘앙스도 풍긴다고 주장했다.

제노비즈는 필립스의 거의 모든 저작이 노예소유주 계급과 그 계급의 대두를 가능케 해 준 체제에 대한 역사학이자 사회학이라고 평가했다. 그에 의하면 필립스가 본 농장체제는 어떤 의미에서 매우 경쟁적이고, 상당한 자본이 투여되었으며, 상품 생산을 지향하는 자본주의적 사업이었다는 것이다. 하지만 그럼에도 불구하고 농장제는 온정주의적 공동체라는 일차적 특징을 취했다. 따라서 농장은 노동 자본의 과도한 투여와 수지타산을 못맞추는 심각한 경제적 불이익을 겪었다는 것이다. 더욱이 제노비즈는 필립스가 단일한 경제적 계급의 수중에 그리고 특정 지리적 지역 내에 부를 집중시키려는 본질적으로 자본주의적인 산업체제로서의 노예제에 주목했다고 보았다.

실제로 필립스의 모든 경제적 저술은 이 계급과 체제의 기원과 성장에 초점이 맞추어져 있다고 해도 과언이 아니다. 예컨대 그는 초기 저작인 『1860년까지의 동부 면화 생산지역 운송사』(*A History of Trans-portation in the Eastern Cotton Belt*, 1908)에서도 놀라운 사회적 통찰력으로 세심한 경제적, 정치적 분석을 결합시켰던 것이다.

필립스에 대한 제노비즈의 호의적 평가는 각별히 자유주의적 역사가들 사이에서 그에 대한 연구에 불을 붙이는 작용을 했다. 그 결과

---

20) Eugene D. Genovese, "Race and Class in Southern History: An Appraisal of the Work of Ulrich Bonnell Phillips," *Agricultural History*, 41(Oct., 1967), p. 345.

오늘날 필립스는 노예제 및 남부사에 관한 사학사에서 한 사람의 위인으로 자리잡게 되었다.

  그것은 1980년 이후에도 다양한 관점에서 그의 생애와 저작을 연구한 논문이 20여 편 이상이 나왔다는 사실로도 입증된다. 더욱이 1980년대 중반에 이미 그에 대한 전기가 두 권이나 출간되고,[21] 지금도 두 명의 역사가가 출간을 준비중이라는 이야기도 들려오고 있다. 이 점에서 보면 필립스는 이미 남부사 및 노예제 연구에 관한 한 신화적 존재로 계속 남아 있게 될 것이라고 할 수 있다.

참고문헌

Craven, Avery O.. "Some Historians I Have Known." *The Maryland Historian*. 1. Spring, 1970. pp. 1-11.

Dillon, Merton L.. *Ulrich Bonnell Phillips: Historian of the Old South*. Baton Rouge: Louisiana State University Pr., 1985.

Genovese, Eugene D.. "Race and Class in Southern History: An Appraisal of the Work of Ulrich Bonnell Phillips." *Agricultural History*. 41. Oct., 1967. pp. 345-358.

Genovese, Eugene D.. "Ulrich Bonnell Phillips and His Critics." [Introduction to] Ulrich Bonnell Phillips. *American Negro Slavery: A Survey of the Supply, Employment and Control of Negro Labor as Determined by the Plantation Regime*. Baton Rouge: Louisiana State Univ. Pr., 1966. pp. vii-xxi.

Hofstadter, Richard. "U. B. Phillips and the Plantation Legend." *Journal*

---

21) 이 두 권의 전기는 다음과 같다. John Herbert Roper, *U. B. Phillips: A Southern Mind*(Macon, 1984); Merton L. Dillon, *Ulrich Bonnell Phillips: Historian of the Old South*(Baton Rouge, 1985).

of Negro History. 29. April, 1944. pp. 109-124.

Pyron, Darden Asbury. "U. B. Phillips: Biography and Scholarship."
    Reviews in American History. 15. March, 1987. pp. 72-77.

Roper, John H.. *U. B. Phillips: A Southern Mind*. Macon: Mercer Univ.
    Pr., 1984.

Singal, Daniel Joseph. "Ulrich B. Phillips: The Old South as the New."
    Journal of American History. 63. March, 1977. pp. 871-891.

Smith, John David. "The Historic Rise, Fall, and Resurrection of Ulrich
    Bonnell Phillips." *Georgia Historical Quarterly*. 65. Summer, 1981.
    pp. 138-153.

Stampp, Kenneth M.. "Reconsidering U. B. Phillips: A Comment."
    Agricultural History. 41. Oct., 1967. pp. 365-368.

Wood, W.K.. "Ulrich B. Phillips." In Clyde N. Wilson, ed., *Dictionary of
    Literary Biography, Twentieth-Century American Historians*. Detroit:
    Gale Research, 1983. pp. 350-363.

제9장

흑인 역사가: 두보이즈

황 혜 성

윌리암 에드워드 두보이즈(William Edward Burghardt Du Bois, 1868~1963)는 미국역사에서 흑인차별이 가장 극심하였던 19세기 말에 흑인문제를 사회학적인 방법으로 분석하고 연구한 역사가이고, 인종주의에 맞서 대항한 흑인지도자이기도 하다.

그는 또한 흑인의 아름다움을 강조하고 흑인문화의 우월성을 주장한 할렘 르네상스(Harlem Renaissance)의 창시자이며, 전세계 흑인들의 단결을 호소한 범아프리카운동(Pan-African Movement)의 주창자이다.

그러나 그는 부단히 흑인을 거부하는 미국사회에 대한 배신감으로 생애 말년에 미국시민권을 저버리고 아프리카로 이주한 불우한 미국 흑인이었다.

---

* 필자는 한성대 사학과 교수

윌리암 두보이즈의 생애는 과격한 행동으로 가득하였고, 매우 투쟁적이었다. 따라서 그는 20세기 전반기의 미국사회의 주류와 조화를 이루지 못하였다. 그렇기 때문에 그를 흑인 사회사에 대하여 백과전서적 기록을 해낸 학자로 기억하기는 힘들다. 소로(Thoreau)의 표현에 따르면 두보이즈는 '때마침 아슬아슬한 시기'에 태어났기 때문에 정치적 행동주의라는 그에게는 어울리지 않는 불편한 짐을 지게 되었다.

정치분야와 법정에서 불굴의 의지로 '흑인의 짐'을 지고 걸어가는 그의 성난 모습이 너무 크게 부각되어 있기 때문에 그가 미국문화형성에 있어서 흑인의 역할이 제대로 평가되지 못하였음을 시정하려고 노력한 학자라는 사실이 자칫 가려지기 쉽다. 특히 95세의 나이에 미국시민권을 포기한 그의 과격한 행동은 결국 그의 정치적, 도덕적 행동주의를 비하시키는 결과뿐만 아니라 사회학자, 역사가, 편집자로서의 그의 중요성을 감소시키는 결과를 가져왔다.

그러나 윌리암 두보이즈의 학자로서의 역량은 그가 저술한 수십 권의 책과 수많은 논문들, 그리고 산문집 등에서 여실히 드러난다. 그는 날카로운 분석력과 수려하고 간결한 문체로 흑인들이 당면한 문제의 원인을 설명하였고, 당시 미국사회가 앓고 있던 인종주의의 병폐를 지적해냈다.

특히 여러 역서들 가운데에서 『필라델피아 니그로』(*The Philadel-phia Negro: A Social Study*), 『흑인재건』(*Black Reconstruction*), 『흑인들의 과거와 지금』(*Black Folk, Then and Now*)은 사회사적 연구서로서 흑인사 연구에 있어서 매우 중요한 필독서들이다. 『흑인의 영혼』(*The Souls of Black Folk: Essays and Sketches*)은 그의 논문 모음집으로 문체의 간결하고 수려함이 돋보이는 작품으로, 역사서로서 사용될 뿐만 아니라 문학작품으로도 애독되고 있다.

1. 흑인문화와 백인문화의 중개인

윌리암 두보이즈는 남북전쟁이 끝나고 5년 후인 1868년에 매사추세츠 주의 그레이트 베링톤(Great Barrinton)에서 태어났다. 다른 미국 흑인들과 마찬가지로 두보이즈 역시 아프리카계 선조와 유럽계 선조의 혼혈이었다. 그러나 다른 흑인들과는 달리 그의 조상은 미국혁명 이후 자유인의 신분이었다. 그가 즐겨 말하는 것처럼 그는 "니그로의 피와 프랑스계의 피, 그리고 약간의 네덜란드인의 피가 섞였지만 다행히도 앵그로 색슨계는 아니었다." 그의 아버지 알프레드 두보이즈는 그가 갓난아기일 때 죽었기 때문에 아버지를 본 적이 없었다고 두보이즈(Alfred Du Bois)는 자서전인 『희미한 여명』(*Dusk of Dawn*)에서 밝히고 있다.

윌리암 두보이즈의 고향인 그레이트 베링톤은 5000여 명의 주민에 50명 정도의 흑인이 사는 자그마한 마을이었다. 그 곳에서 흑인들은 가난하게 살았지만 심한 인종차별을 받지는 않았다. 그 마을에서 부르크하르트가는 가장 오래된 주민으로서 가난하지만 자긍심을 지닌 흑인가문이었다. 두보이즈는 훗날 그레이트 베링톤을 가리켜 '아이들이 자라기에 천국'같은 곳이었다고 회상하였다.

그는 5, 6세부터 공립학교에 다니면서 백인 어린이와 함께 공부하고 자유로이 뛰놀았다. 따라서 그의 어린시절에는 인종적 열등감은 찾아볼 수 없으며, 그는 오히려 학급성적이 매우 우수하여 지적인 우월감마저 지닐 수 있었다. 그의 고등학교 교장선생님은 그에게 대학교에 가라고 권고하기도 하였다.

두보이즈의 성장기에 가장 큰 영향을 준 사람은 그의 어머니 메리 부르크하트(Mary Burkhardt)였다. 메리는 독실한 기독교 신자로서 어린시절부터 두보이즈에게 근검과 절약의 미덕과 일의 신성함을 가르쳐 주었다. 어머니로부터 두보이즈는 19세기 말의 자본주의적 근로

윤리(work ethic)를 배웠으며 강한 성취동기를 지니게 되었다. 그리고 어린시절의 이러한 경험은 그의 가치관과 훗날 흑인지도자로서의 그의 역량에 많은 영향을 미쳤다.

그러나 초등학교 시절에 다른 지방에서 전학해 온 한 소녀가 그가 주는 선물을 거부함으로써 두보이즈는 자신이 검은 피부를 지닌 흑인임을 자각하게 되었고, 소년기의 이 경험은 그로 하여금 자신의 재능을 '흑인문화와 백인문화 사이의 중재인'으로서 사용하도록 인도하였다.

두보이즈는 1885년 17살의 나이에 남부 테네시 주에 위치한 피스크 대학교(Fisk University)에 입학하여 흑인들 세계로 뛰어들었다. 처음으로 그는 같은 또래의 흑인들과 어울리며 그들의 아름다움에 매료되었고, 인종적 정체성(racial identity)을 지니게 되었다. 그러나 동시에 흑인분리와 인종차별이라는 미국사회가 안고 있는 인종문제를 처음 피부로 느꼈다.

그 한 예로 두보이즈는 거리에서 실수로 백인여자를 툭 치고 지나치다가, 곧 공손히 사과를 하는 사건이 일어났다. 이 때 그 여자의 "이 건방진 니그로 녀석이 감히 누구한테 말을 거는거야!"라는 욕설을 듣고 매우 충격을 받았다. 이러한 일은 그의 고향 그레이트 베링톤에서는 있을 수 없었기 때문이다. 이 사건은 그에게 상당한 혼돈과 충격을 주었고, 그 후 그는 백인여성과의 접촉을 되도록 피하게 되었다.

피스크 대학교에서의 생활은 그로 하여금 흑인들을 인도하는 지도자가 필요하며 자신이 그 역할을 수행해야 한다는 사명감을 심어주었다. 이러한 사명감으로 그는 1888년에 하버드 대학교 3학년으로 편입하여 조지 산타야나(George Santayana), 알버트 부쉬넬(Albert Bushnell Hart), 바네트 웬델(Barrett Wendell)과 같은 학자 밑에서 공부를 하였다. 그리고 무엇보다도 그는 윌리암 제임스(William James)의 사랑받는 제자가 되었다. 하트 교수와 제임스 교수의 지도 밑에서 그는 프라그마티즘을 비롯하여 최첨단의 사상을 알게 되는 행운을 누렸다. 철학과 자연과학과 같은 기초학문을 다진 후 그는 사회과학으로 관심을 기울여 정치경제학과 역사를 전공하였다.

1892년에 하버드 대학교에서 석사학위를 취득한 후 두보이즈는 헤이즈 장학재단의 후원으로 독일 베를린 대학교에서 2년 동안 수학하였다. 영국, 프랑스, 이탈리아를 비롯하여 부다페스트에 이르기까지 유럽을 두루 여행하면서, 두보이즈는 흑인들에게 관대한 유럽인들의 태도에서 인종문제에 대하여 폭넓은 견해를 배우게 되었다. 심지어 한 프랑스 여성은 그에게 청혼하기도 하였다.

막스 베버(Max Weber)와 구스타프 슈몰러(Gustav Schmoller)의 지도를 받는 가운데 그는 사회학과 밀접하게 연류되어 있는 정치경제학을 수학하였다. 그리고 이 때부터 그는 사회주의와 마르크스주의에 관심을 기울이기 시작하였다.

당시 백인도 받기 어려운 고등교육을 받은 두보이즈는 두 가지의 사명감을 지니고 귀국하였다. 즉 흑인들의 무지를 철퇴하고 흑인사회를 위하여 일할 지도자들을 양성하는 일과 인종문제를 학구적으로 연구하여 백인들에게 알리고 그들로 하여금 흑인을 정당하게 평가하도록 하는 일에 대한 역사적인 사명감을 지니고 돌아왔다.

2. 학자와 선동가의 이중성

그 후 두보이즈는 1894년 윌버퍼스(Wilberforce) 대학교의 라틴어와 그리스어 교수로 취직되어 2년 동안 가르쳤고 1896년에는 하버드 대학교에서 「미국에서의 아프리카 노예무역의 금지」(*The Supprestion of the African Slave-Trade to the United States of America, 1638~1807*)라는 제목의 논문으로 박사학위를 취득하였다. 그의 논문은 매우 우수하다는 평을 받았고 그는 곧 펜실베니아 대학교 사회학과 강사(teaching associate)로 취직되었다. 이 곳에서 그는 1년 동안 필라델피아의 흑인들을 연구하는 프로젝트를 수행하였다.

그는 흑인들의 삶에 대하여 사회학적이고 경제학적인 분석을 하여 『필라델피아 니그로』를 출판하였다. 이 연구서는 그가 독일에서 배운 방법론을 사용한, 즉 사회과학의 제반 원칙들을 흑인연구에 적용하여 흑인에 대한 편견과 무지를 없애고 흑인의 사회적·경제적 지위를 향상시키고자 한 첫번째 시도였다.

1897년 니나 고머(Nina Gomer)와 막 결혼한 두보이즈는 애틀랜타 대학교(University of Atlanta)의 사회학과 교수가 되었고, 그 곳에서 13년 동안 학자로서의 역량을 발휘하였다. 특히 매년 흑인문제연구를 주제로 학술회를 주도하였고, 여기에서 발표된 논문들을 편집하여 시리즈로 출판하였다. 이 학술회와 발표문은 두보이즈의 야심차고 원대한 계획의 일원이었다. 그는 향후 100년 동안 이 프로그램이 계속되며 미국 흑인문제가 매년 연구되고 출판되리라 기대하였다.

그는 흑인들의 상황에 대한 사회학적이고 계량학적인 연구가 결국에는 인종편견과 차별, 그리고 열등감으로부터 흑인들을 자유롭게 만들 것이라고 믿었다. 1896년부터 1917년 사이에 출간된 20권의 발표모음집은 바로 두보이즈의 열정의 결실이었다. 그러나 그가 1917년에 애틀랜타 대학교를 그만두고 유색인지위향상협회(NAACP)의 전문편집장으로 일하기 위하여 뉴욕으로 떠나감으로써 이 원대한 사업은 막을 내리게 되었다.

두보이즈가 애틀랜타 대학교에 재직하면서 남긴 또 다른 위대한 업적은 바로 1903년에 출판된 『흑인의 영혼』이었다. 그의 최고 걸작이라고도 불리우는 이 논문집은 앞으로의 그의 경력에 결정적인 전환을 예고하였다. 그는 이 책을 통하여 차갑고 이성적인 학문의 상아탑에서 내려와 열정적이고 선동적인 행동주의자로 변모하였다. 그리고 그의 행동의 첫번째 과녁이 바로 부커 워싱턴(Booker T. Washington)이었다. 그는 이 책에서 워싱턴의 순응주의적이고 회유적인 인종정책을 온건하게 비판하며 대안을 제시하였다.

워싱턴은 당시 흑인들이 겪는 문제는 흑인들 자신에게 책임이 있으며, 흑인들의 지위를 향상시키려면 정치에 뛰어들기보다는 우선 남부를 중심으로 경제적으로 자립하여야 하며, 이를 위해서는 산업교육을 받아야 한다고 주장하였다.

이에 대하여 두보이즈는 흑인문제의 핵심에는 노예제도와 백인들의 억압이 있다고 보았으며, 정치적 자유를 강조하였고, 대학교육을 통해 흑인을 이끌어 갈 엘리트들을 양성하여야 한다고 주장하였다. 이로부터 그의 '재능있는 소수'(Talented Tenth)개념이 등장하였다.

당시 백인과 흑인 모두로부터 흑인지도자로서 인정받고 있던 부커 워싱턴에 대한 그의 비판은 매우 효율적이었고, 이로써 그는 정치적 영역으로 한 걸음 들어서게 되었다. 특히 윌리암 몬로 트로터(William Monroe Trotter)와 같이 워싱턴의 순응주의정책에 반대하였던 과격한 흑인들은 두보이즈를 자기들 편으로 끌어들이려 하였다. 워싱턴은 두보이즈를 경계하기 시작하였고, 애틀랜타 대학교에 압력을 가하여 두보이즈의 활동을 규제하였다. 그 결과 이전에는 그의 글을 기꺼이 실으려 하였던 편집자들도 그의 글을 출판하기를 꺼려하였다. 이제 두보이즈는 "흑인 지위향상에 대한 견해 차이가 아니라 방법론에 있어서 양립할 수 없기에" 워싱턴과 결별하기에 이르렀다.

이 시점에서 그는 학자에서 행동가, 선동가로 전환하였다. 그러나 이 전환은 그리 성공적이지 못했다. 그가 인종차별철폐를 내세우며 1905년에 급진적인 흑인과 함께 결성한 나이아가라운동(Niagara Movement)은 큰 성과없이 막을 내렸고, 그의 노력에도 불구하고 흑인사회는 그에게 호응하지 않았다. 여기에 1906년에 애틀랜타에서 일어난 폭동은 그가 인종간의 화합에 걸었던 희망을 결정적으로 회의하게 만들었다. 그는 심한 좌절에 빠져들었다.

3. 『크라이시스』와 두보이즈

그러나 1910년 그의 앞에 새로운 경력의 문이 열렸다. 새로 결성된 유색인지위향상협회(NAACP)가 그를 기관지 편집장으로 초빙하였다. 이를 계기로 두보이즈는 처음으로 급진적인 백인들과 손을 잡게 되었다.

유색인지위향상협회는 전국적 규모의 기관지인 『크라이시스』(*The Crisis*)를 발간하였고 두보이즈는 편집장의 권한으로 자신의 급진적인 견해를 마음껏 표현할 수 있었다. 처음부터 두보이즈는 『크라이시스』를 영향력 있는 전국지로 만들기를 꿈꾸었고 게다가 『크라이시스』를 자신의 의견을 마음대로 표현할 수 있는 잡지로 만들고자 하였다. 그러나 유색인지위향상협회는 이 잡지를 자체 내의 광고를 위한 사내보(社內報)로 여겼기 때문에 처음에는 두보이즈와의 마찰과 갈등이 있었다.

결국 두보이즈의 견해가 받아들여졌다. 두보이즈가 이 잡지를 '개인에 대한 공격이나 비난'을 위해 이용하지 않는 한 그는 이 잡지에 대하여 전권을 가지게 되었다. 향후 20여 년 동안 『크라이시스』는 인기 있고 영향력있는 흑인잡지로서의 역할을 다하였다.

두보이즈는 『크라이시스』를 통하여 전국적으로 알려지게 되었고 영향력 있고 존경받는 흑인이 되었다. 아무리 자그마한 일도 그의 날카로운 비판의 글을 피할 수 없었다. 그는 린치, 백인 중심의 크리스트교, 월스트리트, 군국주의, 식민주의, 그리고 가끔씩 유색인지위향상협회까지도 신랄하게 비판하였다. 다른 한편으로 그는 선거참여, 법정 증언, 블럭 투표, 경제적 협력, 평화주의, 사회주의, 범아프리카주의, 소극적 저항, 시민 불복종, 그리고 냉혹한 반란에 이르는 모든 종류의 행동주의를 강조하였다.

더욱이 그는 아직까지도 주창되고 있는 '흑인은 아름답다'(Black is Beautiful)는 캠페인을 시작하였다. 그는 부드러운 브라운색과 크림색의 아기들, 조용한 흑인여성의 반짝이는 까만 눈동자, 잭 존슨(Jack Johnson)의 남성다운 검은 피부, 이집트 파라오와 아프리카 추장들의 힘을 칭송하였다. 그의 이러한 노력의 결과 『크라이시스』는 25년 동안 당당하고 효율적인 홍보지로서 흑인을 통합시키는 역할을 하였다.

두보이즈가 『크라이시스』의 편집자로서 일했던 시기는 성격상 세 시기로 나눌 수 있다. 첫번째 시기는 정치적인 성향을 강하게 띠는 시기(1910~1918)였다. 즉 인종주의의 추악함과 무지함을 면밀히 조사하고 모든 법적 방법을 강구하여 인종주의자들과 맞서 투쟁한 시기였다.

이 시기에 그는 미국사회에 만연하였던 린치, 인종차별, 투표권 박탈과 같은 사회적 인종주의와 맞서 대항하였다. 그는 이에 대하여 알리고, 법적으로 증언하고, 사회적으로 압력을 가하는 방법을 사용하였다. 그러나 그의 노력에도 불구하고 흑인들의 상황은 나아지지 않았다. 린치는 더욱 심해졌고, 흑인들은 2등 시민으로서 온갖 모욕을 당하였다.

두번째 시기는 제1차 세계대전이 끝난 후부터 1929년까지로 볼 수 있다. 미국이 1차 대전에 참전할 것을 결정하자 두보이즈는 『크라이시스』를 통하여 "흑인들의 슬픔은 잠시 접어두고 민주주의를 수호하는 데 함께 협력하자"고 독려하였다. 그러나 미국사회가 '정상상태로의 환원'을 내걸고 전선으로부터 귀국한 흑인병사들을 냉대하자 격분한 두보이즈는 미국 내에서의 전쟁을 선포하였다. 그는 면밀한 조사를 통해 군대 내에서 그리고 연방정부 내에서 인종차별이 얼마나 심각한가를 들추어냈다.

전통적인 방법으로는 인종문제가 해결될 가능성이 없다고 생각한 그는 진보적 백인들로부터 등을 돌리고 흑인문제를 풀기 위하여서는 국제적 관심을 환기시켜야 한다고 판단하였다. 그는 지레받침효과를 기대하며 사회주의와 범아프리카주의에 호소하였고 '백인 식민주의에 대항하여 전 지구상의 흑인들의 단합을 보여 주기 위하여' 몇 차례의 범아프리카 회의를 주도하였다. 그러나 그는 마커 가비(Marcuse Garvey)의 '아프리카로 돌아가자'(Back to the Africa)는 흑인분리주의운동에는 전혀 찬동하지 않았다.

범아프리카운동에 대한 희망이 사라지자 그는 전세계 노동자들을 잠정적인 우방으로 생각하며 사회주의를 인종적 구원의 방법으로 여기기 시작했다. 혁명 직후의 러시아를 언뜻 본 그는 노동문제와 인종문제가 노동자와 흑인을 단합시킬 것이라고 확신하였다.

이런 가운데 그는 제3당을 만들고 노동조합에 바탕을 둔 구심점을 구축하고자 하였다. 그러나 여기에서도 인종주의는 장애요소로 작용하였다. 즉 노동조합운동은 백인 노동자만을 대상으로 하였고 흑인 노동자들을 제외시켰다. 그는 1929년에 이르러 "제3당이 흑인을 위한 길을 열어주지 못한다"고 결론내리기에 이르렀다.

세번째 시기는 그가 극단적으로 보수적인 방법을 채택한 시기이다. 1929년 갑작스러운 주식의 폭락과 더불어 미국경제가 대공황으로 빠져들자, 흑인들의 상황은 절망적이었다. 이러한 상황에서 두보이즈는 결국 미국의 1,200만 흑인들만이 자신의 친구임을 깨닫게 되었고 1930년대 전반기에 그는 여지껏 받아들이지 않았던 자발적 분리주의를 이야기하기 시작하였다.

그가 태업, 보복적 배척, 강제적 협박 등의 방법을 허용한 것은 당시 흑인들의 상황이 절망적이었음을 보여 줄 뿐만 아니라 정치와 경제는 밀접하다는 그의 생각이 반영된 것이기도 하다. 더욱이 이런 방법들은 그가 말년에 채택하게 될 극단적인 방법들의 서막이었다.

4. 분리주의자로의 선회

이제 흑인 에토스와 문화의 분리가 그의 생각을 지배하기 시작하였다. 그는 흑인소비협력체제, 흑인예술과 역사를 가르치는 흑인대학을 유일한 희망으로 생각하고 강조하기 시작하였다. 할렘 르네상스 작가들의 '쓰레기통' 같은 생각을 비난하였고, 흑인작가들은 모두 그들의 재능을 흑인지위향상을 위해 사용해야 한다고 주장하였다.

그는 마침내 경제적, 교육적, 예술적 분리주의 이외에 정치적, 사회적 분리를 덧붙여 강조하였다. 그리고 그는 미국 내에서 흑인들만의 자치국가를 만들겠다는 원대한 꿈을 실현시키고자 투쟁하였다. 따라서 그는 흑인분리와 맞서 싸우는 일을 중지하고 대신에 이를 효과적인 힘을 기르는 데 이용할 것을 호소하였다.

두보이즈의 분리주의는 당시 인종간의 화합과 융화를 강조하던 유색인지위향상협회와의 갈등과 불화를 초래하였다. 특히 당시 협회의 행정을 담당하고 있던 월터 화이트(Walter White)와의 반목은 갈수록 심하여져 결국 두보이즈가 편집장직을 그만두고 협회를 떠나는 사태로 이어졌다. 두보이즈의 생애에서 또 한 장의 막이 내린 것이다.

『크라이시스』 편집장으로 일하는 동안 두보이즈는 잡지에 싣는 글 이외에 수많은 글을 썼다. 『은빛 양털을 찾아서』(*The Quest of the Silver Fleece*, 1911), 『검은 공주』(*Dark Princess*, 1928) 등의 소설을 써서 흑인의 아름다움과 국제적 운동의 이상성을 강조하기도 하였고, 『검은물』(*Dark Water: Voices from within the Veil*, 1920), 『흑인의 재능』(*The Gift of Black Folk*, 1924)을 포함하여 긴 논문집을 출간하기도 하였다. 그리고 바로 이 시기에 두 편의 역사서 『존 브라운』(*John Brown*, 1909)과 『흑인의 재건』(*Black Reconstruction: An Essay Toward a History of the Part Black Folk Played in the Attempt to Reconstructed Democracy in America*, 1860~1880, 1935)을 출간하였다.

이 두 권의 책은 두보이즈의 역사가로서의 진면목을 보여 준다. 그는 사실보다는 진실에 관심을 기울였고, 백인 역사가들이 무지로 인하여 왜곡시키는 흑인의 역사를 바로잡고자 하였다. 특히 『흑인의 재건』은 이전의 역사가들이 재건정부를 지나치게 혹평한 데 대하여 반론을 제기하였다. 『존 브라운』은 당시의 긴장을 인종적 갈등뿐만 아니라 계급적 갈등으로 설명한 측면에서 그가 마르크스적 경제학에 관심을 기울였음을 보여 준다.

두보이즈의 말년은 소음과 격분, 생각과 사건들, 승리에 찬 여정과 쓰디 쓴 실망, 원대하나 우스꽝스러운 몸짓 등으로 가득찬 시기였다. 그는 영예로운 선지자였지만 힘없는 선지자였다. 이제 그는 자신의 일을 추진할 근거지를 잃은 채 실천할 길 없는 이상만을 말하는 선지자가 되었다.

그러나 몇 가지 중요한 사건이 일어났다. 1944년 유색인지위향상협회가 그를 국제연합에 외교 대사로 지목하여 아프리카 민족주의를 지지하고 식민주의를 반대하는 임무를 맡겼다. 그 후 1950년에 두보이즈는 평화와 민권을 주장하며 뉴욕 연방상원의원으로 출마하였다. 결과는 낙선이었다.

그러나 이 일로 인하여 그는 1951년에 평화정보센터(Peace Information Center)의 폴 로브슨(Paul Robeson)과 협력하여 등록되지 않은 외교사절단으로 활약했다는 이유로 기소당하고 재판받는 일이 일어났다. 비록 아무런 혐의없이 풀려났지만 이 재판은 두보이즈로 하여금 미국에 대하여 환멸을 느끼게 만들었고, 급기야는 미국과 결별하는 계기가 되었다.

그의 첫번째 부인인 니나는 1950년에 세상을 떠났고, 다음 해에 그는 셜리 롤라 그래함(Shirley Lola Graham)과 재혼하였다. 그리고 나머지 생애의 대부분을 아시아와 아프리카를 여행하며 후루시초프, 모택동, 주은래 등의 지도자들을 비롯하여 아프리카 지도자들의 환대를 받았다.

1961년 그는 공산당에 가입하고 가나로 영구히 망명하였고, 1963년 2월에 미국 시민권을 포기하였다. 이 극단적인 모험이 그의 생의 마지막 모험이 되었다. 그는 1963년 8월 23일 아크라(Accra)에서 눈을 감았다. 그의 사망 소식은 때마침 1963년 민권운동 대행진이 있었던 워싱턴 광장에서 발표되었고 몇 분간의 추도 묵념이 행해졌다.

5. 불운의 선지자

두보이즈가 위대한 인물이었음은 재론의 여지가 없다. 그의 식견은 탁월했고, 그의 이상은 높았으며, 그가 남긴 영향 또한 지대하였다. 그러나 불행하게도 그는 실패를 매우 안타까워하고, 절망에 분노하고, 다른 사람의 편협함으로 늘 상처받는 예민한 사람이었다. 1959년 북경에서 91회 생일을 기념하는 행사에서 그는 "나라는 존재는 거의 한 세기 동안 모국에서는 오직 '니거'에 불과하였습니다"라고 말하였다. 이 말은 그의 비극적인 생의 단면을 보여 준다.

두보이즈는 생애를 마감할 때까지 글을 쓰고 강연을 하였다. 그러나 그의 말년 30년 동안에는 그 이전에 비해 큰 영향력을 행사하지 못했다. 그러나 그는 인종주의가 팽배하였던 미국사회에서 20세기를 살아간 흑인 지성인들이 겪어야 했던 갈등과 고뇌를 열정과 힘을 가지고 써내려갔다.

아이로니컬하게도 그가 1961년 미국에서 영구히 떠난 후부터 선지자로서의 그의 명성이 다시 올라갔다. 다시 말해서 1960년 초반기에 흑인민권운동이 절정에 이르렀고, 이에 대한 그의 큰 공헌이 널리 인식되기 시작한 것이다. 그리고 젊은 행동가들 사이에서 그에 대한 존경이 더욱 커졌다.

　　이후 흑인의 자유를 향한 긴 투쟁에서 그가 남긴 공헌이 널리 인식되기 시작하였고, 흑인의 민족적 긍지를 찬양하던 그의 글들이 널리 읽혀지기 시작하였다. 『흑인의 영혼』에 남긴 "20세기의 문제는 인종의 문제이다"(the problem of the Twentieth Century is the problem of the color line)라는 그의 글은 이후 많은 사람들에 의해 널리 인용되었다. 이 글은 두보이즈가 지닌 역사가로서의 통찰력을 보여 주는 한 예일 것이다.

참고문헌

Du Bois, William E. Burkhardt. Papers. Library of Congress.

Bone, Robert A. *The Negro Novel in America*. New Haven: Yale Uniersity Press, 1965.

Broderick, Francis L.. *W. E. B. Du Bois: Negro Leader in a Time of Crisis*. Stanford, California: Standford University Press, 1959.

Du Bois, Shirley Graham. *His Day is Marching on: A Memoir of W. E. B. Du Bois*. Philadelpia and New York: J. R. Lippincott Company, 1972.

Green, Dan S., and Edwin D. Driver, eds. *W. E. B. Du Bois on Sociology and the Black Community*. chicago: University if Chicago Press, 1978.

Logan, Rayford W.. *W. E. B. Du Bois: A Profile*. New York: Hill and Wang, 1971.

Marable, Manning. W. *E. B. Du Bois: Black Radical Democrat*. Boston: Twayne Publishers, 1986.

Meier, August. *The Negro Thought in America, 1880~1915*. Ann Aror Papetbacks. The University of Michigan Press, 1966.

Moor, Jack B. *W. E. B. Du Bois*. Boston: Twayne Publishers, 1981.

Rampersad, Arnold. *The Art and Imagination of W. E. B. Du Bois.* Cambridge: Harvard University Press, 1976.

Rudwick, Elliott. *W. E. B. Du Bois: A Study in Minority Group Leadership.* Philadelphia: University of Pennsylvania Press, 1960.

Walden, Daniel. ed. *W. E. B. Du Bois: The Crisis Writings.* Greenwich, Conn.: Fawcett Publications, Inc., 1972.

Williamson, Joel. *The Crucible of Race: Black-White Relations in American South Since Emancipation.* New York: Oxford University Press, 1984.

제10장

합의의 역사학 : 호프스태터

이 춘 란

리처드 호프스태터(Richard Hofstadter, 1917~1970)는 1940년 대에서 1960년대에 걸쳐 미국을 대표한 역사학자이다. 그는 보통 '합의사학'의 일원으로 분류되는 경우도 있으나, 어느 학파에 속하지도 않았으며, 학파를 창시한 창시자도 아니다.

그는 독자적이고 비도그마적인 입장에서 선배학자들 특히 비어드(Charles Beard)의 역사의 단일원인론을 배격하고, 역사해석의 다양성과 복잡성을 강조하였다. 그가 역사에서 얻은 메시지는 어떤 거창한 해결점이 아니라 인내심이라고 하였다.

비교적 짧은 생애 동안 호프스태터는 10권의 저서와 몇 권의 문헌집, 교과서, 30편이 넘는 논문과 서평 등을 썼다. 저서 중 두 권은 미국사편찬의 대전환기를 마련하였고, 1950년대와 1960년대 초 그는

---

* 필자는 이화여대 사학과 명예교수

풍부한 수상경력과 사회적 인정을 받았다. 그는 두 번의 퓰리처상을 수상했고, 버클리에 있는 캘리포니아 대학, 하버드 대학 등 여러 명문 대학에서 초청 강연을 했으며, 영국 케임브리지 대학과 프린스톤 대학의 객원교수를 지냈다. 그 외에도 교육과 기타 국내문제를 다루는 각종 중요한 자문기관의 위원으로 활약했다.

그러나 무엇보다도 그는 사학자들의 선망의 자리인 콜럼비아 대학의 드위트 클린톤 미국사 교수직(DeWitt Clinton Chair of American History, 1817~1828년 사이 여러 번 뉴욕 주지사를 지낸 클린톤을 기념하는 강좌)을 11년간 보유하였다.

1. 『사회적 다윈주의』의 발간

호프스태터는 1916년 뉴욕주 버팔로에서 폴란드계 유대인 아버지(Emil A. Hofstadter)와 독일계 감독제교인인 어머니(Katherine Hill Hofstadter) 사이의 장남으로 태어났다. 아버지는 아들을 신교도로 양육하려고 하였으나, 후일 호프스태터는 교회와 종교가 개인과 사회의 중요한 표현이라는 것을 부정하였다. 그는 오히려 유대계에서 자신의 뿌리를 찾으려 했고, 버팔로 대학시절에 유대인 여성인 펠리스 스와도스(Felice Swados)와 결혼함으로써 더욱 유대계 뿌리에 대한 지각을 강화하였다.

1936년 호프스태터는 뉴욕시에 와서 그의 평생직이 될 역사연구를 준비하였다. 이 때 뉴욕은 국제문화의 중심지로 막 발돋움하는 시기였다. 유럽의 많은 지성인들이 히틀러를 피해 미국으로 들어 왔고, 루즈벨트의 뉴딜정책으로 국내 문제가 시끄러웠고, 국제적 긴장이 차츰 고조되어 세계대전이 곧 일어날 듯한 시기였다. 호프스태터는 이와 같은 지적, 정치적 소용돌이 속에서 자극받았으나, 그는 타고난 보수주의자로서 30년대 국내외의 소용돌이에서 초연할 수 있었다.

1937년 호프스태터는 콜럼비아 대학에서 대학원 공부를 시작하면서 평생 지속될 콜럼비아와의 관계를 맺고, 깊은 충성과 애착이 형성되어 갔다. 1938년 석사학위를 받고, 1942년 박사논문 『아메리카 사상에서의 사회적 다윈주의』(*Social Darwinism in American Thought, 1860~1915*)가 통과되었다. 같은 해 그는 메릴랜드 대학 조교수(1942~1946)로 임명되었다. 그의 박사논문은 미국사학회가 주는 비버리지(Albert J. Beveridge) 기념기금상으로 작성된 것으로, 펜실바니아 대학 출판부에서 출판되었다. 이제 호프스태터는 역사가로서 출세의 길에 접어든 것이다. 이 때 그의 나이는 28세에 불과하였다.

『사회적 다윈주의』에서 그는 사상과 사회변화와의 복잡한 관계를 다루었는데 사상이 변화의 무기이자 행동의 수단이라는 것을 진지하게 논하고 있다. 이 책은 주로 남북전쟁과 제1차 세계대전 사이 미국 사회과학자들이 다윈과 스펜서의 사상을 어떻게 적용시켰는가를 분석한 책이다.

즉 예일 대학의 윌리엄 그래함 섬너(William Graham Sumner, 1840~1910)와 같은 사상가는 사회적 다윈주의를 자유방임주의의 합리화에 사용했으나, 콜럼비아 대학의 존 듀이(John Dewey)와 같은 철학자는 이것을 혁신주의 개혁의 정당화에 적용함으로써 사회적 다윈주의가 실용주의 철학으로 변형되었다. 요컨대 사상은 그 자체의 내적 논리 또는 고유의 과학적 '진리' 때문이 아니라, 때로는 인간의 도덕적 선택 때문에 사회에 영향을 미치고 그 작용의 방향이 결정된다는 분석이다.

일요일판 뉴욕타임즈 서평에서 호프스태터의 『사회적 다윈주의』는 "치밀하고 유창하고 유식하고 힘이 있다"고 하였다. 복잡한 이론을 명백한 것으로 만든 치밀함과 간결함, 그리고 그의 현명한 논리전개와 잘 짜인 탐정소설의 매력을 지닌 책이라고 하였다. 이 책은 인간의 결정적 개입에 의해 변화가 가능하다는 것을 주장하고 있다. 이리하여 저자는 200페이지도 되지 않은 책에서 당대 유행하는 유물사관에 의문을 던진 것이다.

뿐만 아니라 저자는 이 책에서 사상이 역사분석에 중요한 과제이며 사상에도 원인·결과가 있다는 것을 설득력 있게 제시하였다. 이리하여 그는 사상사연구에 훌륭한 공헌을 했으며 '사회적 다윈주의' 사상과 그 용어가 일반적으로 통용되도록 만든 것이다.

『사회적 다윈주의』에서 거둔 성공은 저자의 콜럼비아 대학 조교수 임명으로 이어졌다. 그 후 호프스태터에게 외부의 유혹이 있었으나 평생 콜럼비아를 떠나지 않았다. 1945년 버팔로 대학 시절에 만나 나이 20세에 결혼한 부인이 생후 일년 반이 된 아들을 남기고 세상을 떠났다. 부인을 간병하면서 호프스태터는 어두운 병실에서 『미국의 정치적 전통』을 쓰기 시작하였다.

1945년 그는 미국의 유명한 출판사 앨프레드 노프(Alfred A. Knopf)사 연구비를 받았고, 1948년 『미국의 정치적 전통』(*The American Political Tradition and The Men Who Made It.*)이 출판되었다. 이 책으로 호프스태터는 32세의 젊은 나이로 유명해졌고, 또 노프사와 같은 유명한 출판사와 길고도 유익한 관계를 맺게 되었다. 1947년 저자는 케빗트(Beatrice Kevitt)와 재혼하여 그의 저술활동에서 노프 출판사의 경우와 같이 미국사학자인 부인의 귀중한 도움을 받게 되었다.

2. 『미국의 정치적 전통』의 발견

『미국의 정치적 전통』은 미국사 편찬의 한 고전이 되었다. 수세대에 걸쳐 젊은 사학자들에게 유익하고 흥미있는 필독서로 읽혔던 이 저서는 마치 1927년에 나온 찰스 비어드 부부의 『미국문명의 흥기』가

30년대의 젊은 학생들에게 준 영감처럼 50년대의 젊은 학생들에게 영감을 주었다.

『미국의 정치적 전통』에서 그는 건국시조들로부터 프랭클린 루즈벨트에 이르기까지 12명의 인물을 골라 그들이 어떻게 미국 정치문화의 기초를 형성했는지를 분석하였다. 12명 중 7명은 대통령이고 3명은 존 캘훈(John C. Calhoun), 웬델 필립스(Wendell Phillips), 그리고 윌리암 제닝스 브라이언(William Jennings Bryan)과 같은 정치 이론가, 선동가 그리고 낙선하였으나 중요한 대통령 입후보자들이다.

1장의 '건국시조들: 현실주의의 시대,' 그리고 7장의 '엽관배들: 냉소주의 시대'는 정치인보다 시대감각에 초점이 맞추어지고 있다. 인물평에서 그는 주로 개인심리의 분석과 그 심리와 행동 그리고 가치관과의 관계를 분석하고 있다.

호프스태터는 미국의 정치적 전통에 대해 비판적이다. 그에 의하면 미국의 정치적 전통은 착취적 개인주의와 탐욕적 기업가 자본주의를 지지하는 데에 있다. 이와 같은 전통에 대항하는 민주주의 전통의 영웅인 제퍼슨, 잭슨, 윌슨 같은 대통령까지도 미국의 정치적 전통을 옹호했다는 것이다. 이리하여 그는 미국의 혁신주의 역사관에 도전한 것이다.

1920년대에서 40년대 미국사 저술에 나타난 혁신주의 사관은 두 개의 세력, 즉 재산권 보호를 주장하는 보수주의 세력과 '국민'을 대표하는 자유민주주의 세력 간의 지속적이고 극적인 투쟁으로 미국사를 보았다. 비어드를 위시한 혁신주의 역사가들에 의하면 미국사에는 물질주의 요소만이 중요하므로 기타 모든 요소는 경제적 해석의 틀 속에 통합시킬 수 있다는 것이다.

이에 반해 호프스태터는 『사회적 다원주의』에서 그랬듯이 『미국의 정치적 전통』에서 혁신주의 역사가들의 유물사관을 더욱 약화시켰다. 왜냐하면 저자에 의하면 미국의 정치적 전통과 이데올로기는 그 자체가 하나의 역사적 요인으로 작용하며, 때로 이 요인은 물질세계에서 일어나는 변화에 적응하는 데 방해요소가 된다는 것이다. 바꾸어 말하면 저자는 이데올로기가 역사적 변화에 작용할 수도 있고 방해도 될 수 있다고 주장한다.

따라서 브라이언이 기회의 평등이라는 제퍼슨 – 잭슨 철학을 주장한 것은 19세기 초라면 몰라도 도시·산업문명이 출현한 19세기 말에는 부적합하고 순진하였다는 것이다. 제퍼슨 – 잭슨 민주주의가 얼마나 시대에 뒤떨어진 것인가는 후버와 아메리카 개인주의의 위기에 더욱 잘 나타난다는 것이다.

반대로 프랭클린 루즈벨트는 이 제퍼슨 – 잭슨 이상에 도전하여 정치적 전통에서 벗어나려 하였으나, 루즈벨트는 지배적·정치적 전통 대신 기회주의적인 임시변통 밖에 한 일이 없었다. 결국 미국의 민주주의 철학은 아직도 개정과 활성화가 필요하다고 저자는 해석하였다.

『미국의 정치적 전통』이 『사회적 다원주의』와 다른 점은 서술이 객관적이고 학구적이었던 전자와는 달리 대담한 논쟁을 선호하는 문필가 식의 신랄하고 대담한 글이라 하겠다. 뿐만 아니라 그것은 혁신주의 시대의 가치관의 중심인 과거에 대한 신화를 깨는 우상파괴운동을 한 점에서 후자와 또 달랐다. 즉 호프스태터는 혁신주의 시대에 크게 신봉된 소기업인의 자본주의와 민주주의적 기회논리에 의문을 던진 것이다.

호프스태터가 이와 같은 미국의 전통과 사상을 개혁 내지는 제거해야 한다고 주장한 것은 금세기 초 비어드가 미국의 헌법과 건국시조들에 대한 확고한 존경에 도전한 것과 같다.

『미국의 정치적 전통』은 그 서평이 뉴욕 타임즈 서평지 제일면에 실렸고 100만 부 이상이 팔리는 인기있는 책이 되었다. 32세의 젊은 역사가 호프스태터는 이제 영향력을 최대로 발휘하는 시기에 들어선 것이다.

3. 혁신주의 역사학에 대한 비판

역사학과 사회과학의 접목

다음 20년간, 즉 1948년에서 1968년 사이에 호프스태터는 매우 독창적인 역사가로 국내의 갈채와 국제적 명성을 얻게 되었다.

미국사에 대한 그의 통찰력과 역사분석 속에 다른 사회과학, 특히 지식사회학, 사회심리학, 때로는 정신분석의 방법을 대담하게 도입하여 역사분석에 있어서의 새로운 가능성을 시사하고 또한 그의 빛나고 섬세한 문장력은 그를 이 시기의 가장 영향력 있고 창작력이 풍부한 역사가로 만들었다.

그러나 그의 역사에 대한 복합적인 이해의 노력은 그의 저술을 더욱 섬세하고 오해의 소지가 많은 것으로 만들었다. 그의 저술은 때로 심한 비판의 대상이 되기도 하였으나 반면 그의 글은 항상 매우 암시적이고 역사가 갖는 풍부한 추리작용을 불러 일으켰다. 호프스태터는 그의 논문 「역사와 사회과학」에서 다음과 같이 말하였다

> 그의 (역사가의) 결론이 빈약하고 잠정적일 수 있으나 이것은 환영해야 할 것이다. 역사가가 어떤 도움으로 역사의 진실 속으로 충분히 더 다가가면 갈수록 역사의 복잡한 상호관계 속에 더욱 깊게 빠지게 된다. 역사가는 이것을 오로지 제한적이고 부분적으로만 이해할 수 있을 것이다. 그의 저술은 더 큰 확실성은 없으나 더 큰 폭과 깊이를 갖게 될 것이다.

이 시기에 이루어진 호프스태터의 저술을 간단히 분류하기는 어렵다. 그의 저술분야의 폭이 매우 넓기는 하나 다음과 같은 상호관련된 세 분야로 분류될 수 있다.

첫째, 호프스태터는 계속 역사 속에서의 사상과 가치관의 역할에 대하여 관심을 가졌다. 특히 저자는 논리적 사고 그 자체보다 문화, 특

히 정치문화 속에 깔려 있는 일련의 신앙체계와 가치관에 관심을 갖고 저술하였다.

둘째, 그는 역사이해의 폭을 넓히려는 노력으로 이웃 학문, 특히 사회학과 심리학이 제공하는 개념을 받아들였다. 예를 들어 그는 때때로 여러 가지 심리상태가 정치자세와 그 운동에 끼친 영향을 조사하였다.

끝으로 그는 미국 지성인들의 역할과 그 불안한 운명에 깊은 관심을 가졌다. 이상의 세 가지 관심사는 이 시기의 호프스태터의 저술 속에 잘 나타나 있으며 특히 다음의 책 한 권을 면밀히 조사하면 우리는 그의 모든 관심사를 탐구할 수 있을 것이다.

보수주의 전통의 재발견

그 책은 바로 『개혁의 시대』(*The Age of Reform : From Bryan to F. D. R.*, 1955)이다. 그는 1956년, 이 책으로 역사부분 퓰리처상을 받았다. 반면에 이 책은 큰 논쟁을 불러일으킨 책이기도 하다.

이 책에서 그는 처음으로 정치사와 사상사를 동시에 다루고 있다. 책의 제목에서 볼 수 있듯이 저자는 1890년대 뉴딜시기를 통해 나타난 강력한 정치세력인 개혁운동과 사회의 근본적인 변화와의 관계를, 그리고 특히 미국의 전통적 정치이상과의 관계를 분석하였다.

이 책이 많은 주목과 비판을 받은 것은 여기에서 보는 몇 가지 분명한 논제 때문이다. 논쟁의 대상이 된 논제는 미국의 민중주의(Populism)와 그에 따른 정책은 항거하는 민중의 편협된 압박과 비자유주의로 더럽혀져 있다는 것, 미국의 혁신주의는 중산층의 지위에 대한 불안심리에서 발생한 것, 그리고 뉴딜은 이전의 자유주의 개혁방식과는 완전히 다른 것이라는 주장들이다.

그의 『개혁의 시대』가 끼친 공헌이 있다면 이 책의 밑에 깔린 아래와 같은 개념이 될 것이다. 『개혁의 시대』는 무엇보다도 전통적 이데올로기가 사람들의 행동과 자기인식에 얼마나 강인하게 영향을 끼치는가를 설명하고 있다. 이리하여 이 책은 『미국의 정치적 전통』의 중심논제를 계승하고 있다.

이 책에서 묘사한 논제는 미국인의 신조인 자유기업, 개인주의, 그리고 기회의 평등과 같은 가치들이, 이미 적합성과 효율성을 상실했음에도 불구하고, 어떻게 미국개혁운동을 결정짓고 규제하였는가를 묘사한 것이다.

호프스태터는 미국의 자유주의 전통은 사실상 보수주의 전통이기도 하며 미국사회의 변화의 노력은 과거 미국사회의 가상적 우수성에 대한 향수로 가득 차 있다고 주장한다. 이것은 도시 중상층 혁신주의자와 민중주의자의 경우, 사실이다. 전자는 그들이 존경받고 영향력을 발휘했던 소읍 중심의 미국을 그리워하며, 후자는 농민이 신의 선택을 받은 미덕을 가진 백성으로 간주되었던 산업 시대 이전의 미국에 대한 환상을 갖는다.

이와 같은 환상이나 향수는 계급별 편견으로 볼 수 있다. 왜냐하면 그들은 계급별로 미국을 중산층 또는 농민이 지배했던 시대로 되돌려 놓겠다고 희망하기 때문이다. 바꾸어 말하면 저자는 계급별 이해관계는 단순히 물질적인 조건뿐만 아니라 가치와 신화 또는 문화 전체에 의해 분명하게 나타난다는 것이다.

그는 비교적 짧은 마지막 장(7장 혁신주의에서 뉴딜까지)에서 뉴딜을 민중주의와 혁신주의와는 다른 것으로 묘사하였다. 뉴딜은 미국의 거의 완전한 경제적 붕괴에서 출발하여 과거에 대한 향수와 같은 장애물이 없었고 실질적인 방식으로 운영해나갈 수 있었다는 것이다. 뿐만 아니라 뉴딜은 처음으로 도시 중심의 여러 이해집단과 계급의 연합에서 그 참뜻을 이끌어 낸 개혁운동이라는 것이다.

경제적 결정론과 민중주의에 대한 비판

『개혁의 시대』에서 호프스태터는 혁신주의 역사가들이 주장한 단순한 경제적 동기 대신 복합적 견해를 나타냈다. 그는 이 시기 개혁운동 밑바닥에 깔린 물질적 변화를 거듭 설명하고는 있으나, 그의 강조점은 다른 곳에 있었다. 그는 인간행동의 폭넓은 원인들을 탐구하는데 관심이 있었다.

그의 주장에 의하면 개인은 복잡한 세계에서 생활하고 행동하는데 그 세계는 역사(전통과 신화)와 이해관계(계급별 가치평가와 지위, 물질적 복지에 대한 욕망), 그리고 개인적인 심리(불안, 죄의식, 환상, 계획) 등의 상호작용에 의해 영향받는 복잡한 세계이다. 『개혁의 시대』에서 그는 개인의 지각력이 경제적 득실을 계산하는 일만큼 중요하다는 것을 강조하였다.

이와 같이 그의 주장은 구체적인 면에서 논쟁을 불러일으켰으며, 이를 수정하려는 다수의 저술이 쏟아져 나온 것도 사실이다. 그 대표적 논쟁점의 예로 민중주의자들의 반항은 그들이 경제적으로 빈곤했기 때문만 아니라, 농민들이 갖고 있는 신화가 큰 역할을 하였고, 혁신주의 개혁을 탄생시킨 것은 중산층의 신분보존을 위한 불안이 영향을 끼쳤다는 주장 등이 있다.

그러나 호프스태터가 역사 이해에 끼친 불변의 공헌이 있다면 그것은 그가 역사적 현실에서 보는 다양한 층에 대한 예리한 감각을 갖고 역사의 단일원인론을 배격한 데 있다고 보겠다.

호프스태터의 비평가들, 예를 들어 윌리암 윌리암스(William Appleman Williams), 노만 폴락(Norman Pollack), 그리고 마이클 로진(Michael Rogin)에 의하면, 호프스태터는 민중주의자를 이성이 없고 광신적인 사람들로, 그리고 혁신주의자들을 죄의식에 빠진 사람들로 묘사함으로써 개혁운동을 비난하였다. 이로써 6.25 한국전쟁 이후의 신보수주의자들에게 민중과 민주주의제도를 불신하는 근거를 제공하였다는 것이다. 바꾸어 말하면 그는 각 세대가 자신들이 원하는 정치적 변화를 정당화할 역사상의 급진적 선례를 빼앗고, 파괴한 신화를 대신할 만한 실질적인 대안도 제공하지 않았다고 보았다.

특히 그가 민중주의자들에게 동정적이지 못한 것은 미국의 급진주의 전통을 새롭게 이해하려는 신세대 역사가들을 혼란스럽게 만들었다는 것이다.

민중주의자들은 한 때 미국의 독점자본, 산업의 착취, 은행 그리고 동부의 엘리트들에 대해 미국이 배출한 비판자로 동정적으로 묘사되어 왔으나, 그는 그들을 시골뜨기인 동시에 비열한 인간으로 묘사하였다. 그의 묘사대로 민중주의자들은 투기적 모험에서 실패한 얼빠진 소기업가로 탐욕스럽고 도량이 좁은 사람들로 여겨지게 되었다.

호프스태터는 '민중'에 대하여 매력을 느끼지 못했음이 확실하다. 그는 『개혁의 시대』 서문에 기록하기를, "지식인들은 민중에 대하여 감상적인 경향에 쉽게 빠진다. 그들은 대중의 개혁운동과 정치적 자유주의 교의 사이에 일정한 합의가 존재한다고 과장한다. 그들은 그들이 원하는 대로 민중의 반란 이미지를 재생한다. 그들은 대중운동의 불가분의 요소인 비자유주의적 요소를 흔히 무시한다"고 하였다.

그러나 그의 민중을 향한 태도에는 단순히 지식인들의 감상을 견제하기 위한 것이나 또는 도시의 지식인들이 지방의 단순하고 교육받지 못한 사람들에게 느끼는 반감보다 더 깊은 이유가 있다.

호프스태터가 민중의 심리와 민중운동에 비판적인 데는 그가 1930년대와 40년대의 경험에서 얻은 교훈에 그 근거를 찾을 수 있다. 당시 많은 지식인들이 얻은 교훈은 히틀러가 대중의 추종을 받았고 스탈린의 인기가 높은 것은 민중이 너무나 쉽게 인도돼 상상할 수 없는 잔학행위까지도 하게 된다는 것이었다. 이는 민중의 순진성과 민주주의 성격과는 거리가 먼 경험들이었다.

한편 미국 내에서는 죠셉 매카시(Joseph R. McCarthy)의원의 선동이 성공하는 경험을 하게 되었다. 결국 당대의 사건들은 무식하고 참을성 없는 민중이 단순한 구제책이나 해답에 취약한 무서운 가능성을 지녔다는 것을 시사하고 있다. 1950년대 중반 호프스태터와 같은 다수의 지식인들은(이민 2세대이고 도시 중심 문화의 모더니즘에 헌신한 다) 점차 그들의 자유주의 정치성향으로 인해 민중에 대한 의혹이 커져 가고 있었다.

4. 합리주의의 표방

반지성주의 비판

1965년에 나온 『편집병형과 미국정치』(*The Paranoid Style in American Politics and Other Essays*)는 호프스태터의 1950년대와 60년대 초에 쓴 논문들을 모아 출판한 것이다. 이 책에서 근대 민중정치와 이데올로기가 갖는 불길한 가능성에 대한 저자의 불안이 뚜렷이 나타나 있다.

뿐만 아니라 1963년에 나온 『아메리카 생활에서의 반지성주의』(*Anti-Intellectualism in American Life*)에서도 무식한 민중의 감정과 교양 있고 도량이 넓은 문화와의 불균형에 대하여 호프스태터가 예민하게 느낀 점이 노골적으로 나타나 있다.

이상 두 권의 책에서 호프스태터는 미국민중의 전통과 민주주의 문화의 인적자원에 대한 학구적 공평성을 망각하고 있는 것 같다.

『편집병형과 미국정치』는 1, 2부로 나누어져 있다. 제1부는 당대의 정치, 특히 매카시부터 골드워터(Barry M. Goldwater)에 이르는 우파정치에 대한 저자의 평론과 회상을 모아 놓은 것이다. 제2부는 1952∼1963년 사이에 쓴 세 편의 역사논문으로 구성되어 있고, 각 논문은 19세기 말과 20세기 초 정치에서 당대 미국인 대부분의 큰 관심사인 문제들, 즉 제국주의와 반트러스트 운동, 그리고 은화의 자유주조(Free Silver) 문제를 다루고 있다.

여기에서 그는 자신이 역사의 서술, 분석, 해석을 잘 엮어서 낡은 문제에 대한 새로운 조명을 비추게 하는 섬세한 역사가임을 증명하고 있다. 그리고 이 논문들은 그의 지식과 관심의 폭이 외교정책에서 의회정치와 경제에 이르기까지 넓고 그의 문제파악이 대단히 정교하다는 것을 증명하고 있다.

세 개의 논문 중 가장 긴 논문 「은화의 자유주조」(Free Silver and the Mind of 'Coin' Harvey)는 1963년에 쓴 것이고, 여기에서 저자는 1894년에 나온 『경화의 재정학교』(*Coins Financial School*)라는 소책자를 다루고 있다. 지적가치가 의심스러운 W. H. 하비의 소책자를 그가 진지하게 취급함으로써 이 소책자는 역사사료로 격상된 것이다.

뿐만 아니라 그는 은화문제 밑에 깔린 경제문제를 확실히 파악하고 이를 간단명료하게 서술하고 있다. 그는 '경화' 하비의 마음을 검토하면서 은화자유주조를 둘러싼 경제문제 뿐만 아니라 은화에 대한 민중이 갖는 애착을 상기시킴으로써 은화의 자유주조가 당대에 매우 뜨거운 문제였다고 말한다.

은화의 자유주조 주창자의 경험을 재생함으로써, 그는 은화의 자유주조 주창자의 방법이 합리적이 못된다 하더라도 그들의 행동을 훨씬 잘 이해할 수 있도록 만들었다. 동시에 그는 한 역사가의 입장에서 감정이 고조된 뜨거운 문제를 거리를 두고 바라보면서 하비의 소책자의 주장이 얼마나 조잡한 경제학적 주장인가를 폭로하였다.

「은화의 자유주조」는 역사가로서의 저자가 당면한 어려움을 보여 주고 있다. 즉 역사가로서 호프스태터는 민중의 정신상태를 연구주제로 선택하여 이 주제에 한 지식인으로서, 그리고 한 사회비평가로 접근함으로써 오히려 더욱 그들 신조와 이것을 믿는 민중으로부터 멀어져갔다고 말할 수 있다.

『편집병형과 미국정치』의 제1부에서도 위와 같은 호프스태터의 역설적인 어려움을 발견할 수 있다. 이 책을 통하여 우리는 그가 선택한 주제와 그 분석방법에 있어서 다음의 두 가지 요소를 발견한다. 즉, 그는 역사가가 살고 있던 시대의 현실 정치에서 주제를 선택했고, 또 사회학과 사회심리학의 연구결과에 크게 의존하였다는 것이다. 이 점은 1950년대와 60년대의 호프스태터를 이해하는 데 매우 중요하다.

5. 보수주의의 재천명

진정한 보수주의

호프스태터가 자기 시대의 여러가지 시사문제에 큰 관심과 놀라움을 느끼고 있었던 것은 한 지식인으로서 당연한 일이었다. 그는 버팔로 대학시절부터 그리고 1930년대 뉴욕에서 대학원 공부를 위한 준비기간에도 그가 경험한 문제들은 그의 역사연구를 촉구하는 자극제가 되었다. 특히, 유럽에서 경험했던 전체주의와 1950년 한국전쟁을 둘러싸고 일어난 미국 내의 억압문제가 그의 학문에 지대한 영향을 끼친 것은 기술한 바 있다.

1950년대에서 60년대 초 역사가인 그는 사회과학자들이 당면한 문제에 대하여 동일한 의문을 갖게 되었다. 1954년 콜럼비아 대학에서는 매카시즘(McCarthyism)에 관한 교수 세미나를 가졌다. 교수 세미나 결과 1955년에 『신우파』(*The New American Right*)가 나오고, 1963년에는 개정판 『급진적 우파』(*The Radical Right*)가 출판되었다. 그는 여기에서 중요한 이론상의 논문을 기고하고 있다.

그가 기고한 논문 「사이비 보수주의의 반란」(The Pseudo-Conservative Revolt)은 앞으로 나올 그의 당대 우파정치에 관한 일련의 논문 중 첫 편이다. 그리고 이 비교적 짧은 논문은 많은 주목을 받았고, 인용문으로 인용되거나, 또는 채판 요구를 많이 받았다. 이 논문으로 그는 유명한 사회해설가가 된 것이다. 「사이비 보수주의의 반란」

에는 당대 우파정치에 대한 몇 가지 가설을 내포하며 이들 가설을 그의 역사연구에도 이용하기 시작하였다.

첫번째 가설은 사회학자 립세트(Seymour Martin Lipset)와 같이 이권정치와 신분정치를 구별하는 것이다.

그에 의하면 이권정치는 미국이 어려울 때 유행하는 정치경향으로 이 때 유권자들은 자신들의 경제사정에 따라 투표한다는 것이다. 신분정치는 번영기에 우세한 정치이며, 이 시기 미국인들은 구체적 정책이나 그 개선책보다 가치나 이상에 더 관심을 지니고, 결국은 소수민족에 대한 반감을 표명하게 된다는 것이다. 소수민족이 그들의 사회적 지위와 문화적 지배를 위협하기 때문이다.

미국과 같이 이질적인 문화와 평등사상이 고취되는 사회에서 누가 또는 무엇이 진정한 미국인인가를 규정하기는 어렵다. 따라서 '구'미국인들은 그들의 우세를 강조해야 하는 필요를 느끼고 '신'미국인을 희생시키려 하는 것이다. 두 집단은 모두 신분정치에 취약하다.

그가 신분을 강조한 것은 1830년대 미국의 장래를 통찰한 프랑스의 토크빌(Alexis de Tocqueville)의 주장을 이어받은 것이라 할 수 있다. 즉, 미국사회는 모든 사람이 평등하다고 생각하나 모든 사람이 우선적인 자리를 탐구하는 불안한 사회라는 것이다.

「사이비 보수주의의 반란」에서 호프스태터가 제시한 두번째 가설은 1950년대 미국의 보수주의 정치란 사실상 우파의 급진적인 정치라는 것이다.

그에 의하면 보수주의 정치가들은 보존보다는 파괴에, 그리고 점진적이고 의미 있는 변화보다 분노와 반항과 같은 심리에 뿌리를 두고 있다는 것이다. 그리고 급진적인 우파는 위험한 환상주의자(Fanatics)들로서 그 추종자들은 교육을 덜 받은 중산계급에서 찾아볼 수 있다는 것이다. 이와 같은 심리상태의 사람들이 신분정치에서 중요한 요소로 등장한다고 주장한다.

논문에서 그는 주로 매카시와 골드워터 양 상원의원의 추종자들을 규명하는 데 주안점을 두었다. 그러나 정치적 환상주의자에 대한 복합적인 묘사도 시도하였다.

즉, 환상주의자들이란 첫째, 교육받지 못한 불안정한 시골뜨기이고, 둘째, 그의 행동은 이성보다 감정에 뿌리 박고 있으며 셋째, 그는 엘리트보다 민중에 더 친근하며, 넷째, 그는 평등주의 철학을 신봉하며 그의 상관을 비롯하여 일체의 우수성을 혐오하며, 끝으로 그는 대중 속에서 매우 위험한 인물이라고 볼 수 있다는 것이다.

이와 같은 저자의 우파 환상주의자들에 대한 묘사는 그가 얼마나 미국의 민주주의 전통의 뿌리인 '민중'으로부터 떨어져 있는가를 극적으로 표현하고 있다.

『아메리카 생활에서의 반지성주의』에서 그는, 1955년에 나온 『개혁의 시대』의 경우와 같이, 사회학과 심리학 연구에서 이끌어낸 지식과 영향으로 반항적인 환상주의자에 관한 복합적인 묘사와 더불어 이들 환상주의자들을 지지하는 미국의 문화가 미국 지성생활의 주요 위협이라고 설파하고 있다. 이 책은 '1950년대 정치적·지적 상황에 대한 응답에서 잉태된' 저작이라고 저자 자신이 지적한 바 있다.

『반지성주의』는 1964년 비소설부분 퓰리처상을 수상하고 대학의 우등생으로 조직된 학생 친목회인 파이 베타 케파의 에머슨 상(the Emerson Award of Phi Beta Kappa, 에머슨이 1837년 하버드 대학에서 행한 '아메리카의 학자'라는 유명한 연설을 기념하는 상), 그리고 시드니 힐맨상(Sidney Hillman, 1887~1946, 30년대 유력한 노동지도자 힐맨을 기념하는 상)을 받았다. 이렇듯 『반지성주의』는 권위 있는 상을 수상한 수작이기는 하나, 그의 다른 저술과는 달리 풍부하고 신선한 역사성은 발견할 수 없는 책이다.

『학문의 자유』와 민주적 문화

1955년 호프스태터가 집필한 『학문의 자유』(*Academic Freedom in the Age of the College*)는 메츠거(Walter Metzger)와 공저로 나온 『학문의 자유의 발전』(*The Development of Academic Freedom in the U.S.*)의 제1부를 구성한다. 그는 1963년에 나온 『아메리카 생활에서의 반지성주의』의 경우와 같이 『학문의 자유』에서 대학의 200년 역사, 즉 1636년 하버드 대학 창설에서 남북전쟁 이후 대학교육제도의 출현까지 대학의 역사를 탐구하였다.

어려웠던 200년간의 대학역사에서 교수들은 행정의 지배하에서 굶주리고 푸대접받고 복종을 강요받았다. 그러나 그는 성장기 미국 대학이 경험한 복잡한 역사적 조건에 대한 깊은 인식과 모호한 방식으로 지적 표현의 자유가 때때로 증진된 데 대한 깊은 이해를 나타냈다.

대학의 역사를 연구하게 된 동기에는 20세기에 당면한 학문의 자유문제 등으로부터 자극을 받았을 것이 분명하다. 그러나 그는 미국의 과거에서 20세기 당면문제의 해답을 얻거나, 또는 그의 주장을 부각시키거나 또는 도덕적 교훈을 도출하기 위해 과거를 곡해(曲解)하지 않았다.

1952년 그는 하디(C. DeWitt Hardy)와 공저로 『고등교육의 발전과 자유』(*The Development and Scope of Higher Education in The U.S.*)를 출간하였다.

여기에서 저자는 세 편의 논문을 통하여 미국의 고등교육 발전상의 세 단계를 고찰하고 있다. 즉, 「단과대학 시대」(The Age of the College), 「종합대학교 시대」(The Age of the University) 그리고 「아메리카의 고등학문」(The Higher Learning in America)이 그것이다.

그는 과거 미국 고등교육기관에 대한 물질적 지원의 결여와 학자들에 대한 학문적 자유의 결여 그리고 지성인들에게 부과되는 조잡한 요구를 몹시 비판적으로 서술하였다. 이 세 편의 논문에서 미국 고등

교육기관의 성장과 그 제도가 지니고 있는 한계점을 조심스럽게 평가
하고 있다.

그러나 『아메리카 생활에서의 반지성주의』에서 그는 지성생활에
대한 위협은 대학제도가 지닌 한계에서 오는 것이 아니라, 미국의 전
체적 문화에서, 더 구체적으로는 창조적 사고에 대한 반감을 가진 미
국의 지속적인 전통에서 오는 것이며, 이와 같은 전통은 미국문화의
가장 민주적인 신념과 관계가 있다고 주장하였다.

사실 『학문의 자유』에서 그는 학문의 자유는 모호하지만 역사적
상황의 부산물로 생겼다고 하는 복합적인 이해를 표명했으나, 『아메
리카 생활에서의 반지성주의』에서 그는 지성인의 정신과 사회적 조건
에 대하여 반감을 갖는 민주적 전통에 대하여 통렬히 비난하고 있다.
이 책에서 그는 200년의 대학 역사에서 이끌어 내고자 의도한 결론만
을 발견하는 듯하여 다른 저작물에서 볼 수 있는 신선한 해석이나 이
책에서 기대되는 지적자극은 발견할 수 없다.

호프스태터는 이 책에서 미국문화를 네 개의 항목, 즉 종교, 정치,
상업, 교육 등으로 나누어 고찰하고 있다. 각 항에서 그는 집중적으로
엘리트 지배에 대한 도전과 같은 강한 민주주의성향을 분석하였다.

예를 들어 종교의 복음주의, 잭슨 시대 민주주의 정치의 출현 그
리고 혁신주의 교육 등이 그것이다. 그러나 각 항에서 저자는 그의 저
서 『개혁의 시대』 등에서 보인 복합적이고 균형잡힌 평가는 없고, 그
의 유일한 목적, 즉 미국의 문화가 얼마나 반지성주의 전통에 이바지
하였는가를 폭로하는 데 집중하고 있다.

사실 그는 미국문화에서 '반지성주의는 흔히 다른 목적이나 때로
는 어떤 정당한 목적의 우발적인 결과'라는 것을 인정하였다. 그러나
이 책에서 그는 우발적인 결과만을 골라 사용하고, 나머지 더 중요한
역사사료는 무시하였다. 사실상 저자는 미국의 자유주의 전통에는 어
두운 내면이 있다는 것을 암시하고 있다. 그리고 그가 품고 있는 순응

적인 대중과 그 대중 속에 숨어 있는 폭도들에 대한 의구심이 명백히
드러나고 있는 것이다.

지식인의 자세

1956년 『개혁의 시대』가 출판되었을 때, 좌파 비평가들은 다음과
같이 비판한 바 있었다.

첫째, 호프스태터는 미국 자유주의 전통의 중요한 요소에 대해 반
감을 지니고 있으며, 둘째, 매우 복잡한 역사기록에 대하여 종종 불공
평하고, 셋째, 당면한 정치적 증오심에 역사가의 기능을 종속시킨 듯
보인다는 것이다.

이와 같은 비판은 『아메리카 생활에서의 반지성주의』에도 적용될
수 있다. 『반지성주의』가 1960년대 미국을 반영하는 논문이라는 것은
너무나 분명하다. 그러나 이 시기에는 이미 미국의 지성인들이 그들의
능력을 인정받고 신뢰받고, 또한 정치적 후원을 얻는 시기였다. 따라
서 역사가의 사회비판에는 많은 어려움이 따른다는 것을 알 수 있다.

앞에서 제시한 비판에도 불구하고 이 책에는 저자 스스로 지적 생
활을 추구하려는 열의와 이에 필요한 사회적·시민적 조건들에 대한
책임감등이 잘 표현되고 있다. 그에 의하면 지식인은 아래와 같은 자
질을 구비해야 한다는 것이다. 즉 지식인은 '공평한 지혜력, 종합력, 자
유로운 사색, 신선한 관찰, 창조적 신기함, 철저한 비판'과 같은 자질을
갖추어야 한다. 지식인은 솔직하고 독자적 발언을 두려워하지 않는다.

그리고 지식인은 특유의 침착한 자세를 갖는데 이것은 '경건함과
명랑함'의 균형 때문이라고 한다. '경건함'이란 연구과제에 대한 존경
이라기보다 연구과정 자체에 대한 태도를 말하는 것이다. 이 태도로
말미암아 연구결과의 성실함과 진리탐구를 평생직으로 삼을 수 있는
책임감등을 보장받는다.

그리고 '근본적이고 도덕적 중요성'이 지식인의 생활에 부여된다

는 것이다. '명랑함'이란 모든 훌륭한 지적 연구가 내포하고 있는, 전인미답의 호기심이 갖는 매력이 주는 즐거움을 의미한다.

진리탐구는 '지식인의 중심된 직무'이다. 그러나, 진리탐구는 어려운 일이다. 호프스태터에게 진리는 항상 복잡하고 어려운 것이며, 연구과정에서 진리가 부분적으로 나타난다 하더라도 그것은 결코 마지막 산물로 존재하지 않는다는 것이다. 따라서 그는 지속적인 진리탐구에 도움이 되는 조건들은 대담하게 보호되어야 한다고 믿었다.

이리하여 호프스태터는 근대 대학의 강력한 옹호자가 되었다. 대학이 비록 많은 문제와 결함을 안고 있기는 하나, 지식인들이 이 험한 세상에서 생존해 나갈 수 있는 최상의 피난처는 대학이기 때문이다. 사실 지식인이 추구하는 진리는 보통 세계에서 일상적으로 필요로 하는 '진리'에 위협이 된다고 보고 있다.

1968년 콜럼비아 대학에서 대규모 학생 스트라이크가 일어났고, 학생과 대학 행정부 사이의 격렬한 투쟁은 대학의 장래를 위험하게 만들었다. 그가 다른 동료교수에 비해 학생폭동에 크게 놀라지 않은 이유는 표면상 가장 안전한 지식인의 피난처인 대학이 바깥 세계의 정치와 사회현실에 얼마나 취약한가를 보여 주기 때문이다.

이리하여 그는 학생 스트라이크 기간중 학원의 자유를 지키려는 강경한 자세를 유지하였다. 그는 결국 학교와 교수진에게 가장 심한 적대감을 가진 학생들의 일부까지도 감동시켰다. 콜럼비아 대학교에서는 이 사태를 진정시키기 위하여 호프스태터에게 학위수여식에서 연설할 것을 위촉했고, 그는 이를 수락하였다. 콜럼비아 대학교의 214년에 걸친 역사에서 처음으로 총장이 아닌 한 교수가 졸업식 훈시를 하는 영광을 얻게 된 것이다.

1968년 6월 4일 행한 연설에서 그는 먼저 자기 개인의 생애에서 콜럼비아 대학이 어떤 역할을 했는가를 마음에 호소하듯 술회하였다. 그리고 대학의 정의를 내렸다. 즉 대학은 "자유, 합리성, 탐구, 토론을 지킬 의무"가 있고, 또 "사람은 틀릴 수도 있다는 생각을 기꺼이 받아들이는 것이 문명인이 갖는 토론의 가능성"이라고 보았다.

끝으로 호프스태터는 콜럼비아 대학이 당면한 구체적인 문제에 언급하였다. 그는 개혁의 필요성을 인정하였다. 그러나 개혁은 "강제로 이루어질 수 없다"고 주장하였다. 연설은 짧고 명백하고 그리고 부드러운 어조로 이루어졌다.

6. 합의의 역사학

말년의 집필활동

그의 연설은 역설적으로 그의 공적 활동의 정점을 기록하였으나, 이것은 또한 그의 영향력 발휘 시대의 종말을 의미하였다. 콜럼비아 대학 졸업식 연설은 그가 쌓아올린 업적과 명성에 어울리는 성취였다. 1950년대와 1960년대 초에 그는 당대의 정치문제에 최대의 관심을 가졌고, 미국사회의 비평가로서 최대의 영향력을 발휘하였다.

그러나 1968년 이후 그의 영향력은 쇠퇴하였다. 그럼에도 불구하고 이 당시 역사가로서 호프스태터는 최고의 능력을 발휘하였다. 3년 못되게 남은 여생이었으나 그는 매우 생산적이었고 그가 오랫동안 관심을 가졌던 문제들을 재고하였으며, 또 그의 평생의 벗과 같은 집필 작업을 계속하였다.

그는 생애의 마지막 5~6년간 역사가로서 가장 강도높은 저술활동을 펼쳤다. 1968년에서 1970년 사망할 때까지 그는 두 권의 책을 출판하였다. 하나는 『혁신주의 역사가들』(*The Progressive Historians: Turner, Beard, Parrington*)으로 1965년경에 시작하여 1968년에 출판하였다. 두번째 『정당제도의 이념』(*The Idea of A Party System: The Rise of Legitimate Opposition in the United States, 1780~1840*)가

1969년에 나왔으며, 끝으로 그가 죽은 다음에 출판된 『1750년의 아메리카』(*America at 1750: A Social Portrait*)의 몇 개의 장을 집필하였다. 이 마지막 책은 한 때 저자가 '호프스태터의 어리석은 짓'이라고 묘사한 것으로 세 권으로 계획된 사회사로서, 18세기 중엽의 생동감 넘치는 미국문화와 사회탐구에 그 초점을 맞춘 것이다.

혁신주의 역사가들에 대한 비판

이상 세 권의 책은 그의 말년을 장식하는 저서로서 역사가로서 가장 원숙하고 세련된 저술이었다. 여기서 그는 역사가라는 직업과 역사가로서의 역할을 재평가하였으며, 그의 평생의 생각들을 통합하였다. 새로 도입된 사회과학적 개념은 없으나, 결국 그는 역사연구의 독특한 방법으로 복귀하였다.

그의 초기 작품에 나타난 회의적이고 역설적인 면모는 없어지고, 과거로 인하여 고통받은 사람들에 대한 슬프고 동정적인 이해로 대체되었다. 이것이 역사가의 진정한 직무라는 것이다. 그는 과거에 결코 역사의 한 시대, 한 주제 또는 한 방법에 구애받지 않았으며 그의 마지막 세 권의 책에서 그의 연구는 완전한 활력을 과시하고 있다.

『혁신주의 역사가들』에서는 여러 측면에서 호프스태터의 의도를 측정해 볼 수 있다. 그 하나는 스승격인 선배 사학자들과 의식적으로 타협해 보려는 그의 마지막 시도로 볼 수 있고, 또는 단순히 혁신주의 역사가들의 잘못된 주장들과 적절하지 못한 비전을 폭로하려는 마지막 시도로 볼 수 있다.

이 마지막 시도는 그의 초기 논문들에서 찾아볼 수 있고 그의 저서 중 『미국의 정치적 전통』과 『개혁의 시대』는 특히 비어드의 단순한 유물론을 암암리에 반박하고 있다. 뿐만 아니라 그는 터너, 비어드, 그리고 패링톤 세 사람이 자유주의와 혁신주의와의 연계에 공명하고 있는 데 대하여도 반박하였다.

동시에 그는 터너와 비어드, 그리고 패링톤에게 동정적이었다. 왜냐하면 그들은 깊은 문제의식을 갖고 대담한 입장을 서슴없이 취하였을 뿐만 아니라, '정치적' 개입(특히 비어드의 경우)이 그들의 연구에 반영되었을 때 나타날 한계와 곡해에 대하여 똑똑히 눈치채고 있기 때문이다.

이런 점에서 『혁신주의 역사가들』은 그 자신에 대한 개인적인 재평가라고 할 수 있다. 그것은 역사가로서 그 자신이 선배학자들과 같이 저명한 정치적·사회적 인물로 등장했고 당대의 문제에 행동으로 개입되어 있음으로 해서 역사가로서의 비전에 손상을 입을 수 있기 때문이다.

이와 같은 개인적 요소를 반영함으로서 『혁신주의 역사가들』은 한계가 있으나 독창적이고 존경스러운 선배학자들을 사랑으로 묘사한 초상화라고도 할 수 있다.

젊은 시절 그의 논문들은 대부분 미국인들의 역사에 대한 신화를 파괴하려는 시도였으나, 결코 비어드나 기타 선배학자들을 맹렬히 비난한 것은 아니었다. 「비어드와 헌법」(Beard and the Constitution: The History of an Idea)라는 논문에서 그는 비어드의 참신한 연구방법의 진가를 인정하였으나, 그 결과에 대하여는 반박하고 있다. 1968년 『혁신주의 역사가들』 중의 비어드는 아직도 존경과 칭찬할 만한 인물로 남아 있다.

그런데 저자가 사망한 1970년의 비어드에 대한 묘사는 그가 경멸하는 편협하고 괴팍하고 하나의 이념만을 고집하는 성격의 인물로 되어 있다. 그리고 다음과 같은 결론을 내리고 있다.

사람들은 초기의 비어드를 되살리려고 희망한다. 그는 지극히 친절하고 용기 있고 명예로운 사람으로 아직도 기억된다. … 사람들은 그를 이런 사람으로 기억하고 싶어한다. ─ 즉 그는 생산적인 학자이고 용감한 애국자이고 젊은 동료들의 후원자이자 지도자이고 시민의 자유와 학문의 자유를 지키려는 뛰어난 임전태세를 갖춘 옹호자이고 허스트(WIlliam Randolph Hearst, 신문왕)의 징벌자이고 순박한 품위의 대변자라고.

그러나 한 사람의 일생은 그가 한 일련의 주장들을 놓고 사람들이 단순히 평가하거나 그 진위를 밝히는 것으로 끝나는 것이 아니다. 한 사람의 일생은 긴 메아리를 남기고 끝남으로 우리는 우리들 자신을 위하여 이 메아리에 귀를 기울여야 할 것이다.

이것은 비어드에 대한 그의 마지막 찬사인 동시에 일종의 추도사라고 볼 수 있다.

호프스태터는 항상 전기와 분석을 서로 짜맞추고 개인의 이야기와 정치, 사회 또는 이념과의 관계를 짜맞추는 재능을 갖고 있다. 이 재능은 그의 『사회적 다원주의』에 암시되었고 『미국의 정치적 전통』에서는 두드러지게 나타났다. 『혁신주의 역사가들』에서 이 재능은 완숙기에 접어든 것 같다. 이 책이 나왔을 때 로버트 위비(Robert Wiebe)는 호프스태터가 혁신주의자들에 대한 통합적인 비전을 제시하지 않고 하나의 '거대하고 지속적인 종합'을 제시하고 있다는 평을 하였다. 그의 의도는 세 명의 혁신주의 역사가들의 이념이 틀렸다는 것을 지적하는 것이 아니라 어떻게 각자의 이념들이 각자의 생애와 그 시대의 덧없는 산물에 불과하였나를 보여주는 데 있다.

결국 그는 "사상체계는 그것을 만든 인간과 똑같이 한계가 있다"는 것을 말한다. 역사가는 그들의 시대에 붙들려서 얼마 후 그들은 "우리들의 과거에 대한 지도적 해석자가 아니라 단순히 그 과거의 한 부분이 되는 것"이라고 하였다.

이 책의 마지막 장에서 그는 위에서 언급한 역사의 교훈을 현대사에까지 적용하고 있다. 여기에서 그는 자신이 속한 것으로 알려진 '합의역사학'(Consensus history)의 이념과 약점을 고찰한다. 이 학파 역시 일시적이고 그 한계는 이미 분명해졌으며 결코 완전하고 올바른 해석은 아니었으므로, 또 다른 불완전하고 한정된 잠정적인 역사해석에 의해 대체될 것이 확실하다고 그는 보았다.

그가 말하는 훌륭한 역사가란 '장래에 대한 어떤 열정적인 관심을 가지고 과거에 몰입하는 것'이며, 이 열정 때문에 그들을 흥미롭게 만들 수는 있으나, 그들 역시 교체되리라는 것은 확실하다는 것이다.

그러나 이와 같은 '계속되는 패배와 실수'를 인정하게끔 강요당하므로, 역사연구는 다른 사회과학과 달리 '예술 가운데 가장 인간다운 학문으로 남게 되리라'는 것이다. 이리하여 『혁신주의 역사가들』은 3인의 유명한 사학자들의 한계점뿐만 아니라 역사서술의 한계점까지도 말하고 있다. 왜냐하면 만일 그가 혁신주의 역사관을 대체할 만한 어떤 통합적인 역사적 비전을 제시했다면, 그의 연구의 의미를 손상시켰을 것이며, 또 역사가로서 배운 교훈을 무효로 만들게 되기 때문이다.

『혁신주의 역사가들』에서 그는 역사상 큰 문제를 취급하였으나 『정당제도의 이념』에서는 작은 규모의 문제를 취급하였다. 이 책은 1966년 저자가 버클리의 캘리포니아 대학에서 행한 제퍼슨 기념 강연을 토대로 그가 일찍부터 좋아한 정치사와 사상사를 동시에 다룬 것이다. 1955년에 나온 『개혁의 시대』에서 그는 대중적인 사상과 정치문화를 연구하였으나, 『정당제도의 이념』에서는 정치사상의 발전과정을 다루었다.

그에 의하면 정당제도는 자유로운 정치제도의 유지를 위해 매우 중요한 것이나, 이것은 18세기 정치문화가 탄생시킨 의붓자식과 같은 산물이라는 것이다. 정당제도는 환영받지 못하고 계획되지 않아 경멸시되었기 때문에 여러 차례 거의 파괴되는 운명에 놓였다. 그러나 그것이 결국 성장하게 된 것은 미국 지도자들의 정치환경에 대한 정력적이고 현실적인 대응이 있었기 때문이었다.

1790년대 건국 초기의 연방파(the Federalists)와 공화파(the Republicans)는 다같이 그들의 지배세력에 반대하는 세력을 환영하지 않았다. 각 당은 당의 정책과 그 지도자에 대한 충성이 곧 국가에 대한 충성이라고 생각했다. 각 당은 헌법이 규정한 정치제도와 그 제도의 이행에 대한 구체적인 해석을 쉽게 분간하지 못한 것이다. 건국시조들도 자신들의 이권과 신조 그리고 비전 때문에 제약을 받는 사람들이었다.

『정당제도의 이념』은 근대의 정치이념 가운데서 매우 중요하고 어려운 개념의 발달과정을 다룬 책이다. 즉, 제도상의 과정을 통하여 평화롭게 정부의 변화를 초래할 수 있다는 신념을 키워 나갔던 것이다.

이 신념은 반대파를 탄압하는 것은 그들이 일시적인 잘못을 할 수 있는 기회를 허용하는 것보다 더 위험하다는 것을 인정한 데에서 나온 것이다. 이 신념은 또한 '사람들이 자진해서 그들이 잘못 생각할 수 있다고 생각'하는 데 기초를 두고 있다. 이 신념이 바로 호프스태터가 콜럼비아 대학 졸업식 연설에서 주장한 문명인의 토론의 요체이다.

1830년대와 1840년대에 이르러 정당정치와 조직화된 반대파에 대한 존중은 사실상 의무적인 신념으로 자리잡게 되었다. 저자에 의하면 이와 같은 변화의 근본 이유는 마틴 밴 뷰런(Martin Van Buren)으로 대표되는 새세대 정치인의 등장에서 찾는다. 이들 정치인들은 사상가라기보다 정치관료이자 정치조직자들인 것이다. 건국시조들보다 이들 새세대 정치인들이 정당제도의 이론적인 합리화를 창조했고, 이로써 민주주의가 가능하게 된 것이다.

저자가 밴 뷰런과 같은 인물의 진가를 인정한 것은 저자가 프랭클린 루즈벨트를 점점 더 존중하게 된 것과 같은 맥락에서 이해될 수 있다. 루즈벨트는 교리에 구애받지 않고 참신한 방법으로 행동할 수 있는 교활한 정치인으로 인식되었다.

그는 『미국의 정치적 전통』에서 미국의 정치지도자 가운데에는 존경할 만한 사상을 가진 인물이 없다는 견해를 보였으나, 『정당제도의 이념』에서는 중요한 이념들이 때때로 기대하지 못한 곳에서 특히, 실제 경험의 부산물로 생성된다는 견해를 보이고 있다. 두 견해 사이에 거리가 있다는 데에서 그의 변화를 주목할 수 있다.

국민주의의 요소

『정당제도의 이념』에서 피력한 그의 견해는 그의 마지막 저술의 활력소가 되었다. 『1750년의 아메리카』로 출판된 이 책의 특징은 어떤 특별한 이념에 있는 것이 아니고 식민지 개척시대에 인간의 불가항력적인 시련을 매우 민감하게 묘사한 점이다.

데이비드 도널드(David Donald)는 이 책을 두고 "호프스태터의 책 중 가장 민감하고 염세적"이라고 하였다. 『1750년의 아메리카』는 기술한 바대로 좀더 큰 규모의 집필계획의 단편에 불과하며 그가 병중에 서둘러서 급히 쓴 것이다. 이것은 18세기 식민지 시대에 정치와 종교제도 그리고 다민족 문화가 형성하기 시작한 시기의 미국문화의 본질에 대한 이야기이다.

그러나 이것은 무엇보다도 사람들에 대한 이야기이다. 즉 흑인노예, 백인 계약하인, 소지주 그리고 직공들의 삶을 위한 투쟁과 식민지의 가혹한 생활조건으로 인한 좌절의 이야기이다. 팽창력 있는 장래를 향하여 전진하는 활기찬 식민지사회와 그 발전 뒤에 강요된 엄청난 인간의 희생이 현저한 대조를 이루며, 동시에 긴장감마저 느끼게 만든다.

사실상 식민지 시대의 발전사에는 도덕적으로 모호한 점이 많다. 예컨대 노예무역으로 이윤을 추구하는 사람들이 있고 펜실베이니아에 종교의 자유를 위해 식민지를 건설하는 사람들도 있다. 우뢰 소리와 같이 요란한 복음전파가 일부 사람들에게는 새광명을 비추기도 하나 다른 사람들에게는 자살로 끝나게 만들기도 한다.

그리고 미국에 건너온 사람들이 황금의 땅에서 밝은 미래에 대한 포부를 안고 온 것이 아니라 대부분 분노와 족쇄를 채운 상태로 온 것은 기이한 운명의 장난이라 하겠다. 호프스태터는 다음과 같이 쓰고 있다. "귀족들, 부호들, 기득권자와 만족하여 사는 사람들은 고국에 남는다. 불만을 품은 중산계급과 가난한 사람들은 자발적이거나 아니면 마지못해서 자신들이 아메리카인이 되는 것을 발견한다"고.

이들 대부분에게는 환상이 없었다. 『1750년의 아메리카』에서 그는 사회의 비평가가 아닌 비극의 철학자와 같은 새로운 역할을 갖는다. 그에게 역사는 장래 행동을 위한 모델이기 이전에 인간이 극복해야 할 조건들을 설명해 주는 보기가 된 것이다. 도널드의 평과 같이 이 책은 모든 인간의 경험에서 찾아볼 수 있는 깊은 슬픔으로 가득 차 있다.

이 책에서 그가 민중의 곁으로 가깝게 다가간 것을 볼 수 있다. 그러나 그들에게 다정다감하였다고 해서 그가 결코 그들의 품격을 떨어뜨린 것은 아니다. 여기에서 우리는 낭만적이라기보다 그의 스토아 철학자의 비전을 발견한다.

호프스태터의 거의 모든 연구와 마찬가지로 그는 『1750년의 아메리카』를 포함한 방대한 식민지 시대 사회사에서 하나의 종합(synthesis)사를 만들 작정이었다. 그는 1차 사료를 활발하게 탐구하고 개발하는 학자는 아니었다. 때문에 그의 저술이 거듭 비판을 받는 것도 이런 점 때문이다. 그는 이 문제에 대하여 다음과 같은 말을 하였다. 즉 "만일 사람이 표현에 쏟는 시간과 학술조사에 쏟는 시간의 비율을 비교한다면 나의 강조점은 첫째에 있다"고.

그가 계획한 18세기 중엽 미국사회사는 그 규모가 그의 저작 중 가장 방대한 종합사로서 1969년 알프레드 노프출판사에 150만 단어의 책의 집필을 제의한 바 있다.

아마도 이 방대한 책은 찰스 비어드에 대한 그의 마지막 응답이 되었을 것이며, 그를 포함한 많은 사학도들에게 큰 감명을 준 비어드의 저서 『아메리카 문명의 흥기』에 대한 그의 대담한 도전이자 야심작이 되었을 것이다. 또 이 책은 그가 비교적 일관성 있고 강력한 비전을 제시하지 못하였다고 평한 로버트 위비와 같은 비평가에 대한 응답이 될 수도 있을 것이다. 그리고 이 책은 역사의 대가가 쓴 저술답게 세간의 상당한 관심을 불러 일으켰을 것이다.

그러나 그의 초기 저술이 일으켰던 학계의 논쟁은 없었을 것이다. 1968년 『혁신주의 역사가들』이 나왔을 때 학계가 이에 대하여 조용하였던 것을 그는 걱정하였다. 호프스태터는 그의 말년에 이르러 확실히 존경받는 명인의 존재임에는 틀림없었으나, 활기찬 역사학계의 중심인물은 아니었다. 젊은 세대의 역사가들은 계량사학과 같은 연구방법과, 노동계급, 여성 그리고 흑인문제와 같은 새분야의 전공논문 연구에 몰두하게 되었다.

리처드 호프스태터는 1970년 10월 24일에 사망하였다. 그는 거의 죽음에 이를 때까지 마지막 책의 집필을 계속하였다. 그를 문병하였던 친구들과 동료들은 그의 견해가 계속 미국사의 여러 면을 재고하면서 변화하는 것을 발견하였다. 예를 들어 그는 병상에서 노예제도와 흑인문화, 복음주의 종교, 그리고 미국의 합의사학의 본질에 대한 재검토를 시도한 것이다. 그가 좀 더 생을 누릴 수 있었다면 변화하는 학문세계에서 그 자신의 몫을 충분히 해낼 수 있었을 것이다.

참고문헌

Alfred Kazin. "Richard Hofstadter, 1916-1970." *American Scholar*. 40. Summer, 1977. pp. 397-401.

Arthur M. Schlesinger. Jr.. "Richard Hofstadter." in *Pastmasters : Some Essays on American Historians*. ed. by Marcus Cunliffe and Robin W. Winks. N.Y.: Harper & Row, 1969. pp. 278-315, 456-464.

Christopher Lasch. Forword to the twenty-fifth anniversary edition of *The Americam Political Tradition and the Men Who Made It*. N.Y.: Knopf, 1973.

Daniel Walker Howe and Peter Elliot Finn. "Richard Hofstadter: The Ironies of an American Historian." *Pacific Historical Review*. 43. 1974. pp. 1-23.

John A. Garraty. "Richard Hofstadter: The Development of Political Parties." *Interpreting American History: Conversations with Historians*. N.Y.: Macmillan, 1970; London: Collier-Macmillan, 1970. 1, pp. 143-160.

Lawrence A. Cremin. "Richard Hofstadter(1916 ~1970)." *Proceedings of the National Academy of Education*. 1(1965~1974). pp. 156-174.

Stanly Elkins and Eric Mckitrick. "Richard Hofstadter: A Progress." in *The Hofstadter Aegis: A Memorial*, ed. by S. Elkins and E. Mckitrick. N.Y.: Knopf, 1974. pp. 300-367.

Paula S, Fass. "The Writings of Richard Hofstadter: A Bibliography." in *The Hofstadter Aegis: A Memorial*, ed. by S. Elkins and E. Mckitrick. N.Y.: Alfred A. Knopf, 1974. pp. 368-381.

Peter Gay. "Richard Hofstadter." Biographical Supplement. *International Encyclopedia of the Social Sciences*. N.Y.: Free Press, 1979. pp. 310-312.

* Richard Hofstadter 문서는 콜럼비아 대학교에 보관되어 있다.

제11장

자유주의 역사가: 슐레진저

이 형 대

아서 슐레진저 2세(Arthur M. Schlesinger, Jr., 1917~)는 미국사학사에서 정치사가로서 중요한 위치를 차지한다. 그의 미국 정치사 서술은 단순히 과거정치를 분석·서술한 것에 그친 것이 아니라 미국정치 속에서 미국정신을 찾고자 하였다.

그에게 정치는 어느 정도 정신의 구체화이며 객관화였다. 미국지성사가로서 '정신의 역사'를 쓰고자 했던 페리 밀러(Perry Miller)의 영향을 많이 받았던 슐레진저는, 정치와 이상을 결합시키면서, 일종의 '정치 지성사'를 쓰고자 하였다.

밀러가 과거 인간 정신의 종합 속에서 '미국의 의미'를 찾고자 했던 것처럼, 슐레진저는 과거정치의 결과 속에서 미국의 의미를 발견하고자 하였다. 슐레진저에게 과거정치는 분명히 매시대의 국민의 집

---

* 필자는 메릴랜드대 아세아부 강사

단적 정신뿐만 아니라, 앞시대의 모든 역사까지도 포함하는 종합적인 성격을 띠었다. 그리하여 그에게 미국정치사는 현재의 미국이 어디에 서있고, 또 어떻게 현재에 이르게 되었는지를 밝히는 열쇠가 되었다.

그렇다면 슐레진저가 미국의 과거정치 속에서 발견한 미국의 정신은 무엇이었는가? 그것은 그의 정치사상의 핵심이기도 한 미국 자유주의(American liberalism)였다. 그는 이 자유주의가 바로 미국정신의 본질이며, 미국발전의 원동력이고 그리고 미국민들이 의식적으로든 무의식적으로든 역사를 통해 쟁취하고, 또 지키고자 했던 소중한 가치라고 믿었다.

그에게 이 자유주의는 결코 이데올로기적이거나 유토피아적인 것이 아니었다. 그것은 인간의 차원에 기반을 둔 경험적이고, 실제적이며, 실용적인 것이었다. 슐레진저는 그러한 자유주의는 결코 정체(停滯)가 아니라 순환의 과정을 통하여 역동적으로 진행한다고 믿었다. 그에게 미국정치사의 순환은 내적 역동성에 의한 변증법적 진행이었다. 그리고 그러한 역동성은 전체와 부분의 유기적 결합을 통한 평형을 통해서만 가능한 것이었다.

슐레진저가 이러한 미국의 정신, 미국의 자유주의 그리고 그 역동성을 주장하면서 가장 강조한 것은 이러한 것들을 가능케 하는 기반인 미국이라는 국가 자체였다.

즉, 그가 과거 정치사에서 발견한 역동적 정신인 미국 자유주의는 미국의 존재를 위한 것이고, 또한 미국은 이 자유주의를 위해 투쟁할 때 진정한 의미를 가지게 된다는 것이다. 그의 모든 역사사상은 자유주의와 미국이라는 이 두 가지 요소에 의해 지배되었고,[1] 그는 이 두

---

1) John Morton Blum, "Tory Democrat: Arthur M. Schlesinger, Jr." *The Yale Review*, 82(April 1994), p. 82. 여기서 블룸은 자유주의와 미국을 '민주주의'와 '국민주의'로 나타내었다. 그는 이 두 요소가 슐레진저의 모든 저서에서 서로 상호관련을 맺으며 결합되어 있다고 지적한다.

가지 중 어느 하나가 위협받을 때를 미국의 위기로 인식하였으며 그
에 대한 대응이 그의 정치사상의 성격을 형성하였다.

본 장에서 필자는 대표적인 미국의 정치사가인 슐레진저가 미국의
정치사 및 미국사를 어떻게 이해하고 해석하였는가를 다루고자 한다.

몇 가지 그의 정치사서술의 특징을 미리 요약해 본다면, 첫째, 그
는 미국정치사와 지성사의 결합을 통하여 미국의 의미를 추구하였고,
둘째, 그는 철저하게 정치사를 현재의 관점에서 바라봄으로써 현실정
치에 대한 자신의 판단과 이해를 역사서술에 반영하였고, 마지막으로,
그는 미국의 지적 전통 속에서 언제나 주류에 서서 미국정치와 사회
를 바라보고자 하였다.

우리가 이러한 슐레진저의 역사서술 특징들을 통하여 미리 짐작
할 수 있는 것은, 그의 역사서술 경향이 철저하게 실용적이며 실제적
일 것이라는 점이다. 실제로 그는 역사연구를 통하여 과거의 단순한
이해라든가, 지식의 확대에 그치는 것이 아니라 언제나 무엇인가를 추
구하는 태도를 보였다.

그리하여 필자는 슐레진저가 자신의 역사서술을 통하여 추구하였
던 내용들을 분석함으로써, 미국사학사에서 그가 차지하는 위치를 밝
히고자 한다.

1. 지적 배경

자유주의 사관의 형성

슐레진저의 역사사상은 블룸(John M. Blum)이 언급한 바처럼,
"고립된 상태에서 완성된 것이 아니라" 그가 살았던 시대의 중요한
사건들과 그의 정신적·학문적 스승들의 영향하에서 형성되었다.[2]

슐레진저의 역사사상에 직접적으로 영향을 미친 사상가는 그의

아버지 슐레진저 1세를 비롯하여 페리 밀러, 윌리엄 제임스(William James), 라인홀드 니버(Reinhold Niebuhr) 등을 들 수 있다. 그 밖에도 월터 립프만(Walter Lippmann)의 『자유의 방법』(*The Method of Freedom*, 1934)과 허버트 크롤리(Herbert Croly)의 『미국생활의 약속』(*The Promise of American Life*, 1909)도 슐레진저의 저술에 많은 영향을 끼쳤다.

아서 슐레진저 2세는 1917년 오하이오 주 콜럼버스에서 태어났다. 그의 아버지 슐레진저 1세는 30년 동안 하버드 대학 사학과의 일원으로 훌륭한 사회·문화사가였고, 그의 어머니 엘리자벳 슐레진저(Elizabeth Schlesinger)는 여성사연구에 있어서 선구자였다. 이러한 역사가 집안에서 태어난 슐레진저 2세는 양친의 역사사상, 특히 미국사에 대한 이해에 많은 영향을 받았다.

‘미국 정치의 순환’을 이야기 하면서 슐레진저는 자신의 ‘순환현상에 대한 해석은 아버지로부터 물려 받았다’고 말했다.[3] 그는 아버지의 역사이해를 부분적으로 수정·보완하면서 자신의 자유주의 순환사관을 확고하게 형성하였다. 극단적 관점들과 절대주의를 거부하는 그의 아버지의 태도는 바로 슐레진저의 정치관과 그의 자유주의 성격에 커다란 영향을 끼쳤다.

1934년 슐레진저는 하버드 대학에 입학하였고 여기서 역사와 문학을 전공하였다. 이 때 1년 동안 메티이쎈(F. O. Mattiessen), 그리고 2년 동안 페리 밀러의 지도를 각각 받았다. 특히 밀러의 지성사관은 슐레진저의 정치사학에 많은 영향을 끼쳤다.[4] 슐레진저는 대학 졸업

---

2) *Ibid.*, p. 76.

3) Arthur M. Schlesinger, Jr., *The Cycles of American History*(1986), 정상준 황혜성 옮김, 『미국 역사의 순환』(을유문화사, 1986), pp. 44-45.

4) Marcus Cunliffe and Robin W. Winks, eds., *Pastmasters: Some Essays on American Historians*(New York: Harper & Row, 1969), p. 349.

논문으로 그의 아버지의 조언에 따라 잭슨 시대의 뉴잉글랜드 지식인 이었던 오리스티스 브라운슨(Orestes A. Brownson)을 연구하게 되는 데, 이 과정에서 그는 지성사와 잭슨 시대의 역동성을 인식하게 되었다. 로버트 앨런 스코타임(Robert Allen Skotheim)이 지적한 바처럼, 슐레진저의 저술들은 '정치와 이상들을 연결시키는' 역사서술의 새로운 방향을 제시하였다. "그들은 이상들이 나타났던 바로 그 정치적·사회적·경제적 문맥들에 이상들을 긴밀하게 관련시켰다."[5]

1938년 슐레진저는 하버드 대학을 졸업하였고, 1945년에 『잭슨 시대』(*The Age of Jackson*)를 출간함으로써 정치사가로서 등장하였으며, 이 저서로 1946년 퓰리처상을 수상하였고, 같은 해에 하버드 대학의 미국사 교수로 발탁되었다. 1949년에 나온 『역동적 센터』(*The Vital Center: The Politics of Freedom*)는 전체주의에 대항하여 그의 '미국 자유주의'가 나아가야 할 방향을 제시한 것으로 자유진영의 학자들의 지지를 받았다.

이 『역동적 센터』에서 슐레진저는 누구보다도 미국의 신학자였던 라인홀드 니버의 사상을 많이 반영하였다. 니버의 여러 저서 중 1944년에 발간된 『빛의 자식들과 어둠의 자식들』(*The Children of Light and the Children of Darkness*)은 슐레진저뿐만이 아니라 20세기 전반부 동안 사상적 혼돈에 빠져 있던 미국 지식인 세계에 분명한 길잡이 역할을 하는 것이었다.

결정론의 거부

다른 무엇보다도 전체주의에 대한 환상으로부터 각성을 불러일으키는 데에 라인홀드 니버는 커다란 역할을 하였다. 1932년에 출판

---

5) Robert Allen Skotheim, *American Intellectual Histories and Historians* (Princeton, New Jersey: Princeton University Press, 1966), p. 280.

되었던 『도덕적 인간과 비도덕적 사회』(*Moral Man and Immoral Society*)에서 이미 니버는 전체로서의 사회는 도덕적일 수 없다는 것을 강조하였다. 당시 그는 사회주의에 가담하고 있었지만 전체주의에 대한 위험성은 누구보다도 날카롭게 직시하고 있었다. 그에게 전체적 진보라는 것은 인간의 본성을 넘어서는 교만이고 위선이었다.

그러나 당시까지 니버를 비롯하여 많은 지식인들은 파시즘은 전체주의로 분명하게 인식하였지만 공산주의의 전체성에 대해서는 분명하게 인식하지 못하였다.

마침내 1944년 니버의 『빛의 자식들과 어둠의 자식들』은 공산주의를 비롯한 모든 전체주의에 대한 분명한 공격이었다.

그는 "인간의 본성과 인류사에 관한 지나친 낙관적 평가들은 민주사회를 위협하는 위험의 한 원천"이라고 지적하면서, "현대의 민주주의가 보다 현실주의적인 철학적 · 종교적 기반을 필요로 하는 이유는 그것에 따른 위험을 예상하고 이해하기 위해서 뿐만이 아니라 민주주의를 더욱 설득력있게 정당화하기 위해서"라고 하였다. 그는 "정의를 이룰 수 있는 인간의 능력이 민주주의를 가능하게 한다"고 하면서도, "불의를 저지르려는 인간의 경향이 있기 때문에 민주주의는 필요하다"고 주장하였다.[6]

이러한 니버의 사상에 많은 영향을 받은 슐레진저는 구자유주의가 실용적이었지만 그것은 지나치게 단순한 실용주의로서 순진하게 무한한 진보를 낙관했으며, 현실에 모든 진보의 이상이 손쉽게 적용되는 것으로 알았다. 이것은 인간은 내적으로 선하다는 전제에 기반을 둔 피상적인 낙관주의였다. 구자유주의자들은 더 나은 세계를 건설하기 위한 수단으로 인간의 이성과 과학 그리고 비판적 지성을 믿었다.

---

6) Reinhold Niebuhr, *The Children of Light and the Children of Darkness* (1944), 이한우 옮김, 『빛의 자식들과 어둠의 자식들』(문예출판사, 1995), p. 14.

그러나 이러한 믿음은 실제 역사적 현실 속에서는 환상이었다. 그것은 일종의 유토피아적 낙관주의였다. 이제 슐레진저에게 현실주의는 인간의 잠재적 악마성을 인식한 한 차원 높은 어떤 것이 되었다.

그러나 슐레진저는 여전히 자유주의자였으며, 실용주의자였고, 현실주의자였으며, 또한 이상주의자이기도 했다. 슐레진저는 "가장 역동적인 미국사상은 경험적이고, 실제적이며, 실용적"이고, "그 결과 미국은 그 특징에 있어서 혁신과 실험의 나라가 되었다"고 주장하였다.

실제로 그는 현실정치에 적극적으로 참여하였고 '혁신과 실험'을 시도함으로써 스스로 미국의 전통적인 사상의 주류에 서있고자 하였다. 그에게 이 현실은 다양한 세계이고, 우주는 끝없이 열려 있는 것이고, 따라서 무한한 경험과 실험 속에서 개인의 자유는 도달되며, 개인의 에너지는 충분히 발휘될 수 있는 것이었다.

그에게 이데올로기란 경험과 실험을 제한하는 것이었다. 그는 많은 사람들이 이데올로기는 현실로부터의 추상인데도 그 이데올로기를 현실 자체로서 받아들이고 있다고 지적했다. '현실은 거대하고 소란스러우며 예측할 수 없는 것'임에도 불구하고 이데올로기가 보는 역사란 이미 갈 길이 확정되어 있고 원칙들은 이미 정해져 있다고 전제한다. 그것은 폐쇄된 우주를 전제로 하는 것이었다. 슐레진저는 미국이 이러한 이데올로기의 나라가 아니라 이상의 나라라고 주장하였다.[7]

이러한 슐레진저의 사상은 윌리엄 제임스의 철학에 기반을 둔 것이었다. 슐레진저는 "논리보다는 사실을 그리고 도그마보다는 행위를 우위에 두는 미국 자유주의의 경험적 본능들은 윌리엄 제임스의 저술들 속에서 가장 훌륭하게 표현되었다"고 주장하였다. 제임스는 역사의 결정주의적 해석에 반대하였다. 그는 폐쇄된 우주를 싫어하고 미완의

---

7) Arthur M. Schlesinger, Jr., "The One Against the Many." Arthur M. Schlesinger, Jr. and Morton White, eds., *Paths of American Thought* (Boston: Houghton Mifflin Company, 1963), p. 533.

우주를 찬양하였다. 그의 우주는 성장하고, 다양하며, 애매하고, 신비스럽고 그리고 우연을 내포하는 것으로서 무한하게 열려 있었다.[8]

이상과 같은 슐레진저의 지적 배경은 그의 역사관은 물론 그의 실제 생활도 지배하였다. 즉, 그가 특히 다른 미국의 역사가들과 구별되는 점은 자신의 정치적 이상과 철학을 역사 속의 실제 정치가들에게서 찾고자 하였을 뿐만 아니라, 자신이 살았던 당대의 현실정치와 그 정치지도자들을 통하여 구현시키고자 하였다는 점이다. 그리하여 역사가로서의 그의 학문생활은 철저하게 정치적 행동주의자로 일관하였다.

그의 이러한 태도는 역사를 이해하는 데 있어서 그의 '현재주의'에 기반을 둔 것이기도 하지만, 그가 자신의 정치이상을 현실 속에서 구현하고자 했던 태도는 또한 그의 현재주의적 역사이해를 확고하게 하였다. 많은 학자들로부터 그의 정치적 당파성과 편견은 역사를 왜곡시킬 소지가 많다는 비난을 받아왔지만, 그는 자신의 이러한 태도를 '신념의 행위'로써 굽히지 않았다.[9]

2. 미국의 역동적 정신의 기반

계급갈등의 문제

슐레진저의 미국 정치사 연구의 목적은, 실용적이고 실제적인 것으로서, 현재에 나타난 정치적 결과를 통하여 과거의 정치를 조망하는 것이었다.[10] 1945년 『잭슨 시대』가 출판되었을 당시 『타임』지에서 위태커 챔버스(Whittaker Chambers)는 그 책을 "잭슨 시대의 역사로

---

8) *Ibid.*, 535.

9) 이주영, 「슐레진저와 미국의 자유주의 사관」, 『고병익선생회갑기념 사학논총』 (1984. 12), pp. 996-997.

10) Robert Allen Skotheim, *op. cit.*, p. 281.

가장한 뉴딜의 훌륭한 정당화”라고 하였다.[11]

혁신주의 역사가들이 기존의 모든 권력과 정치제도 그리고 기존의 모든 상태에 대해 비판적인 태도를 취하면서 역사 속에서 뿐만 아니라 현실 속에서 진보의 이상을 추구하였던 반면, 슐레진저는 혁신주의 역사가들과 마찬가지로 계급의 갈등을 강조하였다. 그렇지만, 뉴딜을 포함하여 당시의 정치·경제제도를 인정하고 정당화하고자 하였다는 점에서 그들과 다른 일면을 보여 주었다. 그의 이러한 태도를 진 와이즈(Gene Wise)는 “혁신주의 형태로부터 반(反)혁신주의(the counter-Progressive)로 넘어가는 전환기적” 입장에 서있었던 역사가로 본다.[12]

슐레진저에게 정치사는 매시대 그 때까지 진행되어 온 역사의 종합이었고, 모든 인간생활이 요약되어 나타나는 것이었다. 실제로 슐레진저는 『잭슨 시대』에서 ‘잭슨 민주주의와 법,’ ‘잭슨 민주주의와 산업,’ ‘잭슨 민주주의와 종교,’ ‘잭슨 민주주의와 유토피아,’ ‘잭슨 민주주의와 문학’ 등을 종합적으로 다루었다.

이와 같이 그는 정치사 속에서 종합되어진 미국정신은 다시 그 다음 세대의 정치 속에서 종합되어 더 발전된 형태로 나아간다고 믿었다. 그리하여 그에게 중요한 것은 이러한 미국정신의 연속적 흐름과 이 흐름을 가능할 수 있게 하는 틀과 기반이었다. 즉, 『잭슨 시대』에서 그가 잭슨 민주주의를 ‘지역간이 아니라 계급간의 문제’로 보았을 때, 그는 미국사 속에서의 계급갈등의 문제를 부각시켰지만, 다른 한편 그러한 갈등을 허용하는 미국의 민주주의적 정체(政體)를 또한 강

---

11) Edwin A. Miles, “Arthur M. Schlesinger, Jr.” Clyde N. Wilson, ed., *Twentieth-Century American Historians* (Detroit, Michigan: A Bruccoli Clark Book, 1983), p. 385.

12) Gene Wise, *American Historical Explanations: A Strategy for Grounded Inquiry* (Minneapolis, University of Minnesota, 1980), p. 239.

조했던 것이다.

『잭슨 시대』는 당시까지 잭슨 시대에 관해 알려져 왔던 정설에
도전하는 것이었다. 잭슨주의가 주로 프런티어 현상이었다는 프레드릭
잭슨 터너(Frederick Jackson Turner)의 관점을 거부하면서 슐레진저
는 잭슨 민주주의는 지역들간이 아니라 계급들간의 문제로서 간주되
어야 한다고 지적하였다.

슐레진저에 따르면, 잭슨 시대의 문제는 "생산하는 계급과 생산
하지 않는 계급, 즉 농민, 노동자 계급과 기업계 간에 깊이 뿌리 박힌
갈등"이라고 보았다.[13] 슐레진저는 "잭슨 민주주의가 프런티어의 폭
발"이라는 터너의 설명은 "더욱 복잡한 사실들을 해명하지 못한다"
고 지적하며, "잭슨 민주주의는 기업계와 그 나머지 사람들, 즉 자유
민주주의 국가 속에서 자유를 보증하는 사람들간의 투쟁"이라고 주
장하였다.[14]

슐레진저는 또한 잭슨이 미국은행에 반대하여 벌인 투쟁의 중요
성을 강조하면서 동부의 노동자들이 잭슨 정치개혁 법안들을 촉진시
켰다고 주장하였다. 그는 잭슨 민주주의는 제퍼슨의 목적을 수립하기
위해 해밀톤의 수단을 기꺼이 사용했다는 점에서 제퍼슨 민주주의와
는 전혀 달랐다고 믿었다.

『잭슨 시대』가 출간된 직후, 터너의 프런티어 학설의 정설은 무
너지기 시작했지만, 슐레진저의 저서 또한 많은 공격을 받기 시작하였
다.[15] 『잭슨 시대』는 분명히 많은 약점들을 가지고 있다. 그러나 슐레

---

13) Arthur M. Schlesinger, Jr., *The Age of Jackson*(Abridged), (1945; reprint,
New York: New American Library, 1962), p. 128.

14) *Ibid.*, p. 129.

15) 1957년 Bray Hammond는 자신의 저서 *Banks and Politics in America
from the Revolution to the Civil War*에서 잭슨과 슐레진저는 둘 다 미국은
행의 중앙은행기관에 대해 무지하였다고 비난하면서, 슐레진저를 공격하였다.
그 후, 그의 추종자들은 Hammond의 소위 기업가적 해석(entreprenurial

진저의 전체 정치사상의 발전 속에서 볼 때, 이 『잭슨 시대』는 서론에 해당하는 것이었다. 즉, 이 저서를 출발점으로 그의 자유주의 역사관은 확고하게 수립되어질 수 있었다. 따라서 우리는 이 저서에서 슐레진저는 무엇을 추구하였으며, 미국 자유주의의 본질을 무엇이라고 생각하는지에 초점을 두어야 할 것이다.

슐레진저는 『잭슨 시대』 서론에서 자신은 20세기 전반부에 인류가 겪었던 '세계위기'를 회고하며 '민주주의의 의미'를 다시 새롭게 인식하고자 한다고 그 저술동기를 밝혔다. 그는 "그 의미를 알아내는 열쇠는 민주주의가 과거에 무엇을 의미했던가에 대한 구체적인 기록 속에 있다"고 말하였다. 그는 세계대전 이후 민주주의가 어떻게 미국민들이 부딪치게 될 어려움들을 대처해 나갈 것인가를 모색하였던 것이다. 그의 기본적인 대안은 어떠한 형태이든 극단적인 이념이나 체제가 아니라 '관용, 협상 그리고 타협'에 기반을 둔 '융통성 있는 정치·사회구조'였다.[16]

슐레진저는 인간이 당면한 문제들에 대한 해답은 언제나 역사 속에 있다는 확신을 가지고 있었다. 왜냐하면 그에게 역사는 인간의 본질, 즉 인간의 가능성과 한계를 넘어서는 어떠한 '이론'이 아니라, 인간적 삶의 '경험'이기 때문이다. 따라서 그는 당시 미국인들이 직면했던 문제, 즉 뉴딜에 대한, 더 나아가서는 미국 민주주의에 대한 논란의 해결점은 미국사 속에 있다고 믿었다.

---

interpretation)을 강화하였다. 1961년 Lee Benson은 *The Concept of Jack-sonian Democracy*에서 미국정치의 인종 문화적 기반을 강조함으로써 슐레진저가 주장하였던 민주당 대 휘그당 경쟁의 계급기반을 부정하였다. Sean Wilents, *Chants Democratic: New York City & the Rise of the American Working Class, 1788~1850*(New York: Oxford University Press, 1984), pp. 7-10, 참조.

16) Arthur M. Schlesinger, Jr., *The Age of Jackson*, p. 6.

뉴딜 노선의 지지

이러한 신념하에서 그는 당시 세계위기를 해결하고자 미국이 시도했던 뉴딜에 대한 정당화[17]를 19세기 전반의 잭슨 시대에서 찾았다.

그리하여 그는 다음과 같이 적고 있다. "잭슨 시대의 정치적·경제적 실제 문제들은 지금 보기엔 아주 단순하다. 그럼에도 불구하고 그 문제들은 많은 민주주의적 모호함의 근원을 캐내었고, 그 결과 한 세기 후에 자유주의 사회에 여전히 중요성을 입증하는 문제들을 이미 개봉하여 면밀히 조사하였다. 앤드류 잭슨의 유산은 … 우리 민주주의 역동성에 대한 끊임없는 기여이다."[18]

더 나아가 슐레진저는 '제퍼슨과 잭슨의 전통'은 미국에서 "자유자본주의사회(liberal capitalistic society)가 존속하는 한 지속할 것"이라고 지적하면서, 그 이유는 바로 그러한 전통이 미국의 '내적 필요성' 때문에 만들어진 것이기 때문이라는 것이다.[19]

정말로 슐레진저가 추구하고자 하였던 것은 미국 '민주주의의 역동성'이 지속적으로 작용할 수 있는 기반이었다. 그에게 '역동성'이란 사회 속의 개인들 혹은 집단들의 경쟁과 갈등 속에서 나오는 것이었다.

한편 그는 미국의 민주주의 및 자본주의는 미국의 전체 역사 속에서 이러한 경쟁과 갈등을 충분히 인정하고 수용하였다고 보았다. 그리하여 그는 다음과 같이 적고 있다. "미국 민주주의는 국가를 통제하기 위해 서로 경쟁하는 집단들간의 투쟁을 긍정적 미덕으로, 정말로

---

17) 이 정당화는 단순히 뉴딜에만 해당되는 것이 아니라 당시 세계위기를 급진적으로, 즉 단시일내에 혹은 전체적으로 혹은 집단적으로 해결하고자 하는 세력에 대한 반발로서 결코 이러한 해결책들은 가능하지도 않을 뿐만 아니라 특히 미국인의 정서에는 맞지 않는다는 것을 밝히고자 하는 것이었다. 따라서 당연히 뉴딜은 슐레진저에게 완벽한 해결책은 아니지만 최선의 대안으로 인식되었던 것이다.

18) Arthur M. Schlesinger, Jr., *The Age of Jackson*, p. 7.

19) *Ibid.*, p. 174.

자유를 위한 유일한 기반으로 받아들이게 되었다. 기업계는 보통 이러한 집단들 중 가장 강력한 집단이었는데, 미국에서의 자유주의는 보통 기업계의 권력을 억제하기 위해 사회나 그밖의 다른 부분들에서 벌여왔던 운동이다. 이것이 제퍼슨과 잭슨의 전통이며 미국 자유주의의 기본적인 의미이다."[20]

결국 미국의 자유주의에 대한 슐레진저의 입장을 요약하면, 미국의 자유주의는 역동적인데, 그 역동성은 바로 국가 내의 다양성을 인정하는 체제와 기반으로부터 나오며, 그 결과 미국은 자체 내의 모든 다양성을 인정하고 보존해왔기 때문에 역동적이며, '끊임없는 긴장,' '확정되지 않은 평형상태'(equilibrium), '부단히 촉발시키는 노력과 투쟁' 등을 그 특징으로 하고 있다는 것이다.[21]

여기서 그는 이 역동적 자유주의의 적(敵)은 바로 기업세력과 보수주의라고 지적하지만, "자유주의의 목적은 결코 자본주의를 파괴하는 것이 아니"라고 강조한다.[22] 그는 "갈등 없는 세계는 환상의 세계"였으며, 이 갈등을 허용하는 체제야말로 자유주의의 핵심이라고 믿었다. 그가 추구하고자 했던 것은, 경험에 바탕을 두지 않은 어떠한 이론과 주의(主義)에도 대항할 수 있는 미국의 역동적 정신의 기반이었다.[23]

3. 전체주의와 『역동적 센터』

극단주의의 배격

『잭슨 시대』가 슐레진저가 추구하였던 미국 자유주의의 구체적

---

20) *Ibid.*, p. 174.
21) *Ibid.*, p. 191.
22) *Ibid.*, p. 190.
23) *Ibid.*, p. 191-192.

인 역사적 사례라면 1949년에 발표된 『역동적 센터』[24]는 미국 자유
주의를 위한 이론서에 해당하는 것이라 할 수 있겠다. 『역동적 센터』
의 집필 목적은 미국 자유주의가 전체주의의 도전에 대항하여 더욱
역동적이 되게 하기 위함이었다.

슐레진저는 지난 역사에서 극단적인 좌파와 우파는 모두 전체주
의에 대항하여 실패하였다고 믿는다. 그러나 그는 자신의 앞선 세대는
뉴딜을 통하여 전체주의를 극복하였고, 그 결과 얻어낸 자유주의를 그
다음 세대로 넘김으로써, 이제 자신의 새로운 세대는 적극적이고 확신
에 찬 미국의 자유주의를 향유할 수 있게 되었다고 말한다. 그러나 그
는 그렇게 투쟁하여 얻은 미국의 자유주의는 저절로 지켜지는 것이
아니라고 말한다. 왜냐하면 '전체주의의 바이러스'는 도처에 산재하기
때문이다.[25]

따라서 그의 저서 『역동적 센터』는 이제 쟁취하여 얻은 미국의
자유주의를 지키기 위한 그의 노력에서 나온 것이었다. 그리고 미국
자유주의가 '역동적 센터'가 되어야 한다는 그의 확신은 지난 역사에
서 체험했던 '경험의 새로운 차원'에 기반을 둔 것이었다.

---

24) 필자는 'center'의 우리말 번역이 결코 쉬운 것이 아니라고 생각한다. 왜냐하
면 정치적 의미에서는 '중도파'가 적절한 것이지만, 슐레진저가 정치적 문제
와 함께 그 저서의 마지막 장에서 사회적·문화적 측면도 고려하였다는 점
을 감안할 때, 이 용어의 의미는 사회의 '중심부' 혹은 문화의 '중심부'로도 이
해되어져야만 하기 때문이다. 특히 슐레진저의 전체 사상을 하나의 흐름 속
에서 이해하고자 할 때, 즉 최근의 다문화주의(multiculturalism)를 비판하였
던 그의 저서 『미국의 분열』과 초기 저작을 연결시키고자 한다면, center의
의미는 '중도'와 '중심부' 둘 다로 받아들여져야만 할 것이다. 실제로 슐레진저
가 인용하였던 예이츠(Yeats) 시구에서의 내용은 중심부로 쓰여졌다. 따라서
필자는 여기서 우리말 번역보다는 오히려 원어 그대로 쓸 때, 그 두 가지 의
미 모두를 포함하게 되지 않을까 하여 '센터'로 쓰기로 하였음을 밝혀 둔다.
25) Arthur M. Schlesinger, Jr., *The Vital Center: The Politics of Freedom*
(Boston: Houghton Mifflin Company, 1949), p. 248.

다시 말해 지난 1920년대의 소련에 대한 미국의 혁신주의자들이나 자유주의자들이 가졌던 '밝은 꿈'과 그리고 사회는 완전해질 수 있다는 19세기의 거짓된 낙관주의 신념은, 지난 1930년대에 벌어졌던 인간에 대한 잔학한 행위들에 대한 목격으로 깨어지게 되었다는 것이다. 이제 미국 자유주의자들은 이러한 경험으로부터 한 차원 높은 성숙의 단계에 접어들 수 있게 되었다.

그러나 슐레진저는 향후의 자유주의가 극우와 극좌로부터 끊임없는 공격을 받을 것이라고 예상하면서, 자신은 이 책에서 "반동으로부터보다는 공산주의로부터 자유주의의 신념을 보호하는 문제에 더 많은 지면을 할애했다"고 지적했는데, 이것은 "반동이 더 작은 위협이기 때문이 아니라 그것은 우리가 이미 알고 있는 적이기 때문"이라고 강조한다.[26]

실제로 당시의 많은 미국 지식인들은 소련에 대한 환상을 오랜 기간 지니고 있었고, 이제야 마침내 공산주의를 전체주의로서 확실하게 깨닫게 되었다. 이러한 소련에 대한 각성으로 인하여 슐레진저 또한 기업계에 대한 자신의 초기 입장을 얼마간 수정하게 된다. 즉, 기업계는 더 이상 미국 자유주의의 적이 아니라는 것이다. 왜냐하면 자유주의자들이 기업계의 대부분과 공통적인 가치를 가지고 있는 반면, 기업계는 전체주의와 어떠한 공통점도 가지고 있지 않기 때문이다.

슐레진저는 좌파든 우파든 간에 극단주의는 배격하였다. 그 이유는 극단주의는 모두 인간 본성을 넘어서 역사와 사회를 상상하기 때문이며, 이것은 모두 자유 자본주의를 위태롭게 하는 것이며, 결국 이것은 미국적 정서가 아닐 뿐만 아니라 미국의 전통인 자유주의를 파괴하는 것이기 때문이다.

슐레진저가 전체주의에 반대하여 자유주의를 옹호했던 지금까지

---

26) *Ibid.*, p. ix.

의 내용만으로 본다면 그의 요점은 철저한 반공주의로 나타날 것이다. 실제로 이 책은 반공자유주의자를 위한 이데올로기적 안내서로 알려져 왔고 또 그런 측면에서 비판을 받아 왔다. 그러나 그는 '전체주의 바이러스'는 공산주의와 같이 외부로부터 오는 것만은 아니라고 보았다.

그는 전체주의로 인한 자유사회의 위기는 무엇보다도 '내적 위기'라고 주장한다. 그 내적 위기는 산업주의로 인한 인간과 인간 간의 유대의 파괴였다. 그리하여 그는 "탈사회적으로 돌아선 사회 속에서 누가 절망 없이 살 수 있겠는가?"고 묻는다.[27] 결과적으로 인간은 자유로부터 도피하여 전체주의로 이동할 것이 틀림없다는 것이다.

그리하여 슐레진저는 미국의 민주주의가 '산업주의에 의해 야기된 불안'을 해소할 수 있어야만 전체주의에 대항할 수 있다고 지적한다. 전체주의와 비교할 때 자유민주주의는 "그 내적인 도덕적 힘을 집중시키기보다는 분산시킨다"고 지적하면서, "민주주의적 믿음의 추진은 열광주의와는 거리가 멀며," "정치에 있어서 타협과 설득 그리고 동의를 위한 것이고 사회에 있어서는 관용과 다양성을 위한 것이"라고 설명한다.[28] 그렇기 때문에 자유주의는 전체주의에 감염되기 쉽다는 것이다.

그렇지만 그는 자유주의를 전체주의와 구별하면서 자유주의의 강점들을 지적하였다. "전체주의에 반대하는 것으로 민주주의의 본질적 강점은 개인의 가치에 대한 그 통찰력에 있다"고 강조하였다. 그러나 이 자유주의는 때때로 추상적이고 진부하였는데, 그 이유는 그 통찰력이 완전한 사회적 차원을 가지지 못했기 때문이었다. 개인주의가 커뮤니티로부터 자유롭게 빠져 나올 때 민주주의는 전체주의의 바이러스에 면역될 것이라고 그는 믿었다.[29]

---

27) *Ibid.*, pp. 243-244.
28) *Ibid.*, p. 245.
29) *Ibid.*, p. 248.

그는 전체주의에 대한 더 구체적인 대안으로서 '민주주의의 실천'을 제시하면서 개인의 가치를 존중하면서도 사회와의 밀접하고 정당한 관계의 수립을 강조하였다. 그는 "우리는 오늘날 정확하게 구체적인 민주적 목적들에 대한 재헌신을 필요로 한다"고 지적하면서, 그럴 경우 "민주주의의 실천은 개인과 사회와의 화해, 민주주의 활기의 소생 그리고 민주적 믿음의 부활을 가져올 수 있다"고 강조한다.[30]

그는 또한 "진정한 문화적 다원주의와 광범하고 자발적인 집단활동에 기반을 둔 민주사회는 인간의 가지각색의 감정들을 위한 출구를 공급하기 위해 성공할 수 있고, 그 결과 민주주의 생활에 의미를 회복시킬 수 있다"고 주장하였다.[31]

『역동적 센터』

슐레진저는 사회의 '갈등은 자유의 보증'이라고 믿었다. "그것은 변화의 수단이며, 무엇보다도 발견의 원천이며, 예술의 원천이며 그리고 사랑의 원천"이라고 그는 서술한다. 그는 계속해서 다음과 같이 말한다. "전체주의자들은 갈등에서의 관용을 우리가 갖는 중심적인 약점으로 간주한다. 불안의 시대에는 그렇게 보일런지도 모른다. 그러나 우리는 그것이 기본적으로 우리의 중심적 강점이라는 것을 안다."[32] 그렇다면 미국 내의 다양한 세력들의 갈등을 어떻게 통합시킬 것인가?

슐레진저는 마침내 "센터는 역동적"이고, "그 센터는 유지되어야만 한다"고 확신에 차서 선언하였다. 이제 슐레진저는 자신의 세대의 목적은 그 센터를 복구하는 것이고, 개인과 커뮤니티를 센터의 정신으로 통합시키는 것이라고 주장하였다. 그에게 그 센터의 정신은 극단들에 반대하는 인간 자유와 인간 존엄의 정신이었다.

---

30) *Ibid.*, p. 251.
31) *Ibid.*, p. 253.
32) *Ibid.*, p. 255.

여기서 밝혀진 그의 '역동적 센터'에 대한 개념은 그가 미국 자유
주의 사상을 비(非)이데올로기적 자유주의로 규정짓고 그것에 의거하
여 미국정치사를 해석하였던 하나의 관점이었다. 그의 이 개념은 미국
의 자유주의가 이상주의(idealism)와 현실주의(realism) 사이에서 적
절히 균형을 잡음으로써 자본주의와 완전주의(perfectionism)의 이데
올로기적 정치에 빠지지 않게 하는 것이었다.

슐레진저 자신은 경제적 평등과 정부규제를 통한 혁신적 방법을
제창하였던 혁신주의의 영향 속에서 성장하였지만, 그는 시간이 지남
에 따라 혁신주의자들은 개혁을 성취하는 방법과 인간본성에 관해 충
분히 현실적이지 못했다는 것을 발견하였다. 그리하여 그는 사실과 이
론, 상대주의와 절대주의 그리고 현실주의와 이상주의 사이에서 갈등
을 해결하고자 하였으며, 결국 자유주의 진영에 서게 되었던 것이다.

여기서 슐레진저가 혁신주의와 선을 긋게 되었던 결정적인 요인
은 인간 본성에 대한 라인홀드 니버의 관점이 많은 영향을 미쳤던 것
으로 알려진다.

즉 현실주의와 이상주의는 니버의 '어둠의 자식들'과 '빛의 자식
들'로 구체화된다. 니버에 따르면 어둠의 자식들은 자신들의 의지와
이해관계를 넘어서 어떠한 법도 모르는 냉소주의자들이고, 빛의 자식
들은 자기 이익이 훨씬 고상한 법의 규제하에 두어져야 한다고 믿는
사람들이라는 것이다. 니버적인 인간은 그 자신 속에 빛과 어둠을 둘
다 포함하는 인간이었다. 그리고 그는 끊임없이 그 세력 사이에서 갈
등하는 것이다.[33]

분명히 이러한 어둠의 자식들과 빛의 자식들 사이에서의 긴장에
대한 니버의 관점은 슐레진저가 추구하였던 '역동적 센터'의 기반을
제공하였다. 슐레진저는 자유주의자들이 경험적이고 현실적이 됨으로

---

33) Reinhold Niebuhr, *The Children of Light and the Children of Darkness*,
    p. 23.

써 이데올로기적 혹은 유토피아적 정치에 희생되지 말아야만 하고, 또한 자신들과 그 밖의 사람들에 대해 환상을 가지지 말아야만 한다고 강조하였다.[34] 그럼에도 불구하고 슐레진저는 이상주의에 대한 욕구를 인식하였고 니버처럼 이상주의와 현실주의 사이에서 평형을 추구하였다.

4. 정치사의 순환을 통한 진보와 통합

보수와 진보의 순환

역사연구자가 하나의 국가 혹은 세계를 전체적이고, 통일적으로 그리고 발전적으로 인식할 때 그는 자신의 사관을 정립시킬 수 있을 것이다. 이렇게 해서 성립된 사관은 도대체 역사는 어디서 와서 어디로 가며, 그 진행의 패턴과 양식은 무엇이며, 그 진행의 동력은 무엇인가를 말하여 줄 수 있을 것이다.

슐레진저는 언제나 미국사의 진행을 전체적으로 그리고 발전적으로 이해하고자 하였다. 그 결과 그가 미국사의 전체 진행, 특히 정치사 속에서 발견한 패턴은 자유주의의 순환이었다.

슐레진저는 자신의 순환이론이란 "공익을 중요시하는 시기와 사익을 중요시하는 시기로 주기적으로 교체된다는 이론"이라고 밝혔

---

34) 이러한 슐레진저의 현실주의적 태도는 1949년 *Partisan Review*에 실린 "The Causes of the Civil War"에 잘 나타나 있다. 그는 당시 남북전쟁을 해석하는 데 있어서 수정주의학파가 제기했던 해석을 공격하였다. 즉, 그 학파의 주장은 남북전쟁은 충분히 피할 수도 있었던 전쟁으로써 '필요없는' 전쟁이었다는 것이다. 슐레진저는 이러한 태도를 감상주의로 보았다. 즉, 수정주의학파는 진보의 불가피성을 믿음으로써 전쟁 없이도 노예제도는 폐지될 수 있을런지도 모른다는 낙관주의에 빠져 결국에는 노예제도논쟁의 도덕적 차원을 무시하였다고 슐레진저는 공격하였다.

다.[35] 즉, 다시 말해 그는 미국정치사의 동향을 진보적 개혁과 보수가 상호교차하여 주기적으로 전개하는 것으로 파악하였다.

그는 제퍼슨적 민주주의에 이어 잭슨적 민주주의가 도래하였고, 19세기 후반 산업자본가 시대에 뒤이어 혁신주의 시대가, 그리고 하딩(Warren G. Harding)으로 시작된 1920년대의 보수주의에 뒤이어 프랭클린 루즈벨트의 뉴딜 시대가 나타나게 되었고, 또 그 후 존 케네디의 '뉴프런티어'(New Frontier)나 린든 존슨의 '위대한 사회'는 그들의 앞선 아이젠하워 시대의 무기력함에 대한 반발로써 나타났고, 다시 1980년대는 보수주의로 회귀하는 시대로 돌아섰다고 해석하였다.

슐레진저가 제시하는 순환의 주기는 30년을 하나의 단위로 하는데, 개혁의 시기로는 1901년의 테오도어 루즈벨트, 1933년의 프랭클린 루즈벨트 그리고 1961년의 존 F. 케네디의 주기이며, 보수주의로 회귀하는 시기로는 1920년대, 1950년대 그리고 1980년대의 주기로 구분하였다.[36]

슐레진저는 이러한 정치순환의 주기 속에서 진보적 개혁의 주기에 해당하는 프랭클린 루즈벨트의 시대를 서술하고자 하였다. 그리하여 그는 1957년과 1960년 사이에 『루즈벨트 시대』의 시리즈인 『구질서의 위기』(*The Crisis of the Old Order*), 『뉴딜의 도래』(*The Coming of the New Deal*), 『격변의 정치』(*The Politics of Upheaval*) 등 3권을 출판하였다.

그가 『잭슨 시대』를 프랭클린 루즈벨트 시대의 개혁을 정당화하기 위해 저술한 것이라면, 이 연속물은 아이젠하워의 보수주의에 대한 반발로 새로운 개혁의 주기를 바라는 그의 의지가 반영되었던 것이라 볼 수 있겠다.

---

35) Arthur M. Schlesinger, Jr., 『미국 역사의 순환』, p. 48.
36) *Ibid,* p. 57.

슐레진저는 뉴딜을 미국의 개혁사 속에 정립시키고 이를 그 전통 상의 절정기로 파악하였다. 그는 뉴딜을 공황에 대한 대응책 이상의 어떤 것으로 보았다. 그는 뉴딜을 미국 자유주의 역사의 전체 속에서 파악하였으며, 진보와 보수의 주기에서 나타난 또 다른 국면이라고 보았다.[37] 또한 그는 뉴딜을 미국정치에서 어떠한 급진적인 출발로 보지 않았다. 단지 뉴딜 이전에 나타났었던 민중주의, 신국민주의, 신자유주의, 사회복지운동 그리고 더욱 혁신주의적인 여러 주들에서 이미 통과된 법안들이 뉴딜에서 종합되어 다시 나타나는 것으로 보았다.

슐레진저에게 순환은 단순한 어떤 세력들의 교체가 아니었다. 그는 지금까지 우리가 분석하였던 저서들에서 보여 주었던 바와 같이 미국사 전체를 이해함에 있어서 언제나 미국의 역동적 정신을 강조하였다. 즉, 그에게 미국의 "진정한 순환은 스스로 자기 생산성을 지니고 있는" 내면적인 순환으로 진행된다. 그에 따르면, "순환은 대이변이 없는 한 외부적인 사건에 의하여 지배되지 않는다. 전쟁, 공황, 인플레이션 등의 분위기를 고조시키거나 복잡하게 할 수는 있으나 순환과정 자체는 혼자 굴러가고, 자급자족이며 자발적이다."[38]

순환의 원동력

이러한 이해는 분명히 페리 밀러가 퓨리터니즘과 같은 이상에 많은 자율권을 부여했던 것과 같은 태도라고 볼 수 있겠다. 슐레진저에게 미국정신은 그 자체의 역동적 힘을 갖고 순환되어 나아가는 것이었다. 그렇다면 그 자체의 원동력은 무엇인가?

슐레진저에게 그 원동력은 어떠한 신성한 요인도 혹은 어떠한 외부적 요인도 아니었다. 철저하게 인간으로부터 나오는 내적 힘이었다.

---

37) 박무성, 『뉴딜연구 −1930년대의 미국정치 경제사−』(단국대학출판부, 1979. 3), p. 127.
38) Arthur M. Schlesinger, Jr., 『미국 역사의 순환』, p. 49.

다시 말해 그 원동력은 바로 미국 국민이었다. 미국 국민의 감정과 욕구와 그리고 자발적 의지가 미국사를 순환시키고 있다고 그는 믿었다. 그래서 그는 다음과 같이 적고 있다.

> 실망은 또한 정치변화의 근본 원인이다. 사람은 공적이든 사적이든 충족된 상태로 오래 지내지 못한다. 우리는 한 번은 이것을, 또 한 번은 저것을 시도해 본다. 그리고 좌절감은 시간이 흐르면 변화를 수반한다. … 정치적인 측면에서도 공익을 우선하거나 사익을 더 중하게 여기거나 간에 별 차이가 없이 시간이 경과하는 동안 뭔가 다른 것에 대한 열망 또한 틀림없이 생겨난다. 그러기 때문에 얼마 후에는 '변화의 시기'가 나타난다. [39]

또한 슐레진저는 순환의 원동력으로서 '세대별 경험'을 지적하는데, 이것 역시 인간 혹은 개인의 집단적 경험인 것이다. 그는 "각각의 새세대는 권력을 획득하면 그 이전 세대가 해 놓은 일을 거부하고, 30여 년 전 그들이 정치의식을 지니기 시작할 때에 받아들였던 이상들을 실행하고자 하는 경향이 있다"고 설명한다. [40]

이와 같이 순환의 원동력으로써 슐레진저가 개인과 세대를 주장했을 때, 그는 한 가지 중요한 암시를 내포하고 있었다. 바로 이러한 개인과 세대라는 개념은 역사의 순환이 언제나 인간의 수준이고, 어떤 국가 혹은 이데올로기에 의해 주도되어 집단적으로 진행되는 것이 아니라 인간의 본성으로부터 나오는 인간의 욕구와 인간의 자발적인 의지에 따라 자유롭게 진행한다는 것을 의미하고 있다. 따라서 그것은 어떠한 고정된 방향도, 완전한 도달도 있을 수 없다.

그리하여 그는 "순환의 과정은 고정된 두 곳 사이를 왕복하는 시계추가 아니라 나선형이기 때문에 새로운 것을 수용함으로써 결정론

---

39) *Ibid*, pp. 49-50.
40) *Ibid*, pp. 51-53.

에서 벗어난다"고 주장한다.[41] 그러기 때문에 그는 인간의 의지 혹은 지도자의 지도력을 역사의 동력으로 중요하게 다루었다.

그가 순환론을 말하면서 가장 거부한 것이 바로 역사의 결정론이었다. 그리하여 그는 다음과 같이 말하였다. "결정론은 여러 형태를 지닌다. 마르크스주의는 계급결정론이고 나치주의는 민족결정론이다. 슈펭글러와 톨스토이는 흥망성쇠 결정론자들이다. 자유시장결정론도 있다. 모든 형태의 결정론이 동기 설명에 있어서는 서로 다르지만 역사에 있어서 개인의 의지가 중요한 요인이 아니라는 결론에는 의견을 같이한다."[42]

전체주의가 구상하는 것이 인간 개개인의 상태에 근거를 두는 것이 아니라, 집단, 사회, 국가와 같이 거대한 단위에 의존하여 사회와 국가를 전체적으로 움직일 수 있다는 것인데, 슐레진저의 순환이론도 결국 이 전체주의에 대항하기 위한 이론이었다.

슐레진저는 "순환과정은 자동적으로 이루어지거나 스스로 시행되지 않는다"고 확신하였다. 그렇기 때문에 그는 "순환을 작동시키는 데에는 사람이 필요하다"고 지적하면서 "공익을 믿는 사람들은 사건을 해석하고, 문제점을 주장하고, 처방을 간구해야 한다"고 주장하였다.[43] 전체적으로 슐레진저는 미국의 역사를 "신(神)의 보증 없이 제한된 지혜와 힘을 지닌 인간에 의하여 실행되는 실험"이라고 보았다.[44]

우리가 이미 『역동적 센터』에서 보았던 것처럼, '센터'의 의미는 중심부로서 통합을 강조하는 것이었다. 그것은 즉, 세력들간의 혹은 집단들간의 분열이 아니라 하나의 중심을 축으로 하는 순환의 과정 속에서 다양한 세력들을 통합시키고자 하는 슐레진저의 의지였다.

---

41) *Ibid*, p. 53.
42) *Ibid*, p. 558.
43) *Ibid*, p. 73.
44) *Ibid*, p. 39.

이러한 통합은 결코 전체주의적 통합이 아니었다. 부분과 부분의 자발적인 통합이며, 이러한 통합 속에는 부분의 다양성이 언제나 유지되는 것을 특징으로 한다. 이렇게 형성된 전체는 정체(停滯)된 평형이 아니라, 또 다른 부분들을 끊임없이 받아들임으로써 언제나 역동적이 되는 것이다.

이러한 과정은 슐레진저의 순환론에서 잘 나타나 있다. 그에게 순환의 의미는 어떤 축을 중심으로 하여 발전적으로 혹은 변증법적으로 나아간다는 것을 의미한다. 이 순환의 과정 속에서는 갈등하는 요소들도 결국에는 전체를 위해 기여하고 역동적 평형의 주요 요소가 된다는 것이다. 그리하여 그는 다음과 같이 결론을 내렸다.

> 미국의 정치적 전통은 보수주의와 개혁, 민주주의와 자본주의, 사익과 공익 모두에 의해 규정된다. 미국인의 생각 속에 서로 겨루고 있는 두 혈통은 의견을 달리할 때보다는 같이할 때가 많았다. 개인의 자유, 헌정 국가, 법의 지배라는 원칙에 모두 참여하고 있으며, 정체(政體)를 보존하는 데 있어서 상호보완적인 기능을 하고 있다. 모두 공공정책의 변증법 속에서 필수 불가결한 역할을 담당한다. 그들은 민주주의의 위대한 모험 속에서 떼어놓을 수 없는 파트너이다. [45]

그리하여 한 역사가 혹은 한 지식인으로서 슐레진저가 미국사와 미국사회를 바라봄에 있어서 언제나 중요하게 생각했던 것은 부분들이 하나의 전체를 구성하게 하는 것을 허용하고 가능하게 하는 미국이라는 기반과 틀이었다.

즉, 이러한 기반과 틀은 계급간의 갈등을 허용함으로써 분열이 아니라 오히려 '역동적 센터'를 이룰 수가 있었고, 이러한 '역동적 센

---

45) *Ibid*, p. 75.

터'를 축으로 하여 진행할 때 그것은 단순한 순환이 아니라 매시대를 종합하면서 그 종합 속에 부분들을 통합시키는 변증법적 발전을 가능하게 했다는 것이다. 결국 슐레진저에게 미국정치사의 순환은 미국민의 진보와 통합을 위한 것이었다고 말할 수 있겠다.

5. '미국의 해체'와 미국의 정체성

다문화주의 비판

슐레진저는 『역동적 센터』 이후 『잭슨 시대』에서 보여 주었던 갈등과 대립으로부터 분명하게 철회하여 통합을 강조하는 방향으로 나아갔고, 대체로 미국사의 방향과 미래를 낙관적으로 보았다.

그러나 1986년 당시까지 발표했던 논문들을 편집하여 출간한 『미국역사의 순환』(*The Cycles of American History*)의 서문에서 그의 미국관은 결코 낙관적인 것이 아니었다. 그는 무엇보다도 미국사 진행의 급속한 속도를 감지하였고, 이 과정 속에서 자신이 지금까지 추구하여 왔던 미국의 전통적인 정신이 위기에 처해 있다는 사실을 발견하였다.

그의 다음과 같은 언급에서 우리는 그의 위기의식을 잘 엿볼 수 있다. "급변하는 사회로의 변천은 내부적인 인식과 기대감을 근본적으로 변화시키고, 전통적인 제도와 역할을 이해하기 어려운 긴장으로 몰아 넣었다. 또한 수세대에 걸쳐서 삶을 안정시키고 신성하게 해주었던 예식과 삶의 기준과의 인연을 끊어 버렸다."[46]

슐레진저의 자유주의의 사상적 기반이기도 했던 윌리엄 제임스의 '열려진 우주'의 낙관주의적 관점은 이제 19세기 후반 헨리 아담스

---

46) *Ibid*, p. 7.

(Henry Adams)가 보았던 비관적 미래관으로 서서히 바뀌고 있었다. 그러나 지식인으로서 그가 지금까지 보여 주었던 적극적인 사회참여적 태도는 오히려 더 왕성하게 나타나는 것처럼 보인다. 즉, 그는 누구보다도 분명하고 예리하게 이 시대의 위기를 관찰하고 있었다. 그리하여 그는 이 급변하는 사회 속에서 퇴조해가는 미국의 전통과 그것에 기반을 둔 미국의 정체성(正體性)을 찾고자 안간힘을 쓰고 있다. 그가 스스로 언급한 바처럼, 그는 "변화하는 세계에서 엘리어트(T. S. Eliot)와 마찬가지로 움직이지 않는 지표를 추구"하고자 하였다.[47]

1991년에 나온 슐레진저의 최근 저서 『미국의 분열』(*The Disuniting of America: Reflections on a Multicultural Society*)은, 그 제목이 시사하는 바처럼 미국의 해체현상과 그 해체를 주도하고 있는 최근의 다문화주의(Multiculturalism) 경향에 대한 우려와 비판을 제시한 것이다.

다문화주의라는 것은, 우리가 미국문화에 대해 흔히 알고 있는 바처럼, 다양한 문화들이 역동적으로 한 데 어울어져 미국문화라는 하나의 독특한 문화를 이루는 것을 말하는 것이 아니다. 다문화주의라는 개념은 최근 미국의 사고 및 행위의 방식에 강력한 영향을 미쳐 왔던 포스트모더니즘 이론과 좌파의 결합으로 생겨났다.

특히 극단적인 포스트모더니즘 이론과 결합된 다문화주의는 이론적으로 뿐만이 아니라 실천적으로 미국사회의 주류의 모든 기반이 되는 가정들을 논박하면서 미국의 전통, 문화, 사상의 가치들과 제도들, 즉 개인주의, 믿음, 자본주의, 과학주의, 합리주의, 민주주의 등을 해체하고자 한다.

이러한 현상은 어떤 의미에서 미국의 모든 존재의 의미를 결정짓는 권위를 부정하는 것이며 특히 미국역사의 주류에 서있어 왔던 모든 것에 대한 도전인 것이다. 따라서 그 주류에 서있다고 믿는 미국의

---

47) *Ibid*, p. 8.

지식인들은 현재 미국의 사회는 총체적 위기에 처해 있다고 생각하는 것이다.

예를 들어 앨런 블룸(Allan Bloom)의 『미국정신의 종말』(*The Closing of the American Mind*)은 미국사회에서의 깊은 사회적 · 지적 · 존재론적 위기에 대한 일종의 '미국적 예레미야'라고 할 수 있겠는데, 블룸은 이러한 위기가 보편적 주장들, 방법들, 가치들, 그리고 믿음들을 파괴하는 데 초점을 맞춘 극단적 · 문화적 상대주의, 혹은 다원주의 때문이라고 믿었다. 블룸은 "국가, 가족, 문명의 이상, 즉 우주의 무한과 개인 사이에 놓여 있는 모든 감정적 · 역사적 힘들은 전체 속에서 하나의 위치에 대한 어떤 개념을 제공하는데" 그 강력한 힘을 상실하고 있다고 경고하였다.[48]

슐레진저는 어떻게 이 미국의 해체현상을 받아들이고 있는가?

다른 누구보다도 그는 이러한 미국의 현상을 미국의 '역동적 센터'가 파괴되는 것으로 인식하였다. 전체주의로부터 이 '센터'를 지키고자 했던 그에게 이 다문화주의적 현상은 지금까지의 어떠한 극단주의 혹은 전체주의보다도 더 심한 도전으로 인식되었다. 지금까지 미국의 역사에서 받아들여져 왔던 지식과 가치들 그리고 당연히 여겨졌던 정전(canon)들, 이러한 모든 것들이 해체되어 버릴 위험에 처하게 되었다고 그는 믿고 있다. 그의 『미국의 분열』은 바로 이러한 위기상황에 대한 반응으로서 나온 것이었다.

슐레진저가 자신의 저서 『미국의 분열』에서 다루고 있는 가장 핵심적인 문제는, 미국 내에 살고 있는 여러 소수 인종들이 자신들의 진정한 정체성(正體性)을 회복하기 위하여 무엇보다도 먼저 앵글로 색슨을 조상으로 하여 시작된 모든 미국역사를 부정하려는 시도에 대한

---

48) Allan Bloom, *The Closing of the American Mind*(New York: Touchstone, 1987), p. 85.

공격이자 그에 대한 대답이다.

그리하여 그는 다음과 같이 언급한다.

> 인종적 고조는 앵글로 중심 문화에 대한 반항의 제스처로서 시작되었다. 그것은 하나의 컬트(cult)가 되었고 오늘날 '하나의 국민'(one people), '하나의 공통문화'(a common culture) 그리고 '하나의 단일 국가'(a single nation)로서 미국이 본래 가지고 왔던 이론에 대항하는 하나의 반혁명(counter - revolution)이 될 징후가 보인다." [49]

슐레진저는 무엇보다도 역사학자로서 이 미국의 분열에 앞장서고 있는 사람들이 역사를 하나의 무기로서 사용하고 있는 것에 대해 신랄하게 공격하였다. 그는 "무기로서의 역사는 역사의 오용(誤用)"이라고 지적하며, "역사의 목적은 집단의 자부심을 고취시키는 것이 아니라 세계와 과거에 대한 이해와 다양한 문화와 전통에 대한 사심 없는 분석"을 통하여 인간 자유와 인간 존엄을 지키고 보존하는 것이라고 주장하였다.[50]

미국인의 정체

미국인이 된다는 것은 도대체 무엇인가? 미국이라는 나라의 정체성(正體性)은 무엇인가? 이러한 질문에 대해 슐레진저는 미국의 모든 주류 지식인들을 대신하여 대답하였다.

그는 지금까지 "미국의 특질은 현저하게 다양한 인종적·종교적·종족적 기원들을 가진 국민들로부터 하나의 단일한 나라를 만들어 낼 수 있는 능력에 있었다"[51]고 지적하면서, 다음과 같이 미국의

---

49) Arthur M. Schlesinger, Jr., *The Disuniting of America: Reflections on a Multicultural Society*(Knoxville : Whittle Direct Books, 1991), p. 17.

50) *Ibid.,* p. 22.

정체성(正體性)을 밝힌다.

역사적으로 문화적으로 이 공화국은 앵글로 색슨 기반을 가진다. 그러나 처음부터 그 기반은 다른 대륙과 문명들로부터의 수혈로 수정되어 왔고 풍부해져 왔으며 재건되어 왔다.[52] … 미국의 정체성은 결코 고정되어 있거나 종결된 것이 아니다. 그것은 언제나 형성중에 있다. 인구에서의 변화는 언제나 국민 정서에서의 변화를 가져왔고 계속하여 그렇게 할 것이다.[53]

그러나 슐레진저는 그러한 정체성의 수정이 결코 "국민적 통합을 희생시켜 가면서 이루어져서는 안 된다"고 강조한다. 그리하여 그는 "미국이 다원적인 사회로서 직면하고 있는 문제는, 공화국을 결합시키기 위한 결속의 유대들, 즉 공통 이상, 공통 정치제도, 공통 언어, 공통 문화, 공통 운명을 깨지 않고 어떻게 미국의 소중한 문화와 전통을 옹호하느냐이다"라고 주장한다.[54]

그는 미국 내의 다양한 세력들을 통합시키면서 그 세력들에게 국민적 정체성에 대한 의식을 심어 줄 수 있는 것은 인간 자유와 인간 존엄성에 기반을 둔 서구 민주주의의 전통 뿐이라고 확신하였다.

『미국의 분열』은 현재의 미국사회와 문화 전반에 대한 비판으로서, 미국의 주류 지식인들 사이에선 하나의 정신적 각성을 알리는 신호로 받아들여지고 있다. 모든 극단주의를 배격했던 슐레진저에게 다문화주의는 1930년대의 전체주의와 다를 바 없었고, 이러한 극단주의의 도전으로부터 미국의 '역동적 센터'를 지키는 것은 지식인의 당연한 사회적 역할로 인식되었다.

---

51) *Ibid.*, p. 80.
52) *Ibid.*, p. 81.
53) *Ibid.*, p. 82.
54) *Ibid.*, p. 82.

그는 언제나 미국사회의 중심에 서고자 하였으며, 그 중심에서 국가와 사회의 현재를 판단하였고, 그 미래를 전망하였다. 그리고 이러한 그의 판단은 과거에 대한 판단의 기준이 되었다.

6. 맺음말

슐레진저의 역사서술 경향은 세 시기로 구분될 수 있다. 첫째는, 『잭슨 시대』가 출간되었던 1945년까지의 혁신주의적 경향의 시기, 둘째는, 1949년의 『역동적 센터』 이후 새로운 자유주의를 추구하였던 시기, 그리고 마지막으로, 1980년대 후반부터 미국문명에 대한 비판의 시기이다. 『잭슨 시대』는, 리처드 호프스태터(Richard Hofstad-ter)가 지적한 바처럼, "혁신주의 역사학의 전통 속에서 정직하게 서술된 최후의 출중한 역사연구"였다.[55]

그 후, 슐레진저의 정치사학은 1949년에 출판된 『역동적 센터』(*The Vital Center*)로 혁신주의사학으로부터 이탈하여 독자적인 노선을 걸었다.

이러한 슐레진저의 역사서술 경향의 전환은 바로 '미국 자유주의'의 기반이 전체주의의 도전으로 인하여 위기에 처하게 되었다는 그의 판단으로부터 나온 것이었다. 그에게 미국 자유주의는 미국의 '역동적 센터'(vital center)에 의해 지켜져야만 하는 것이었다.

이러한 슐레진저의 독자적인 학문태도는 급진주의와 보수주의 양측 모두로부터 비난을 받아 왔다. 적어도 1950년대 이후부터는 대체로 급진주의자들, 특히 신좌파에 속하는 학자들로부터 집중적인 공격을 받았다. 그렇다고 보수주의자들의 분명한 지지를 받았던 것도 아니

---

55) Richard Hofstadter, *The Progressive Historians: Turner Beard Parrington* (New York: Vintage Books, 1968), p. 438.

었다. 그러나 90년대 이후부터 그의 입장은 미국의 보수주의자들로부터 어느 정도 지지를 받고 있는 양상을 띄고 있다.

따라서 슐레진저를 미국사학사의 경향들 중 어느 하나에 소속시킨다는 것은 정확한 것이 아닐 것이다. 그는 끊임없이 극단주의를 거절하고 다원적 사회의 통합과 균형을 추구하였던 역사가였다.[56]

이러한 균형 속에는 언제나 보수세력과 진보세력이 함께 공존하면서 상호작용하는 것으로 나타났다. 그는 상황이 변할 때마다 자신의 연구대상과 연구목표를 바꾸면서 과거정치 속에서 무엇을 추구해야 할 것인가를 새롭게 모색하곤 하였다.

그럼에도 그의 저서들에서 나타나는 한 가지 일관성은 그가 상황이 변하면 변할수록 전통적 가치와 제도를 더욱 강렬하게 보존하고자 하였다는 것이다. 그가 중요시 하였던 미국의 역동적 힘은 과거의 가치를 잃지 않고 미래 속으로 들어갈 수 있는 국가의 역량이었다. 그는 언제나 미국의 지적 전통의 주류에 서있었다.

슐레진저는 다인종적·다문화적 미국사회의 본질과 문제점을 누구보다도 잘 인식하였던 지식인이었다. 그의 대안은 전체와 부분의 유기적 결합을 통한 역동적 평형의 추구였다. 그는 또한 평형의 '역동적 센터'를 추구했고, 옹호했으며 그리고 합리화하고자 하였다. 이것이 그가 역사학자로서 그리고 사회의 한 지식인으로서 평생 추구하였던 목표였다.

이제 그는 미국의 정체성(正體性)을 찾고 있다. 그에게 아메리칸 센터의 해체는 미국의 종말을 의미하기 때문이다.

---

56) John Higham, *History: Professional Scholarship in America*(New York: Harper Torchbooks, 1965), p. 212. 하이엠은 여기서 슐레진저를 안정을 추구하였던 역사가로 분류하였다.

참고문헌

이주영. 「슐레진저와 미국의 자유주의 사관」. 『고병익선생회갑기념 사학논총』. 1984. 12.

Blum, John Morton. "Tory Democrat : Arthur M. Schlesinger, Jr.." *The Yale Review.* 82 1994.

Cunliffe, Marcus. "Arthur Schlesinger, Jr.." in Pastmasters : *Some Essays on American Historians*, ed. Marcus Cunliffe and Robin W. Winks. New York: Harper & Row, 1969.

Diggins, John Patrick(ed.). *The Liberal Persuasion : Arthur Schlesinger, Jr.. and The Challenge of the past.* New Jersy : Princeton University Press, 1997.

Kennan, George F. "The Historian and the Cycles of History." *New York Review of Books.* November 6. 1986.

Leuchtenburg, William E. "The Historian and the Public Realm." *American Historical Review*, 97. 1992.

Miles, Edwin A. "Arthur M. Schlesinger, Jr.." Clyde N. Wilson, ed. *Twentieth-Century American Historians.* Detroit, Michigan: A Bruccoli Clark Book, 1983.

Schlesinger. Arthur M. Jr.. "The One Against the Many." Arthur M. Schlesinger, Jr. and Morton White, eds., *Paths of American Thought.* Boston : Houghton Mifflin Company, 1963.

―――――. *The Age of Jackson*(Abridged), 1945 ; reprint. New York : New American Library, 1962.

―――――. *The Vital Center : The Politics of Freedom.* Boston : Houghton Mifflin, 1960.

―――――. *The Age of Roosevelt.* Boston : Houghton Mifflin, 1960.

―――――. *A Thousand Days : John F. Kennedy in the White House.* Boston : Houghton Mifflin, 1965.

―――――. *The Cycles of American History.* Boston : Houghton Mifflin Company, 1986.

―――――. *The Dosunting of America : Reflection on a Multkcultural Society.* Knoxville : Whittle Direct Books, 1991.

Skotheim, Robert Allen. *American Intellectual Histories and Historians.* Pronceton. New Jersey : Princeton University Press, 1966.

제 **12**장

신좌파의 역사학 : 윌리엄스

최 영 보

1. 성장환경과 청년기의 사회운동 참여

윌리엄 애플맨 윌리엄스(William Appleman Williams, 1921~1990) 는 미국사에 대한 '신좌익적' 해석 내지 연구방법을 개척하고 실천한 역사학자였다. 그가 이제는 '신좌파'(New Left)로 일컬어지는 역사가 들의 태두라고 말하는 것이 가장 적절한 표현일 것이다.

그는 무엇보다도 '문호개방제국주의'(Open Door Imperialism)라 는 역사개념을 확립하여 미국의 전통적 팽창주의의 실상을 밝힌 역사 가로 유명하다. "제국주의의 앞잡이가 되느니, 차라리 인간공동체를 창출하기 위한 투쟁에 헌신하는 자유인으로서 죽음을 택하겠다"고 1976년에 천명한 그의 말 한 마디가 상징하듯이, 그는 실천적 반제국

---

* 필자는 고려대 서양사학과 명예교수

주의론자였다. 최근(1990)에 유명을 달리한 그의 명성은 미국에서 뿐만 아니라 세계적으로도 빛나고 있다.

그는 다른 어떤 학자들보다도 적극적으로 1960년대에 미국이 당면했던 사회적 혼란과 양심의 고통을 체득하고 대변하고 격려한 지사(志士)였다. 급진주의자들은 그를 최고의 반제국주의자로 칭송했고, 자유주의적 보수주의자들은 그를 "나라의 역사를 새롭게 전망한 제2의 찰스 비어드(Charles Beard)"라고 지칭했다. 동료 역사학자들은 그를 가리켜 넓은 세계관을 가지고 바른 말을 하는 미국사상계의 거목으로 보았다.

윌리엄 애플맨 윌리엄스는 아이오아 주 애틀랜틱이라는 미국 중서부의 작은 시골도시에서 태어나, 대부분의 소년시절을 그 곳에서 보냈다. 그의 나이 여섯 살 때, 항공대의 비행기 조종사이던 아버지는 훈련 중 사고로 순직하여 홀어머니 손에서 자랐다. 그의 어머니는 '독립심이 강한 여인'으로 초등학교 교직에 몸담고 가계를 꾸려 나가면서 외아들 윌리엄을 잘 길렀다. 외가댁에서 어린 시절을 즐겁게 지낼 수 있었던 윌리엄은 외조부모의 세심한 배려와 따뜻한 사랑 속에서 티없이 자랄 수 있었다.

윌리엄스는 자라서 회상하기를, 자신의 인간적 성장은 가족이 요구한 개인적 역량의 완수와 성취라는 기준을 지키는 데서 이루어졌다고 한다. 또한 그는 자신이 성장한 마을의 훌륭한 '공동체적 의무'가 자신에게 준 영향도 가족이 준 영향과 동등한 (혹은 그 이상의) 비중을 두고 생각하였는데, 특히 그의 소년시절 경제공황기에 겪었던 경험에서 공동체의 '훌륭한 가치'를 찾고 있다. 훗날 그가 사상적으로 훌륭한 공동체 건설을 지향했던 것도 어린 시절에 체득한 경험의 소산이었다.

그는 고등학교를 마친 후, 농구선수로 능력을 인정받아, 장학금을 받고 켐퍼 군사학교(Kemper Military School)를 2년(1939~1941) 동안 다녔다. 학문과 음악을 좋아했던 그는 농구를 포기할 생각을 했었으나, 장학금을 잃을 것 같아서 운동을 계속했다. 그는 1941년 아나폴리스의 미국해군사관학교에 입학하여 3년 과정을 밟았다. 첫 1년 반 동안은 이미 켐퍼 대학에서 배운 과학과목을 다시 배워야 할 처지에 있었기 때문에, 그는 많은 여가를 갖고 소설·경제·역사 등 다양한 방면의 책을 섭렵할 수 있었다.

졸업 당시 제2차 세계대전이 진행중이어서, 수륙양용작전부대에 배속되어 태평양에서 행정장교로 15개월 동안 복무했다. 세계대전 후에는 텍사스 주의 코퍼스크리스티(Corpus Christi)로 가서 해군항공대의 훈련을 받게 되었다. 그는 해군사관학교 시절에 받은 교육과 해양항해훈련에 큰 자부심을 가지고 있었다. 그가 해군에서 쌓은 경험은 약속이나 책임에 대한 명예나, 의견과 행동에 대한 도덕적 책임을 확실하게 지키는 데 도움이 되었다.

그는 코퍼스크리스티에서 군인의 신분으로 흑인민권운동에 가담하게 되는데, 당시 이 지역에서 성장하던 전국흑인지위향상협회(NAACP)의 '오르그'로 활약하였다. 이 단체의 목표는 흑인들의 투표권 확대와 노동자들의 권익확보를 위한 투쟁이었다. 흑인들의 권리를 지지한 윌리엄스는 '정치의 급진적 변화'를 위한 '부차적 개혁이 아니라, 근본적 구조적 변화'를 주장했고, 무엇보다도 이러한 변화를 위한 사회운동에 스스로 참여한 셈이었다.

이 무렵에 윌리엄스는 자기자신을 거의 진정한 사회주의자로 생각했다. 윌리엄스에게 있어서 능동적 사회참여가 그에게 초래한 결과는 쓰라린 것이었다. 인종차별주의자들의 수차례에 걸친 협박, FBI에 의해서 조종된 것으로 짐작되는 아파트 집주인으로부터의 아파트 퇴거 요구, FBI의 직접적인 괴롭힘 등을 겪어야만 했다.

더욱이 부대의 상관으로부터 견책을 받은 그는 화가 치밀어 사표까지 제출하였으나 수리되지 않았고, 도리어 원자탄 시험장에 파견되어, 원폭을 터뜨린 곳에 수륙양용함정을 몰고 상륙하라는 명령을 받게 되었다. 그가 투입될 예정이던 원폭시험장은 '마셜'군도의 '비키니'섬이었다.

그러나 전쟁 때 바다에서 다친 척추가, 코퍼스크리스티에서 겪은 고된 훈련으로 악화되어, 어쩔 수 없이 해군병원을 옮겨 다니는 신세가 되었다. 그는 13개월간의 입원생활에서 몇 달 동안이나 목에서 무릎까지 석고붕대를 하고 그 속에서 생활을 해야 하는 고통의 나날을 보내야만 했다. 의사의 반대로 군당국이 그를 비키니섬으로 파견하려던 계획은 무산되었지만, 만일에 그가 그 위험한 지점에 파견되었더라면, 방사선 중독증으로 '연기된 사형선고'를 미리 받게 되었을지도 모를 일이다. 윌리엄스는 척추치료에서 회복해 퇴원했으나, 주기적으로 오는 고통으로 평생을 괴롭게 지내야만 했다.

병상에 누워 지난 일들을 깊이 되새겨 보면서 자신의 앞으로의 향로를 결심하게 된 윌리엄스는, 자신이 현재 가지고 있는 모든 궁금증을 풀기 위하여는 역사를 연구하는 길만이 최선의 길이라고 확신하게 되었다. 그의 말대로, 미국의 군인들이 일상적으로 흔히 말하듯이 "제기랄 도대체 무슨 일이 있었는지" 알고 싶어서 역사학을 택하기로 마음먹었던 것이다. 해군병원에서 제대하고 나서 그는 위스콘신 대학 대학원에 입학하였다. 그가 이 대학을 선택한 것은 이 대학이 미국 내에서 가장 훌륭한 사학과를 가지고 있다고 생각하였기 때문이었다.

2. 미국역사와 팽창의 요인

미 · 소 관계사에 대한 윌리엄스의 첫조명

윌리엄스는 위스콘신 대학에서 러시아사로 1948년에 석사학위를 받게 되나, 자료접근의 어려움 때문에 미국외교사로 전공을 바꾸게 되었다. 그는 박사학위과정을 시작하기 전에, 영국 리드 대학에서 노동당 정부가 주관하는 사회주의 경제세미나에 참가하여, 5개월 동안의 훈련을 받았다. 이 세미나에는 노동당 각료들도 참가하여 학생들을 지도하였는데, 그는 한 세미나에서 매우 강렬한 인상을 받았던 것을 회고한 적이 있다.

그것은 경제학자 브라운(A. J. Brown)이 지도한 세미나였다. 브라운은 말하기를 "만일 당신이 실패한 자본주의체제를 떠맡고 집권하게 된다면, 엄청난 여러 문제에 직면하게 될 것이다. 그렇게 되면 부분적 대응책으로 권력의 분산을 생각해 보기 바란다. 그러한 방법만이 어려운 여러 문제들을 구조적 차원에서 서로 작용하지 못하게 미리 막을 수 있는 대책이 될 것이다. 그렇지 않으면 한 가지 일이 잘못될 경우, 필시 모든 일이 다 잘못될 수 있기 때문이다"고 설명하였다.

이러한 가르침은 분명히 윌리엄스에게 미국사 연구의 방향성을 제시했고, 그의 이념형성에도 크게 도움이 되었던 것으로 보인다. 그는 세미나의 성과를 『국가 경제계획의 국제적 영향』(*The International Impact of National Economic Planning,* 1948)이라는 제목 아래 정리해서 출판하였다.

위스콘신에 돌아온 후에, 하워드 빌(Howard K. Beale) 교수의 학문적 시사를 받아들인 윌리엄스는 레이몬드 로빈스(Raymond Robins)의 대소련 교섭에 관한 연구를 시작하였다. 로빈스는 제1차 세계대전 말기에 미국정부의 사명을 띠고 러시아에 파견되었다가, 그 곳에서 혁명을 체험하고, 뒤에 귀국하여 미국의 소련 승인을 주장한 인물이었다. 윌리엄스는 이 인물을 박사학위논문의 주제로 삼고, 프레드 해링톤(Fred Harrington) 교수의 지도를 받아 1950년에 학위취득에 성공하였다. 뒤에 이 논문을 확대해서 1952년에 출판한 것이 『미국·러시아 관계사』(*American-Russian Relations,* 1781∼1947)이다.

그의 첫번째 저서에 함축된 내용을 간추려 보면 다음과 같다. 윌리엄스에 따르면, 일찍이 확립되었던 러시아와 미국 사이의 우의는 19

세기 후반에 미국이 아시아로 팽창하게 되면서 손상되었다. 이 팽창정책에서 중요한 지적(知的)인 영향을 미친 사람은 역사가 브룩스 애담스(Brooks Adams)였다.

그가 주장한 문호개방정책은 미국의 팽창정책을 정당화한 기본적 이유를 제시하고 있었다. 두 나라는 아시아에서 이해의 상충(相衝)을 겪게 되지만, 본격적인 적대관계로의 발전은 러시아가 사회주의혁명을 치르면서 본격화했다. 소수의 의견을 대표하는 레이몬드 로빈스와 아이다호 출신의 윌리엄 보라(William Borah) 상원의원은 볼셰비키 정권을 배제하거나 압력을 넣는 것보다 승인하는 것만이 그들의 태도를 온건하게 이끌 수 있는 확실한 길임을 미국의 지도자들에게 설득하였다. 그러나 두 나라의 관계는 몇 사람의 설득으로 호전될 수 있는 것은 아니었다.

그리하여 두 나라 사이의 역사적·비극적 상황이 열리게 된다. 신생 마르크스주의의 나라, 러시아는 1920년대와 1930년대에는 경제적으로 군사적으로 약했다. 일본이나 독일 같이 세계질서를 대폭 바꿀 수 있는 힘도 의지도 없었던 것이 확실하다. 그러나 미국의 러시아정책은 늘 가혹한 것이었다. 1917년에 윌슨은 혁명을 진압하려고 전쟁중에 동맹국과 손을 잡고 러시아에 파병하는 허황된 행동을 했다. 그리고 소련에 대한 절대적 증오가 원인이 되어, 미국은 1930년대에 일본과 독일의 침략을 봉쇄할 수 있는 소련과의 협력을 생각할 수 없었다.

미국의 위정자들이 품었던 이러한 경직된 이데올로기에 대해서 윌리엄스의 다음과 같은 설명이 성립된다. "일본에 의한 1920년에서 1922년에 이르는 시기의 팽창이나, 1931년의 만주침략에 대해서 그리고 그 다음으로 1937년에 일본이 중국에 전쟁을 도발하던 때에도 미국은 일본에 대항해서 러시아와 협력할 수 없었다."

경제적 팽창주의가 초래한 미국외교의 비극

강대국간 힘의 균형의 유지를 외교정책의 전형으로 삼았던 시대에 일본의 대륙침략을 눈앞에 보면서도 미국이 러시아와 협력할 수 없었던 것은 윌리엄스가 보기에는 1890년대 미국 지도자들의 정책결정에 문제가 있는 것이었다. 이 무렵에 미국은 해외로 프런티어를 넓힐 필요가 있었는데, 그에 따르면 "미국의 금융이나 산업의 힘은 국내시장을 정복하던 기세로 새로운 기회를 찾아 해외로 눈을 돌렸다"는 것이다.

그의 논의에서 가장 중요한 대목은 미국의 지도자들이 해외 시장의 지배를 원했다는 것이다. 그들은 세계의 미래가 '통합자본주의'(Corporate : 정부 관료·거대한 기업가 단체·노동단체·농업단체 등이 서로 협조적으로 통합된 자본주의 –譯註)의 발전에 달려 있다고 생각하고 있었기 때문에, 그러한 이상에 맞지 않는 혁명이나, 자본주의체제를 대신하는 미래를 창출하려고 위협하는 혁명을 저지하려고 애써 왔다. 미국지도자들의 이러한 의도는 1910년에 시작한 멕시코혁명에 대한 대책에서 나타났고, 말할 나위 없이 1917년 러시아혁명에 대한 정책에서도 나타났다.

1920년대나 1930년대에도 러시아혁명을 계속 적대시한 이유는 사회주의 나라인 소련의 존재로 말미암아 국제시장을 완벽하게 지배할 수 없게 되었다는 것을 미국의 지도자는 잘 알고 있었기 때문이었다. 더욱이 볼셰비키혁명의 성공을 싫어했던 것은 소련이야말로 미국과 같은 자본주의 형태로 나라의 장래를 계획하고 싶지 않은 다른 나라들의 모범이 되었기 때문이었다.

그리하여 윌리엄스는 미국이 1919년에 고립주의정책으로 되돌아갔다고 믿는 사람들과 전적으로 뜻을 달리했다. 그의 논의에 의하면, "일반적으로 소련에 대한 미국의 정책을 고립주의적이라고 부르지만, 실제로는 미국의 정치력과 경제력을 날로 무한정하게 해외로 팽창시키기를 바랬던 국내 세력의 승리를 입증하고 있다"는 것이다.

그리고 그의 결론은 "두 차례의 세계대전 사이에 미국이 취했던 정책의 특징은, 고립주의 정책이라기보다는 일방적으로 정한 자신의 목표만을 위해서 어떤 결정을 내리고 그리고 나서 행동으로 옮기는 것이었다. 그리고 미국정부는 그러한 자신의 결정과 행동이 초래한 결과에 대해서는 일체 책임을 지지 않았다"고 한다. 그는 미국 외교정책의 독단적 성격을 그 나름대로 간파하였다.

윌리엄스는 이 시기의 미국역사를 비극이라고 술회하였다. 이 시기에 만일 미국이 소련과 동맹을 맺었다면, 힘의 균형을 유지하게 되어 전쟁으로 치닫기 전에 독일과 일본의 침략성을 봉쇄할 수 있었을 것이라는 추론이 성립될 수 있다는 것이다. 그러나 경직된 이데올로기 때문에 그러한 협조가 이루어질 수 없었다.

또한 1920년대에 이미 자본주의와 공산주의와의 절대적 대립관계가 하나의 패턴으로 정착했기 때문에, 1929년에 시장자본주의가 붕괴했을 때에도 자본주의와 민주주의의 상관관계를 재검토할 수 있는 좋은 기회로 살리지 못했다고 보았다. 그리고 이 무렵에 "미국의 지도층, 즉 뉴딜의 정치가, 기업가, 혹은 노동계 지도들이 모든 정치적·사회적 영향력을 동원해서 솔직하고 용감하게 경제정책의 기본문제를 다루지 못했던 것"을 윌리엄스는 철저하게 비난했다.

윌리엄스는 1952년에 발표한 첫번째 저서에서 이미 냉전의 기원을 논했다. 그는 러시아혁명에 대해서 미국의 지도자들이 이데올로기적 대응을 했던 데서 그 원인을 찾고 있다. 또한 그는 당시의 미국 정치지도자들이 프래그머티즘이나 유연성이나 타협의 전통 속에서 활동한다고 보지 않았다. 오히려 1917년에서 1947년까지의 대소련정책을 이데올로기적 경직성에 치우쳐 타협을 외면했던 정책으로 보았다. 그 한 예로 미국은 1933년에 러시아 정권을 공식으로 승인한 후에도, 막심 리트비노프와 같은 러시아의 지도자들이 미국과의 협조를 제의하였음에도 이를 외면했던 것을 지적하였다. 이 때 미·소 양국의 협조가 이루어졌다면 독일과 일본의 침략을 방지할 수 있었을 것으로 추정할 수 있다는 주장이다.

1952년에 일찍이 윌리엄스가 제기한 예언적 미래 정치상은 미국이 경직된 냉전정책을 견지할 경우, 미국 내에 아직 존재하는 어떠한 민주주의의 단면도 모두 파괴될 수 있다는 우려였다. 윌리엄스에 의하면 "자유는 전쟁을 준비하고 있는 나라에서는 성장하지 않는 것이고, 교섭의 결과로 서로 타협이 이루어지고, 그것이 유지되는 환경 속에서 꽃필 수 있는 것이다."

윌리엄스는 1940년에서 1947년까지를 다룬 마지막 장에서 조지 캐넌(George Kennan)의 제창으로 채택된 봉쇄정책은 미국이 원자탄을 독점하고 있다는 사실을 소련이 의식하고 있는 한, 과오가 아닐 수 없다고 지적하였다. 또한 이 정책은 동유럽에서의 러시아의 이익에 관해서 전쟁중에 체결한 약속을 지연시켰던 과오를 한층 악화시켰고, 이 지역에서 소련의 군사력이 장악하고 있는 현실성을 무시하였고, 폐허화한 러시아에서 절실히 필요했던 경제원조를 지연시켰다고 주장하였다.

3. 미국적 세계관과 미국외교의 실제

미국인의 '세계관'이 낳은 문호개방정책

윌리엄스는 워싱턴·제퍼슨 대학(1950~1951)을 시작으로 오하이오 주립 대학(1951~1952)을 거쳐 1952년에서 1957년까지 오래곤 대학에서 가르쳤다.

그 동안 그는 미국외교사에 관한 많은 논문을 발표하고, 또한 '세계관'의 방법론을 연구했다. 1956년에는 『미국외교의 형성: 미국 대외관계 문헌집』(*The Shaping of American Diplomacy: Readings and Documents in American Foreign Relations, 1750~1955*)을 편집하여 출판했고, 1970년에는 이 책을 증보하여 개정판을 내놓았다.

윌리엄스는 서서히 자기 나름의 외교사관을 형성해 나갔다. 그가 여러 논문들을 통해서 논의한 바로는 대외정책이란 정치나 군사적 고려 못지 않게 경제와 이데올로기에 의하여 영향을 받는 것이었다. 그는 또한 강조하기를 외교정책은 어떤 범위까지는 미국 내의 이익집단 사이의 갈등의 산물이라는 것이었다.

여론은 정책결정에 상당한 역할을 하는 것을 인정해야 하지만, 그렇다고 여론이 선택을 주도할 수 있는 것은 아니다. 따라서 정보를 관장하는 정책결정자들의 권력행사가 외교의 중요한 국면을 차지한다. 또한 관료제도의 절차나 전문성은 외교현장의 복잡성을 더욱 복잡하게 만들었다. 여론은 단지 대외정책결정에 동의나 반대의 기회를 갖는 것이 보통 관행이었다. 다시 말해서 "국민들이 양자택일의 선택기회를 갖는 경우란 드물게 주어진 여건이었다"고 윌리엄스는 주장했다.

1957년에 윌리엄스는 모교인 위스콘신 대학으로 학생들을 가르치기 위해 교수의 신분으로 되돌아가게 되었다. 2년 후인 1959년에 그는 유명한 저서 『미국외교의 비극』(*The Tragedy of American Diplomcy*)을 세상에 내놓았다. 본래 이 책은 200면 정도의 논문집에 7면의 참고도서 목록을 덧붙인 작은 책자였으나, 1962년에 300여 면으로 확대하여 다시 출판한 것이 요즘 널리 통용되는 책이다.

이 책이 출간될 당시 외교사학계의 분위기를 먼저 짚어 보아야 할 필요가 있을 것 같다. 토마스 베일리(Thomas A. Bailey)나 사무얼 플래그 비미스(Samuel Flagg Bemis)와 같은 대표적 외교사가들의 교과서는 거의 모두가 미국 외교정책에서 경제적 요인을 별반 고려하지 않았었다.

베일리의 저작에서 볼 수 있는 경쾌한 문체나 시사적 만화의 재

활용은 사회적 여론의 역할을 강조한 점이 두드러지고, 반면에 비미스의 육중한 서술양식은 외교적 협상의 격식화된 국면을 강조한 것이 특징적이었다. 두 사람은 모두 미국이 19세기 말엽에 제국주의정책에 휩쓸렸던 것을 시인하였지만, 그 후에 여론이나 정책결정자가 그러한 팽창정책으로부터 물러섰던 것이 사실이라고 변호하는 경향이 짙었다.

이러한 견해는 일찍이 비미스가 미국을 '제국'으로 평가함에 있어, 미서전쟁의 성격을 '1898년의 거대한 일탈'이라는 표현으로 적절히 변호하고 있는 것을 보아 알 수 있다. 1898년 이후에 미국이 단행한 국제적 권력행사는 그 어떤 경우이든 파시스트의 침략이나 공산주의의 확산에 대한 불가피한, 그러나 불규칙한 대응이었다는 견해가 일반적이었다.

윌리엄스의 문제작 『미국외교의 비극』은 바로 이러한 일반적 견해에 대한 과감한 도전이었다는 데 일차적 의의가 있다. 이 책은 미국 외교사가들 사이에서는 희귀한 '세계관'의 방법론을 확립하는 데서 출발하고 있는 점이 특징적이다. '세계관'(Weltanschauung)이라는 그의 말에 의하면, "세계에 관해서, 또한 세계가 어떻게 움직이고 있느냐에 관해서 견지(堅持)하는 관념이며, 위기의 시대는 물론이거니와, 일상적으로도 그러한 관념에 근거해서 행동하는 기본적 계책(Strategy)"이었다.

이것은 모든 사회가 실제로 현실에 관해서 공유하는 어떤 종류의 상정(想定)으로써, 이 상정은 사회의 구성원을 이끌면서 또한 제약한다. '상정'이라는 낱말을 단순히 생각할 때, 우리는 어떤 정황을 가정적으로 생각하여 단정하는 것을 뜻한다. 그런데 윌리엄스의 논의에 따르면, 일정한 상정은 "구성원의 의식과 지각, 원인과 결과에 대한 이해, 또한 이들의 선택기준이나 이들의 행동범위 등을 지시함과 동시에 또한 제약한다."

이러한 '세계관'의 방법론을 확립하기 위해 고심한 윌리엄스가 이 책에서 밝힌 것은, 미국인의 '세계관'이 어떻게 형성되었는가, 그러한 '세계관'이 20세기의 대외정책을 어떻게 이끌고 또는 제약했는가, 그리고 미국외교의 아이러니와 그것이 초래한 비극을 초극하여 새로운 길을 열기 위해서는 '세계관'을 어떻게 변경시켜야 하는가에 있었다.

그러면 그가 말하는 미국인이 품었던 세계관은 무엇인가?

그는 1890년대의 미국 지도자들의 일반적 세계관을 다음과 같이 요약하였다. 즉, 그들은 "광범위한 경제적 기준을 축(軸)으로 삼고, 사실을 체계화한 세계관을 품고 있었다. 그들은 미국이 놓인 어려움을 경제현상과의 관련에서 설명했을 뿐만 아니라, 그러한 관점에서 해결책이나 대안도 제시했다." 그런데 이 말은 그들이 사적인 이윤추구라는 경제적 동기에서 행동을 했다는 것이 아니라, "정치적·사회적 영역에서 추구하는 그들의 목적도 오직 경제적 수단에 의해서 달성될 수 있다고 믿게 되었다"는 것이다.

그는 이어서 말하기를, 맥킨리(Mckinley)를 비롯한 미국의 지도자들은 경제를 바탕으로 포괄적이며 체계적인 방법으로 미국이 안고 있는 당면문제와 미국의 복지에 관해서 생각하였다는 것이다. 그들이 바랐던 민주주의와 사회적 평화는 경제의 불황으로 위협받고 있다고 보았고, '경제적 해외팽창'만이 위험을 제거하는 주요 수단을 제공한다고 믿었다.

그러나 그들은 대외관계에서 전쟁 그 자체를 바라지도 않았고, 더욱이 그들 자신의 개인적 재산 증식을 위해서 전쟁을 바랐던 것도 아니었다. 그러나 그들은 '그들 자신이 품은 세계관 때문에' 그들이 최선이라고 생각한 방법으로 문제를 해결하기 위해서 끝내 전쟁으로 치닫게 된다는 것이다.

이렇듯 미국인이 품었던 팽창의 세계관이 세기전환기에 외교적 실천의 현장에서 낳은 것이 다름아닌 '문호개방통첩'이었다. 윌리엄스에 의하면 국무장관 존 헤이(John Hay)가 제시한 이 통첩은 '비식민지적 제국적 팽창의 고전적 전략'이었다. 그것은 미국의 과거에 깊은 뿌리를 가지고 있었을 뿐만 아니라, 앞으로 열릴 20세기 미국의 제국적 팽창을 위하여 기본적인 전략·전술을 함축하고 있는 원대한 정책이었다.

　"문호개방통첩의 역사는 '명백한 운명'(Manifest Destiny)의 이데올로기와 결합하였을 때, 1900년에서 1958년까지 미국의 대외관계사"로 되었다. 또한 문호개방정책은 브룩스 애덤스가 말하는 '미국의 경제적 우위'라는 전제에서, 전통적 식민주의가 초래할 곤란이나 비효율성을 겪지 않고, 미국의 탁월한 경제력이 세계 전역에 미국식 체제를 퍼뜨릴 수 있는 방법과 조건을 개척할 목적으로 고안된 정책이었다.

　헤이의 제1차 통첩(1899년 9월 6일)은 미국의 기업주가 중국 전역에서(외국 열강이 보유하는 중국 내 세력권을 포함하여) "통상과 항해에서 완전히 평등한 대우를 받아야 한다"는 입장을 제안한 것이었다. 이 원칙은 다른 저개발 지역에도 확대되었다.

　제2차 통첩(1900년 7월 3일)은 다른 나라들이 중국에 대해서 공식적 식민지제도를 확대하는 것을 저지하기 위해서 작성된 것이었다. 이 원리는 뒤에 다른 지역에도 적용되었다.

　헤이의 제3차 통첩은 그것에 선행하는 두 차례의 통첩과 결부해서 논의되는 경우가 드물지만, 윌리엄스에 의하면, 그럼에도 불구하고 그 당시의 총괄적 정책을 구성하는 데 불가결한 몫을 차지하는 것이었다.

　헤이는 이 문서에서 미국은 경제적 차관이라고 하는 것을 본래부터 통상의 일부로 생각한다는 뜻을 밝혔다. 통상과 차관이 연관될 가능성은 다소 명확하지 않다고 하더라도 항상 잠재해 있는 문제였다. 헤이의 목적은 경쟁국들이 미국의 '문호개방' 전략에 대항하기 위하여 탐색할지도 모르는 어떤 공식적인 틈도 사전에 막는 데 있었다.

문호개방정책의 역설적 결과

미국의 '문호개방'전략은 앞으로 많은 곤란과 함께 복잡한 과정을 겪어야만 했다. 스페인과의 전쟁에서 빼앗은 영토의 식민지적 지위를 청산하기에는 수년간의 격렬한 논의를 필요로 했다. 미국의 외교전략이 정상적으로 작동할 수 있도록, 경제계의 지도자와 정치 지도자 사이에 권한과 실무의 실제를 분담하여 운영하기까지에는 어려움이 많았고, 또한 운영의 실체를 제도화하기까지에는 시간이 걸렸다. 또한 미국은 아직 접촉하지 않은 영토뿐만 아니라 다른 기성제국의 영역에 진출하여 문호를 열어야 할 필요가 있었다.

그러나 꾸준히 추구되었던 이 전략은 크나큰 성공을 거두어, 20세기 전반을 통해서 미국의 지배력과 영향력을 확대하는 데 기여했다는 것이 윌리엄스의 관찰이었다.

그러나 바로 이러한 성공은 '쿠바의 위기'나 베트남 전쟁으로 상징되는 '미국외교의 비극과 공포'를 초래하는 역설적 결과를 낳았다. 그런 의미에서 윌리엄스는 '문호개방정책'은 궁극적으로 실패의 정책이었다는 결론에 도달하였다.

우리는 쿠바의 사례에서 윌리엄스가 분석하는 비극의 큰 대목을 살필 수 있을 것이다. 『미국외교의 비극』은 1898년 4월 21일부터 1961년 4월 21일까지의 미국과 쿠바의 관계에 적절하게 상징되어 있다"고 그는 보았다.

스페인의 압정에서 쿠바를 해방하고, 이 섬의 독립을 보증하고, 정치적 민주주의와 경제적 번영을 개발하고 유지하기 위해, 미국은 스페인과 전쟁을 벌였다. 전쟁의 결과로, 스페인의 식민지에서 미국의 보호국이 된 쿠바는 적지 않은 이점(利點)을 얻었는데, 이것은 쿠바를 위해서도 유익한 것이었다. 쿠바의 사탕생산은 근대화되고 늘어났다. 몇 가지 공익사업이나 그 밖에 사탕경제와 연결된 개량시설이 서서히 제공되었다. 그리고 미국인과 쿠바인은 하바나시에 서반구에서 주목할 만한 실업과 환락의 중심지를 개발하였다.

이러한 과정이 '통합자본주의'(corporate capitalsm)에 의하여 추진된다는 것을 미처 의식하지 못한 사람들이 많았다. 그러나 기실, 미국은 쿠바의 사탕산업을 직·간접으로 관리함으로써 그 단일 작물경제체제가 크게 변하는 것을 음으로 양으로 방해하여 이 섬의 경제생활을 지배하였다. 미국은 섬의 지배자들이 고문이나 공포정치, 기만행위나 사기극을 그들의 정치도구로 사용하는 것을 묵인했다. 그러나, 쿠바인들이 미국의 지도자들이 정한 경제적·정치적 규제를 벗어날 우려가 있을 때는 경제적·외교적 압력을 가하고 무력으로 개입했다.

이러한 비극적 결과는 악의나 무관심이나, 또는 가혹하고 약탈적인 착취로 생긴 것은 아니었다. 미국의 지도자들은 악인이 아니었고, 어떤 무서운 음모를 꾸미거나 묵인하지도 않았으며, 신뢰할 수 없는 위선자들도 아니었다. 그들은 스스로 선언한 좋은 이상을 마음 속 깊이 믿고 있다. 또한 그들은 책임있는 자치를 존중하고, 경제적으로 번영을 도모하여, 사회적으로 안정되고 행복한 쿠바를 만들 것이라고 주장했다. 물론 만사를 미국식으로 추진해야 하는 것이 필수조건이었다.

미국외교의 비극적 상징

그러나 바로 그러한 미국식으로 추진해야 한다는 이유 때문에 미국의 외교는 비극이 될 수 있는 근본적인 요소를 내포하고 있었다. 다시 말해서 미국외교는 그 자체에 몇 가지 모순되는 진실을 보유하고 있었다.

첫번째 진실은 미국의 권력이었다. 미국은 상대적이든 절대적이든 쿠바와의 관계에서 정도가 지나친 권력을 소유하고 있었고, 그것을 꾸준히 강력하게 행사했다.

두번째로 미국은 그 권력이 목적하는 이상과 상관관계를 갖는 현실을 실현하는 데 실패했다. 미국의 정책입안자들은 그들이 공언한 자결주의 원칙을 존중하지 않았고, 또한 쿠바 경제체제의 근대화와 균형 잡힌 발전을 추진하지 못했다.

세번째 진실은 그러한 미국의 권력을 배치하고 행사하는 데서 생겨난 결과였다. 즉 쿠바인들은 자기네 사회에서 중요한 변혁을 공약하는 여러 집단의 연합체를 서서히 결성했고, 그 세력은 날로 강해졌다. 쿠바인들의 연합체에 활력과 추진력을 준 것은 주로 '비공산주의 급진파'였다. 바띠스타(Batista)체제에 적극적으로 반대한 이들 급진파의 헌신과 용기가 운동 전반을 추진하고 강화하여, 결국 그들은 새롭고 보다 나은 쿠바를 지향하는 운동의 상징으로 수락되고, 지도자로서의 지위를 인정받게 되었다.

이상과 같은 세 가지 진실이 차츰 한 점에 모여 서로 작용해서 1959~1961년 사이의 쿠바위기를 낳았다. 1898년 이래 꾸준히 작용했던 미국의 권력과 정책은 쿠바사회 전반에 걸쳐 자비로운 온정주의적 변화에 기여하기는 커녕, 역으로 쿠바의 위기와 미국의 위기를 낳았던 것이다. 이 위기야말로 20세기 미국외교의 전체적 기초에 깔려 있는 비극을 특징짓고 또한 상징하고 있는 것이다. 쿠바에서는 이렇게 서로 모순하는 진실이 반세기에 걸쳐서 대항해 오다가 마침내 폭발했던 것이다.

1959~1960년의 쿠바혁명은 소련의 음모로 입안된 것도 아니요, 소련이 수출한 것도 아니었다. 쿠바혁명에 대한 미국의 초기 대응은 그런대로 의례적 태도를 지키는 것 같았으나, 실질적 이해가 얽힌 사안에 부딪치게 되면서 근본적으로 적의를 드러냈다.

쿠바에서 미사일 위기가 터지던 1962년에, 윌리엄스는 『미국, 쿠바 및 카스트로』(*The United States, Cuba and Castro: An Essay on the Dynamic of Revolution and the Dissolution of Empire*)라는 제목의 저서를 내놓았다. 특히 이 책에서는 1898년 이래 미국이 쿠바에서 일어난 급진적 사회변혁운동을 차단한 사실을 상세히 보여 주었다.

쿠바위기가 보여 준 미국·쿠바 간의 험악한 관계는 윌리엄스가 지적하는 미국역사의 선례를 통해서 검토해 볼 때, 그 비극의 실상이 한층 선명해질 수 있다. 그는 미국인들은 독립혁명 때, "자기나라의 선조들이 영국과 식민지 당국의 재산을 마음대로 몰수했던 사실에서 (교훈을) 배워" 분별있고 전망있는 쿠바대책을 세울 수 있었다면 좋았을 것이라고 가르치고 있다.

그러나 실제적 현실에서 이 가난한 나라의 경제적·심리적 요구는 미국 당국에 의해서 거의 완전히 무시되거나 경시되었다. 건국 초기에 수많은 미국인의 재산이나, 광범한 개발에 필요한 자본이 몰수와 같은 일방적 조치에 의해서 손에 들어왔던 것과 마찬가지로, 20세기의 가난한 신흥국가들도 비슷한 조치나 방법에 호소했다.

특히 1770년대(혹은 1880년대 초)의 미국인들과 1960년대의 쿠바인들은 모두 구(舊)지배자들의 경제권력이 자기네들의 관리하에 들어오기 전까지는 각기 자기 나라의 독립을 안전하고 확실한 것으로 생각할 수 없었다. 그러나 그와 같은 쿠바인의 모든 고려는 쿠바 공산주의자와 소련의 극악무도한 책동이라고 흔히 지적되어 왔던 것이 사실이다.

이상 쿠바의 사례에서 살핀 바와 같이, 문호개방정책에는 그 기초에 깔려 있는 '세계관'에 모순의 진실이 내재하여 끝내 비극을 초래하였다는 것이 윌리엄스의 지론이다. 다시 말해서 다른 국민을 원조하려는 미국인의 인도주의적 충동이나, 민족자결주의의 옹호는, 미국인의 방법을 최선의 방법이라고 다른 국민에게 강요하는 독선적 태도에 의해서 허사가 된다는 아이러니이다.

이를테면 미국적 행동양식이 다른 나라의 국민에게 전혀 안 맞는 경우가 있다. 물론 잘 맞는 경우도 있겠으나, 다른 사회는 오히려 다른 방법을 선택하여 좋은 결과를 가져올 수도 있는 것이다. 가령 미국적인 방식이 유일하게 유효한 방법이라고 하더라도, 그것을 다른 사회에 강요하는 행위(그럴 때 강제는 경제적·정치적 압력의 형식을 취한다)는 민족자결의 이념에 위배된다. 이러한 모순에 의하여, 문호개방정책의 성공적인 진행이 오히려 다른 나라에 적의와 반발을 유발시키고, 마침내 그러한 반발을 힘으로 억압하려는 미국의 반혁명정책은 '비극'과 '공포'를 낳았던 것이다.

이렇게 번져가는 미국의 대외정책을 가리켜, 윌리엄스는 냉전의 실질적 범위가 단지 소련이나 공산주의와의 대결뿐만 아니라, 세계 속의 여러 혁명세력과의 대결로 확대되어 간다고 보았다.

4. 미국역사에서 실재하는 제국주의

제국으로서의 미국의 경제적 팽창주의

윌리엄스가 문호개방정책에 대한 깊은 연구 끝에 도달한 결론은 이 정책을 '제국적'(帝國的)인 정책으로 규정하고, 미국을 제국으로 비정(批正)하는 것이었다.

그가 말하는 제국주의정책의 요체(要諦)부터 살피자면, "어떤 선진 공업국이 약소국의 경제를 개발하는 데 있어, 지배적이며 일방적인 역할을 하거나 또는 하려고 시도할 때, 이 강대국의 정책을 정확하고 솔직하게 표현하자면 제국적이라고 묘사할 수밖에 없다"는 것이다.

그는 강대국의 제국적 위치를 엄격하게 규정하기를, "그 결과로 생긴 제국은 주재하는 총독에 의하여 약소국이 지배되지 않는다거나, 선진국으로부터 오는 이주자의 수가 늘지 않는다는 의미에서 비공식적인 것이라고 말할 수는 있겠으나, 그럼에도 불구하고 그것은 제국이다"라고 말하였다.

그는 약소국의 위치를 가리켜 "가난하고 약한 나라는 직접적이든 간접적이든 강대국에 의해서 정해진 한계 내에서 선택권이 주어지는 데, 그럴 경우 현실에서는 외부세력이 만들어 놓은 대안들 가운데서 선택을 하는 일이 많다"고 보았다. 곧 이어서 말하기를 "문호개방정책은 미국의 경제적·정치적 힘이 그런 식으로 전개될 수 있는 조건을 조성하기 위해서 입안되었고, 아시아, 라틴아메리카, 아프리카에서 그런 방식으로 수행되었다. 그런 점에서는 캐나다나 유럽에서도 마찬가지였다"고 미국의 제국적 위치를 세계적 규모로 자리매김하였다.

그런데, 윌리엄스가 말하는 이러한 제국으로서의 미국은 문호개방정책이 수립된 이후에 갑자기 출현한 것이 아니었다. 이미 건국 초부터 팽창주의를 실천한 미국은 '제국'을 수립하여, 국내에서 타민족에게 제국적 관계를 확대해왔다는 것이 그의 또 하나의 논점이었다.

그는 특히 말년에 쓴 『생활양식으로서의 제국』(*Empire as a Way of Life*, 1980)이라는 논문집에서 제국의 성립요건을 '두 가지의 서로 관련되지만 다른 관계'로 나누어 해석하였다.

그 하나는 "지리적·정치적·사회적으로 서로 관계를 맺었지만, 본래부터 별개였던 주민의 단위를 하나의 중앙권력이 통합하는" 것이며, 또 다른 하나는 "기왕부터 자립해온 민족을 외부의 권력이 무력으로 정복하여 그 정복의 결과로서 제국의 중추가 지배하는 것"으로 분류하였다. 역사상의 실제사례로 전자의 예는 영국이 스코틀랜드와 웨일즈를 통합하여 연합왕국을 성립케 한 경우를 지적할 수 있다. 후자의 예는 잉글랜드에 의한 아일랜드의 정복과 지배를 지적할 수 있다.

이러한 두 가지 유형의 제국적 통치의 역사를 가진 것이 미국이었다. 즉 미국인들은 한 쪽으로는 미국헌법에 의하여 지금껏 명백히 독립했던 13개의 주를 중앙정부의 권력 아래 통합했고, 다른 한쪽으로 유럽계 미국인은 건국 이전부터 1880년까지 아메리카 인디언 부족과의 끊임없는 전쟁으로 정복과 지배를 확대했다. 1840년대에는 멕시코 영토의 북반부를 정복하여 제국에 통합했다. 윌리엄스는 인디언과의 싸움을 미국외교사의 일부로 보았고, 말할 나위 없이 제국적 팽창의 역사로 보았던 것이다.

미국 제국주의의 다양한 유형

이와 같이 형성된 제국에서는 제국의 중추에 의한 지배가 진행되는데, 그럴 경우 세 가지 형태의 지배체제가 성립될 수 있다는 것이 윌리엄스의 소론이다.

그는 '식민주의'(colonialism), '행정적 식민주의'(administrative colonialism), '비공식 제국'(informal empire)으로 대별하였다. 그의 이같은 분류는 칼 마르크스가 '인정하고 이해한 바 있는 경제적 팽창으로 진전된 몇 가지 형태의 제국적 관계'를 이론적 기초로 삼고, 미국의 제국적 지배관계를 역사적으로, 유형적으로 재구성한 것이었다.

미 제국의 문제는 『미국외교의 비극』에서 이미 정리된 바 있지만, 이 책보다도 윌리엄스가 학자로서 한창 나이인 40대 중반에 발표한 『커다란 회피』(*The Great Evasion : An Essay on the Contemporary Revevance of Karl Marx and on the Wisdom of Admitting the Heretic into the Dialogue About America's Future, 1964*)에서 재차 잘 정리하고 있는 것이 눈에 띈다. 마르크스의 이념을 '미국의 미래에 관한 다이얼로그'로 도입한 이 책에서 언급된 '제국론'(帝國論)을 정리하자면 다음과 같다.

우선 첫째, 지배유형인 고전적 '식민주의'는 "무인지대나, 주민수가 적은 토지를 획득 내지 정복하고 나서, 그 새로운 토지에 외부로부터 주민을 이주시키는 것"을 말하는데, 이에 뒤이어서 "그 새로운 사회에 대해서는 물론이고, 정복 내지 이주된 주민에 대해서도 직접적인 또는 광범한 지배가 있게 된다."

미국사람들은 자신들의 역사기록에서 아무런 식민지적 오점이 없다는 것을 큰 자랑거리로 삼고 있으나, 그렇게 볼 수 있는 정당한 이유가 없다는 것이 윌리엄스의 입장이다. 그는 그들이 열린 바다를 건너와서 단순히 식민에 필요한 조건에 알맞게 행동하였을 뿐이라고 말한다고 해서 그들의 행동이 정당화되는 것은 아니라는 것이다. 영토와 자원의 지배, 인간들의 이주·재배치·지배가 본질적인 식민의 문제였다.

　원주민인 인디언과, 1650년에서 1863년까지의 흑인에 대한 정책은 확실히 '식민주의'의 기준에 일치하고 있다. 이 시기의 흑인은 노예로 언급되는 것이 고작이지만, 노예제야말로 가장 철저한 식민적 착취 형태에 다름없는 것이다. 어떤 경우이든 흑인들은 식민적 과정에서 바다를 가로질러 수송되었던 것이다.

　미 제국의 중추가 서방영토로 향해서 행사한 경제적·정치적 지배나 또한 애팔래치아 산맥 서쪽의 개척지를 연방체제에 편입하는 과정이나, 이는 모두 '식민주의'의 변종(變種)에 다름없었다.

　마르크스가 논의한 둘째 유형의 제국적 관계는 1850년대와 그 후의 영국의 인도지배에서 발전된 바와 같은 '행정적 식민주의'의 지배형태이다. 이 유형의 특징은 "외래의 소수인들이 무력의 협박으로 남의 영토와 주민을 효과적으로 지배하고, 동시에 경제적 우월성을 확립하는 것"이다.

　그러나 이러한 두번째 유형은 본래의 '식민주의'와 다르게, 본국으로부터 극히 제한된 인원이 보내지는데, 예컨데 소수의 육해군 요원이나, 정치적 행정요원, 경제적 관리인들만이 파견되는 것이 특징이다. 윌리엄스에 의하면 미국의 '행정적 식민주의'의 전형을 쿠바와 필리핀의 경우에서 볼 수 있고, 이와 유사한 유형 내지는 그 변종으로 리베리아와 라틴아메리카의 여러 나라들, 예컨데 니카라구아와 과테말라에서 볼 수 있다. 또한 요즘의 오키나와, 남한, 베트남 등과 미국과의 관계에서도 '행정적 식민제국'(administrative colonial empire)의 주요한 윤곽이 나타난다고 말하고 있다.

　세번째 형태의 제국적 관계는 "선진적 중추부와 후진적 저개발

지역 및 저개발 사회 간의 시장을 통한 연결로 고유한 성격의 진전을 나타내는 경우이다.” 이러한 두 사회의 관계는 일찍이 애덤 스미스 (Adam Smith)가 가장 잘 서술하였다. “통상을 하고 공산품을 생산하는 나라의 소득은 통상이나 생산을 하지 않는 나라의 소득보다 월등히 높게 마련이다. … 통상이나 생산을 하지 않는 나라는 일반적으로 가공되지 않는 다량의 원자재를 대가로 내고 극히 소량의 공산품을 구매하도록 강요당한다.”

그리하여 두 나라 사이는 불평등한 교환관계가 형성되어, 빈부의 격차는 영속적인 것으로 남게 되나, 빈곤한 쪽에 오직 극소의 산발적 이득이 생겨 격차가 줄어들기도 한다. 그런데 선진한 나라가 “이따금 무력을 쓴다든가, 중추로부터 파견되는 공식적 대리인이 약소국의 문제를 운영하는 데 직접 개입하기도 하지만, 그러한 행동은 이러한 제국적 관계에 일상적이며 제도화된 기능은 아니다.”

이러한 선진과 후진사회 사이의 관계를 가리켜 영국역사가들(특히 Robinson R.E.와 Gallaghes 두 사람을 대표적 인물로 지적할 수 있을 것이다)이 최근에 사용한 용어로 ‘자유무역 제국주의’(free trade imperialism)나 ‘비공식 제국’(informal empire)이라는 표현이 있는데, 이는 제국적 관계를 잘 나타내고 있거니와, 윌리엄스는 이러한 그들의 제의가 영특하고 정확하며 편리한 것 같다고 평가하고 있다.

이 점은 마르크스도 중추부가 후진 지역으로 확장하면서, 시장유통 내지 시장터에 관한 자본주의의 기본적 개념으로부터 발전하여 제국적 체제로 정착했음을 분명히 이해하였다고 윌리엄스는 지적하였다.

‘비공식적 제국’으로서의 미국의 문호개방 제국주의

물론 윌리엄스는 이러한 유형의 부국과 빈국의 관계를 ‘비공식적 제국’의 지배관계로 보았다. 윌리엄스는 다른 저서인 『생활양식으로서의 제국』에서도 이러한 유형의 ‘제국주의’는 “주로 농업적인 사회가 공업적인 중추부에 의해서 본질적인 쟁점이나 결정권이나 관리권을 빼앗기고 있다는 것"이라고 말하면서 "제국주의의 본질은 약소경제(및 그 정치적·사회적 상부구조)를 중추부가 지배하고, 경제적 이익을 챙기며 확보하는 것이다"라고 규정하고 있다.

이러한 '비공식 제국'의 사례로는 1870～1914년의 영국과 아르헨티나와의 관계에서 뚜렷한 전형을 찾을 수 있고, 일반적으로는 공업강국과 제3세계로 알려진 나라들과의 관계에서 찾을 수 있다. 특히 1890년대 이후의 미국과 서반구 여러 나라들과의 관계에서 '비공식 제국'이라는 개념을 적용하는 것을 흔히 볼 수 있다. 또한 제2차 세계대전 이후의 미국과 서유럽 내지 일본과의 정치적·경제적 관계를 그 변종으로 이해할 수 있다고 윌리엄스는 지적하였다.

그러면 미국의 공식적 문호개방정책은 어떤 유형의 제국적 관계로 보아야 하느냐는 문제가 당연히 제기될 수 있다. 윌리엄스는 문호개방정책을 "비공식 제국 내지 자유무역 제국주의라고 일컬어지는 자유주의 대외정책의 미국판"이라고 보았다. 그리고 20세기의 미 제국은 문호개방에 의한 '비공식 제국'의 세계화를 외교적 기본전략으로 삼았다는 의미에서 '문호개방 제국주의'를 기본적 정책으로 삼았다고 말하고 있는 것이다.

그는 이 용어를 그의 유명한 저서 『미국외교의 비극』에서 두어 차례 쓰고 있으나, 이보다는 단순히 '문호개방정책'이라는 말을 훨씬 빈번히 활용하고 있는 것이 두드러지게 눈에 띈다. 따라서 '문호개방 제국주의'라는 용어가 널리 일반화된 것은 그의 제자들이나 비판자들에 의해서 이루어졌다고 보아야 할 것이다.

윌리엄스의 기본적인 입장은 미국의 문호개방정책을 영국의 제국주의정책인 '자유무역 제국주의'에 유사한 것, 다시 말해서 "가능한 한 비공식적으로, 그러나 필요한 경우는 공식적으로 지배를 확대하는" 정책으로 이해하고 있다고 볼 수 있을 것이다.

그럼에도 불구하고 윌리엄스가 20세기 미국의 대외정책을 '비공식 제국'이나 '자유무역 제국주의'의 정책틀 속에 국한하고 있지 않다는 것은 이미 위에서도 언급한 바 있거니와, 적어도 '행정적 식민주의'를 광범위하게 행사했다는 사실을 지적하고 있는 것을 간과해서는 안 될 것이다.

그리고 여기서 덧붙이고 싶은 말은 앞에서 살폈듯이 마르크스의 식민지 지배관계이론을 윌리엄스가 미국외교사 해석에서 상당히 받아들이거나 활용하고 있다는 것이다.

5. 미국의 통합자본주의

대외정책기반으로서의 통합자본주의

이제 미국대외정책의 국내적 정책기반이 되는 통합자본주의에 관한 윌리엄스의 견해를 언급함으로써 그의 미국외교사관의 대강을 마무리지을 수 있을 것 같다. 자본주의체제의 한 발전적 형태로 그는 통합(또는 단체 통합·기업·담합 등으로 번역할 수 있는) 자본주의의 새로운 체제를 제시했는데, 바로 다름아닌 이 체제가 해외팽창의 기반이자 원동력이 되는 것이다.

그는 이 체제를 가리켜 일찍이 그의 저서 『미국외교의 비극』의 서장에서 다음과 같이 말하였다. "1880년대의 체제위기는 미국사의 일대 전환기였다. 그것은 '잭슨적 자유방임'(Jacksonian Laissez Nous Faire) 시대의 종식을 의미하고, 미국 경제생활에서 다이내믹한 역할을 해온 개인 기업가의 종언의 장면을 나타내는 것이었다. 그것은 동시에 새로운 체제의 승리를 의미하는 것이었는데, 그 체제는 전 미국사회에 걸쳐 대기업과 그와 비슷한 고도로 조직화된 거래집단들에 기초를 두고, 그것들에 의해서 특징지워지며 통제받는 체제였다"고 말하였다.

이러한 개념의 틀 속에서 20세기 전반기의 정치적 자유주의 내지는 개혁정치를 해석함으로써 윌리엄스는 종래의 혁신주의사학이나 신보수주의 사학과는 다른 미국현대사의 모습을 그리기 시작했다. 그에 따르면, 시오도어 루즈벨트·윌슨·후버·프랭크린 루즈벨트 등 역대의 자유주의적 정치가들은 통합자본주의를 승인, 정부의 보호나 법적 규제를 통하여 이 체제를 합리적이며 효율적인 방법으로 추진하려고 노력하였다는 것이다.

윌리엄스의 후배 역사가들은 이러한 기업과 정부 사이의 밀착된 연계를 흔히 '통합자유주의' 또는 '자유주의적 통합주의'(liberal corporatism)라고 지칭하고 있거니와(윌리엄스 자신은 이 어휘를 쓰지 않았다) 이와 관련해서 그는 1920년대의 후버 대통령의 협동자본주의(Associational Capitalism)의 이념에 각별한 주의를 기울였다.

후버는 "미국의 성숙한 공업시스템은 본래 세 개의 기본적 단위 즉, 자본(농업을 포함), 노동 그리고 정부로 성립되고, 또한 미국은 이들을 기초로 조직된 통합적 사회(corporate society)"라고 보고, "이들 구성체간에는 의견상의 상이(相異)나 단기적 이해의 충돌이 있으나, 역시 이들 단체는 협동해서 이익의 자연스러운 조화를 가져오는 어떤 일정한 관계를 만드는 것"을 목표로 삼았다고 분석하였다.

그러나 그는 현실적으로 이러한 통합적 사회를 건설하는 데 실패한 경우도 예상했다. 이를테면 기업의 지배는 파시즘으로, 노동의 지배는 사회주의로, 관료기구의 비대는 일종의 관료적 전제정치로 기울어질 수 있기 때문에, 그가 구상한 것은 이들 세 개 구성단위의 균형과 조정을 보장하는 자본주의적 생디칼리즘이었다.

그러나 현실적으로 3자간의 완전한 형평이 실현될 수 있는 것은 아니었다는 것이 윌리엄스 이래의 '통합자유주의'론의 일반적인 해석이었다. 말하자면 그 근저에서 중심적·추축적(樞軸的) 위치를 차지하는 것은 어디까지나 기업이었고, 또한 그것은 모든 경제적 협력관계에서 중심에 위치해야만 했다. 그리고 국민을 대표하는 정부는 기업과 협동해야 한다는 신념이 깔려 있는 것으로 보았다.

후버는 국제정치면에서도 공동체적 구성을 미국이 선도할 것을 바랐다. 영국·프랑스 뿐만 아니라, 독일·일본·이태리 사이에도 국내의 경제적 구성과 마찬가지로 공동체를 만들어야 하는 필요성을 지적했다. 그러한 공동체는 각국의 국익증대에 기여할 뿐만 아니라, "미국이 이끄는 공동체는 기존의 질서에 대한 혁명세력의 도전에도 대처할 수 있다"고 생각하였다.

윌리엄스의 초기 저작에서 '제국적 이익집단에 의한 정치를 극복하려고 노력한 대통령'으로서 그의 동정을 받은 대통령은 후버, 아이젠하워 그리고 다소 놀랍지만 내정개혁에 노력을 기울였던 존슨 등이었다. 이러한 평가는 『대통령들 : 윌슨에서 닉슨까지』(*Some Presidents: Wilson to Nixon*, 1972)라는 제목으로 출간된 그의 서평 모음에서 착안할 수 있는 대목이거니와, 그가 지적한 이들 세 명의 대통령들은 '통합체제'를 구성하는 중심인물로서 각기 나름대로의 효율적 역할을 해냈다는 것이다.

제국적 외교정책의 뿌리

윌리엄스는 1961년에 또 하나의 문제작 『미국사의 윤곽』(*The Contours of American History*)을 세상에 내놓았는데, 미국사를 개관한 이 책은 독자에게 많은 충격과 영향을 끼친 책이었다.

이 책의 첫번째 충격은 '제국적 외교정책의 뿌리'를 식민지 시대 유럽문화의 미국적 변용과정(變容過程)에서 볼 수 있다는 것이었다. 더욱이 그 뿌리에는 유럽의 침략성이 배어 있었을 뿐만 아니라, 또한 그 뿌리는 훗날 미국에 큰 유산으로 남겨지게 된다는 사실에 있었다.

윌리엄스의 이러한 발견은 터너(Fredrick Jackson Turner)나 비어드(Charles Austin Beard)가 유럽을 '이집트적 속박'의 세계이자 권력의 상징으로 보고, 신세계를 '약속의 땅'이자 자유의 상징으로 보았던 것에 비유해 보면, 너무나 현격한 차이와 이반(離反)을 느낄 수 있는 대목이었다. 이들 2인의 대표적 역사가들의 시각으로 본다면, 분명히 윌리엄스의 수정주의는 암담하기 그지없는 역사관이라고 보아야 할 것이다.

윌리엄스의 대표적 미국통사(通史)인 이 책이 재구성한 19세기 말엽(1896)에 열린 '통합자본주의의 시대'는 "대기업(과 그들의 지도자들)이 미국을 지배한 시대였고, 그는 20세기 중엽이 지나도록" 그 지배력은 지속되는 것으로 보았다.

윌리엄스의 이상적 사회주의체제

통합자본주의가 1929년 이후에 크게 실패하였을 때, 뉴딜(New Deal)정책이 기업을 살리기 위해 연방정부의 과세권을 행사하여 필요한 자본을 조달했던 것을 윌리엄스는 비판했다.

그가 본 뉴딜은 견실한 자본주의가 아니라, 연방정부에 의해서 끊임없는 자본주입으로 뒷받침된 부실한 체제였다. 언제까지 이 빈사의 환자를 강제적 과세의 방법으로 살려야 할 것이냐고 윌리엄스는 반문하였다. 그러한 과세는 통합자본주의 생산능력의 마지막 수익자가 되어야 했던 납세자를 빈곤화하는 결말을 가져오게 될 것으로 관측했다.

그리고 무엇보다 흥미로운 것은, 윌리엄스가 20세기 후반의 미국사회가 지향해야 할 길을 유진 뎁스(Eugene V. Debs)의 꿈에서 찾고 있었다는 것이다. 그는 공언하기를 "미국인들은 세계에서 처음으로 진정한 민주적 사회주의체제(democratic socialism)를 창건할 수 있는 기회를 갖고 있다"고 말했다.

미국·쿠바 관계사를 서술한 지 15년 만인 1977년에, 미국의 독립 200주년을 기념하여 윌리엄스는 『미국과 혁명적 세계의 대치』

(*American Confronts a Revolutionary World*, 1776~1976)를 세상에 내놓았다. 그는 이 때 미국이 과테말라, 이란, 인도네시아, 월남, 칠레 같은 곳에서 일어난 혁명에 개입했던 사실에 대하여 고뇌와 분노를 느낀다고 말했다. 그는 이 책에서 오히려 전통을 개척하는 보수주의 편에 기대를 걸었다. 그는 개탄하기를, 후버 대통령이야말로 "민족자결의 기본원칙을 준수한 마지막 위대한 보수주의자"였다고 말했다.

그는 이 책에서 그가 젊어서 풀뿌리 시민들을 위하여 행동했던 때의 참여의식을 재차 확언하기에 이르렀다. 그는 미국인들에게 미국의 제국적 팽창의 진실을 알리고, 그러한 제국으로부터의 절연과 그것에 대신하는 좋은 세계의 창건을 당부하는 정치적 설득을 폈다. 기실 그 자신의 후기의 저작에 제시된 해결책은 공동체적 비전을 제시하는 데 있었다. 그것은 권력의 분산과 민족자결, 그리고 지역적으로 조직되고 민주적으로 기능하는 공동체의 구성과 같은 주제들이었다.

그의 공동체적 '비전'은 소규모의 정치공동체로서 그리스의 전통에서 볼 수 있는 도시국가(polis)였다. 윌리엄스가 간곡하게 주장한 것은 "미 제국을 지역공동체로 구성된 연방체로 대체하기 위하여 지속적으로 사회운동을 펴나가는 것"이었다. 그리고 그가 지향한 "목적은 민주적 사회주의 공동체 연방(federation of democratic socialist community)을 창건하는 것"이었다.

이른바 '분권적·민주적 사회주의'의 실현을 위한 제언은, 윌리엄스가 대학원 학생시절에 영국 리드 대학에서 5개월간 사회주의 경제세미나에 참가했을 때 처음으로 품었던 이상을 오랫동안 다시 다듬고 심사숙고한 끝에 마련한 것이었다.

이러한 그의 이상은 '문호개방 제국주의' 내지는 이기적·탐욕적·비인도적 '시장 자본주의'(marketplace capitalism)에 대한 대안으로 제시된 개념이었다. '분권적공동체'는 그 기본적 전제가 삶의 풍요로운 양보다는 삶의 검소한 질을 찾기 위한 노력이었다. 풍요의 추구는 전부 포기되지 못할진데, 날카롭게 감축되어야만 했다.

6. 수정주의 역사가로서의 위치

윌리엄스와 그의 후계자들의 신좌파적 위상

윌리엄스가 1959년에 『미국외교의 비극』을, 2년 후에 『미국사의 윤곽』을 각각 세상에 내놓았을 때, 학계에서 그다지 큰 주목을 끌지 못했던 것은 사실이다.

그러나 그가 제시한 '문호개방 제국주의'나 '코오포리트 자본주의' 이론의 논점을 실증적으로 연구해서 다듬어진 우수한 박사학위논문들이 속속 나오게 되면서(그는 위스콘신 대학 재직 11년 동안에 35명의 박사를 길러냈다) 외교사학계에서는 자연스럽게 '위스콘신 학파'라는 별명이 나붙게 되었다.

또 윌리엄스의 영향을 받은 그의 제자와 젊은 실천가들이 미국의 제도와 정책에 대한 급진적 비판을 편집의 지침으로 삼은 『좌파연구』(*Studies on the Left*)라는 잡지를 간행하여 새로운 좌익운동을 모색하기 시작했다.

이 잡지는 1959년에 위스콘신 대학의 소재지인 매디슨시에서 창간되어, 사회주의와 급진주의를 지향하는 연구자들의 이론지로서 크게 주목을 끌었다. 처음에는 미국외교사에 관한 논문이 많이 게재되어 '위스콘신 학파'의 기관지 같은 느낌도 주었다. 그러나 뒤에 이 잡지는 '신좌파' 학생운동과 제휴하게 되면서 편집방침을 에워싼 대립이 표면화하여, 1967년에 정간하기에 이르렀다.

1960년대 후반기에 월남전에 대한 반전운동이 고조되면서, 미국사회가 온통 혼란과 좌절감에 휩싸이자, 윌리엄스는 신좌파들에게 매력을 잃고 말았다. 미국사회 뿐만 아니라 미국의 대외관계의 성격을 바꾸어 보겠다고 거리에 나선 이들의 행동양식에서 윌리엄스는 모순되고 손상된 것을 보았다. 그는 특히 이들의 자기 패배적이며 '자의적·비사회적인 폭력'을 개탄했다. 또한 신좌파들이 나라의 위기적 상황 속에서 스스로 '전위적'인 행동을 한다고 자부하면서 자기네들의 의식을 사회에 심으려고 시도하는 태도에 당혹했다.

윌리엄스는 「민주주의」(Democracy)라는 잡지 창간호(1981)에서 1960년대의 신좌파에 대해서 회고하기를 "그들은 도덕적 신념이나, 놀랄 만한 활동력이나, 장래성 있는 사상을 가졌음에도 불구하고 월남에 개입한 제국주의 전쟁에 반대한다는 것만으로 끝났고, 그 이상의 정치적 전개가 없었다"고 예리하게 지적하였다. 이어서 그는 신좌파의 쇠퇴의 원인을 가리켜, '파탄이 일어난 마르크스사상'에 의존하고 있었기 때문이라고 말했다. 그는 이미 마르크스주의의 이론적 테두리를 벗어난 지 오래였다.

위에서 보았듯이, 윌리엄스는 1964년에 『커다란 회피』를 발표할 때만 해도, 마르크스에 공명했었다. 그러한 그가 마르크스를 버린 시기는 1970년대 초로 보인다. 말하자면, 마르크스의 유럽 자본주의 비판은 미국 자본주의 비판에도 적용될 수 있다고 생각해왔던 윌리엄스에게서 큰 변화가 있게 된 것이다. 그는 마르크스가 나타낸 것은 근대적 가치관의 하나의 변종(變種)이었을 뿐이지, 새로운 대안(代案)은 아니었다고 생각하기 시작한 것이다.

마르크스를 수용했다가 마르크스를 떠난 윌리엄스의 입장을 좀더 관찰하자면 다음과 같이 요약할 수 있다. 이를테면 『커다란 회피』에서 윌리엄스는 산업자본주의는 역사의 필연적 진보의 한 단계라고 말한 마르크스의 입장을 받아들이고 있었다. 산업자본주의는 소수의 특권계급만을 위해서가 아니라, 세계의 모든 사람에게 풍요로운 생활을 지향할 수 있는 생산성을 높였기 때문이었다.

그러나 윌리엄스는 부의 축적을 약속한 미 제국(그것은 처음에는 서부에서, 다음에는 해외에서 팽창했다)을 비판했고, 더욱이 그러한 팽창과 부의 축적을 실현하기 위하여 만들어진 관료조직을 비판했다. 왜냐하면 관료조직은 그가 이상으로 삼은 진정한 공동체의 가능성을 빼앗아갔기 때문이었다. 그런데 무한한 부를 긍정하는 마르크스의 주장도 사회주의 국가나 공산주의 국가에 거대한 관료제도를 초래하지 않았는가?

좌파사상으로부터 공동체사상으로의 전환

윌리엄스는 자신의 저서 『커다란 회피』에서 마르크스의 교훈과 소련의 정치적 실천을 명확히 구별짓고 있었다. 그러나 그것이 잘못된 생각이었음을 깨닫게 된 것이다. "거대한 관료조직을 갖춘 소련은 거울에 투영된 미국의 모습"에 다름없었다. 그는 관료조직을 통해서 미국과 소련이라는 거대한 두 개의 제국모습을 보았고, 크게 실망하지 않을 수 없었다.

1972년에 출간된 『대통령들 : 윌슨에서 닉슨까지』에서 윌리엄스는 정치의 지방주의를 거론하면서, 중앙집권화된 거대한 경제체제의 산물인 산업자본주의의 생산성 향상이라는 마법과 인연을 끊었다. 그는 "중앙집권화된 경제는 미국이나 소련이나 인간적인 측면을 압도하고 파괴하는 것"으로 보았다.

그리고 인간이나 자연계의 다양성을 지배하려는 정치권력은 반드시 힘의 한계에 도달하게 된다고 믿었다. 그는 윌슨에서 닉슨에 이르는 대통령들의 비극적 실패를 직시하도록 역설하면서, 그러한 실패는 의지의 힘을 앞세워 '자연스런 다양성에 부자연스런 획일성'을 밀어붙이려는 그릇된 정치의 산 증거라고 말했다.

윌리엄스의 이러한 사상적 전환은 특히 1980년에 간행된 그의 저서 『생활양식으로서의 제국』에서 한층 명료하게 드러났다. 그의 견해에 따르면, 그 동안 미국은 줄곧 생활수준의 향상을 추구한 끝에 제국으로 군림하게 되었고, 이로써 소련과는 군비확장경쟁을 벌이는 결과를 낳았다. 냉전기에 미국은 국내에서나 국제관계에서나 중앙집권화를 추진하였기 때문에 나라 안팎에서 혼란을 야기했다.

이러한 타락적 혼란 상태에 대신하는 길을 제시해 주는 '약속'이자 '예언'은 지방분권화된 협동적 공동체를 건설하는 것이었다. 이와 같이 1980년대의 윌리엄스는 자본주의와 마르크스주의가 공유하는 경제성장주의를 거부하고, 오히려 보수적인 가치관이라고 볼 수 있는 지방분권주의에 기초한 공동체의 구성을 궁극적 이상으로 삼았다.

1980년에 윌리엄스는 "미국사연구자학회"(Organization of American Historians)의 회장에 선출되었다. 전통적으로 온건한 분위기를 지켜온 이 기구의 회장에 선출됨으로써 그에게도 신분상의 변화가 있었다. 그의 저작은 미국 안에서보다는 외국에서 더 환영받아왔으나, 그가 회장직에 오르면서 국내에서도 한층 더 인정받게 되었다. 그의 수정주의적 해석이나, 도의적 공박대상이 되었던 주장들은, 학자들 사이에 빈번한 논쟁의 대상이 되어 왔으나, 미국사에 대한 그의 해석이나 시각은 역사학적 토론 모임에서 이미 중심적 위치를 차지하고 있었다.

윌리엄스가 이렇듯 명망 있는 역사가가 되기까지에는 남다르게 명암이 엇갈리는 경험이 있었던 것을 간과할 수 없을 것이다. 위스콘신 대학 재임중에 겪은 가장 불유쾌했던 체험은 미국 의회의 '하원 비미활동 조사위원회'(House Committee on Un‑American Activities)의 소환장을 받고 심문에 응했던 때였다. 이 위원회는 그에게 『미국사의 윤곽』의 간행을 중단하도록 종용했다.

이밖에도 그의 제자들의 좌파적 움직임에 대해서 심문했다. 또한 그가 자문의 위치에 있었던 잡지, 「좌파연구」에 대해서 위원회는 많은 관심을 쏟았다. 위원회의 심문에 대해서 그는 학생들의 움직임을 변호하는 말 가운데, 매우 인상적인 답변을 남겼다. 즉 그는 항거할 수 있는 "지성인으로서 자부하건데," "인간의 권리 중에는 혁명하는 권리도 있다"고 공언하였다.

1960년대 후반에 베트남전쟁의 중단을 요구하는 반전 데모가 온 나라로 확대되고, 미국정부의 반혁명 '글로벌리즘'에 대한 비판의 소리가 높았던 혼란 속에서, 윌리엄스의 외교사 해석을 에워싼 논쟁도 미국역사학계에 회오리 바람처럼 밀어닥쳤었다. 역사가들 사이의 열띤 논쟁은 언성을 높이는 사태로 발전하는 경우가 비일비재(非一非再)하였다.

여기서 우리는 기성학자들의 냉혹한 비판을 한 두 마디 인용해 볼 수 있을 것이다. 포스터 덜레스(Foster Rhea Dulles)는 윌리엄스의 『미국외교의 비극』을 공격한 글에서 그는 "명석하나 모순된 역사가로서 역사를 탐구하기보다는 논쟁하기에 더 관심을 가지고 있다"고 말했다. 존 브레만(John Braeman)은 『미국사의 윤곽』을 가리켜 비난하기를 "역사가의 작품이 아니라, 미국인들을 구원으로 이끄는 예언자"의 작품이라고 비꼬았다. 하버드의 오스카 핸들린(Oscar Handlin)은 『미국사의 윤곽』에 대한 서평에서 윌리엄스를 가리켜 그릇된 생각을 가진 사람으로서 "정교하게 다듬어 감쪽같이 속이기에" 능하다고 말했고, 또한 그는 "어설픈 초년생의 설익은 글로," "왜곡되고 우스꽝스런" 책을 써냈다고 혹평했다.

그러한 와중에도 1970년대 초에 윌리엄스를 선두로 하는 수정주의는, 미국외교사 연구자들 사이에서 적극적인 호응과 동의를 얻게 됨으로써 그 전성기를 맞이했다. 이로써 1960년대 초반까지 냉전사 서술을 비롯한 미국외교사 서술을 지배해 온 전통주의적 합의사관은 큰 타격을 입었다. 수정주의가 가장 크게 주목을 끌었던 시기는 1960년대 말엽에서 1970년대 초반이었다. 이 무렵에 정통주의와 수정주의는 한 때 백중하게 격돌하였다.

그러나 닉슨과 키신저에 의한 현실주의적 대중국 외교정책의 획기적 전환이 있게 되고, 베트남 전쟁의 종언을 거쳐 1970년대 후반의 베트남전 이후의 미국 내에서는 그 동안의 사회적 혼란이 남긴 국민적 자신감의 위축과 무력감의 혼미 속에서 외교사 연구에도 변화가 있었다. 수정주의 지향의 연구는 1980년대 초반부터 현저하게 저하하였다. 역으로 전통주의적 해석이 고개를 들기 시작했고, 또 한편으로 '탈수정주의'(Postrevisionism)로 불리는 전통과 수정을 절충한 해석이 등장하여 새로운 주목을 끌었다.

윌리엄스의 외교사관 내지는 외교사상에 대한 폭넓은 평가와 재해석이 이미 그의 생시에 규모있게 시작되었고, 1996년에는 그의 전기도 나왔다. 윌리엄스의 외교사학에 대한 연구가 그의 타개를 기점으로 한층 더 활발해질 것으로 기대된다. 본고는 윌리엄스의 외교사학을 그 자체로서 이해하는 것을 목적으로 삼았기 때문에, 제3자의 평가나 해석보다는 될 수 있는 대로 그의 원전에 입각해서 필자 나름대로 분석하는 데 멈추었음을 부언해 둔다.

참고문헌

박인숙. 『윌리엄 A. 윌리엄스의 미제국론 연구』. 고려대학교 박사학위논문 (서울, 1996)

David W. Noble. *The End of American History*. Univ. of Minnesota Press. 1985.

Henry W. Berger ed. *A William Appleman Willams Reader: Selections from the Major Historical Writings*.

Irwin Unger. *The 'New Left' and American History: Some Recent Trends in United States Historiography*. American Historical Review. 72 July, 1967.

James Weinstein & David Eakins, eds. *For a New America*. 1970.

James M. Siracusa. *New Left Diplomatic Histories and Historians*. Port Washington, 1973.

Jerald A. Combs. *American Diplomatic History: Two Centuries of Changing Interpretations*. Berkeley: Univ. of California Press, 1983.

Lloyd C. Gaidner ed. *Redefing the Part: Essays in Diplomatic History in Honor of William Appleman Willams*. Oregon State Univ. Press, 1986.

Michael Hogan. *Corporatism,* Journal of American History 77. June, 1990.

Michael J. Hogan and Thomas G. Paterson ed.. *Explaining the History of American Foreign Relations*. Canada: Cambridge Univ. Press, 1993.

Paul M. Buhle and Edward Rice - Maximin. *William Appleman Williams: The Tragedy of Empire*. Routledge. New York and London. 1995.

Robert James Maddox. *The New Left and The Origin of Cold War*. Princeton. 1973.

Robert W. Turker. *The Radical Left and American Foreign Policy* Baltimore. 1971.

S. Walker. *Historians and Cold War Origins,* in Gerald K. Haines and Samuel ——— (eds). *American Foreign Relations; A Historiographic Review.* Wesport, Connecticut. 1981.

Thomas J. McCormick. *Drift or Mastery? A Corporatist Synthesis for American Diplomatic History*. Reviews in American History. 10. December, 1982.

William Marina. *A William Appleman Willams,* in *Dictionary of Literary Biography,* vol. 17.Detroit: Twentieth Century Historians, 1983.

제13장

실증주의 역사학의 부활 : 베일린

황 해 붕

현재 하버드 대학 명예석좌교수인 버나드 베일린(Bernard Bailyn, 1922~)은 초기 미국사 연구의 최절정이요, 최대 권위라 지칭될 수 있는 세계적인 석학이다.

그는 미국에서 '가장 영향력 있는 현역 역사가들'의 하나로, '지난 30년간 초기 미국사학을 지배'해 왔고, 또 현재 '세계에서 가장 혁신적이고 가장 걸출한 역사가들의 하나'로 평가되고 있다.[1] 이러한 찬

---

* 필자는 전 경북대 역사교육과 교수

1) Michael Kammen and Stanley N. Katz, "Bernard Bailyn, Historian and Teacher : An Appreciation," in James A. Henretta, Michael Kammen, and Stanley N. Katz, eds. *The Transformation of Early American History : Society, Authority, and Ideology*(New York : Alfred A. Knopf, 1991), p. 3 ; and Gordon S. Wood, "The Creative Imagination of Bernard Bailyn," in *ibid.*, p. 17.

참고로, 이 두 논문이 실린 위의 책은 Bailyn 교수의 지도로 박사학위를 취

사는 40여 년에 걸친 그의 뛰어난 학문연구가 이룩한 쟁쟁한 학자적 성가(聲價)의 일단을 말하여 준다.

이 장은 그의 연구업적을 소개하고 평가하려는 것이다. 그 내용은 먼저 주요한 학력과 경력, 다음으로 주요한 저술들의 소개, 그 후에 연구의 기본 주제와 시기별 내용의 요약 소개, 그리고 마지막으로 문제 시각, 연구방법 및 접근자세에 대한 해설의 순서로 구성되어 있다.

1. 학문의 형성

베일린 교수는 미국 동북부 뉴잉글랜드 지방의 코네티컷 주 하트 포드에서 출생, 성장하여 명문인 윌리암스 대학(매사추세츠 주 서부의 Williamstown에 소재, 1785년에 개교)에서 학사학위를, 그리고 하버드 대학에서 석사와 박사학위를 취득하였다. 그의 학부 수학은 제2차 세계대전의 발발로 말미암아 2년 반(1940. 9~1943. 2)으로 단축되었다. 그리하여 그는 3년 반 동안의 군복무중에 학사학위를 수여받았고, 군에서 제대하자 곧 대학원에 입학하였다.

학부 시절에는 영문학을 주전공하였고 철학 강좌를 많이 수강하였으나, 대학원에서는 역사학, 그것도 초기 미국사로 방향을 전환하였다.

득하였던 제자 교수 12명에 의하여 집필된 11개 논문으로 구성된 기념논문집이다. 또 이 논문의 작성을 위하여, 위 두 논문 외에, A. Roger Ekirch, "Bernard Bailyn," in Clyde N. Wilson, ed., *Twentieth - Century American Historians,* Vol. 17 of *Dictionary of Literary Biography*(Detroit, Michigan : Gale Research, Incorporate, 1983), pp. 19 - 26 그리고 idem, "Sometimes an Art, Never a science, Always a Craft : A Conversation with Bernard Bailyn." *William and Mary Quarterly,* 3rd ser., LI, No. 4(October, 1994), pp. 625 - 658를 많이 참조하였다.

　　박사과정 이수 중에 하버드의 강사로 채용되었던 그는 박사학위를 취득하면서 즉각 조교수로 임명되었다. 그 후 하버드에서 베일린 교수의 승진은 놀라울 정도로 빠르고 또 화려하였다. 그는 매우 단기간에 정년보장 부교수(1958), 정교수(1961), 윈스롭(Winthrope) 석좌교수(1966~1981), 그리고 아담스 대학 석좌교수(1981~1993)와 제임스 필립스(James Duncan Phillips) 석좌교수(1991~1993) 등으로 임명되었다. 그리하여 1993년에 만 70세로 퇴임한 후에도, 퇴임 때에 보유했던 두 개의 석좌교수직을 계속 보유하는 명예석좌교수가 되었다.

　　그는 학부시절 모교인 윌리암스 대학, 그리고 예일 대학, 시카고 대학 등 유수한 명문대학들을 포함한 10여 개 대학들로부터 명예박사학위를 수여받았다.

　　제자의 한 사람인 현 브라운 대학 교수 고든 우드(Gordon S. Wood)의 회상에 따르면,[2] 조교수 베일린의 정년보장 부교수 임명은 하버드로서는 '이례적으로 모험적인' 발탁 인사였다. 강의와 세미나에서 발휘된 해박한 지식과 탁월한 독창성에도 불구하고, 당시 그는 박사학위 논문을 수정·보완하여 출판한 200쪽 남짓한 엷은 단행본 1권에 논문 6편과 서평 5편 그리고 짧은 연구노트 2편 등 근소한 연구업적을 지닌 거의 무명의 신진에 불과하였기 때문이다.

　　그러나 그 후 베일린 교수의 행적을 따져 보면 기성업적의 가시적인 분량보다는 장래의 잠재적 가능성을 약속하는 내면적 질의 충실도에 치중하였던 하버드의 선택이 매우 현명하였음을 보여 준다.

　　여하튼 1958~1991년의 36년간에 베일린 교수는 61명의 박사를 양성하였다. 그들의 대다수는 초기 미국사 영역의 일급 교수가 되어 현재 미국역사학계를 주도하고 있다. 예컨대, 고희(古稀) 기념논문집

---

2) Wood, "The Creative Imagination," p. 20.

『초기 미국사의 변형』에 논문을 기고했던 제자 교수들 중에는 코넬 대학의 뉴튼 화(Newton C. Farr) 석좌교수인 마이클 캄맨(Michael Kammen), 미국인문학평의회(American Council of Learned Socities) 총재인 스탠리 캐츠(Stanley N. Katz), 브라운 대학의 석좌교수인 고든 우드 등 쟁쟁한 석학들이 포함되어 있다.

한편, 대학 내외의 각종 학술적 활동 영역에서도 베일린 교수의 참여는 활발하였다. 그 중 주요한 것들을 소개하면 하버드 대학 내에서, 그는 희귀한 고전들의 소장으로 유명한 존 하버드(John Harvard) 도서관의 편집장, 찰스 워렌(Charles Warren) 미국사연구센터(Center for Studies in American History)에 의하여 간행되는 연간(年刊) 학술지인 『미국사 전망』(*Perspectives in American History*)의 공동편집자, 그리고 그 센터의 소장 등을 역임하였다.

또 대학 외부의 경우, 그는 버지니아의 윌리암스버그(Williamsburg)에 소재하는 초기미국역사－문화연구소(Institute of Early American History and Culture)의 평의원과 평의회 의장, 미국역사학회 회장, 그리고 미국학술원, 전국교육학술원, 영국역사학회, 멕시코역사지리학술원 등의 선임(選任) 회원 등 국내외의 여러 학술단체들에 폭넓게 관여하였을 뿐 아니라, 브라운 대학을 비롯한 미국 내 여러 대학들과 영국 캠브리지 대학 등의 특강 담당자 혹은 교환교수 내지 연구교수로 빈번히 초빙된 바 있었다.

2. 연구 주제 및 내용

관심의 변화

베일린 교수의 역사연구 노정은 과연 어떤 영역에서 어떤 주제를 어떻게 추구하는 것이었던가?

베일린 교수 자신의 회고에 따르면,[3] 1946년 6월 군제대 직전
에 역사를 전공하기로 결심하였을 때, 그의 관심연구영역은 주로 사회
사 내지 사회경제사 그리고 부수적으로 사상사 특히 정치사상사였다.

또 그 핵심주제는 초기 미국의 역사적 발전과정에서 발생하는 3
개의 상호교차들(intersections), 다시 말해 1) 전근대와 근대 간의 교
차, 즉 전근대로부터 근대로의 이행, 2) 유럽과 신대륙 간의 교차, 즉
유럽적 사회·문화의 미국화 과정, 3) 외적인 사회상황과 내적인 사
상·문화 간의 교차, 즉 물질적 조건과 정신적 요인 간의 상호작용이
었다.

대학원에서 그가 비인기분야였던 초기 미국사를 전공영역으로 선
택하였던 이유는 바로 미개발상태로 방치되어 왔던 이 시기야말로 이
세 부류의 교차들이 집중적으로 교착하는 시대로 가장 중요하고 의미
있는 연구대상이라 생각되었기 때문이었다.

베일린 교수의 이러한 진로결정을 간접적으로 고무시키고 촉진하
였던 것은 하버드의 유능한 교수들이었다. 그가 수강했던 강의는 초기
미국사 관련 강의들 이외에 프랑스 중세사와 고대 로마사 등 매우 다
양한 영역의 것들을 포괄하였는데, 그에게 가장 크게 영향을 미쳤던
교수는 초기 미국사 분야의 오스카 핸들린(Oscar Handlin)과 중세 프
랑스사의 찰스 테일러(Charles Taylor) 교수였는데, 특히 핸들린 교수
의 강의는 다른 교수들의 평면적인 사실기술적 강의와는 달리, 예외적
으로 분석적이고 설명적인 것이었기 때문이라 한다. 그가 겨우 7세 연
장인 신진 사회사가 핸들린을 학위논문 지도교수로 선정하였던 이유
도 바로 여기에 있었다.

---

3) Bailyn to A Roger Ekirch, April 16, 1981 in Kammen and Katz, "Bernard
   Bailyn," pp. 6-7, and Wood, "The Creative Imagination," p. 23; and
   Ekirch, "Sometimes an Art," p. 630.

이 두 교수 외에 대학원 시절의 베일린 교수에게 중요한 영향을 미쳤던 역사가들로서는, 방대한 분량의 『제 2차 세계대전 중 미국해군 작전사』(15권 ; 1946~1962)를 쓴 하버드 교수 사무엘 모리슨(Samuel E. Morison) 그리고 아날(Annales)학파의 창시자였던 프랑스의 중세사가 마르크 블로흐(Marc Bloch)와 영국의 고대 로마사가 로날드 심(Ronald Syme)의 두 학자가 있었다.

그는 모리슨으로부터 복잡한 사건들을 하나의 이야기로 엮어 내는 설화적 서술의 유용성을 배웠다. 또 치밀한 분석을 통하여 역사적 변화과정을 정밀히 추적하는 블로흐의 탁월한 조직력과 분석·설화의 두 방법을 혼용하면서 거대한 제재(題材)를 종합하는 놀라운 솜씨에 매료되었다.

이와 같이 뛰어난 학자들의 영향 아래 베일린 교수의 연구진로는 확정지어졌다. 그의 오랜 연구이력을 통하여 변함없이 꾸준히 추구되어 왔던 일관된 핵심 주제는 전술한 세 부류의 교차들이 야기하는 변형·혁신의 과정에서 미국사회의 특이한 독자성이 어떻게 형성되었던가 하는 것이었다. 그 구체적 내용을 그의 전·중·후 세 시기의 연구들 각각의 기본적 논지 검토를 통하여 살펴보기로 한다.

초기의 사회사적 연구

먼저 전기(1950년대~1960년대 초)의 사회사적 연구로서는, 이미 제시한 바와 같이, 매사추세츠의 상인계층과 버지니아의 농장주계층에 대한 것들과 미국 교육의 발달에 대한 것이 있다. 상인과 농장주에 대한 연구에서는, 매사추세츠 혹은 버지니아의 특이한 경제적 상황 속에서 식민지 사회발전을 주도하였던 이 두 계층의 각각에 대하여 그 형성 경위와 정치적·사회적 위치의 특수성이 검토되고 있다. 또 미국 교육에 대한 연구에서는, 특수 미국적 사회상황이 미국 교육의 변천에 끼친 영향이 분석되고 있다.

좀 더 부연하면, 먼저 『17세기 뉴잉글랜드 상인들』(*The New England Merchants in the Seventeenth Century*, 1955)은 상인들의 경제적 이익과 정치적·사회적 특성의 '결정화'(結晶化) 과정, 곧 그들의 경제적 활동과 정치·사회적 위치 및 역할 간의 상호관련과 영향을 추적한다. 이 연구에 의하면, 대외상업에 종사했던 상인들의 '역동적인 경제적 힘'이야말로 뉴잉글랜드 사회의 근본적인 변형 곧 기존 성서공화국 질서의 붕괴와 기업적 이익추구사회의 형성을 야기하였던 '제1동인'(prime movers)이었다.

그러나 그들의 상업활동이 본국의 관련세력들에게 크게 의존했었기 때문에, 그들이 구축·장악한 '막강한' 경제력에 비하여 뉴잉글랜드 상인들의 정치적·사회적 영향력은 오히려 '제한적'인 것이었다. 해외상업활동이라는 '하나의 경제적 이익공동체'에 소속했음에도 불구하고, 제각기 다른 본국 유력자들과 맺은 개별적 연계에 따른 현실적 이해관계의 상충으로 말미암아, 그들은 '사회적으로 등질적인 단위'(unit) 내지 '별개의 사회적 실체'(entity) 곧 하나의 '계급'(class)을 형성하지 못했기 때문이었다.

이러한 뉴잉글랜드 상인에 대한 연구는 새로운 자료들(공증인과 개인기업의 기록 등)을 원용하면서, 가족사적 방법(상인계층의 내부 혼인에 기인하는 복잡한 친족관계의 해명)을 통하여 뉴잉글랜드 사회의 발전을 사회사적으로 규명하려는 것으로, 초기 미국사 연구에 새로이 사회사적 시각이나 방법을 도입하였던 선도적 업적들의 하나로 평가받고 있다. 『1697~1714년 매사추세츠 해운업』(*Massachusetts Shipping, 1697~1714*)은 이 연구의 내용을 계량사학적 방법으로 뒷받침하려는 것이었다.

다음으로 「버지니아의 정치와 사회구조」(Politics and Social Structure in Virginia, 1959)는 사회사적 접근을 버지니아 사회연구에 확대 적용한 논문으로 비록 분량은 적지만 지금까지 초기 버지니아에 대한 고전적 연구의 위치를 확보하고 있는 노작이다.

이 연구에 의하면, 식민지 시대 버지니아의 귀족적 지배계층이었던 농장주계층-젠트리(gentry)는 1630~1700년 동안에 제2세대 이민들에 의하여 형성되었다. 당시 영국이나 버지니아의 제1세대 귀족계층의 경우와 달리, 그들의 정치적·사회적 권위의 기반은 '세습적 신분'의 상속이 아니라 '새로이 성취된 경제적 탁월,' 곧 물질적 부의 개발능력에 있었다. 그들은 영국 귀족과 같은 '지대 기생자'가 아니라 '활동적인 토지경영자'였다.

그리하여 그들의 정치적·사회적 권위나 영도력은 특이한 식민지적 상황 아래 특수식민지적으로 변형·변질되었다.

첫째로, 영국의 경우에는 정치적·사회적 권위·영도력이 토지의 불분할 상속 때문에 소수 귀족가문에 의하여 지속적으로 독점되었음에 반하여, 버지니아에서는 그것이 토지의 분할상속으로 말미암아 지배계층 내부에서 광범히 확산되었다.

둘째로, 정치적 권위·영도력과 사회적 권위의 통합·합치가 지속되었던 영국의 경우와 달리, 버지니아에서는 두 권위의 분리·대립이 진전되었다. 법제적으로는 강력한 통치권이 지사를 비롯한 국왕 관리들에게 부여되었음에도 불구하고, 실질적 통치권 행사는 식민지 의회, 곧 식민지 귀족계층이나 농장주들에 의하여 장악되었기 때문이다.

이러한 권위와 영도력의 분리·대립 현상은 국왕지사나 행정부와 식민지 농장주나 의회 간의 끊임없는 알력이며 충돌이 되어 곧 버지니아의 정치적·사회적 불안정의 원인을 제공하였다.

그러면서 '국가와 사회의 동일시' 곧 정치적 권위와 사회적 권위는 통합·합치한다는 통념이 깨어졌다. 18세기 초의 버지니아 농장주에게, 국가는 "이제 사회적 권위의 한 표명이 아니라 … 그의 생활과 사회의 외부에 있는 추상적인 그 무엇"으로 변질하고 말았다. 베일린 교수에 의하면, 이러한 정치와 사회 간의 괴리는 모든 식민지들에 공통적인 특성이었으니, '유럽적 기준에 따르면 비정상적'이라 생각되었던 이러한 정치적·사회적 특수구조야말로 미국적인 '새로운 정치체계의 기원들'이었다. 참고로, 그의 이러한 논지는 후술할 『미국정치의 기원들』(*The Origins of American Politics*, 1968)에서 확대·부연되고 있다.

마지막으로 전기의 주목할 만한 마지막 사회사적 연구인 『미국사회의 형성과 교육: 연구의 필요와 기회』(*Education in the Forming of American Society: Needs and Opportunities for Study*, 1960)는 통상적인 미국교육사에 비판적인 '새로운 도전적 시각'을 제공하려는 '해석적인 저술'이다. 이 책에서 베일린 교수는 '광의의 교육'이란 '형식적 교수'(formal pedagogy)가 아니라 "문화가 여러 세대에 걸쳐 자기전달을 수행하는 전체 과정"이라고 규정하면서, 교육 그 자체의 변천이 아니라 미국사회의 형성에 대한 교육의 '역할'과 '위치'를 규명하려고 했다.

그러면서, 그는 장차 규명되어야 할 중요 논제들을 문제제기 형식으로 제시하고 있는데, 특기할 만한 사실은 이미 여기에서 1) 현재주의적 시각의 비판, 2) 상황·맥락주의(contextualism) 시각에 따른 미국사회·문화에 대한 예외주의(exceptionalism) 입장의 표명, 3) 독립혁명의 사상혁명적인 성격에 대한 지적 등 그 후 베일린사학을 특징지우는 기본적 시각 내지 접근자세와 핵심주제 중의 중요한 것들이 간략하지만 명확히 표명되어 있다는 것이다.

덧붙여 말하면, 첫째로 현재주의 비판에 대하여, 베일린 교수에 의하면, 전문 교육사가들에 의한 종래 교육사의 최대 난점들의 하나는 바로 과거에 대한 비역사적인 현대주의적 시각과 접근이었다.

이러한 시각이나 접근은 과거인들이 실제로는 '상상조차 할 수 없었던' 현재적 세계를 그들이 의도적으로 창출하려 했었다는 그릇된 전제 아래, 과거를 '축소된 현재'(the present writ small)로 간주하면서, 오로지 현존 교육제도나 기구의 기원을 과거 속에서 발견하려 하였다. 그 결과, 그들의 연구대상이 '제도적 교육' 특히 '공립학교제도' 발전에 편중되면서, 현재의 교육과는 본질적으로 상이한 과거교육의 실상을 후대의 기준들에 따라 왜곡하는 시대착오적 조작이 이루어졌다.

둘째로 미국적 상황이 낳은 미국교육의 실상에 관하여, 전문 교육사가들의 생각과는 달리, 미국의 공교육제도는 미국적 상황에서 생성된 '새로운 예상되지 못했던' 역사적 산물이었다. 그것은 18세기 말 이전에는 전혀 존재하지 않았으니, 유럽의 경우와 꼭 같이, 독립 이전 식민지 시대 미국에서도 핵심적 교육기관은 정규 학교가 아니라 가족이었다. 지역사회와 교회의 도움을 받으면서 가족이 자녀들의 행실예법은 물론이고 직업훈련도 아울러 담당하였던 것이다.

그러다가, 풍부한 토지에 부족한 노동력이라는 특수상황 속에서, 급격한 경제성장이 빈번한 인구 이동과 핵가족의 출현을 조성하는 과정에서 가족·지역사회·교회의 교육적 기능이 급격히 감축되고 그것들을 대신하는 새로운 교육기관과 제도가 필요하게 되었으니, 미국 공교육기관과 제도의 출현은 바로 이러한 시대적 요청에 대한 대응이었다.

셋째로 독립혁명의 사상혁명적 규정과 관련하여, 위와 같은 미국교육의 근본적인 일대 변화는 대충 1800년 경까지 완료되었는데, 다른 사회제도들의 경우와 같이, 교육제도에 대한 독립혁명의 영향은 매우 '한정적'인 것이었다. 독립혁명은 심각한 '사회적' 불만의 소산물도 아니고 따라서 '사회질서의 개조'를 지향하지도 않았으니 교육에 대한 영향은 "식민지 시대의 추세들을 법적·제도적 제약들로부터 해방시키고, 그것들을 확인하고, … 그것들에게 법적 인가(認可)를 부여"하는 것에 불과하였다.

중기의 사상사적 연구

다음, 이상과 같은 전기의 사회사적 연구에 대하여, 베일린 교수의 중기(1960년대 초~1970년대 전반기)의 사상사적 연구에서는 관심의 초점이 미국 독립혁명의 이데올로기적 기원으로 옮겨졌다.[4] 그 최초의 본격적인 표명이 바로 「18세기 미국의 정치적 경험과 계몽사상」(Political Experience and Enlightenment Ideas in Eighteenth-Century America, 1962)이었다. 이 논문에 의하면, 선독립혁명기의 식민지 시대 미국에서는 정치적 상황·현실과 정치적 이념·사고 간에 특수한 미국적인 괴리(乖離) 현상이 일어나고 있었으니, 독립혁명은 바로 이러한 현실과 사고 간의 역리적인 괴리를 해소하려는 사상이며 정신혁명이었다.

덧붙여 말하면, 한 편에 있어서, 당시 미국에서는 본국으로부터 거리가 멀리 떨어져 있다는 사실과 원격과 풍부한 토지와 재산의 비교적 균등한 배분과 종교적 다원주의 등 특수한 '현세적 상황' 아래에서, 사실상의 보통선거권 보급에 따른 대의정치의 발달과 입법부의 행정부에 대한 우월과 귀족주의적인 위계적 신분질서의 실질적 부재 등 정치적·사회적 구질서의 근본적 변형이나 변질이 이미 충분히 실현되고 있었다.

그러나 다른 한편으로 귀족적 상급계층의 정치적·사회적 우월이나 영도력을 수용하는 낡은 가치관은 변함없이 존속하였다. 곧 실제 생활상황의 변화와 더불어 "행동은 변화했으나, 마음의 습관과 정의의 감각은 뒤떨어지고 있었다."

그리하여 이러한 변칙적 상황 속에서 발발하였던 독립혁명은 정치적 사회적 체제개혁이 결코 아니었다. 그것은 '경험 및 행동'과 '사고방식 및 신념' 간의 괴리·불합치를 해소하려 했던, 변혁 곧 이미

---

4) 우리말 관련 연구로는 필자의 「독립혁명기 아메리카의 팜플렛문서」, 『역사교육논집』, 제1집(1980), pp. 285-307 ; 「아메리카 독립혁명에 있어서의 사상의 역할」, 『교육연구지』, 제22호(1980), pp. 41-53 ; 「미국 독립혁명의 사상적 성격」, 『서양사론』, 제33호(1989), pp. 103-129 등이 있음.

변질된 현실질서에 '정통성'을 부여하려는 '원리와 이념 그리고 이해'
의 혁명이었다. 따라서 유럽의 경우와는 달리, 계몽사상의 역할은 사회
혁명을 기도하는 '사회적·정치적 세력들'의 창출이 아니라, 사상이나
정신혁명을 합리화하는 이론적 수단의 제공에 있었다.

베일린 교수의 최대 문제작인 『미국혁명의 이데올로기적 기원
들』(*The Ideological Origins of the American Revolution*, 1967)은 독
립혁명 전야 미국 정치문화의 분석·검토를 통하여 「18세기 미국의
정치적 경험과 계몽사상」에 의하여 제기되었던 독립혁명사상과 정신
혁명설을 구체적으로 실증했던 연구이다.

그 기본논지를 요약하면, '혁명적 소책자들'(revolutionary
pamphlets)에 의하여 표명된 독립혁명사상은 17～18세기 영국의 '반
정부'(Opposition)사상을 계승·발전시켰던 급진적인 반권력·반체
제 사상이었고, 그것이 유발하였던 독립혁명은 비록 사회혁명은 아니
었지만 그 결과가 매우 급진적인 사상·정신혁명이었다. 그 내용을 부
연하면 대충 다음과 같다.

첫째로 '혁명적 소책자'에 대하여 살펴보기로 한다. 소책자란 인
쇄 전지를 적당한 크기로 잘라서 가철(假綴)하거나 제본(製本)한 간
이 소책자로, 신문 잡지 대자보 등과 더불어 17～18세기 영·미에서
널리 이용되었던 매스컴적인 의사전달 수단이었다. 문학작품이나 정부
공문서 그리고 정치적·사회적 시사평론과 종교적 설교 등 각종 저술
들이 소책자의 형식으로 간행되었으니, 베일린 교수의 판단에 '독립혁
명의 가장 중요하고 특징적인 저술의 대부분'은 바로 이러한 소책자들
이었다.

그것들은 '취하여진 자세들 뿐만 아니라 왜 자세들이 취하여졌던
가라는 이유들'이며 '현시(顯示)적인 사건들의 배후에 숨어 있는 추
론들과 신념들과 사상들,' 곧 독립혁명의 진정한 원인이었던 사상적
기원들을 알려 주는 '특이하게 설명적'인 것이었다.

둘째로 소책자들에 의하여 표명되었던 독립혁명사상의 기원에 관하여 살펴보기로 한다. 베일린 교수에 따르면, 이 사상의 원류(源流)는 17~18세기 영국의 정부사상이었다. 당시 영국에서 '급진적 휘그'(Radical Whigs), '공화주의자들'(Commonwealthmen), '야당'(Opposition), '지방파'(Country)의 사상 등으로 다양하게 호칭되었고 최근 학자들 사이에서 '고전적 공화주의'(Classical Republicanism)라 통칭되고 있는, 이 반정부 사상은 유럽으로부터 도입된 다양한 선행 사상들(고전고대 정치사상, 계몽사상의 정치이론, 영국의 보통법 사상, 퓨리탄적 계약신학 사상 등)로 구성되었던 독립혁명기 미국 정치사상의 핵심이었다.

다른 사상들이 제공하였던 잡다한 '어휘들'에게 '논리 혹은 문법'을 부여하면서 잡다한 사상들의 혼성체계였던 미국의 정치사상을 '하나의 통합적 총체'로 응집시켰던 것이 바로 반정부사상이었다. 그리하여, 영국 정치문화 안에서는 미약한 지류에 불과하였던 반정부 사상이 미국에서는 그 정치문화의 주도적 본류의 위치를 차지하면서 독립혁명을 유발하는 제1원인으로 작용하였다.

셋째로 반정부사상-독립혁명사상의 핵심적 원리는 권력불신과 권력억제의 논리였다. 베일린 교수에 의하면, 식민지인들의 판단에 부패하고 타락한 영국정부는 권력남용 방지를 위하여 고안된 혼합·균형국제 혹은 정부(Mixed and Balanced Constitution or Government)를 파괴하면서 식민지인들로부터 자유와 권리를 박탈하여 그들을 노예화하려는 전제적 압제 수립의 음모를 획책하고 있었다.

영국 위정자들의 사악한 '계획적 음모'에 대한 식민지인들의 이러한 '불신과 의구심'이야말로 독립혁명 발발의 가장 근본적인 원인이었다. '혁명적 소책자들'에 나타나는 부패·압제·음모 등에 대한 식민지인들의 반응은 종래의 주장처럼 '단순한 수사(修辭)와 선전'이 아니라 그들의 절박한 현실인식 곧 '현실적 공포, 현실적 우려, 현실적 위혐감'의 표명이었다.

넷째로 사상혁명으로서의 독립혁명의 급진주의와 관련하여 살펴
보기로 한다. 베일린 교수에게 독립혁명 사상은 빈번히 인간의 의도를
초월하면서 인간의 사고나 행동을 지배·조종하는 '자기증강적'인 역
동적 '변형력'이었다. 그 '급속하고 역행불가능하고 불가항력한' 운동
은 변화된 현실상황에 타당한 근거를 부여하였을 뿐 아니라, 나아가
낡은 개념과 이론의 변화를 촉진하면서 '정치사상의 신세계'를 창출하
였으니, 그 결과는 근대적 정치이론체계의 정립과 그 제도적 구현이라
는 매우 급진적인 것이었다.

그에게 독립혁명은 의도적인 사회혁명이 결코 아니었지만 매우
급진적인 변혁운동이었으니, 그것이 유발하였던 '신념과 자세 영역에
서의 변화들'은 독립혁명기 미국 사회질서의 근본적인 변혁을 초래하
였다.

이상과 같은 베일린 교수의 독립혁명의 사상혁명설은 기존 학설
들의 난점들을 비판하거나 보완하면서 독립혁명 기원연구의 수준과
차원을 높였다. 또한 사상을 이익추구의 은폐나 위장수단, 곧 수사
(修辭)·선전이라면서 그 의미를 축소하거나 경시하는 혁신주의 학
파(the Progressive School)의 경제이익 추구설을 비판하면서, 사상의
현실성과 능동적 변형력을 제기하였다. 또, 혁명 유발의 기본 요인을
법제적 자유와 권리의 수호라는 합리적 동기에서 찾았던 신휘그학파
(the Neo-Whig School)의 헌정원리설을 보완하면서, 그것은 독립혁
명사상이 헌정 원리들과 더불어 비합리적인 이데올로기적 요소들을
아울러 내포하는 복합사상체계였음을 천명하였다.

「미국혁명의 핵심적 주제들」(The Central Themes of the
American Revolution: An Interpretation)에서 볼 수 있는 것처럼, 이
러한 사상적 해석은 베일린 교수의 1970년대의 논문들에서 되풀이되
었다. 그러면서 신혁신주의 학파 및 신자유주의 학파와 더불어 최근

독립혁명연구의 3대 견해를 구성하는 '사상학파'(the Ideological School)의 출현 및 형성을 유발하였다. 그리하여, 그는 사상학파의 창시자로 간주되면서 '관념론자'(idealist)라는 비난의 대상이 되고 있다.

그러나 유의해야 할 것은 그가 사상 중시 일변도의 관념론자가 결코 아니라는 사실이다. 그의 연구활동이나 업적 전체를 감안할 때, 그는 사상가라기보다는 사회사가이다. 그의 술회에 따르면,[5] 독립혁명에 대한 사상사적 연구는 그의 기본적인 관심의 대상(초기 미국정치의 사회사적 연구)으로부터의 일시적 '일탈'(逸脫)(독립혁명 소책자 편집 작업)이 낳은 결과였다. 또 그는 이익과 사상의 양분법적 구별에 반대한다. 그에게 이익과 사상은 상호 배제적인 양극이 아니라 인간 행위의 동격적인 구성요소들이다.

그가 독립혁명의 발발 요인으로서 사상의 중요성을 강조하는 이유는 독립혁명 전야 미국에서는 사상이 진정 '실재적'(real)인 것이었고, 우드 교수의 지적과 같이,[6] '사상적 관점'이야말로 독립혁명기 사건들의 설명에 가장 적합한 것이기 때문이다. 네이미어(Namier)적인 사회사를 지향했던 베일린 교수가 사상연구로 명성을 떨치고 사상학파의 주도적 대변자로 간주되고 있다는 사실은 매우 아이러니컬한 일이다.

이상과 같은 사상사적 연구에 대하여, 베일린 교수의 중기의 연구들 중 예외적으로 사회사적이었던 것이 『미국정치의 기원들』이다. 이 연구는 이미 『미국혁명의 소책자들』의 편집에 앞서 착수되었다가 『미국혁명의 이데올로기적 기원들』의 간행 후에 출간되었던 것으로, 그가 당초에 각각 별개 과제로 착수하여 진행시켜 왔던 정치사적 연구와 사상사적 연구의 양자를 '수렴'하고 있다.

---

5) *The Origins of American Politics*(New York: Alfred A. Knopf, 1968), p. ix.

6) Wood, "The Creative Imagination," pp. 37, 27.

그리하여 이 연구에서는 종전의 현재주의적 시각에 바탕한 제도사적 접근 대신에 상황주의적 시각에 바탕한 사회정치사적 접근이 채택되면서 독립혁명사상을 조성하였던 특수 미국적인 정치적 상황 안에서 '정치와 이데올로기의 폭발적인 합성'이 이뤄지는 과정이 추적되고 있다. 부연하면, 그 내용은 다음과 같다.

첫째로, 사회정치사적 접근에 대하여, 베일린 교수에 의하면, 초기 미국정치의 진정한 해명은 제도사적인 피상적 연구가 아니라 사회정치사적인 심층적 연구가 수행될 때 비로소 가능하다. 그에 따르면, 비록 서로 긴밀히 얽혀 있긴 하지만, 정치와 제도 및 정부는 다르다. 제도와 정부의 역사가 '형식적'인 '제도들과 절차들의 역사'임에 대하여, 정치의 역사는 각종 권력행사 수단들의 사용과 권력투쟁, 곧 '정부기관들 안팎에 군집(群集)하는 경합과 파당과 이익의 역사'이다. 정치사야말로 정부·제도라는 '표면의 배후'에 숨은 정치의 '사회적 기층'의 내면적 상황에 대한 연구인 것이다.

둘째로 상황주의적 시각에 관하여, 베일린 교수에게 식민지 시대 미국정치는 후대의 근대적 민주정치로의 '명확한 진화'를 목적으로 수행되었던 것은 결코 아니었으니, 오히려 "근대성 발전의 증거들은 파악 불가능하다." 그리하여 『미국정치의 기원들』에서 발견된 초기 미국정치는 당시 영국정치를 미국적으로 변형시켰던 특이한 정치, 곧 영국의 안정된 정치와는 대조적으로, 혈연관계를 유대로 결속된 소수 문벌들(oligarchies)이 격렬한 권력쟁탈전을 지속적으로 전개하였던 불안정한 파당주의(factionalism) 정치였다.

셋째로 특수 미국적인 불안정한 파당정치가 조성되었던 원인은 식민지 지사의 '팽창된 권리(claims)와 축소된 권력(powers)'이라는 '역리'(逆理)에 있었다. 명예혁명 이후 영국의 혼합─균형국제(정부)에서는, 비록 법제적 권력이 이전에 비하여 축소되거나 제한되었지만, 국왕─행정부는 법제외적인 보호제(patronage)에 바탕한 영향력

(influence)을 통하여 축소·제한된 권력을 효과적으로 행사할 수 있었다. 반면, 식민지 지사-행정부의 경우에는, 법제적 권력은 증대했음에도 불구하고, 식민지 의회의 강력화와 보호제-영향력의 결여로 말미암아 실제 통치권력은 거의 무능력하였다.

이러한 형식적·제도적 권리와 실질적 권력·통치권 간의 괴리에 따른 정치적 권위나 영도력의 취약·부재가 낳았던 결과가 바로 18세기 미국정치를 특징지운 극심한 정치적 불안정, 곧 '오만한 대권과 과대한 민주주의 간의 충돌,' 그리고 대결 및 충돌을 통한 식민지의 분리나 독립이었다. 베일린 교수에 따르면, 객관적으로는 자명하게 도발적인 것이 아니었던 영국정부의 조치들이 공포와 의구심에 찬 미국인들의 판단에는 진실로 도발적인 것이었다.

『미국정치의 기원들』과 더불어, 중기의 연구들 중 또 하나의 주목할 만한 저술은 특이한 전기(傳記)적 작품인 『토마스 허친슨의 시련』(*The Ordeal of Thomas Hutchinson*, 1974)이다. 토마스 허친슨은 매사추세츠 출신으로 매사추세츠의 마지막 칙임지사(1771~1774)요, 독립혁명기의 가장 중요한 반혁명 충성파의 지도자였던 사람이다. 표준적인 미국사 서술에서는 통상 독립혁명에 반대했던 부패·악랄한 음모의 수괴로 간주되고 있는 이 보수적 정치가가 이 책에서는 반현재주의적인 맥락주의적 시각에서 공정하고 균형있게 묘사되어 있다.

베일린 교수는 현재적 시각에 따른 과거의 왜곡을 철저히 배격한다. 그에 의하면, 올바른 과거의 이해를 위해서는, "(후대의) 결과보다는 (당시의) 상황, 그리고 현재적 필요보다는 과거적 의미"가 더 중시되어야 하고, 또 "유명인과 무명인, 가장 선량한 자와 가장 악한 자, 그리고 승자와 패자"가 평등히 이해되어야 한다. 그의 허친슨 연구는 바로 이러한 견해에 바탕한 것이었으니, 그의 생각에 독립혁명의 보다 더 완벽한 총체적 이해를 위해서는 승리자들인 애국파와 대결하였던 패배자들인 충성파의 사고와 경험에 대한 해명과 이해가 절대로 필수적이다.

그리하여 베일린 교수에 의하면, 분별·교양·정직을 구비하였던 이 성공적인 정치가 허친슨이 반혁명의 주모자로 비참한 말년을 겪지 않을 수 없었던 이유는, 종래 통설이 주장하였던 것처럼, 그의 사악한 탐욕이나 권력욕이 아니라, 도리어 역설적으로, 그의 온당한 정치적 감각과 자세, 곧 식민지인들의 비상식적인 열정적 신념에 대한 '둔감'과 '대응능력의 결여'에 있었다.

독립혁명사상의 진정한 이데올로기적 성격을 파악할 수 없었기 때문에, '그는 대결했던 힘의 본질을 이해하지 못하였다.' 베일린에게, '허친슨처럼 사려깊고 노련하고 총명한 사람의 실패'는 독립혁명사상이라는 사상적 힘의 역동적인 성격을 알려주는 가장 적합한 증거라 할 수 있다.

후기의 사회문화사적 연구

베일린 교수의 1970년대 후반 이후, 후기 연구의 내용은 중기의 사상사적 연구와는 매우 대조적으로, 후기 연구는 전기의 사회사적 연구로의 회귀 내지 그 발전적 확대라 할 수 있는 사회문화사적인 내용을 담고 있다.

이러한 연구방향 전환은 이미 1970년대 후반의 저술들에 나타나기 시작했으나, 그 성과가 가시화하였던 것은 1980년대 중반에 출간된 두 권의 책, 곧 『영국령 북미의 정착 서설』(*The Peopling of British North America*, 1986)과 『서부로의 항행자들』(*Voyagers to the West: A Passage in the Peopling of America on the Eve of the Revolution*, 1986)에서였다.

먼저, '사회문화사'(Socio-Cultural History)에 대하여, 그것은 비단 초기 미국사 연구 뿐 아니라 서양 역사학계의 전체 역사연구에서 특히 1970년대 이후 활발히 대두하고 있는 자못 주목할 만한 최근 역사연구의 새로운 흐름들의 하나이다.

곧 아날학파나 마르크스주의 사학 등 20세기의 과학적 역사학에 의한 '구조사적 전체사' 정립의 노력에도 불구하고, 연구 영역의 전문화·세분화로 인한 역사연구의 파편화·왜소화가 진전되는 최근 역사연구의 위기 속에서, 사회문화사는 과학적 역사학의 '사회구조'보다 더 포괄적인 문화라는 새로운 해석의 틀에 따라 역사발전 과정을 총체적·통합적으로 파악하고 이해하는 보다 더 고차원적인 종합사적 체계를 안출하고 구축하려는 시도이다.

초기 미국사의 경우, 최근 특히 1980년대 후반에 활발히 대두하였던 사회문화사적 접근은 종전의 지역사적 시각이나 사회경제적 해석의 편협성·일면성을 배격하면서, 초기 미국사회·문화의 발전을 확대해서 서양세계 전체 사회·문화전개의 일부라는 시각에서 거시적·총체적으로 관찰하고 이해하려 한다. 잭 그린(Jack P. Greene) 및 데이비드 휘처(David H. Fischer)의 최근 사회문화사적 연구들과 더불어, 베일린 교수의 후기 연구는 그 대표적인 연구 사례의 하나이다.[7]

참고로 그린 교수의 사회발전론(초기 미국사는 미국적 환경에서 전개된 근대화 과정) 그리고 휘처 교수의 미국문화의 영국기원론(미국사회는 식민시대부터 지금까지 기본적으로 영국의 4개 지역문화들을 이식·계승한 4개 지역문화권들로 구성)에 대하여, 베일린 교수의 연구는 미국

---

7) Jack P. Greene, *Pursuits of Happiness: The Social Development of Early Modern British Colonies and the Formation of American Culture* (Chapel Hill: University of North Carolina Press, 1988); David Hackett Fischer, *Albion's Seed: Four British Folkways in America* (New York: Oxford University Press, 1989) 베일린 교수의 것을 포함한 이들 사회문화적 연구의 해설 및 평가에 대해서는 Jack P. Greene, "Interpretive Frameworks: The Quest for Intellectual Order in Early American History, "*William and Mary Quarterly*, 3rd ser., XLVIII, No.1 (October, 1991), pp. 515-530 참조.

적 특성을 강조하는 '예외주의'(exceptionalism ; 미국의 사회·문화는 특수미국적 상황의 특이한 소산물)를 특징으로 한다고 평가되고 있다.

최근의 사회문화사적 접근을 대표하는 베일린 교수의 후기 두 저술은 『서부로의 항행자들』과 『영국령 북미의 정착서설』이다. 전자가 구체적 사례연구임에 비해, 후자는 '해석의 틀' 곧 '전체적인 해석 혹은 일련의 관련있는 해석들'을 제시하는 4개 명제들을 해설하고 있다.

제1명제에 의하면, 영국령 북미의 정착은 원주지(영국)에서의 '국내적 이동의 외적 확대요, 규모의 확장'이었으나, 그것은 궁극적으로 유럽인구사의 '전통적 양상을 영구히 변화시키는 새로운 역동적 힘을 창출'하였다.

또 제2명제에 따르면, 영국령 북미 이민들의 정착양식은 정착지의 상황에 따라 '고도로 변화 있는 과정들'이었다. 제3명제에서 제시된 바와 같이 '노동력의 필요'와 '토지투기'라는 두 개의 상이한 '인구징모와 정착의 주요 유인(誘因)들'의 작용 때문에, 지역에 따라서 '서로 다른 사회경제적 집단들과 상이한 사회적 통합양식'에 바탕하는 2종의 '명확히 서로 다른 이민과정들'이 전개되었다.

결론적인 제4명제는 초기 미국의 사회·문화는 '모체인 유럽문화체계의 원격한 서쪽의 외부적 주변 곧 변경지대'라는 관점에서 고찰될 때 비로소 '완전히 이해 가능'한 것이다.

한편, 구체적 사례연구인 『서부로의 항행자들』은 영국 세관에 의하여 작성된 '이민등록부'(Register of Emigrants)에 독립혁명 직전인 1773년 12월부터 1776년 3월까지 27개월 간에 영국을 떠났던 것으로 기재되어 있는 9,868명의 잉글랜드 및 스코틀랜드 출신 북미 이민들에 대하여, 그 이주 및 정착과정을 정밀하게 추적하고 있다. 전체가 5부로 구성된 이 연구에서는, 영·미 양쪽의 다양한 각종 제1차적·2차적 관련 자료들이 이용되면서 취급내용에 따라 부별로 4개의 다른 방법들이 교호 환용(換用)되고 있다.

　　좀 더 부연하면, 이용된 자료들 중에는 핵심적인 '이민등록부' 이외에, 신문·계보적 자료·국가문서·지방사·town 기록·개인 수고(手稿) 등이 망라되어 있다.

　　또, 혼용된 4개의 주요 방법들은 제1부의 기술적 해설(시대적 배경과 '이민등록부'의 해설)과 제2부의 계량적 분석(이민들에 대한 집단전기학적 분석)과 제3부의 구조적 분석(2개 유형의 이민집단들 중 '노동력 필요' 유형 집단의 이주 상황을 검토) 그리고 제4-5부의 설화식 설명('토지 투기' 유형 집단의 정착 상황을 취급) 등이다. 한편, 개별 이민들에 대한 집단전기학적 조사 내용은 출신지·연령·성별·직업·소속계층·생활상황·이주 동기·행선지·도착 후 이동·최종 정착지 등에 대한 통계적 분석이다.

　　그리하여 그 가장 핵심적인 부분이라 할 수 있는 제2부 '차원들'(Dimensions)에서는, 약 1만 명의 1773～1776년 동안 이루어진 이민들의 북미정착과정에 대한 집단전기학적인 계량사학적 분석을 통하여, 『영국령 북미의 정착 서설』의 제3명제, 즉 이 시기 영국이민들의 북미정착의 2개의 상이한 정착유형은 지역에 따른 2개의 상이한 정착상황으로부터 기인한 것이다. 베일린 교수에 의하면, 1773～1776년 간의 이민 및 정착은 "단일의 이민·재정착 과정이 아니라 이중적 이민 곧 상호간에 매우 차이 있는 두 과정들"이었다.

　　두 부류의 정착유형들 중, '노동력의 필요' 유형은 영국의 대도시지역 출신 이민집단들이 이주해서 정착한 형태, 곧 '대도시적'(metro-plolitan) 양식이었다. 곧 그것은 북미의 만성적인 노동력 부족을 해소하기 위한 영국 노동력의 징모에 의하여 유발된 이민·정착 방식으로, 대체로 런던과 그 주변지역, 곧 중부와 남부 잉글랜드 출신의 주로 젊고 독신인 숙련 직공들이 경제생활 향상 및 고임금 취득을 위하여 계약으로 정해진 몇년 간의 노역봉사를 조건으로 도항경비를 미리 대여받는 계약노동자(indentured servants)로 이미 개발된 펜실베이니아-매릴랜드-버지니아의 3개 식민지들, 특히 매릴랜드로 정착하였던 경우이다.

반면, '토지 투기' 유형은 영국의 주변적 지역 출신 이민집단의 이주-정착 형태인 '지방적'(provincial) 양식이었다. 그것은 요크셔 등 북부 잉글랜드와 스코틀랜드 출신의 직물직공들과 농민들이 경제적 곤궁으로부터 벗어나기 위하여 여비를 자담하면서 대부분 가족단위로 미개발의 변경 오지들, 곧 남북의 두 연안 변경지역들(북쪽의 노바스코티아와 남쪽의 플로리다)과 애팔래치아 산맥 넘어 서부 내륙 오지들(북부 뉴욕과 서부 펜실베이니아와 남·북 캐롤라이나 및 조지아의 내륙 지방)에 정착하였던 경우이다.

이와 같은 출신지·직업·경제적 상황 등의 분명한 차이에도 불구하고, 두 이민집단은 계층적 구성과 이민 동기·목적에 있어서 명확한 공통성을 지니고 있었다. 틀림없이, '토지 투기' 유형인 북부 잉글랜드·스코틀랜드의 이민들 중에는 '노동력의 필요' 유형인 중·남부 잉글랜드의 이민들에게는 아주 적은 프롤레타리아적 하류계층과 경제적 곤궁을 이민동기로 하는 자들의 수가 매우 많았다.

그러나 전체적으로 1773~1776년의 이민들의 핵심은 오히려 예외적이었던 무산자 계층이 아니라 직공들과 농민들로 구성된 중산적 계층이었고, 그들의 이주 목적은 절대적 빈곤의 탈출보다는 생활 개선을 위한 기회의 획득에 있었으므로, 그들은 새로운 신천지 건설에 대한 '희망'과 '기대'에 넘치는 '진취적'인 개척자들이었다.

3. 시각 방법 및 자세

예술로서의 역사

베일린 교수의 연구 업적을 전·중·후의 세 시기로 나누어 살펴보았을 때 그 영역과 내용은 시기에 따라 상당한 편차를 보이고 있다. 그러나 대상의 변화와 차이에도 불구하고, 연구의 기본 주제에는 기본적으로 변함이 없었던 것 같다. 그는 전술한 바와 같은 대학원 입학에 앞서 설정하였던 주제를 시종일관 추구하여 왔다.

그의 기본 관심사는 항시 세 개의 역사적인 상호교차들(intersections), 다시 말해 1) 미국이 전근대로부터 근대로 이행하는 과정에서, 2) 유럽적 사회·문화가 미국화되었던 양상과, 3) 그 과정에서 진행되었던 사회경제적 상황·요소와 정신적·문화적 상황이나 요소 간의 상호관련이었다.

그렇다면 이 기본 주제에 대한 베일린 교수의 연구의 기본적 입장이나 견해는 어떤 것인가? 그의 최근 대담에서의 풀이에 의하면[8] 역사학은 항시 '하나의 공예'(a craft), 곧 '예술'일 수는 있으나 결코 '과학'일 수는 없다. 과연 이 '공예'란 구체적으로 무엇을 의미하는가? 이제 그 내용을 그의 역사연구에 대한 문제시각과 연구방법과 접근자세의 세 개 측면에서 검토하여 본다.

먼저, 문제시각에 관하여, 베일린 교수의 연구는 항시 새로운 문제제기를 지향하여 왔다. 그에게 '역사학의 진정한 문제들'이란 "(1) 기존 자료 안의 변칙들(anomalies) 혹은 (2) 자료와 기존 설명들 간의 불합치들(discrepancies)의 발견을 통하여 제기되는 의문들" 곧 아직 밝혀지지 않고 있는 과거사회의 특이성이었다.[9]

이러한 인식 아래, 그의 연구에서는 기지(旣知)의 것이 아니라 미지(未知)의 것에 대한 새로운 의문들이 지속적으로 제기되면서 새로운 시각에서 새로운 자료를 바탕으로 새로이 도입된 방법을 통하여

---

8) Ekirch, "Sometimes an Art," p. 636.
9) Bernard Bailyn, "The Problems of the Working Historian: A Comment," in Sidney Hook, ed., *Philosophy and History: A Symposium* (New York: New York Univ., 1963), p. 96 of pp. 92-101.

규명되어 왔으니, 그 결과는 낡은 견해들을 근본적으로 쇄신시켰던 초기 미국사의 참신하고 혁신적인 재구성이고 재해석이었다.

이러한 문제제기적 시각은 그의 강의와 세미나에서도 유감없이 발휘되었으니, 그 특이한 문제제기와 문제해결 방식의 수업운영은 오래도록 수강생들의 기억에 남았다고 한다. 그의 학부 강의는 주제별 쟁점분석과 역사발전의 구조적 파악을 위하여 관련문헌을 읽고 발표하는 것이었다.

또 그의 대학원 세미나는 특별한 교수요목 없이, 통상적인 관련 필독 문헌 대신에 문제성을 내포하는 저술들을 읽으면서, 의문제기와 설명제공과 서술방식 습득 등 연구의 기초능력을 개발하려는 것이었다. '그래서' '그래서 무엇이?' 또 '어떻게?'라는 베일린 교수의 질문공세로 이어지는 그의 세미나는 정말로 긴장과 흥분의 연속 과정이었다고 한다.

한편, 학위논문 지도의 경우, 선행 연구의 단순한 확대나 정밀화가 아닌 학위이수자들의 독자적인 주제선정과 연구수행을 유발·촉진하려는 원칙에 따라, 그는 가끔 필요할 때 꼭 필요하고 적절한 논평과 조언을 제공할 뿐 그 내용과 연구방향에는 거의 간섭하거나 관여하지 않았다고 한다.

다음, 베일린 역사학의 연구방법의 특징은 실증적 분석과 창조적 설화와의 혼용·결합, 그러나 분석보다는 설화를 더 중시하는 양자의 혼용·결합에 있었다. 그 가장 적절한 사례가 4개 연구방법들(기술적 해설·계량적 분석·구조적 분석의 3개 실증적 방법들과 설화식 설명)을 혼용하고 있는 그의 최신작인 『서부로의 항행자들』의 경우이다.

틀림없이, '역사가의 역사가요, 전문가의 전문가'인[10] 그는 원사료에 바탕한 역사서술을 역설하는 견실한 실증주의 역사가이다. 또 전

---

10) Wood, "The Creative Imagination," p. 22.

술한 바와 같이, 그는 계량사학적 방법의 선구적 도입자였을 뿐 아니라 최근의 연구에서도 그 방법을 계속 사용하고 있다. 그러나 바로 앞에서 언급한 바와 같이, 그에게 역사서술은 때로 예술일 수 있으나 결코 과학일 수 없는 항시 하나의 '공예'여서, 역사가의 역사적 상상력을 통하여 창조적으로 구축되는 설화적 구조물이어야 한다.

베일린 교수에 의하면, 설화·이야기는 역사서술의 본질적 특성이요, 필수적 도구이다. 역사가는 과거로부터 추출된 고립적인 문제들의 '분석가'가 아니라 역동적으로 변화하는 세계의 '설화자'(narrator)이어야 한다. 설화는 사건들의 단순한 나열식 '이야기'가 아니라 '구조화된 계기적 이야기' 곧 보다 더 포괄적·심층적·체계적인 고차원적 역사서술의 창조적 재구성에 불가결한 도구나 방법으로써, 정치사 뿐 아니라 사회사의 서술에도 필수적이다.[11] 진정 그에게는, 노련한 분석력과 더불어, '지금까지 미지였던 세계 혹은 이전에는 모호하거나 불완전하게 알려졌던 세계를 그려내는 능력' 곧 설화를 생산하는 창조적 상상력이야말로 창조적 역사가의 필수적인 자질이다.[12]

상황주의의 자세

마지막으로, 베일린 교수의 역사연구에의 접근자세를 요약하면, 그것은 현재주의(presentism)를 배격하는 상황주의(contextualism)에 바탕하면서도, 사회상황의 개별 사건이나 인간에 대한 일방적 영향력과 제약성을 주장하는 결정론(determinism)이나 운명론(fatalism)을 거부하고 주어진 사회상황 내에서의 개별 사건이나 인간의 창조적 역동성을 중시하거나 강조한다.

첫째로 베일린 교수에 의하면, 과거는 현재적 관심과 필요에 따라

---

11) Ekirch, "Sometimes an Art," p. 656.

12) Bernard Bailyn, "History and the Creative Imagination,"(Washington University, St. Louise, 1985), p. 4.

조작되어서는 안 된다. 그것은 '그 자체의 조건들에서'(in its own terms)
역사적 사건들의 역사적 상황에서의 '재정치'(再定置)(relocation)를
통하여[13] 재현되고 이해되어야 한다. 전술한 바와 같이, 과거는 '축소
된 현재'(the present writ small)로 이는 곧 현재적 상황을 소규모한
형태로 배태하는 현재가 결코 아니다.

물론 현재적인 것이 과거 속에 전무하였다거나 현재적인 것으로
변형된 과거적인 것이 전무하였다는 것은 아니지만, 그러한 사례는 오
히려 부분적고 예외적일 것이다. 또 현재는 반드시 그것을 예지(豫知)
했던 과거인들에 의하여 의도적으로 제작된 결과가 아니니, 아마 보다
더 빈번히 현재는 과거인이 상상조차 할 수 없었던 그의 의도를 초월
한 결과일 것이다. 틀림없이 과거 속에는 이미 상실된 진정한 과거적
인 것이 보다 더 일반적이고 지배적이었을 것이다.

따라서 베일린 교수에게 과거에 대한 역사적 이해를 위하여 필수
적인 것은 과거와 현재 간의 유사성·등질성이 아니라 과거의 특이성
곧 과거와 현재 간의 차이성·이질성의 규명이다. 곧 역사가의 추구
대상은 과거적 상황의 특수성, 전술한 바와 같이 현재적 시각에서는
오히려 역리적인 변칙들(anomalies)과 불합치들(discrepancies) 곧
과거에서는 아직도 미지의 부분이어야 한다.

물론 그는 현재적 관심의 역사연구에 대한 흥미 유발이나 과거와
현재 간의 관계나 관련규명의 중요성을 결코 부정하지 않는다. 그러
나, 그의 판단에 과거를 '그 자체의 조건들에서' 파악하려는 상황주의
역사서술이야말로 '성숙의 궁극적 단계'[14]의 성취 가능성을 내포하는
진정 창조적인 역사학이다.

둘째로 베일린 교수의 반현재주의는 현재적 관심·시각에 따라
도출·정립된 비역사적인 추상적 개념·범주들이나 도식·이론체계

---

13) *Ibid.*, p. 13.
14) Bailyn, "The Central Themes of the American Revolution," p. 15.

들의 틀 위에서 과거나 역사를 설명하면서 과거의 실체를 오인하거
나 왜곡하는 현재주의적 역사서술을 격렬히 비난하고 거부한다.

예컨대, 그에게 20세기 미국 '신사학'의 선구였던 혁신주의학파
그리고 그 승계자인 최근 신혁신주의학파의 사회경제적 독립혁명 해
석(독립혁명은 경제적 이익-계급의 대립-충돌)은 '역사적 사례를 통
한 사상학습' 곧 본질적으로 시대착오적인 역사적 진실의 왜곡·조
작이다.[15]

또, 20세기 유럽의 '과학적 역사'를 대표하는 아날학파 역사가들
의 '추상적 개념들'에 바탕한 역사서술은 역사가의 '역사'(history)
곧 과거 그 자체에 대한 기술이 아니라, 철학자의 역사 곧 역사본질
론 내지 역사서술의 역사에 불과한 비역사적인 '초역사'(meta-
history)이다.[16]

그리하여 사회과학적 개념이나 방법들에 매우 정통함에도 불구
하고, 베일린 교수의 연구에서는 그것들이 전혀 원용되거나 언급되지
않고 있다. 물론 프랑스의 아날학파나 영국의 캠브리지파에 의한 사
회사적 연구가 그에게 끼친 영향은 분명히 인정되고 있다. 그러나 역
사학은 사회과학이 결코 아니라는 확신 때문에 사회과학적 개념이나
방법들의 도입은 의도적으로 배제되고 있다.

따라서 그는 최근 널리 유행하는 이른바 '학제적'(學際的 ; inter-
disciplinary) 연구에 대해서도 매우 비판적이다. 그것이 흔히 인위
적으로 조작된 '초목적'(metapurpoes)을 추구하기 때문이다.[17] 그

---

15) "Lines of Force in Recent Writings on the American Revolution," *XIVth
International Congress of Historical Sciences*(San Francisco, 1975), p.
16, quoted in Wood, "The Creative Imagination," p. 38.

16) Bernard Bailyn, "Review Article : French Historical Method, the
Annales Paradigm, By Traian Stoianovich." *Journal of Economic
History,* Vol. 89 (1977), pp. 1028-1034.

17) Kammen and Katz, "Bernard Bailyn," p. 8.

에게 충실한 역사연구를 산출하지 못하는 '이론에 대한 끝없는 현학적 논쟁'은 오히려 경멸과 혐오의 대상이었다.[18]

연구방법론에서의 견실한 실증주의적 자세와 더불어, 베일린 교수의 추상적인 이론이나 개념에 대한 배격은 그의 공정한 객관주의적 연구 자세에 기인한 것이다. 그는 역사가나 역사서술의 정치적 성향을 규정하는 이데올로기적인 각종 용어나 형용들에 대하여 강한 거부감을 표명한다.

그에 따르면,[19] 그의 역사연구가 흔히 규정되는 것처럼, "만약 내가 신휘그적인 예외주의(exceptionalism)적 관념론자라면, 나는 또한 신마르크스적 실용주의적 실재론적 의사(擬似)-토리에다가 실존주의적 본질주의자이기도 하다."

또 『서부로의 항행자들』이 미국사회·문화의 특수성을 지나치게 강조하는 예외주의적 편향을 보이고 있다는 비판에 대하여, 그의 해답은 "미국인들은 다른 국민들과 같이 예외적 곧 다른 세계들과는 상이한 사회적·정치적 세계를 창출하여 왔다고 스스로 생각해 왔고 또 생각되어져 왔다"라는 것이었다. 조잡한 이념적 당파성을 배제하면서 공정한 실증적 중립성을 고수하려는 석학의 진면목이 뚜렷하다.

셋째로 사회상황의 내용 그리고 그것과 개별 사건이나 인간 간의 상호관계에 관한 베일린 교수의 입장은 정신적·물질적 각종 요인들의 복합구성물인 사회상황은 일체의 개별사건이나 인간행위를 완전히 지배하거나 장악하는 초월적 힘이 결코 아니라는 것이다.

앞에서 본 바와 같이, 그는 이익과 사상의 양분법적 구별이나 대치(對置)를 거부한다. 그에게 이익과 사상은 상호배제적인 대립적 양극이 아니라 사회적 실재(reality)의 상호불가분한 동격적인 구성부분들이다. 전체 업적의 내용 비중을 감안할 때, 그는 사상사가라기보다

---

18) Bailyn, "Review Article : French Historical Methods," p. 1033.
19) Ekirch, "Sometimes an Art," pp. 651-650.

는 오히려 사회사가이다.

그리하여, 초기 미국에 대한 네이미어적인 사회사적 규명, 곧 사회적 실체(reality)의 심층적인 구조분석을 지향하여 왔다. 그러나 사상을 심층적·사회적 실체인 이익을 합리화하려는 수단, 곧 사회적 실체의 표면적 반영에 불과하다고 단정하였던 네이미어와는 달리, 베일린 교수는 사상도 사회적 실체를 형성하는 중요한 구성부분의 일부라는 입장을 견지하였다.[20]

이상과 같이 사회상황을 이익과 사상의 복합구성물로 파악하면서, 비록 주어진 사회상황 내에서의 한정적인 내용과 성격의 것이기는 하지만, 베일린 교수는 개별 사건이나 인간의 자유로운 선택과 행동의 가능성을 인정하고 중시한다. 그에 의하면,[21] 과거역사는 '잠재적(潛在的) 사건들'(latent events) 곧 사회상황과 '현재적(顯在的) 사건들'(manifest events) 곧 개별 사건이나 인간의 두 부분으로 구성되어 있다.

'잠재적 사건들'이란 인간이 '완전히 혹은 명확히 인지하지 못했던, 때로 전혀 인지하지 못했던 사건들'로 인간이 '의식적으로 대항하지 않았던 사건들' 곧 인구·경제·계급·신분·가족·공동체 등 인간의 통제능력을 거의 초월하여 인간생활을 제약하고 지배하는 '사건들의 대규모 체계들'이다. 반면에 '현재적 사건들'이란 인간이 '명확히 인지하였고 그 인간의 의식적 관심사들이거나 의식적 대항의 대상이었던 사건들' 곧 일상적인 생활영역이다.

그리하여 베일린 교수에 따르면, 인간은 틀림없이 '현재적 사건

---

20) Wood, "The Creative Imagination," pp. 29-30 참고.

21) Bernard Bailyn, "The Challenge of Modern Historiography." *American Historical Review,* Vol. 87, No. 1(February, 1982), pp. 9-10 of pp. 1-24. 참고로, 이 논문은 베일린 교수의 미국역사학회 회장 취임연설(1981. 12)로 발표된 것이었다.

들' 곧 개별 사건이나 '잠재적 사건들' 곧 사회상황에 의하여 통제되거나 제약되지만, 동시에 한정된 통제나 제약의 범위 안에서는 선택과 자유를 향유하면서 '잠재적 사건들'인 사회상황을 변화하고 변형할 수 있다.

앞에서 본 바와 같이, 그는 역사로부터 운동과 생명을 박탈하는 초역사적이고 비역사적인 추상적 개념이나 이론, 순리(純理)적 범주나 모델을 배격하는 역사주의적 실증주의자로서 역사의 역동적 변형성을 강조한다. 그의 역사학이 추구하여 왔던 것은 '잠재적인 사건들'인 사회상황을 '현재적인 사건들' 곧 개별 사건이나 인간의 자유의지적인 활동과 관련지우고 결합시키면서, 특수역사적 사회상황으로부터 추출되는 특수역사적인 일반성, 즉 '해석의 틀'을 정립하려는 것이었다.

그 가장 현저한 예시가 잠재적 사건들에 대한 실증적 분석과 현재적 사건들에 대한 설화적 설명이 혼용되고 결합된 그의 최신작 『서부로의 항행자들』이다.

4. 맺음말

앞에서 언급한 바와 같이 베일린 교수는 '역사가의 역사가요, 전문가의 전문가'로서 견실한 실증적 분석력과 풍부한 창조적 상상력을 아울러 겸비한 정통적 역사가이다. 물론 그의 연구나 해석이 언제나 전면적으로 수용되고 있는 것은 아니다. 하지만 그는 새로운 문제를 제기하고 새로운 시각을 제공하면서 초기 미국사연구를 위한 기반의 재형성과 그 방향의 재정립에 지대하게 공헌하였다.

재직시에 착수하여 이미 그 일부를 출판한 바 있었던 이민들의 영국령 북미정착에 관한 야심적인 연구계획을 퇴직 후에도 계속 추진하고 있는 그에게 풍성한 성과가 있을 것을 진심으로 기대하는 바이다.

참고문헌

A. Roger Ekirch. "Bernard Bailyn." in Clyde N. Wilson, ed.. *Twentieth-Century American Historians*. Vol. 17 of Dictionary of Literary Biography. Detroit, Michigan: Gale Research, Incorporate, 1983.

Bernard Bailyn. "The Problems of the Working Historian: A Comment." in Sidney Hook, ed.. Philosophy and History: A Symposium. New York: New York Univ., 1963.

Bernard Bailyn. "History and the Creative Imagination." St. Louise: Washington University, 1985

Bernard Bailyn. "Review Article: French Historical Method, the Annales Paradigm, By Traian Stoianovich." *Journal of Economic History*. Vol. 89. 1977.

Bernard Bailyn. "The Challenge of Modern Historiography." *American Historical Review*. Vol. 87, No. 1(February, 1982).

David Hackett Fischer. *Albion's Seed: Four British Folkways in America*. New Yor: Oxford University Press, 1989.

Gordon S. Wood. "The Creative Imagination of Bernard Bailyn." in *The Transformation of Early American History: Society, Authority, and Ideology.*

Jack P. Greene. *Pursuits of Happiness: The Social Development of Early Modern British Colonies and the Formation of American Culture*. Chapel Hill: University of North Carolina Press, 1988.

Jack P. Greene. "Interpretive Frameworks: The Quest for Intellectual Order" in Early American History. *William and Mary Quarterly*. 3rd ser., XLVIII. October, 1991.

Michael Kammen and Stanley N. Katz. "Bernard Bailyn, Historian and Teacher: An Appreciation." in James A. Henretta, Michael Kammen, and Stanley N. Katz, eds. *The Transformation of Early American History: Society, Authority, and Ideology.* New York: Alfred A. Knopf, 1991.

제**14**장

포스트모더니즘적 역사서술: 라카프라

조 지 형

역사를 '현재와 과거의 끊임없는 대화'라고 정의한 에드워드 카(Edward H. Carr)의 역사인식론은 오랫동안 역사학자들에게 유용한 연구지침으로 여겨져 왔다. 1991년 존 토쉬(John Tosh)는 카의 『역사란 무엇인가』(*What is History*)를 오늘날 한 역사가가 역사의 본질에 대하여 보여줄 수 있는 가장 훌륭한 성찰이라고 평가하였다.[1]

카는 사실·가치의 논쟁을 대화의 담론을 통하여 역사주의와 주관주의 사이에서 균형잡힌 종합적 견해를 제시하려고 진지하게 노력하였다. 그의 대화담론은 현재주의를 비판적으로 받아들이면서도 역사서술에서의 객관성과 보편성을 최대한 확보하려는 학문적 노력의 결실이었다.

---

* 필자는 이화여대 사학과 교수

1) John Tosh, *The Pursuit of History* (London: Longman, 1991), p. 29, p. 148.

그러나 언어의 불투명성·임의성, 언어 의미(기의)의 무한성, 원초적 번역의 불확정성, 지시의 불가해성(referential opacity) 등이 말해지는 포스트모던 시대를 맞아, "오늘날 우리가 역사란 무엇인가에 대하여 이해하려고 할 때, 카는 (역사학의) 입문적이면서도 중심적 위치에 더 이상 서 있을 수 없다."[2]

그렇다고 해서, '역사의 사실'과 '역사적 사실'을 구분하고 언어의 투명성을 요구함으로써 지식의 객관성과 의사소통의 가능성을 탐색하려는 노력, 다시 말해 현재와 과거의 끊임없는 대화의 이상(ideals)이 오늘날 포스트모던 시대의 역사학에서 완전히 사라진 것은 아니다.

왜냐하면 실재로서의 사실은 사라지고 의미의 끊임없는 표류와 해석의 무질서한 난립이 팽배한 오늘의 포스트모던 시대 속에서도, 역사 해석의 한계를 설정하고 지식의 대화의 가능성을 추구하는 포스트모더니즘적 역사학자들이 있기 때문이다.

그 가운데 도미니크 라카프라(Dominick LaCapra)는 이러한 학문적 이상과 요청에 부응하여 주목을 끌고 있는 역사가이다.

그는 역사연구에 있어서 카와 마찬가지로 대화를 강조하고 있기는 하지만 논의의 차원과 내용에 있어 근본적인 차별성을 보여 주고 있다. 더욱이 라카프라는 '언어로의 전환'(Linguistic Turn)에 있어서 텍스트에 대한 독특한 견해와 수사(rhetoric)에 누구보다도 큰 관심을 표명함으로써 포스트모더니즘적 역사가들의 대열 속에서 뚜렷하게 떠오르고 있다.

라카프라는 주로 유럽의 지성사를 다루는 역사가이지만 그의 포스트모던 역사철학과 역사이론은 유럽의 지역적 한계를 넘어서 미국의 역사학계 뿐 아니라 전세계에 영향을 미치고 있다.

---

2) Keith Jenkins, *On 'What is History?': From Carr and Elton to Rorty and White*(London: Routledge, 1995), 63.

코넬대에서 학부를 마치고 하버드대에서 석·박사를 받은 그는 1969년 이후 코넬대의 역사학 교수로 활동하고 있다.

그는 자크 데리다(Jacques Derrida)의 해체주의와 미하일 바흐친(Mikhail Bakhtin)의 대화주의에 크게 영향을 받았다. 라카프라는 한편으로 폴 드만(Paul de Man)과 같은 극단적인 포스트모더니즘의 아나키즘적 해석 무한성에 경계하면서도, 다른 한편으로 역사 재현의 순진한 역사주의적 맹신을 매섭게 공격하고 있다.[3]

비록 그의 구체적인 역사연구가 주로 나찌즘의 유태인 학살문제와 문학의 역사성에 초점이 맞추어져 있지만, 그의 대화적 역사이론과 포스트모더니즘은 유럽사 연구자들을 넘어 미국 역사학계에도 큰 반향을 일으키고 있다.[4]

미국사를 전공하는 역사가들 가운데 그의 포스트모던 역사이론을 적용하였다고 공언하는 사람은 없다. 그렇지만, '포스트모더니티'가 피할 수 없는 우리의 조건으로 주장되고 있는 이 때에, 의사소통이 가능한 지식으로서의 역사를 탐구하고자 하는 역사가들에게 그의 포스트모던 역사이론은 깊은 시사성을 주고 있다.

여기서는 이같은 중요성을 갖는 라카프라의 포스트모던 역사학을 '텍스트' 이론을 중심으로 설명하고자 한다.

라카프라는 이론의 논리성과 정합성에 관심을 기울이지 않고 오

---

3) 폴 드만의 해체주의에 대한 라카프라의 비판을 위해서 Dominick LaCapra, "The Personal, the Political and the Textual: Paul de Man as Object of Transference," *History & Memory* 4 (1992), pp. 5-38 참조.

4) 특히 유태인의 학살에 대한 해석의 문제와 관련하여 그의 "Representing the Holocaust: Reflections on the Historians' Debate," in Probing the Limits of Representation, ed. Saul Friedlander (Cambridge: Harvard University Press, 1992); idem, "Revisiting the Historians' Debate," *History & Memory* 9 (1997), 80-112; idem, *History and Memory After Auschwitz*(Ithaca: Cornell University Press, 1998)를 참조.

히려 텍스트의 복합성을 의도적으로 보여 주려고 한다. 이러한 그의 의도에도 불구하고, 여기서는 그의 역사이론을 국내에 소개하기 위하여 그의 역사이론을 보다 융통성있게 정리하고 비판하려고 한다.

객관성·절대성·보편성이라는 형이상학적 이상이 사라진 이후, 우리는 역사로부터 무엇을 읽어야 하며 그것을 어떻게 읽을 수 있는가? 형이상학적 기초가 파괴된 이후, 포스트모더니즘적 역사학은 정말 '아무렇게나 읽고 써도 되는' 아나키즘적 역사학을 의미하는가?

모든 것이 장단점을 가지고 있다면, 포스트모더니즘적 역사학은 우리에게 어떤 장단점을 주고 있는가?

역사의 절대성이 거부된 이후, 역사는 복화술의 독백일 수밖에 없는가? 아니면, 역사는 카가 말한 현재와 과거와의 끊임없는 대화가 불가능하지만 또 다른 형태의 대화일 수 있는가?

이 글은 이러한 문제의식에 입각하여 라카프라의 포스트모던 역사이론을 텍스트 이론과 수사(rhetoric)에 대한 그의 새로운 이해를 중심으로 해석하고 그의 이론이 갖는 중요성과 한계를 설명할 것이다.

1. 역사의 텍스트 읽기와 상호텍스트성

데리다와 해체주의의 영향

1981년에 윌리엄 보우스마(William J. Bouwsma)는 "우리는 더 이상 지성사가 필요없다. 왜냐하면 우리 모두가 지성사가(知性史家)가 되었기 때문이다"[5]라고 선언하였다.

전통적인 역사연구 분야들 가운데 한 분야로서의 지성사는 사라

---

5) William J. Bouwsma, "Intellectual History in the 1980s," *Journal of Interdisciplinary History* 12 (1981), p. 280.

져가고 있으며, 모든 역사는 '의미의 역사'(history of meaning)로 통합되고 있다는 것이다. 심지어 어떤 역사가들은 자신이 전혀 의식하고 있지 않은 상황 혹은 어쩔수 없는 상황 속에서 마지못해 지성사가가 되고 있는 것이다.

존 토우스(John E. Toews)는 사상의 역사(history of ideas)로부터 의미의 역사로의 지성사의 변화를 '언어로의 전환'이라고 지칭하였다.6) 이러한 보우스마와 토우스의 전망이 올바른 것이라면 혹은 적어도 최근 서유럽 역사학의 큰 연구방향을 보여 주는 것이라면, 라카프라의 '지성사의 재검토'는 역사학 전반에 걸친 포스트모더니즘적 재검토라고 할 수 있다.7)

이러한 맥락에서, 그의 텍스트 이론은 언어로의 전환을 시도하고 있는 역사가들의 역사인식과 역사서술의 기초와 틀을 보여 주는 것이라고 할 수 있다. 하지만 라카프라의 텍스트 이론을 검토하기 위해서는 우선 언어에 대한 기본적인 이해가 선행되어야 한다. 비록 그는 특정 언어이론을 밝힌 바는 없지만, 전체적으로 데리다의 포스트모더니즘의 영향을 받고 있으므로 이러한 맥락에서 언어문제를 텍스트 읽기문제와 관련하여 설명하고자 한다.

데리다에 중대한 영향을 준 페르디낭 드 소쉬르(Ferdinand de Saussure)의 언어이론에 따르면, 모든 단어는 언어의 이중적인 기호

---

6) John Toews, "Intellectual History after the Linguistic Turn: The Autonomy of Meaning and the Irreducibility of Experience," *American Historical Review* 92(1987), pp. 879-907.

7) 라카프라가 보여 준 지성사의 재검토의 대표적인 예로서 Dominick LaCapra, *Rethinking Intellectual History* (Ithaca: Cornell University Press, 1983)을 참조. 그의 지성사적 재검토가 '모든 형태의 역사적 연구에 중요성을 지닌다'는 견해에 관해서는 Lloyd S. Kramer, "Literature, Criticism, and Historical Imagination: The Literary Challenge of Hayden White and Dominick LaCapra," in *The New Cultural History*, ed. Lynn Hunt (Berkeley: University of California Press, 1989), p. 103을 참조

(sign), 즉 한편으로는 기표(지시어, signifier, le signifiant)로 이루어져 있고 다른 한편으로는 기의(지시대상, signified, le signifie)로 이루어져 있다. 기표가 단어의 소리이며 표현이라면, 기의는 지시되고 있는 의미이다. 예컨대 '개'라는 기표는 네 발이 달리고 털과 꼬리가 있으며 사람을 잘 따라 예로부터 가축으로 기르는 동물이라는 기의를 가지고 있다.

그러나 기표와 기의의 관계는 보편적이며 객관적으로 일대일로 대응되는 관계가 아니며, 지시어는 '실재'의 대상을 표상하는 것이 아니라 그 실재대상의 의미를 뜻할 뿐이다. 말하자면, '개'라는 단어는 권력자의 앞잡이를 의미할 수도 있으며 성질이 못된 사람을 의미할 수도 있다. 또한 '개'라는 단어는 구체적으로 실재의 개를 있는 그대로 의미할 수는 없다.

철수가 오직 한 마리의 개를 가지고 있다고 가정하는 경우에도, '철수의 개는 잘 짖는다'는 진술에서 그 '개'는 특정 시점과 장소의 역사성을 가지고 있지만 그 역사적 시점에서의 '개'를 의미할 뿐, 있는 그대로 보여 줄 수는 없다. 또한 그 '개'와 친숙한 정도에 따라 그 진술이 갖는 의미는 달라질 수도 있다. 그 진술은 진술의 사회성에 따라 그 '개'에 대한 칭찬일 수도 있고 비난을 뜻할 수도 있다.

따라서 기표와 기의의 관계는 임의적이고 우발적이며 우연적이다. 비록 기표와 기의의 관계는 내재적인 필연성을 갖지 않지만, 그 관계가 전적으로 임의적인 것은 아니라 역사성과 사회성, 즉 언어관례와 문화에 의하여 제한을 받는다.[8]

이러한 맥락에서, 라카프라는 언어의 관례와 문화에 관심을 기울이고 사료에 대한 범주를 확대시키고자 한다.

---

8) Ferdinand de Saussure, *Course in General Linguistics*, tr. W. Baskin (New York: McGraw-Hill, 1966), pp. 67-70.

　전통적인 지성사에서 가장 주요한 사료는 사상가의 사상 서적이다. 그러나 라카프라는 흔히 기존의 지성사가 가정하였던 것처럼 실제로 제본되어 존재하는 책을 텍스트라고 간주하는 것은 잘못이라고 주장한다.

　물론 여기에서 라카프라가 실재에서의 '책'이라는 물질적 존재 그 자체를 부정하는 것은 아니다. 그것은 마치 '개'의 존재가 실재로 있다는 것을 부정하지 않는 것과 같다.

　그러나 '개'가 기호로서 이해되는 것과 같이, '책'도 기호로서 이해된다. 그리고 그 '책'은 역사성과 사회성을 갖는다. 그 '책'이 만들어진 시기와 장소, 즉 저자의 언어세계에 의하여 제한을 받는다. 말하자면 그 '책'은 기호로 이루어진 저자의 언어세계의 일부이다. 그 언어세계는 물질적·자연적 조건의 기호들의 세계이기도 하다. 따라서 지성사에서의 사료는 실재의 물질적 존재로서의 책이 아니라 기호로서의 책이다.

　그리고 이와 같은 이유에서 라카프라와 같은 포스트모더니즘적 역사가들은 사료라는 용어보다는 텍스트라는 용어를 선호한다. 그들에게는, 의미를 추론할 수 있는 것이라면 모든 것이 사료(sources)이며 이러한 뜻에서 텍스트라는 용어의 사용은 정당화된다.

　동일한 맥락에서, 라카프라는 텍스트와 컨텍스트의 전통적인 이분법을 해체하고자 한다.

　텍스트나 컨텍스트나 동일하게 언어(기호)에 의해 이루어져 있다. 텍스트를 이해한다는 것은 필연적으로 텍스트(에서 사용되고 있는 언어)의 역사성과 사회성을 고려할 수밖에 없고 저자의 언어세계를 주의깊게 배려할 수밖에 없다. 그러한 경우에 한하여, 기호의 기의는 정당하게 해석되고 이해될 수 있다. 사실, 컨텍스트라고 하는 것은 텍스트와 분리되어 실재하는 것이 아니다.

　컨텍스트도 언어에 의해 만들어진 것이다. 보다 명확히 말하자면, 컨텍스트는 텍스트가 만들어지는 과정 속에서 만들어진, 텍스트에 사용된 언어의 모체(matrix)인 동시에 텍스트의 부산물이다.

컨텍스트는 한편으로 텍스트에 구체적으로 사용될 기표들과 기의들이 다른 기호들과 혼재하여 있었던 모체이기 때문에 텍스트에 사용된 기표들의 임의적인 의미는 역사성과 사회성을 갖는 컨텍스트를 통해서 드러나게 된다. 다른 한편으로 컨텍스트는 텍스트에 사용된 기의들에 의하여 새롭게 변화된 텍스트의 부산물이기도 하다. 물론, 이러한 관점은 텍스트에 사용된 임의적 관계의 기표들과 기의들의 상호작용 문제와 창조성의 문제를 포함해야 한다. 그래야만이 "컨텍스트는 '항상 이미' 텍스트 속에 들어있다"고 말할 수 있는 것이다.[9]

여기서 라카프라가 지적하고자 하는 것은 텍스트의 이해는 언제나 컨텍스트의 이해를 수반하는 것이며, 해석에 있어서 컨텍스트도 언제나 똑같이 텍스트의 문제를 일으킨다는 점이다. 즉, 텍스트와 컨텍스트에 공통적으로 사용된 그 언어의 의미를 파악함에 있어서 그 언어가 어떤 의미들을 가질 수 있고 어떤 의미들은 가질 수 없는가라는 문제, 즉 의미의 가능성과 한계라는 문제가 발생하는 것이다.

이러한 점에서 텍스트와 컨텍스트는 편의상의 구분일 뿐이라는 점을 강조한다. 그리고 이러한 점에서, 라카프라는 "텍스트 이외에는 아무 것도 없다"(Il n'a pas de hors-texte)는 데리다의 상호텍스트성(intertextuality)을 수용하고 있는 것이다.

라카프라는 텍스트·컨텍스트의 해체를 통하여 역사학을 보다 열린 학문으로써 추구하고자 한다. 개인적 삶이든 사회적 삶이든, 모든 삶은 멈춰있는 것이 아니라 변화 속에 존재하는 것으로 언어도 끊임없이 변화한다는 사실 때문에, 의미들의 첨삭이 언어 속에서 끊임

---

9) Dominick LaCapra, "Bakhtin, Marxism, and the Carnibalesque," in *Rethinking Intellectual History*, p. 312.

없이 이루어진다. 텍스트에서나 컨텍스트에서나 모두 이러한 의미의 끊임없는 첨삭이 이루어지고 있는 것이다.

이러한 이유로 모든 삶은 텍스트화 과정에 놓여 있다고 할 수 있다. 따라서 라카프라는 그 의미가 고정되어 있어 변하지 않는 전통적인 '실재'의 절대적 개념보다는 텍스트와 컨텍스트에 동시에 존재하는 상호텍스트성의 개념이 '훨씬 덜 도그마적'이라고 주장하는 것이다.10)

따라서 라카프라는 텍스트를 올바르게 읽기 위하여 컨텍스트에 대한 세심한 주의를 기울여야 한다고 주장한다. 그는 특정 텍스트에 대한 여러 다양한 컨텍스트들에 대한 무차별적인 이해는 오히려 텍스트에 대한 오독을 가져올 수 있다고 지적한다.

왜냐하면 컨텍스트들은 '중첩적이고 때로 모순되며 혹은 적어도 상호문제성을 띠는 연관성'을 지닐 뿐만 아니라, 어떤 특정 컨텍스트들은 텍스트와 관련하여 다른 컨텍스트들보다 훨씬 중요한 위치를 차지하고 있기 때문이다.11)

더욱이 라카프라가 문제시하는 것은 텍스트는 단순히 컨텍스트를 반영하거나 설명하는 것이 아니라, 이데올로기 효과를 가지면서 컨텍스트를 재생산한다는 사실 때문이다.

물론 상호텍스트성 때문에 라카프라는 텍스트가 컨텍스트로부터 분리되거나 컨텍스트를 초월할 수 있다든가 혹은 컨텍스트의 지배 이데올로기로부터 완전히 벗어날 수 있다고 말하고 있지는 않다. 그

---

10) Dominick LaCapra, "Rethinking Intellectual History and Reading Texts," in *Modern European Intellectual History: Reappraisals and New Perspectives*, ed. Dominick LaCapra and Steven L. Kaplan(Ithaca: Cornell University Press, 1982), p. 50.

11) Dominick Lacapra "Intellectual History and Its ways," *American Historical Review* 97(1992), p. 430.

의 관심은 텍스트가 생산되면서 재생산되는 컨텍스트의 관계가 복합
성을 갖고 있다는 데 있다.

이러한 맥락에서, 라카프라는 텍스트를 어떤 구체적인 상황 속
에서 사용된 언어에 의해 "서로 엉켜있으면서도 때로 상충하는 여러
경향들이 긴장관계에 놓여 있음으로써 일으키는 상호작용"을 특징으
로 한다고 주장한다.[12]

전통적인 역사가들은 텍스트 내부에는 일관성이 존재하고 있다
고 믿으며 그것을 발견하려고 노력해왔다. 이러한 전통적인 관점에서
의 지성사는 텍스트 자체의 일관성에 대한 이해일뿐 아니라 텍스트
의 생성과 사회적 영향에 대한 이해를 목표로 한다.

그러나 라카프라는 이러한 텍스트의 일관성과 순수성은 외견상
에 불과한 것으로 간주한다. 그리고 그는 텍스트의 '이전'과 '이후'의
관점, 즉 텍스트의 생성과 사회적 영향을 연구하는 관점 자체를 부적
절하다고 판단한다.

앞서 지적한 바와 같이, 라카프라는 텍스트와 컨텍스트의 이항
대립적 구분을 거부하였던 방식, 즉 상호텍스트적 이해를 바탕으로
텍스트의 '이전'과 '이후'의 관점을 전복시킨다. 그에게 있어서, 텍스
트의 이전이나 이후에도 여전히 존재하는 것은 언어뿐이기 때문이다.

바흐친과 대화주의의 영향

라카프라는 텍스트를 정의하는 데 있어 누구보다도 바흐친의
'대화화된 다중언어성'(多重言語性, dialogized heteroglossia)이라는
개념에 의존하고 있다. 바흐친에 따르면, 언어는 발화자와 청취자의
존재를 전제로 하는 개인적인 것인 동시에 사회적인 것이다. 여기에
서 데카르트적 전제에서 고안된 소쉬르의 랑그(langue)의 추상성과

---

12) *Ibid.*, p. 49.

객관성은 거부된다. 언어란 그 자체가 가치부하적(value-laden)이며 발화자와 청취자의 다양한 관점들(목소리들)이 내재해 있기 때문이다. 또한 언어란 발화자로 하여금 항상 청취자(다른 발화자)와 끊임없는 기호의 관계를 맺도록 하기 때문이다. 언어는 대화적인 것이다.

라카프라는 이러한 언어의 성격을 그 역동적인 측면에서 '대화화'(對話化, dialogization)라고 부름으로써 강조한다. 만일 대화화가 다른 발화자와 맺는 언어의 주체(발화자)의 조건이라면, 다중언어성은 주체로서의 언어의 조건이라고 할 수 있다.

이러한 맥락에서 라카프라는 텍스트, 즉 "발화의 진정한 환경은 … 대화화된 다중언어성, 즉 언어로서 익명적이면서 사회적이고, 그러나 동시에 개인적 발화로서 구체적이면서 특정 내용으로 가득채워져 있고 강조점이 있는 대화화된 다중언어성"이라는 바흐친의 주장을 전폭적으로 받아들인다.[13]

대화화된 다중언어성의 관점에서, 라카프라는 텍스트화 과정(텍스트의 생성)과 사회화 과정(텍스트의 사회적 영향)을 해체하면서 텍스트를 설명한다.

우선, 텍스트의 텍스트화 과정이라는 측면에서 그는 텍스트를 "장기적 전통과 특정 시대가 교차하는 '자리'(place)"[14]로서 다양한 언어적 요소들에 의해 구축된 망상조직 위에 존재하는 것으로 파악한다. 그에게 있어서, 장기적 전통은 단일한 것이 아니라 다양한 전통들이 서로 뒤얽혀 있으며 시간에 따라 그 의미에 대한 해석이 달라지는 그래서 의미가 다양하게 되는 전통이다. 때로는 그 의미의 해석이 연속성을 갖고 유지될 때도 있지만 불연속적일 수도 있다.

---

13) LaCapra, "Bakhtin," p. 312. 바흐친의 인용문은 Mikhail Bahtin, *The Dialogic Imagination*, ed. Michael Holguist (Austin: University of Texas Press, 1981), p. 272.

14) LaCapra, "Rethinking Intellectual History," p. 64.

그리고 그 의미는 특정 시대의 상황에 따라 재해석되며, 특정 시대의 상황에 반응하는 텍스트의 저자에 의하여 또다시 해석된다. 말하자면, 다양한 전통과 특정 시대의 요청이 복합적인 관계를 갖는 언어적 망상조직 속에서 텍스트가 생성되며, 동시에 생성되고 있는 텍스트는 장기적 전통과 특정 시대를 변화시키게 되는 것이다.

따라서 텍스트는 장기적 전통과 특정 시대, 그리고 텍스트 저자의 다양한 '목소리들'(voices)이 서로 뒤엉켜 긴장과 경쟁의 상호작용을 일으키고 있는 공간이다.

> 구체적인 발화 혹은 텍스트에는 서로 다르고 심지어는 통합될 수 없기까지한 관점들(목소리들)이 팽팽한 긴장관계를 이루면서 존재하고 있고, 이 관점들은 공식화와 평가에 있어 또 다른 해석의 가능성을 제시해 준다. 언어란 동일한 발화 혹은 텍스트 안에 있는 관점들의 상호작용을 통하여 상이한 시대들, 집단들, 계급들의, 경쟁하고 있는 그리고 경쟁을 겨루었던 담론들이 서로 사회언어적 추동력으로서 교전하고 있는 장이 된다.[15]

말하자면, 라카프라에게 있어서 텍스트란 다양한 목소리들이 대화하고 있는, 즉 '대화화'의 공간이다.

또한 텍스트의 사회화 과정이라는 측면에서, 텍스트란 목소리들이 다양한 시대적 상황을 통하여 독자들의 귀기울임을 기다리는 공간이다. 그것은 복합적인 의미의 망상조직위에 자리잡고 있기 때문에 다양하고도 복합적인 텍스트 읽기가 가능한 공간이다.

이러한 다양성과 복합성 때문에 텍스트는 동일한 텍스트로부터 전통적인 규범과 가치를 수호하는 목소리를 찾을 수 있는 곳이기도 한 동시에 기존체제를 전복하고 역사에 변화를 가져올 목소리를 찾

---

15) LaCapra, "Bakhtin," p. 312.

을 수 있는 곳이다. 텍스트는 상이한, 혹은 전혀 정반대의 해석이 가능하다는 이유 때문에 세밀한 읽기가 요구되며 논쟁과 재고를 통하여 끝없는 재해석이 요청된다.

그러나 분명히 독자의 텍스트 재해석이란 텍스트의 목소리들의 존재를 근거로 하여 가능하다. 텍스트의 "목소리들이 특히 우리가 그 목소리들에 부과하려는 해석에 대하여 저항하거나 제한하려고 할 때 그 목소리들은 존중되어야 한다." 16)

텍스트 내부에 존재하는 목소리들에 대한 존중이 전제되지 않는 텍스트의 사회화, 즉 텍스트 읽기는 자기도취적인 행위가 되고 마는 것이다. 이러한 텍스트 읽기는 '텍스트가 실제로 해석자에 도전하고 그로 하여금 그의 마음을 변화하도록 하는 방식을 무시하는 일면적이며 주관주의적 공격'에 불과하며, 이러한 해석자에게 텍스트란 각각의 목소리들에 의해 직조된 '저항들의 망상조직'일 뿐이다.17)

2. 텍스트의 '기록적 읽기'와 '대화적 읽기'

실증주의 비판

라카프라는 텍스트의 새로운 이해를 바탕으로 새로운 텍스트 읽기를 주장한다. 그에게 있어 새로운 텍스트 읽기는 완전한 실재, 완전한 의미, 완전한 설명의 가능성에 대한 형이상학적 욕망을 전복시키기 위한 전략이다.

그러나 텍스트 읽기의 문제는 쓰기의 문제와 직결되어 있고 지식의 유형문제와 밀접하게 관련된다는 점에서, 읽기 문제의 제기는 지식의 근거와 한계를 통하여 역사와 역사가, 역사가와 사료 사이에

---

16) LaCapra, "Rethinking Intellectual History," p. 81.
17) *Ibid.*, p. 80.

존재하는 대화적 관계를 드러내고자 하는 전략의 시작에 불과하다. 텍스트를 텍스트와 컨텍스트의 대화적 관계에서 파악하고자 하였던 것처럼, 라카프라는 읽기를 역사가와 텍스트의 대화적 관계 속에서 설명하고자 한다.

라카프라는 텍스트를 읽는 방법에 따라 지식의 유형이 결정되고 그러한 유형의 지식에 근거하여 새로운 텍스트가 만들어진다는 인식 아래 지식의 유형을 기록적 모델과 대화적 모델로 구분한다.

라카프라에 따르면, 지식의 '기록적'(documenatry) 혹은 '객관주의적'(objectivist) 모델은 이른바 '진정한' 사실이 사료에 대한 비판적 검증과 선별에 의해 추론될 수 있다고 믿는 역사주의에 기초한다.[18] 언어의 투명성을 전제로 하는 기록적 모델에 있어서, 역사가는 텍스트를 이른바 '실재'를 반영하거나 지시하는 기록(document)으로 간주한다. 기록은 투명한 언어를 통해 문헌에 옮겨진 실재인 것이다. 따라서 역사가가 아무런 편견과 사심없이 기록을 읽는다면 실재는 복원될 수 있는 것이다.

다만 기록에 잔존해있지 않은 실재의 복원은 역사가의 역사적 상상력에 의해 보완적으로 이루어지며, 이러한 경우에 한하여 역사적 상상력의 사용이 정당화된다. 물론 이러한 경우에는 재해석의 경우를 포함한다.

지금까지 알려지지 않은 기록 혹은 정보의 발견으로 기존의 역사학적 주장에 의해 밝혀진 역사적 사실에 새로운 해석이 내려져야 할 필요가 있는 경우에 역사적 상상력의 사용이 정당화된다. 재해석을 통하여 알려진 역사적 실재를 다른 관점에서 보거나 기존의 역사적 이해를 수정해야 하기 때문이다. 말하자면, 지식의 기록적 모델에서 역사학의 최대 목표는 레오폴드 퐁 랑케(Leopold von Ranke)가

---

18) Dominick LaCapra, "Rhetoric and History," *in History and Criticism* (Ithaca: Cornell University Press, 1985), p. 18.

말한 바와 같이 역사를 '있는 그대로'(wie es eigentlich gewesen) 보여 주는 과거의 복원이다.

그러나 라카프라는 이러한 지식의 기록적 모델이 텍스트의 역사적 가치와 중요성을 왜곡시키고 억압한다고 파악한다.

역사연구의 사료를 기록적 모델에 입각하여 읽으면, 사료는 텍스트보다는 협의의 개념인 기록으로 축소되며, 사료의 가치와 중요성은 계층적 분류체계에 따라 결정되게 된다. 모든 사료는 특정 시대와 장소에서 실재를 반영 혹은 지시해 주는 정도에 따라 주요 기록으로 분류되기도 하며, 별가치 없는 기록으로 분류되기도 한다.

이에 따라 철학사상서, 행정문서, 일기장, 편지, 유언장, 목격증언 등과 같이 실재에 관한 정보를 일차적으로 제공해 주는 기록문헌은 우선적으로 역사적 중요성을 부여받고, 그 외 텍스트는 불필요하거나 부차적인 것으로 간주된다. 따라서 일차적인 정보를 제공해 주지 않는 텍스트에 근거한 역사연구는 경시되거나 당연히 그 객관성이 의문시된다.

또한 그는 기록적 텍스트 읽기가 때때로 아이로니컬하게도 역사성을 강조하는 역사주의의 비역사성을 보여 준다고 비판한다. 역사주의에 따르면, 역사학은 시대를 초월한 초역사적인 것이나 보편자가 아니라 역사 속에 존재하여 역사에 따라 변화하는 개별성을 가진 특수자를 연구하는 것이다.

하지만 라카프라에 의하면, 있는 그대로를 보여주려는 이상에 매달린 역사주의는 "역사적 진실을 본질적으로 비역사적인 방식으로 제시"하는 결과를 낳는다는 것이다.[19]

역사주의는 본연의 역사학을 검증가능한 사실에 대한 서술과 분석에 한정하기 때문에 실제 역사서술에 있어서 역사 속에서 변화하

---

19) LaCapra, "Rethinking Intellectual History," p. 79.

고 있는 특수자들이 그 시대의 사실들을 보편적으로 표상하는 것으로 간주하는 잘못을 저지르고 있다.

또한 역사주의는 특수자가 절대적인 불변사실을 순수하게 표상해 주는 것으로 파악하는 잘못을 저지르고 있다. 실제로 "사실이라는 것은 어떤 과거에 대해 제기된 어떤 문제의식 혹은 어떤 주제와 관련하여 선택될 때에만이 서술에 적합한 것으로 된다는 점에서, 묘사는 결코 순수할 수 없다."[20]

이러한 맥락에서, 기록적 텍스트 읽기의 기초 인식틀은 실증주의이다. 라카프라에게 있어서, '실증주의는 과학이 아니라 과학만능주의'로서, 주체로서의 연구자가 타자인 연구대상을 완전하게 물화시킴으로써 주체로서의 지위를 스스로 폐쇄하거나 적어도 그러한 소외된 상황을 문제시하지 않는 '타자의 극단적인 객관화' 현상으로 인식된다.[21]

따라서 라카프라는 대화로서의 텍스트 읽기를 강조한다. 텍스트 내부에 존재하는 다양하면서 서로 긴장과 경쟁의 관계에 놓여 있는 '목소리들'을 읽기 위하여, 라카프라는 또 다시 바흐친의 대화화를 강조한다.

텍스트는 단일한 독백이 아니라 여러 목소리들이 갈등과 긴장을 이루며 모여있는 공간이다. 따라서 텍스트를 이해한다는 것은 텍스트 안에 있는 목소리들과 대화하는 것이다.

대화를 통하여 독자는 특정 텍스트 안에 외견상 대립하고 있는 경향들이 때로 서로 강렬하게 교차하기도 하며 때로는 서로 공존하는 모습을 읽을 수 있으며, 그 결과 이전까지 모호하고 결정내릴 수 없었던 텍스트의 차원들에 대한 이해를 갖게 된다.

말하자면, 텍스트 안에 역동적으로 존재하고 있는 '내적 대화화'(internal dialogization)와 별도로, 라카프라는 역사가와 텍스트

---

20) *Ibid.*, p. 78.
21) LaCapra, "Intellectual History and Its Ways," p. 429.

(의 목소리들) 사이의 대화화, 즉 '응답적 이해'(responsive under-standing)를 강조하고 있는 것이다.[22]

그러나 여기에서 주의해야 할 점은 "텍스트, 컨텍스트, 혹은 독자를 실체화해서는 안 되며 긴장관계 속에서 서로 작용한다는 관점에서 이들의 상호관계들을 이해하려고 해야 한다는 것이다.

더욱 근본적으로 말한다면, 독자는 이러한 상호관계 속에서 자신의 입장을 구축하되 텍스트, 컨텍스트, 독자, 그리고 주제 그 자체는 다소 유용한 추상적 개념일 뿐이라는 점을 감안해야 한다."[23] 그리고 이러한 추상적 개념들이란 실증주의적 방식으로 과거를 고착화시키기 위해 사용되는 것이 아니라, 과거와의 대화를 다른 관점에서 이해하는 것을 촉진시키기 위한 것이라는 사실이 고려되어야 한다.

론 라카프라는 텍스트의 "어떤 종류의 복합성 그 자체가 이데올로기적으로 왜곡되어 있거나 우리에게 잘못된 이해를 주거나 우리의 관심사를 다른 곳으로 돌릴 수도 있다"[24]는 사실을 인정한다.

이 경우 독자는 텍스트의 복합성에 대한 지나친 관심으로 오독을 낳을 수 있다. 특히, 이데올로기란 경험적인 것과 규범적인 것이 어떤 추상적인 종합의 형태로 융합되어 있기 때문에 텍스트의 복합성을 오히려 다양한 경향과 목소리들로 구별하고 인식하는 것 자체가 환원론적 오독이다.

이데올로기와 통속적 텍스트 해석의 위험성

하지만 라카프라는 텍스트의 지나친 단순화, 지나친 환원론적 이해, 지나치게 쉽게 이해될 수 있도록 하는 설명 역시 이데올로기적

---

22) LaCapra, "Bakhtin," p. 312.
23) LaCapra, "Intellectual History and Its Ways," p. 435.
24) *Ibid.*, p. 432. Russell Jacoby, "A New Intellectual History?" *American Historical Review* 97(1992), 특히 pp. 413-419 참조

왜곡 못지 않은 것이라고 강조한다. 쉽게 쓰는 것은 가장 어려운 일
이라는 믿음 아래 지나치게 단순화하여 쉽게 읽으려는 것, 그리고 대
중에게 지나치게 쉽게 읽을 수 있도록 하는 것은 결국 텍스트에 대한
진정한 이해의 '적의 친구'인, 즉 텍스트의 '통속화'(vulgraization)를
초래하며 기본적으로 그러한 발상은 엘리트주의적이다.[25] 따라서 라
카프라는 어떤 텍스트의 복합성의 난이도가 그 텍스트에 대한 자신
의 해석(또 다른 텍스트)에서 잘 나타나 있는지를 주의깊게 살펴야 한
다고 지적한다. 또한 그는 어떤 특정 문화 속에서 만들어진 텍스트의
언어가 다른 문화 속에 있는 독자의 언어로 제대로 '번역'(translation)
되어 있는지를 살펴보아야 한다고 주장한다.[26]

　　라카프라는 텍스트의 통속화 문제를 진즈부르그의 『치즈와 구더
기들』(*The Cheeze and the Worms*)에 대한 비판에서 보다 구체적으
로 보여 준다.

　　진즈부르그(Carlo Ginzburg)는 역사의 '고고학적' 방법과 미시
사 연구방법을 통하여 1599년 이탈리아의 이단재판에서 처형된 메노
키오(Dominico 'Menocchio' Scandella)의 세계를 재구성하였다.[27]

　　메노키오는 하나님의 말씀에 의한 창조가 아니라 바로 땅, 공
기, 물, 불로 이루어진 카오스로부터의 창조를 믿으며, 그의 종교적
세계관은 '치즈와 구더기들'로 상징된다. 단적으로 말하면, 메노키오

---

25) Lacapra, "Intellectual History and Its ways," p. 428.

26) *Ibid.*, p. 432.

27) Carlo Ginzburg, *The Cheeze and the Worms: The Cosmos of a Sixteenth-
Century Miller*, tr. John and Anne Tedeschi (Baltimore: Johns Hopkins
University Press, 1980). 미시사와 관련하여 진즈부르그의 『치즈와 구데기
들』을 검토한 국내의 연구로는 곽차섭, "문화사의 새로운 흐름: 까를로 진
즈부르그의 미시사를 중심으로," 『새로운 역사학인가』(이화사학연구소, 제21
회 학술강연회 초록집; 이화여자대학교 이화사학연구소, 1996), pp. 10-14;
김기봉, "微視史—하나의 '포스트 모던적' 역사서술?," 『역사교육』 61
(1997), pp. 107-123.

자연발생적이며 범신론적 우주관과 창조관은 이른바 '이단'이다.

『치즈와 구더기들』에서 진즈부르그는 재판기록의 종교재판관의 질문과 메노키오의 답변을 통하여 고급문화와 민중문화의 이중성을 밝혀내고 민중문화의 자율성을 강조한다.

이러한 진즈부르그의 주장에서, 1단계의 텍스트는 메노키오의 증언이다. 구어로 된 증언은 문자로 기록이 되고, 종교재판소에서 만들어진 재판기록은 2단계의 텍스트이다.

그러나 남아있는 것은 기록관에 의해 해석된 2단계의 텍스트뿐이다. 여기에서 진즈부르그가 한 것은 2단계의 텍스트에서 1단계의 텍스트를 뽑아내어 그것을 해석하는 작업이다. 그 결과, 진즈부르그는 구어적·민중적·농민적 문화가 종교개혁의 소용돌이 속에서 드러나게 되었다고 주장한다.

여기에서 라카프라가 가장 문제시하는 것은 진즈부르그가 텍스트의 '대화화된 다중언어성'을 어떻게 이해하고 있는가 하는 점이다. 텍스트로서의 메노키오의 증언은 무엇을 보여 주고 있는가?

그것은 대화화된 다중언어성을 보여 준다는 것이다. 달리 말하면, 비록 진즈부르그는 문화를 카니발적, 대화적으로 파악해야 한다는 바흐친의 문화이론을 받아들이고 있다고 주장하지만, 진즈부르그는 구조주의적 방법론과 탐정 이야기체라는 특정 문화형식에 지나치게 의존함으로써 메노키오의 증언을 구어적·민중적·농민적 문화라는 단일언어성로 환원시키고 있다는 것이다.

라카프라에 의하면, 당시 문화에서의 메노키오의 역할은 다중적이다. 메노키오는 농민을 비롯한 여러 종류의 문화를 가진 사람들이 찾아오는 방앗간의 주인(miller)이면서 축제때에는 기타를 연주하는 사람(guitar player)이다.

또한 메노키오는 자신이 글을 읽을 줄 알면서 글을 못읽는 사람들을 만나는 문자문화와 음성문화의 경계에 서 있었으며 그러한 이유로 "지배문화에 저항하지만 논쟁중인 지배문화에 관여하려고"28) 하는 등 다른 문화와의 접촉 혹은 교호적 관계에 놓여져 있다.

더욱이 문화는 하나의 층위로 이루어진 것이 아니다. 지배문화와 고급문화는 항상 동일시되지 않으며, 지배문화 자체도 동질적인 것이 아니다. 말하자면, 텍스트로서의 메노키오의 증언은 다양한 목소리들이 서로 갈등과 긴장관계 속에 있는 대화이다. 메노키오의 정당한 역사적 성격은 음성문화와 문자문화, 민중문화(주로 농민문화와 주인문화)와 엘리트문화, (피지배문화로서의) 민중문화와 지배문화의 경계에 있는 '역치성'(liminalty)이다.29)

물론 라카프라는 진즈부르그가 기존에 무시되어 왔던 민중문화를 발굴해내었을 뿐만 아니라, 메노키오를 문화의 소비자가 아니라 문화의 생산자로서 파악함으로써 전통적으로 당연시되어 왔던 관점, 즉 문화의 창조와 수용 혹은 생산과 소비라는 기존의 이항대립적 구분을 파괴하였다는 점을 적극적으로 인정한다.

그럼에도 불구하고, 라카프라는 진즈부르그가 여전히 고급문화·민중문화, 음성중심주의(phonocentrism)·문자중심주의 등의 이분법에 지나치게 의존함으로써 메노키오의 역동성을 파악하는 데 실패하고 메노키오를 수동적 존재로 만들어 버렸다고 비판한다.30)

---

28) LaCapra, "The Cheeze and the Worms: The Cosmos of a Twentieth-Century Historian," in *History & Criticism*, p. 67.

29) 진즈부르그는 비록 '민중문화의 절대적인 자율성'을 주장하는 것이 아니라고 자신을 변호하고 있지만 메노키오의 문화적 정체성을 구명하는 데 있어서 지배문화/민중문화의 이분법적 구분에 크게 의존하고 있어 그의 주장은 별로 설득력이 없다. Ginzburg, *The Cheeze and the Worms*, pp. 154-155, p. 21 참조.

30) 라카프라는 메노키오의 민중문화의 역동성과 관련하여 그의 우주관, 세계관에서 나타난 물질주의, 평등주의, 종교적 관용과 자유, 세속적 유토피아주의 문제를 제기한다. 이외에 라카프라는 구어로 된 메노키오의 증언이 문어로 되는 과정, 메노키오의 증언이 재판기록이라는 지배문화의 텍스트로 옮겨가

대화화된 다중언어성을 주장한다고 해서 라카프라가 역사와 이론의 접합을 거부한다는 것은 아니다. 오히려 그는 역사와 이론의 접합을 주장한다.

하지만 그는 전통적인 관점에서 이론을 단순히 역사에 대한 성찰로 간주하여 역사와 이론의 관계를 단순히 더하고 뺄 수 있는 관계로 파악하려는 태도를 거부한다. 그는 역사와 이론의 관계를 대화적인 관계, 즉 서로 뒤얽혀 있어 서로 변화를 초래할 수 있는 관계로 보고자 한다. 그는 이론없는 역사 혹은 이론이 함축적으로 깔려 있는 역사를 거부하는 동시에 역사없는 이론 혹은 역사적 차원이 극도로 추상화되어 있는 이론을 거부한다.

사실, "실제로 이론없는 역사가 없는 것과 같이 역사없는 이론도 없다."[31] 따라서 여기에서 라카프라가 진정으로 비판하고자 하는 것은 역사를 있는 그대로 표상할 수 있다는 역사주의적 담론이기도 하지만, 동시에 자기지시적이며 자기추동적인 극도의 이론화를 추구하는 폴 드만식의 극단적인 해체주의적 해석이기도 하다.

또한 그것은 근본적인 가설에 대한 것이 아닌 외견상의 문제를 가지고 논쟁을 벌이는 역사주의와 상대주의 모두에 대한 비판이기도 하다.

> 극단적인 기록적 객관주의와 상대주의적 주관주의가 진정하게 양자택일의 문제는 아니다. 그들은 더 큰 동일한 복합체의 상호보완적인 부분들이다. [엘튼(G. R. Elton)과 같은] 객관주의 역사가들은 과거를 자크 데리다가

면서 발생할 수 있는 해석(과 선택)의 문제들, 다양한 문화(고급문화, 지배문화, 농민문화, 장인문화, 축제문화) 사이의 교호성과 자율성의 문제 등을 보다 대화적으로 다루어야 한다고 주장한다. 이러한 라카프라의 비판은 텍스트 읽기의 신중성을 보다 강조한 것에 지나지 않는다는 비판에 관해서 Jacoby, "A New Intellectual History?," pp. 417-418을 참조.

31) LaCapra, "Intellectual History and Its Ways," p. 434.

말했던 '초월적 기의'(transcendental signified)라는 '이성중심적' 위치에 놓
는다. 과거는 순수한 실재로서 그곳에 존재할 뿐이며 역사가의 임무란 과거
의 실재를 가능한 한 객관적으로 재구성하기 위하여 문서를 사료로 이용하
는 것이다. … [카(E. H. Carr)와 같은] 상대주의자는 객관주의자의 '이성중
심주의'를 단지 거꾸로 엎어놓고 있을 뿐이다. 상대주의 역사가는 과거의 의
미를 '창출'하거나 '형성'하는 '초월적 기표'(transcendental signfier)의 위치
에 자기자신을 놓는다.[32]

역사와 이론의 접합으로부터 라카프라가 원하는 것은 역사의 구
체성의 문제이다. 따라서 그는 텍스트가 구체적으로 현실 속에서 관
련을 맺고 있는 '역사적 그리고 사회정치적 문제들'을 함께 읽어야
한다고 주장한다.[33]

이러한 문제들의 해명은 우선 문헌고증을 통하여 텍스트의 신빙
성을 검증하고 과거를 경험적으로 재구성함으로써 텍스트의 역사성
을 밝히는 데에서 시작해야 한다. 따라서 라카프라는 기록적 읽기와
대화적 읽기를 이항대립적 관계 속에서 파악하는 것을 거부한다.

하지만 그는 역사연구에서 기록적 읽기가 지배적인 위치에 차
지하는 경우 "역사서술과 역사과정 모두에 대한 우리의 이해를 왜곡
한다"[34]는 사실을 강조한다. 역사는 결코 순수하지 않기 때문이다.

또한 이러한 이유로 사실과 이론의 접합 또한 텍스트의 다성성
이 고려되는 대화적 읽기가 근간이 되어 진행되어야 한다. 왜냐하면
텍스트, 컨텍스트, 그리고 독자의 상이하고 다성을 가진 문화들간의
'번역'이 보다 올바르게 이루어질 때, 역사의 구체성이 보다 명확하게
확보되기 때문이다.

---

32) LaCapra, "Conclusion," in History and Criticism, pp. 137-138.
33) LaCapra, "Intellectual History and Its Ways," p. 434.
34) LaCapra, "Rethinking Intellectual History," p. 78.

3. '언어로의 전환'과 수사의 새로운 이해

기존 역사학의 해체

라카프라는 '언어로의 전환'(Linguistic Turn)을 통하여 역사의 형이상학적 절대성과 객관성을 해체하고자 한다. 한편으로 그의 텍스트 읽기는 모든 역사학적 지식의 기초가 될 수 있는 진리란 존재하지 않는다는 것을 보여 준다는 점에서 부정적인 색채를 띠고 있다. 역사 텍스트를 기표로 하여 기의를 해석해내는 포스트모더니즘적 역사학에서는 절대성이란 한낱 고상한 꿈일 뿐이다. 이러한 맥락에서, 객관주의와 상대주의는 동시에 비판되고 극복되어진다.

그러나 다른 한편으로 라카프라의 텍스트 읽기는 수사적 전통을 부활하여 새롭게 보고자 한다는 점에서 긍정성을 갖는다. 라카프라는 수사의 새로운 이해를 통하여 기존의 역사학를 해체하는 동시에 역사학을 새로운 토대 위에 놓으려고 한다.

라카프라에게 있어서, 수사(rhetoric)의 강조는 무엇보다도 절대성과 상대성의 진리에 대한 부정인 동시에 개연성의 진리에 대한 추구를 의미한다.

서양의 지적 전통은 논리학 중심의 학풍과 수사학 중심의 학풍이 서로 경쟁·대립하면서 발전하였다. "이성에 의한 논리적 체계를 중시하는 과학과 그 교육은 논리학 중심의 학풍에 뿌리를 두었고, 언어에 의한 효과적 설득을 목표로 하는 인문학과 그 교육은 수사학 중심의 학풍에 토대를 두었다."[35] 전자의 진리가 절대적·객관적 진리라면, 후자의 진리는 개연적·상대적 진리이다.

이러한 맥락에서 본다면, 라카프라는 후자의 전통에 서 있다. 하지만 라카프라는 진리의 상대성을 인정하지 않는 점에서 특이하다.

---

35) 김영한, "인문학적 역사학의 부활," 『사회문화리뷰』 7 (1997. 7), p. 21.

상대주의는 진리를 상대적으로 파악하지만 여전히 진리의 존재 자체와 진리의 표상 가능성을 신뢰하는 것이기 때문이다. 말하자면, 라카프라의 탐구는 진리에 대한 탐구가 아니라, 이른바 '진리'라고 부르는 것에 대한 탐구이다.

이러한 라카프라의 포스트모더니즘적 진리관은 리차드 로티(Richard Rorty)의 설명에서 단적으로 드러난다. 로티에 의하면, 진리 탐구에는 두 가지 방법이 있다.

> 첫번째 전통은 진리를 표상들과 표상되는 것 사이의 수직적 관계로서 파악한다. 두번째 전통은 진리를 수평적으로, 즉 (우리 선배들의 선배들의 … 선배들의 재해석에 대한 우리의) 최종적인 해석으로 파악하는 것이다. 이러한 전통은 어떻게 표상들이 비표상들과 관련되는가를 묻지 않고 어떻게 표상들이 서로 관계하는가를 묻는 것이다. … 그것은 진, 선, 미를 우리가 찾아내어 밝혀내려고 하는 영원한 탐구대상으로 보는 것과 그것들을 우리가 종종 그 근본적인 밑그림을 변경해야 하는 인공물(artifacts)로 간주하는 것의 차이이다.36)

로티와 같이 라카프라에게 있어서도, 진리란 존재하지 않는다. 다만, 이른바 '진리'라고 부르는 것만이 존재할 뿐이다. 바로 이러한 맥락에서, 라카프라는 수사를 통한, "담론과 이른바 '진리'라고 부르는 것 자체에 대한 대화적 이해"37)를 촉구하고 있는 것이다.

이러한 포스트모더니즘적 진리관은 기존의 절대성과 객관성의 진리관이 권력적으로 유지하고 있었던 이항대립적 관계의 해체를 위한 기초를 제공한다.

---

36) Richard Rorty, *Consequences of Pragmatism* (Minneapolis: Minnesota University Press, 1982), p. 92.
37) LaCapra, "Rhetoric and History," p. 36.

라카프라는 언어와 수사에 대한 탐구를 통하여 텍스트·컨텍스트와 표상·실재(reality), 창조·수용, 생산·소비, 엘리트문화·민중문화 등의 이분법적 의미체계와 연구방법론을 거부한다.[38] 그에게는 이러한 대립항들이 실제로 언어와 의미 속에서 대립하지 않고 하나의 전망 속에 자리잡고 있는 편의상의 추상체에 불과한 것이기 때문이다. 라카프라는 이른바 '대립항들'이 실제로는 교호성과 상호성을 가지고 복합적으로 '대화화'하고 있으며 따라서 그러한 맥락에서 텍스트를 읽을 때 역사를 보다 올바르게 이해할 수 있다고 주장한다.

또한 라카프라는 포스트모더니즘적 진리관을 구축하고 있는 수사에 대한 새로운 이해를 촉구한다. 비록 서양의 지적 전통이 논리학 중심의 학풍과 수사학 중심의 학풍이 서로 경쟁·대립하면서 발전하였지만, 수사는 더 이상 논리의 정반대적인 개념으로 봐서는 안된다고 한다. 라카프라는 수사와 논리의 이항대립적 의미체계를 거부하는 것이다.

수사는 일반적으로 미사여구로 꾸미는 기예(art)로서 진리의 직접적인 이해를 방해하는 것으로 폄하되어 왔다. 또한 수사는 자기자신의 이익이라면 그것이 거짓일지라도 청취자의 마음을 사로잡기 위해 장식적으로 사용되는 언어적 가식 혹은 효과로 폄하되어 왔다.

대화를 통한 자기비판과 자기성찰

이러한 맥락에서, '꾸밈없는 문체'(plain style)에 대한 옹호론이 계속 유지되고 강화되어왔던 것이 사실이다. 불확정적이고 임시적인 언어는 투명성과 과학성의 이름 아래 악용되었다.

이와 같은 '반수사(反修辭)의 맹목적인 수사'[39]는 역사를 감동

---

38) 정도는 다르지만 이와 동일한 성향을 보여 주는 샤르띠에(Roger Chartier)와 라카프라의 역사연구 경향에 대한 검토에 관해서는 Toews, "Intellectual History after the Linguistic Turn," pp. 884-886 참조.

없는 무미건조한 과학적 학문으로 전락시켰다. 그리고 바로 이 과학
적 역사가 '역사가의 객관성과 가치중립성을 강조하고 도덕적 판단의
자제'를 요구함으로써 '현대인의 도덕적 불감증'을 초래하고 '도덕적
문맹자'(moral illiterate)를 양산하였던 것이다.[40]

　　이러한 도덕적 불감증 현상은 한편으로는 다양한 목소리들이 갈
등과 경쟁을 이루면서 '사회정치적 의미를 함축하고' 있는 텍스트에
대한 모독이며, 다른 한편으로는 "과학과 예술 사이에 있어야 하는
역사가의 기예의 역치적(liminal) 위치"를 모독하고 있는 것이다.[41]
따라서 라카프라는 머리와 가슴을 동시에 지니고 대화하는 것이 올
바른 텍스트 읽기라고 역설한다.

　　이러한 이유에서, 그는 역사가가 언어와 수사에 대한 새로운 이
해와 각성 그리고 수사의 예술성과 과학성의 반복적인 재개념화를
통하여 자기자신을 스스로 비판해야 한다고 주장하는 것이다.

　　사실 라카프라의 자기비판에 대한 강조는, 수사를 통한 과거와
의 대화적 관계란 결국 이데올로기적일 수밖에 없다는 인식에 기초
한다. 텍스트와 역사가 모두는 컨텍스트에 의해 엄격하게 제한을 받
고 있는 수사적 존재이기 때문이다.

　　구체적으로, 수사에 대한 라카프라의 관심은 언어의 수행적(per-
formative) 역할에 대한 관심이다. 텍스트에 있는 언어나 역사가가
사용하는 언어나 모두 그 수행적 역할 때문에 이데올로기적 존재가
된다.

　　라카프라가 텍스트에서 탐구하려고 한 '목소리들' 혹은 '관점
들'(perspectives)은 바로 이러한 언어의 수행적 역할을 단적으로 보
여 주는 것이다. 언어의 수행적 역할 때문에 텍스트의 언어는 갈등하

---

39) LaCapra, "Rhetoric and History," p. 42.
40) 김영한, "인문학적 역사학의 부활," p. 31.
41) LaCapra, "Rhetoric and History," p. 42.

고 경쟁하는 관계에 서게 되고 대화적 이해가 요청되는 것이다.

사실, 언어의 수행적 역할은 존 오스틴(John L. Austin)의 연구 성과이다.[42] 그는 언어를 행위로 본다.

예를 들면, 어떤 경찰관이 호수에서 스케이트를 타는 사람들에게 "그 곳에는 얼음이 얇습니다"라고 말하였다면, 그 언어(발화) 이면에는 '경고'라는 의도가 숨겨져 있으며 그 경고에 사람들이 반응을 보이게 될 것이다.[43] 이러한 경찰관의 의도, 즉 경고는 그의 발화를 확정해주는 힘으로 작용할 것이다. 말하자면, 경찰관의 언어에는 단순히 일상적인 어법의 의미뿐만 아니라 언어에 수반되는 '비언표적(非言表的) 행위'(illocutionary action)가 있는 것이다. 그리고 그 언어는 하나의 행위로서 또다른 행위를 유발하고 끌어내는 힘을 가지고 있다는 것이다.

그러나 포콕(J. G. A. Pocock)과 스키너(Quentin Skinner)와 달리,[44] 라카프라는 발화(텍스트)에서 그 발화자(저자)의 의도를 찾을 수 없다는 포스트모더니즘적 관점을 취한다. 그는 "발화의 단일한 의미뿐만 아니라 저자와 텍스트 사이의 전유적(proprietary) 관계"를 거부한다. 왜냐하면 저자의 의도는 그 자신이 인정하지 않을 수도 있는 텍스트 해석에 종속되기 때문이다.

---

42) 오스틴의 언어행위론에 대한 서론적 이해를 위해서는 John L. Austin, *How Do Things with Words*, ed. J. O. Urmson(New York: Oxford University Press, 1965)를 참조.

43) P. F. Strawson, "Invention and Convention in Speech-Acts," in *Logico-Linguistic* Papers(London: Methuen, 1971), pp. 149-169; Quentin Skinner, "'Social Meaning' and the Explanation of Social Action," in *Meaning and Context: Quentin Skinner and His Critics*, ed. James Tully (Cambridge: Polity Press, 1988), pp. 83-84.

44) 저자의 의도를 강조하는 포콕과 스키너의 언어적 컨텍스트주의에 대한 국내의 소개에 관해서는 곽차섭, "언어와 저술의도: Pocock과 Skinner의 새로운 정치사상사 방법론에 대하여," 『釜大史學』 18(1994), pp. 597-617.

예를 들면, 경찰관의 발화는 오히려 청취자(스케이트를 타는 사람)의 집중력을 산만하게 하여 오히려 스케이팅을 방해하려는 것으로도 해석될 수 있다는 것이다. 이렇게 되면, 저자의 의도는 하나의 해석으로 전락하게 되고 만다. 또한 발화자(저자)의 의도는 발화(텍스트)의 의도와 완전하게 일치될 수는 없다. 예를 들면, 경찰관이 본의 아니게 다른 이유로 히죽 웃으면서 경고를 발하였다면, 그 발화에는 그의 의도(경고)와 매우 상이한 의미들이 담길 수도 있다. 이렇게 발화(텍스트)에는 다양한 목소리들이 담겨 있는 것이다.

그렇다고 해서 라카프라는 발화(텍스트)를 구성할 때 발화자(저자)의 의도란 존재하지 않다거나 무시되어야 한다고 주장하는 것은 절대 아니다. 오히려 그 반대라고 할 수 있다.

해석자의 해석에서 발화자(저자)의 의도는 텍스트의 갈등과 경쟁의 목소리들 속으로 파묻혀 버리기 때문에 매우 세심한 관심을 가져야 한다는 것이다. 말하자면, 발화자(저자)의 의도가 발화(텍스트)의 의미를 전적으로 통제하고 있다고 하여 발화자(저자)의 의도를 텍스트 이해의 궁극적 기준으로 삼으려는 것은 헛된 꿈이다. 이 꿈은 "대단히 규범적인 입장이긴 하지만 (텍스트의)언어사용과 독자반응이라는 중요한 차원을 무시하는" 것이다.46)

라카프라는 발화자(저자)의 의도를 발화(텍스트)에서 찾을 수 없는 것처럼 언어를 단순히 지시적이며 기록적인 성격으로 파악할 것이 아니라 카니발적인 성격을 가진 것으로 파악해야 한다고 주장한다. 따라서 보다 올바른 해석자는 텍스트의 다양한 목소리들을 주의깊게 살피고 그의 주장은 "가능한 한 정반대의 주장(counte rargument)에 열려" 있어야 한다.47)

---

45) LaCapra, "Rethinking Intellectual History," p. 58.
46) *Ibid.*, p. 59.
47) *Ibid.*

끝으로, 라카프라에게 있어서 수사는 역사연구방법으로서 과거에 대한 완전한 객관적 표상이나 완벽한 감정이입적 교감으로부터 벗어나는 것을 의미한다. 그에 따르면, "모든 역사서술은 다소간 과거와 전이적(transferential) 관계라는 문제에 맹목적으로 봉착한다."[48]

역사가들은 카처럼 역사현상을 '지배'하려는 충동을 가지고 있고,[49] 과거의 엄청난 사실들과 이와 관련된 수많은 정의들에 의하여 사로잡히지 않을까 불안해 한다.

이와 동시에, 이러한 불안 때문에 역사가들은 역사현상을 완전히 이해하고 통제하려는 유혹과 욕망을 가지게 되고 프로이트(Sigmund Freud)가 말한 자기도취(Narcissism)에 빠져버리고 마는 것이다. 여기에서, 진정한 타자인 과거와의 대화는 단절된다.

단절된 대화를 회복하기 위하여 라카프라는 역사가의 지속적이고도 자기반성적인 다성적 대화를 촉구한다. 그리고 다성적 대화는 수사에 의해 이루어진다. 수사는 '발화자들간의 인식의 변증법'이기 때문이다.[50]

---

48) LaCapra, *Hisotry and Criticism*, 9.

49) 예를 들어, 카에 따르면, 역사가는 "과거를 사랑하는 것도 아니고 과거로부터 자신을 해방시키는 것도 아니라, 현재를 이해하는 열쇠로서 과거를 지배하고 이해"하여야 한다고 주장한다. Carr, *What is History*, p. 26.

50) LaCapra, "Rhetoric and History," p. 40. 플래허티에 따르면, 르 로이 라뒤리(Emmanuel Le Roy Ladurie)의 『로마인의 카니발』은 과거의 '대상'과의 전이적 관계로부터 벗어나 라카프라식의 자기반성적 대화를 수행한 연구업적으로 평가된다. Emmanuel Le Roy Ladurie, *Carnival in Romans*, tr. Mary Feeney (New York: George Braziller, 1979); Peter Flaherty, "Reading Carnival: Towards a Semiotics of History," *Clio* 15 (1986), pp. 411-428.

4. 맺음말

라카프라에게 있어, 역사는 현재와 과거의 끊임없는 대화가 아니라 과거의 텍스트와 현재의 역사가의 끊임없는 다성적 대화이다.

그는 과거와 현재를 절대화하지도 않으며 미래도 절대화하려고 하지도 않는다. 그는 도달할 수 없는 것을 도달할 수 없다고 오히려 솔직하게 인정하려고 한다. 그는 카와 달리 어느 각도와 어느 관점에서도 산(실재)은 조금이라도 표상할 수 없다고 고백한다. 그는 역사의 복합성과 다성성을 그대로 수용하려고 한다. 그리고 그는 역사가(독자)의 다성성(referentiality)을 인정해야 한다고 주장한다.

이러한 점에서, 래넘(Richard Lanham)이 말한 바와 같이 라카프라는 카와 전혀 다른 세계에 사는 사람이다.[51] 카는 하나의 중심자아를 가지고 동질적인 실재사회(real society)를 이루고 있으며, 그 실재사회는 하나의 지시대상 사회(referent society)로서 인간과 무관하게 '저 바깥에' 존재하는 어떤 물리적 자연을 형성하는 세계 속에 사는 '진지한 인간'(homo seriosus)이다.

반면에 라카프라는 매일 언어놀이 속에서 연기를 다시 하는 가운데 자신의 정체감을 찾고 어떠한 단 하나의 구조에도 헌신하지 않으며, 놀이 자체를 즐기고, 실재를 발견하려고 하는 것이 아니라 그것을 조작함으로써 유용한 무엇을 찾으려는 '수사적 인간'(homo rhetoricus)이다. 따라서 카와 라카프라의 차이는 옳고 그름의 차이가 아니라 관점과 전망의 차이이다.

라카프라에게 있어서 도달할 수 있고 읽을 수 있는 것은 과거가 아니라 과거의 텍스트이다. 그리고 그 텍스트는 '항상 이미' 컨텍스트

---

51) Richard Lanham, *The Motives of Eloquence: Literary Rhetoric in the Renaissance* (New Haven: Yale University Press, 1976), p. 1, p. 4.

화 되어 있어서 해석된 것이다. 따라서 역사가의 해석은 언제나 재해석일 수밖에 없다. 그리고 그 해석과 재해석은 옳고 그름의 문제가 아니라 언어놀이의 즐거움의 문제이다.

과거는 남아 있지 않다. 다만 텍스트에 그 흔적으로 남아 있을 뿐이다. 그 흔적은 텍스트의 저자가 의도하였던 의도하지 않았던 그 텍스트에 대화화된 형태로 다성적으로 남겨진다. 그리고 텍스트의 독자(역사가)는 그 흔적을 탐구하며 다성적으로 대화를 나누는 것이다.

이러한 의미에서 라카프라는 과거를 연구하는 것이 아니라, 이른바 '과거'라고 불리는 것에 대하여 연구하는 것이다. 오직 '과거'에 대한 끝없는 해석만이 있을 뿐이다. 이러한 측면에서, 라카프라는 데리다적이다.

그러나 제임스 클로펜버그(James Kloppenberg)가 비난한 것처럼 라카프라를 '역사서술을 불가능하게 하는 해체주의적 방법'[52]의 대변자라고 볼 수 없다. 오히려 라카프라는 폴 드만식의 '텍스트 제국주의'(textual imperialism) 혹은 '범텍스트주의'(pantextualism)를 거부한다. 그것은 '자유화된 기표들의 자유로운 유희의 승인'을 의미하며 텍스트의 역사성과 사회성을 부정하는 것이다.[53] 라카프라는 비록 텍스트 이해의 지평을 넓혀 주었지만 텍스트와의 대화를 거부하고 독자의 전제화를 의미한다는 점에서 '텍스트 이외에는 아무 것도 없다'는 데리다의 격언을 부분적으로 거부한다. '창조적 오독'(creative misreading)이란 독자의 "일방적인 주관주의적 만행을 합리화하는 것"[54]이기 때문이다.

---

52) James Kloppenberg, "Deconstructive and Hermeneutic Strategies for Intellectual History: The Recent Work of Dominick LaCapra and David Hollinger," *Intellectual History Newsletter* 9(1987), p. 7.

53) Dominick LaCapra, *Soundings in Critical Theory*(Ithaca: Cornell University Press, 1989), p. 19.

54) LaCapra, "Rethinking Intellectual History," p. 80.

그리고 동시에 라카프라는 독자의 역사성과 사회성을 강조하고자 한다. 라카프라는 헤이든 화이트(Hayden White)가 『메타역사』(Metahistory)에서 해석의 한계를 무시하고 독자의 언어(비유)에 절대적 권위를 부여하였던 그의 '현재주의적'이며 '구조주의적'인 주장을 비판한다.[55]

화이트와 같이 절대적인 독자를 인정하는 것은 다름아닌 또 다른 형태의 상대주의이다.[56] 라카프라는 텍스트의 의미의 가능성과 한계를 분명히 인식해야 한다고 주장한다. 하지만 그에게 텍스트란 언어적 한계를 가진 영원한 해석의 대상이다.

요컨대, 라카프라는 해석에 있어서 대상성(referentiality)의 완전한 해체와 독자의 절대적 권위를 부정하고 텍스트의 대화화된 다성성이라는 한계 안에서 독자의 자기비판적 대화를 통하여 끊임없는 해석들을 요청하고자 하는 것이다.

라카프라는 역사의 텍스트성과 텍스트의 역사성을 강조함으로써 역사연구에 있어서의 절대성의 함정을 피하고 역사지식의 대화 가능성을 구원하고자 한다. 텍스트에 내재한 상호갈등하며 긴장상태에 놓여져 있는 목소리들. 이것이 다른 포스트모더니즘의 '창조적 오독'으로부터 라카프라를 구원해줄 수 있는 유일한 희망이다.

---

55) *Ibid.*, 50, n. 1; idem, "A Poetics of Historiography: Hayden White's Tropics of Discourse," in *Rethinking Intellectual History*, pp. 72-83; Hayden White, *Metahistory: The Historical Imagination in Nineteenth-Century Europe* (Baltimore: Johns Hopkins University Press, 1973).

56) 화이트의 구조주의/형식주의적 접근방법이 상대주의적 입장을 취하고 있다는 것은 여러 학자들에 의해 지적되었다. 그의 상대주의의 문제는 특히 하이데거, 폴 드만 등의 포스트모더니즘 주장자들의 친나찌즘 경력이 문제되면서 나찌즘의 유태인 학살문제에 대한 해석의 문제와 관련되어 격앙되었다. Wulf Kansteiner, "Hayden White's Critique of the Writing of History," *History and Theory* 32:3(1993), pp. 273-295; LaCapra, "Representing the Holocaust."

그러나 그 목소리들은 텍스트에 있는 것이 아니라 독자에 의해 해석되는 것이 아닌가?

움베르토 에코(Umberto Eco)가 주장하는 텍스트의 본래의 의미(original meaning)처럼,[57] 라카프라의 텍스트는 스스로 자신의 의도를 가질 수 있으며 그것은 정당화될 수 있는가?

그것은 언어관례를 통하여 해석되어지기 때문에 본래의 의미가 있는 것처럼 보이는 것이 아닌가? 만일 기록적 읽기를 통한 텍스트(목소리들)의 재구성이 선행되지 않는다면,[58] 혹은 텍스트의 의도의 존재가 수용되지 않는다면, 라카프라의 대화 역시 카의 대화처럼 복화술의 독백일 뿐이다. 역사는 적어도 '과거'에 대한 이야기이다. 어떤 과거인가는 더욱 수사(rhetoric)의 문제로 남을 것이다.

참고문헌

곽차섭. "문화사의 새로운 흐름: 까를로 진즈부르그의 미시사를 중심으로," 『새로운 역사학인가』. 이화사학연구소, 제21회 학술강연회 초록집; 이화여자대학교 이화사학연구소, 1996.

김기봉. "微視史—하나의 '포스트 모던적' 역사서술?" 『역사교육』.

Anthony Pagden. "Rethinking the Linguistic Turn: Current Anxieties in Intellectual History." *Journal of the History* of Ideas. 49. 1988.

Carlo Ginzburg. *The Cheeze and the Worms: The Cosmos of a Sixteenth-Century Miller*, tr. John and Anne Tedeschi. Baltimore: Johns Hopkins

---

57) Umberto Eco, *Les limites de l'interpretation* (Paris: Bernard Grasset, 1992).

58) Anthony Pagden, "Rethinking the Linguistic Turn: Current Anxieties in Intellectual History," *Journal of the History* of Ideas 49(1988), pp. 525-526.

미국역사학의 역사

- 역사가를 통해 본 미국사서술의 변천-

초판 인쇄 / 2000년 2월 25일
초판 발행 / 2000년 3월 3일

엮은이 / 이보형 · 황혜성
펴낸이 / 박기봉
펴낸곳 / 比峰出版社

주소 / 서울 마포구 서교동 464-41 미진빌딩 2층
대표전화 / 3142-6551~5
팩시밀리 / 3142-6556
E-mail / beebooks@hitel.net
등록번호 / 2-301(1980. 5. 23)

값 15,000원

ISBN 89-376-0257-1 93900